The New Perspectives of Western Classical Political Thought
西方古典政治思想新视野

包利民 主编

人民之眼
——观众时代的民主

[美] 杰弗瑞·爱德华·格林 著
孙仲 陶力行 张鑫焱 译

The Eyes of the People:
Democracy in an Age of Spectatorship

华夏出版社
HUAXIA PUBLISHING HOUSE

"西方古典政治思想新视野"丛书总序

古典政治意蕴的新探究

本译丛旨在向读者介绍西方主流政治理论界对古典政治、尤其是古典民主政治的探究的一些饶有兴味的新成果、新趋势。

熟悉西方政治思想研究的人知道，政治哲学、尤其是古典政治哲学曾经几乎是施特劳斯派等德语背景学者独家支撑的领域。主流政治学界严守社会科学的价值与事实的分离原则，沉浸于各种机制经验研究之中，试图跻身"硬科学"。但是这一趋势近几十年来有很大的改观。不少重要的主流学者开启了自己独特的古典政治哲学（政治理论）研究。这些学者有非常深厚的古典学（语言、历史）的学养，而且他们有意识地启用历史学、社会科学、文艺评论等等中的各种新研究方法论、新视角，在价值观上既坚持主流自由民主意识形态，又同情地对待曾经只是保守派孤独坚持的德性论和幸福论古典政治范式。开卷展读，让人获益匪浅。在这些丰富的成果中，既有通论性希腊政治思想史（比如列入本译丛的卡特莱奇和巴洛特的著作，读者不妨与施特劳斯等所撰《政治思想史》对观），又有专论性的理论家研究（比如斯科菲尔德的《柏拉图：政治哲学》），更有各种专门探究古典民主的意蕴的新专著（比如列入本译丛的奥伯、格林、法伦格等人的著作），都颇为可观。剑桥学派重要人物卡特莱奇的《实践中的古希腊政治思想》和美国重要学者巴洛特的《希腊政治思想》作为非常有特色的通史类著作，有意识地结合分析哲学的严谨逻辑论证和历史学的现场感，通畅地融合规范评价与事实描述，同情地打通古今重大问题视域。这些扎实公允的探究已经形成了庞大的文献传统。对其译介，将有助于我国读者认识到古典政治哲学的研究领域有百花齐放、百家争鸣态势，而非一家独秀。

下面我们将特别就古典民主意蕴研究的新视角多说几句。

希腊人在政治上的骄傲与沉痛都与民主政治有关。希腊人之所以被视为欧洲之祖先（以及因此全球化之先导），与其创立民主政治有内在关系。而希腊伟大的政治哲人如柏拉图与亚里士多德之所以为后人不断提及，也与他们对民主的利弊的犀利深刻的理论考察分不开。近几十年来，与我们时代的大形势有关，也与学界纪念雅典民主 2500 年有关，出现了一个"雅典民主研究"高潮，许多由名家主持的相关文集纷纷面世[1]。但是，清醒的学者知道，民主曾经只是古代希腊史上出现的一个"反常的"政治形态。从进化论的角度看，这种偶发的政体"变异"（或许由于缺乏适存性？）在后来的罗马和中世纪的漫长岁月中遭到劣汰，长期堙没无闻。几千年来的人类常规政治形态都是非民主的。20 世纪突然潮流偏转，民主理念似乎成了全球性的"主流"并成为西方引以为骄傲的主要依据之一。但是，一切潮流总可能遮蔽真相：西方现代政治主流其实并非"民-治"意义上的民主（by the people），而是代议制民主。代议制民主是民主吗？如果一个伯里克利时代的雅典人穿越来到今天，目睹流行的利益集团博弈-选战-多数票胜出-妥协-党派分肥政治，他恐怕会骇然困惑，很难认出这是"民主"。当然，一个经过了联邦党人、托克维尔、密尔和达尔洗礼的现代人则会居高临下地教导这位疑惑不已的希腊人：直接民主是无效且危险的；作为人类的反常政治实验，它在经历了雅典暴民政治、法国大革命和 20 世纪民粹运动的恐怖之后，已经被宣告彻底失败。现代代议制民主是已经被公认为唯一可行的民主形式。

但是且慢高兴。即便这位希腊人放弃了直接民主而终于接受代议制民主，他真的会看到代议制民主在今天受到广泛欢迎的景象吗？未必。20 世纪学术界的诸多重要思想家们（远不仅仅是施特劳斯等"保守派"）都在论证代议制民主是一个笑话。[1]^{103,140}诺贝尔奖在今天是学术权威的象征，说话有人听。然而诺贝尔奖获得者们对民主说了什么？阿罗和布凯南的公共选择理论、奥斯特罗姆的集体行动理论，都指出现代民主的基本预设——通过选票汇聚私人偏好，为共同利益行动——几乎是不可能的。这些学理化（数学化）的严密论证，实际上延续了一个现代社会科学的长久传统。早在 20 世纪开出之际，社会科学大师韦伯和熊彼特就已经提出了影响深远的经典看法：在现代的大国选战民主政治中，真正发生的事情并不是"人民当家做

---

[1] 这一"盛况"被许多学者提及，比如 Farenga, *Citizen and Self in Ancient Greece, Individuals Performing Justice and the Law*, Cambridge University Press, 2006. p. 2; R. K. Balot, *Greek Political Thought*, Blackwell Publishing, 2006, pp. 303ff; P. Cartledge, *Ancient Greek Political Thought in Practice*, Cambridge University Press, 2009, p. 55.

主"，而是少数精英领导借助庞大的理性科层体制管理着国家。后来的许多重要的民主理论家如达尔、萨托利、李普曼、李普塞等等基本上无不沿着这个思路走。[2]⁴,¹³,⁹⁸

由此可见，西方思想界的主流与其说是无条件拥抱民主、不如说是对民主的深刻的、全面的失望。这一失望有着深远的现实原因：现代性主流是市场经济，人们私人化、多元化、异质化，不可能对政治保持长久的热情，非政治的冷漠必将成为常态。已经觉醒的个体再也不可能无条件地将巨大而陌生的行政机制认同为"共同体"。在深刻的无力感的驱动下，西方"公民意识"日渐淡漠，投票和参加集体活动的人越来越少。[3]²¹

正是在这样的大背景下，引人注目的是那些不断发声的反潮流学者，他们总是心有不甘，努力从各种角度出发为"民主"、尤其是古典民主的正当性进行辩护。如果说在现代共和主义的发展中出现了"新罗马主义"的话，那么，我们也不妨称这些为古代直接民主辩护的学者为"新雅典主义"或"新希腊主义"。他们希望被长期（故意）忽视的古典民主在今天依然能作为积极的、重要的资源发挥作用。[1] 这样的思想家大多汲取了最新哲学社会科学成果，尝试提出了各种出人意料的路径，对于理解我们的时代和时代的政治都打开了许多崭新视野。本译丛所选入的几种，可以作为典型代表，值得读者的细读。作为一种概括的介绍，我们下面就从对民主的内在价值的辩护和外在价值的辩护两个方面对其稍加考察。

一 民主的内在价值辩护——"表演-施为"（performance）政治

在现代性中为"内在价值"辩护是困难的，而为一种政治方式进行"内在价值"辩护，更让现实主义政治学家感到是文不对题。达尔就曾说现代民主理论与古代民主学说不同，不是价值导向的，而是描述性的。自由主义主流政治学说认为民主和共同体只具有工具性的好。然而，人们依然可以看到不少重要的思想家直接为民主政治或政治本身寻找内在价值。阿伦特当之无愧是其中最为著名的一个。她定下的基调是：共同体而非私人的生活是

---

[1] "新罗马主义"以剑桥学派和 Pettit 的新共和主义为代表。事实上，新共和主义之所以诉诸罗马共和而避开希腊民主，正是为了防止"民主的弊病"。这更让人们看到今天倡导希腊民主的学者们的难能可贵：他们并不是重复常识，而是在挑战主流，知难而进，竭力为处于守势的古典民主平反。

具备最高价值的人类存在,而这只有在共和政治生活中才能实现。她的理由有几个,首先,民主共和通过自由的普遍化,使得更多的人从奴隶变成为人。其次,人只有在一种表演(performance)式政治行动(action)中才能真正存在,即在同样平等自由(尽管个性各不相同)的人们为公共利益的公共奋斗中敢于创造,相互竞赛,追求卓越,赢得荣誉(他人的目光)。唯有民主共和式政治才能提供这种前所未有地拓展人的存在空间的机会。[4]90-91

阿伦特的这种新亚里士多德、新共和主义的观点表达得颇为极端,但是沿着她的路线走的较为和缓的学者层出不穷。从某种意义上说,西方20世纪的社群主义、共和主义复兴都可以视为是在沿着阿伦特的路径继续发展。他们普遍对现代公民意识淡漠十分担忧,号召人们重新关心与参与政治行动。不过,在一个以自由主义为主流意识形态的现代社会中,很少有人会再主张国家水平的强直接民主,他们通常避免提出恢复雅典民主共同体那种万众一心的"伯里克利式政治"(所谓"美学化纪念碑精神的政治")。他们大多提出了一些软化的版本。列入本译丛的法伦格(Farenga)的《古希腊的公民与自我》的"施为"(performance)公民身份学说就是一个典例。法伦格认为performance是当代对古代民主研究的最新最好模式。这种模式只诞生了三十年。[5]4-5不过,从法伦格所援引的主要学术资源戈德黑尔(Goldhill)等人对"雅典民主的表演式文化"的概括——表演、竞争、自我展现、观看、荣誉等等——来看,这显然与更早的阿伦特思想十分相近。法伦格更推进一步的地方在于,他并不想仅仅用这个词表达阿伦特-戈德黑尔的"舞台演出"意蕴。他提示我们注意performance在奥斯丁-哈贝马斯那里,还有"施行"(施为)即"以言行事"的涵义。这样的含义就失去了那种光彩夺目的美学政治色调,而是日常化得多的"施行"、"执行"的意思。民主意味着公民们集体作为主体施行正义、统治国家。同时,法伦格也希望能保留performance的"展现自我"的那一层涵义,只不过这大多是通过语言的施行力量进行的,而且所展现的不是一种、而是三种类型的自我:社群主义的自我、个人主义的自我、商谈主义的自我。一个人成为雅典公民意味着首先要遵循共同体的"剧本"(script,这也是一个文化人类学概念),即当好共同体安排的角色(me,为他人之在)。但是同时,民主共和政治要求每个人都能自由自主,所以它必然会走向纯粹个体和内在自我的觉醒(自为之在,self)。进一步,只要公民们商谈性地施行正义,则这样的个体依然处于语言之中,从而就要适当尊重和服从他者(对语义的共同理解),形成某种"为我们存在"(being for us)。[5]21,24-25法伦格不像阿伦特那样突出地抬高共同体公民身份而贬低私人身份。在他看来,一个好的公民必须知道这三种身份都是不可缺少的,在施行正义时既要忠于自己的祖国,又要保持一定的独立性、忠于自己作为"人类一员"的身份。必须学会在各种身份之间自如地转化,从而让不同的自我(公共我与个体我)都得到展现,共同存在,相互制衡,相互促进。[1] 公民身份理论在西方兴起之后,关于究竟民主社会的公民应当将什么当作"公民身份",是有不同看法和争议的,是国家公民还是世界公民,是精英还是大众。它带来的义务和权利又分别是什么。不同的学者持不同的看法。[6]94 法伦格的学说描述性很强,其规范性也可以说关注的是如何形成更好的公民身份,不过我们还是可以将其视为一种对民主的内在价值的辩护:民主所要求的主体施行正义的行动,有助于形成更为丰富多重和自主成熟的自我认同,从而开拓了人的更广的存在空间。[5]31

其实,民主的内在价值甚至未必需要是"给予每个人主权"那么强。每个人的基本尊严的保障也可以被视为具有重大价值(黑格尔:历史的终极成就就是"对平等人格的承认"意义上的自由),而这可以通过民主体制来保障。新共和主义者佩蒂特(Pettit)就认为,现代投票式民主机制未必能发挥民治的初衷,但它依然是必须的和好的,因为它可以控制领导人,逼迫在意选票的当权者不敢任意冒犯百姓的尊严[2]。当然,这样的内在之好未必需要直接民主体制来维护,可以靠代议制民主和法治。佩蒂特宣布自己是新共和主义而不是新民主主义。换句话说,他说自己是"罗马共和主义",而不是"希腊共和主义"。但是我们知道,在日常生活中,人们并不那么严格区分民主和共和,尤其是代议制民主与共和。

前面提到,对任何东西(更别说是"政治")提供内在价值辩护,在今天特别困难。市场经济与自然科学(尤其是生物学和神经科学)的超常(反常)迅猛发展,使这一切显得似乎太不"现实"。[3] 也许,这更说明这

---

[1] 参看 Farenga, *Citizen and Self in Ancient Greece*, pp. 30, 536. 法伦格的工作可以视为是在企图兼顾罗尔斯、桑德尔和哈贝马斯的直觉,将自由主义民主、古典民主和商谈民主整合到一个体系中。

[2] 参看应奇、刘训练编:《公民共和主义》,东方出版社,第129页以下。"现代民主理论"甚至主张这是民主唯一可以得到认可的目标,参看卡罗尔:《参与和民主理论》,上海人民出版社2012年,第13页。

[3] 从市场经济的角度看,民主有没有价值,应当从效用量(货币值)的大小衡量;从自然主义的角度看,当事情可以在无意识层面更精确、更实地解决时,人(民)治(理)将成为多余(副现象)。

种内证努力在今天尤其有意义。因为内证指向的是对人这种存在的本体论意义的关切。否则，作为一种管理方式，民主确实是可以随着效率的有无多寡而产生与消亡，人们不必对其从哲学上加以如此坚持。[1]

二 民主的外在价值的辩护——"知识政治"

前面的讨论自然导向另外一个问题：即便民主有内在价值，但是政治是十分现实的，政治家必然要追问：民主是否有外在价值呢，它能否为一个国家带来生存、荣誉和强大？哲学强者的基本价值观是内心的强者：苏格拉底在《高尔吉亚篇》中批评伯里克利的"辉煌功业"为无意义。孟子也说王何必曰利，亦有仁义而已矣。然而，一个现实政治学家（韦伯：负责任的政治家）就不能止于此。如果以善致善不可能，那就只能以恶至善。斯坦福大学政治学系兼古典学系教授奥伯（Ober）提出，必须考察民主的表现（performance）。所以他不想与那些继承柏拉图理想主义、羞谈功利的保守派学者对话，因为双方的价值框架差距太远，实在难以有效沟通。[2] 他的基本立场是：民主作为一种内在之好（善）同时也能带来十分显著的外在之好（善），而这是值得庆贺的好（事）。收入本译丛的奥伯的《民主与知识》可以作为这方面的一个出色成果，让人看到学术界对民主的外在功效的最新系统论证方式。

奥伯其实十分熟悉古今对民主的质疑，他甚至写过这方面的专著。[3] 他对今日学术界对民主的质疑也不陌生。民主具备外部之好吗？许多人对此质疑。甚至西方也有不少人艳羡信仰－集权－指令政体的高效率。柏拉图曾经批评民主的内在弊病是自私与愚昧。用今天的社会科学术语表达即，公共行动问题、协调共识问题、交易费用问题等等在集权国家中容易得到解决，但是在民主国家中却天然比较困难，结果势必导致民强国弱，在国际竞争中

---

[1] 查看巴伯：《强势民主》，吉林人民出版社2006年版，第4页。

[2] 或许"不同派别的对话"也是有限度的。参看 Josiah Ober, *Democracy and Knowledge: Learning and Innovation in Classical Athens*, p. 40 注. 对比：布鲁姆、密尔、尼采等等哲人都认为一国之好，在于自由、个体、丰富。维拉也认为公民具备批评力量才是真正重要的价值（Dana Villa, *Socratic Citizenship*, p. 300）。

[3] 参看 J. Ober: *Political Dissent in Democratic Athens. Intellectual Critics of Popular Rule*, Princeton University Press, 1998.

失败，或者走向某种集权体制。这就是意大利精英政治学派代表米歇尔（Michels）等人论证的"寡头铁律"。[2]$^{8-9,21,31-35}$

但是奥伯指出，这样的推理并不符合历史事实。事实是，民主在外在效率上丝毫不逊色于其他体制。它完全可以解决经济活力和强大凝聚力等等问题，甚至远远胜出其竞争者一筹。在他的《民主与知识》的第八章中，奥伯用现代社会科学方式将一个政体的"表现"（即它所带来的"外好"）具体化为几个指标：历史评价，总体繁荣度，硬币的分布，在历史文献中的提及次数，等等。他指出，按照这些（不少是可以量化的）指标，民主雅典的表现在古代可谓出类拔萃，无与伦比。于是，问题就不是"民主行吗"？而是"民主为什么这么行"？由于雅典即便在古代各个民主城邦中也表现得超常出色，还要询问为什么会出现"雅典例外论"的现象？总之，这不是一个有没有、而是一个如何解释的问题。

我们知道对此曾经有过许多种解释，比如雅典的帝国主义与奴隶制度是其强大的来源。这是以恶致善的解释思路。不过，还有以善致善的解释。伯里克利的葬礼演说就开创了这样的由内善向外善的解释路径。伯里克利理解的民主内在之善是民主赋予每个人以自由和尊严，这带来了超常的爱国心和凝聚力，使其心甘情愿地为国奋战。[7]^{98}奥伯的解释汲取了当代社会科学的最新研究。他首先指出，真正的强大在于知识（得到有效运用），这显然是"知识经济"、"信息社会"的特有思路。如果说知识经济是新强者，知识政治也将成为真正的新强者。[1] 当然，柏拉图早已重视知识的力量，并且正是因此而批评民主无知愚昧因而是坏体制。奥伯认真看待这一批评，但是他借用了市场学说和新的企业（公司）学说来为民主辩护。民主完全可以是智慧的，民主体制如果能充分汇聚和共享分散在大众中间的知识，反而能集思广益，比专家型集权政治更好地完成合作行动中的各项任务。[2]^{268}奥伯提示人们：希腊民主城邦可以类比的是当代新兴企业即某些IT公司，在这样的公司中，最为有价值的财产就是它们的成员的知识。事实证明，这些企业在激烈的竞争环境（市场）中往往通过对知识-信息的有效汇聚获得了巨大的成功。[2]$^{18,90,104-6}$

---

[1] 我们可以将现代专家视为某种新强者，知识强者。古代强者靠的主要是物质力量和纪律，比如斯巴达和罗马；而雅典的强大主要是知识带来的。在所谓现代性和后现代时代，知识的力量日益明显是主要的"强者"力量之所在。参看 Josiah Ober, *Democracy and Knowledge: Learning and Innovation in Classical Athens*, p. 106, note.

奥伯的新思路的核心启发是：民主的许多机制可以发挥我们意想不到的、导致外部高效率的作用。如果仅仅按照代议制民主的理解，投票是汇聚私人偏好的，那么这确实是无效的体制，阿罗这么看，奥伯也同意：如果只是当选民，其实没有什么力量。但是如果我们发现这些机制可以是为了别的目的，则它们非常有效。[2]^{98-9,108}这一目的首先就是社会知识论的。著名政治思想家邓恩曾经悲观地认为，专业知识的存在与人人统治的民主主张之间是无法协调的。民主的诸项体制设计是为了"避免直接镇压"，而不是保障"有效理解的稳定产生"。[1]但是奥伯认为未必。如果仔细考察，就会发现民主雅典确实在用一个复杂系统的体制将分散的知识汇聚起来，全民共享，同时形成稳定的共识，保障了有效理解的稳定产生，使得国家强大而有活力。

具体而言，知识政治的任务分为三个方面：

首先，汇聚共享。人们大多知道被梭伦、克里斯提尼、伯里克利等逐渐建立起来的雅典民主的那些繁多的机制，比如十部落，500人议会，民众大会，陪审法庭，等等。它们忙忙碌碌，热热闹闹，每天在活动，花费也不菲。奥伯的问题是：如此巨大的活动费用，必须有相应的回报，才能维系。回报是什么呢？正是知识的汇集。民众当中其实有各种各样的知识，而且有各行各业的专家。但是如何将其汇聚起来，让大家都分享到，需要有效的机制。奥伯认为，从这个角度看，则雅典民主制中的500人议会、官员工作组等等，都可以视为是将分散的公民频繁地聚会在一起，建立起沟通和信任，同时熟知谁是能人，推举其填补结构洞，让各行各业的专家被认出和启用，让各人的不同知识得到互补性运用。[2]^{123,135,142}

其次，形成共识。人们在不知道其他人的意图时，往往难以协调行动。集权体制比较容易通过颁布命令和洗脑来解决这个问题。民主怎么办？有办法。奥伯认为，雅典民主发明了许多聪明的办法"形成共识"，比如建立了大量的公共纪念碑、建筑、剧场等等可以将共同信念广而告之。奥伯特别介绍了近来学者们对雅典民主时期大量建造的环形剧场和会场的功能的研究。这种"内观式"建筑可以令观众们在观看舞台上的表演的同时，相互看到伙伴们的反应，从而自然而然地达成信念共识。这样的建筑在雅典的非民主时

---

[1] 民主与知识之间的紧张关系，自古就是思想家关心的一个问题。参看 Schofield, Malcolm. 2006. *Plato*: *Political philosophy*. London and New York: Oxford University Press, chapter 4.

期就隐而不显、很少建造了,在其他集权国家也很少见。阿伦特也注意到希腊民主的公共领域中的"相互观看"的重要,不过她主要是看重这种措施所提供的荣誉的形成机会,而奥伯则从社会认识论的角度出发,强调这样的建筑可以帮助共识的建立。[2][169,194,199]

最后,建立规则。在知识汇集和形成共识之后,为了减低交易费用,必须将知识建立为法规(codification)。雅典民主热衷于订立大量法规并认真依法行事。这样的政治文化使得普通人只要通过学习传统、遵循条规就可以完成许多大事。柏拉图认为民主的致命(外在)弊病是无知且高傲,不承认自己的无知,不愿意学习。[1]但是我们看到,奥伯所理解的民主体制恰恰是一种学习型组织。当然,奥伯也意识到法规化的弊病是容易导向僵化。但是他认为雅典民主在学习与创新之间还是设法保持了平衡。

这三个方面完整地证明了民主可以是"智慧"的。要注意的是,上述社会知识论预设了民主的公共性。众所周知,柏拉图对民主的批评是两大方面:私心与无知。奥伯也知道现代民主理论公认民主的本质是私人利益集团的冲突和博弈。不过他并不认为这是民主的必然特征。如果民主是这样的东西,那确实难以解决公共行动问题。但是,完全可以像古代民主那样假设民主是公共的。于是,公民就会愿意和他人分享有价值的知识,而非总是想通过伤害他人来获利。那么,为什么古代民主可以是公共性的?奥伯的解释是:当时环境非常险恶,民主国处于众多竞争者之间,这会导致共同体的内部团结。[2][100-2,169]更早提出"强势民主"的学者巴伯则认为,其实只要制度设计得当,进入公共领域的民主人会自动从私人转化为公民,所以不会仅仅在设法利用体制拼命实现自己的利益集团的偏好,而是会在共同商讨中改变自己的偏好,从而不会出现现代民主理论家们经常喜欢说的"投票悖论"等等问题。[2]

三 民主机制的其他作用——目光参政

奥伯的民主作为"高效知识政治"的思路可以归结为:第一,对人们熟知的体制做出新解释,第二,对被忽视的体制从新角度加以重视。这种"重

---

[1] 熊彼特也认为民主的特点是无知。参看卡罗尔:《参与和民主理论》,第16页。
[2] 参看巴伯:《强势民主》,吉林人民出版社2006年版。哈贝马斯的商谈民主亦有与此相近的意旨。

新审视民主体制功能"的思路表明了古代民主研究者们不断借鉴其他学科的新成果。事实上,自从 Finley 开创雅典民主研究之后,借鉴政治学、历史学、社会科学、法学等等学科领域模式的各种研究进路纷纷涌现。[5]^{2,550} 在本译丛中,我们收入了格林的《人民之眼》,集中体现了这样的新尝试、新思路。

格林首先同意大多数学者的看法:人们对现代西方民主的效果普遍失望。然后他指出个中缘由是,大部分人一直都是在用声音模式(vocal)思考民主,将民主参政理解为人民直接进入公共领域发出自己的声音,包括最新的"商谈民主"也是如此(其要旨就是尊重各方的声音)。然而,这种"直接发声决策"(或者公共意见的汇聚)式民主确实已经被从韦伯到公共选择的主流民主理论家们证明基本上是失败了,是一个幻觉。不过,格林认为不必对民主灰心,他相信,解决之道其实已经存在。他说,人民直接充当统治者不可能,他们必然永远停留在被统治者(ruled citizen)状态,但是弱者依然可能能发挥强者的作用,"民主"依然可能,只不过新的渠道将不是"声音",而是"目光"(visual);不是"谈说",而是"凝视"。

这样的命题初看上去是反常识的,因为"看客"、"旁观"(spectatorship)本来似乎意味着软弱无力,怎么会是强有力呢?格林却论证我们可以拓宽思路,破除常见。第一,即便从日常视角乃至各种理论看,"凝视"也可能意味着强者的巨大杀伤力,让我们想想"神的注视","良知的目光",萨特的"自为之在的对象化目光",福柯的"权力凝视式目光"等等,就不难明白了。[1]^{10} 第二,民主政治正是要采取许多措施让这些潜在的目光力量变得真正强大。比如当代民主体制中的总统选举电视辩论,公共质询,领导人新闻发布会,等等。[1]^{99,194} 这些制度作为民主制度,其特点是领导人公开露面的整个过程的程序和条件不得由统治者本人操纵,而必须由人民控制,从而符合一个关键标准:坦诚性(candor)。

这样的"目光式民主"理解有几个好处,第一是顺应历史时代潮流。古希腊人确实以政治生活为最为主要的生活形式,人生大部分时间津津有味地放在其中。[1] 但是,在大国-工业化-市场经济的时代,人民不可能热衷于经常性地投身公共领域"谈说"。除了四年一次的选举,大多数人大多数

---

[1] 参看 Balot, *Greek Political Thought*, pp. 298–299.

时间中都是被动的被统治型公民（弱者）。[1] 这一沉默的大多数长期以来被民主理论所忽视，这是不应该的。难道我们找不到让他们也能以某种方式经常性地发挥统治（强者）的方式吗？换句话说，为什么不可以设想弱者或被统治者也可以有自己的"政治生活"？[1]^{33,62} 第二，目光式民主让"人"重新回到政治中。发声类民主包括商谈民主，关注的重点是立法而不是人的生活，是如何最终推动某种有利于自己党派的法律被通过。这样的党争式民主，其实是将人当成工具——推动立法的工具。[1]²⁰⁴ 但是观看型民主则首先让统治者作为人重新登上舞台，出色表演（performance）；[1]¹⁸⁴ 人民虽然并不登台表演，但是观看演出，并且享受观看政治家坦诚而高明的演出。这才是人与人的关系，它维系了表演自由与观看自由两种美好。这样的美好，在一个日益理性化、自然主义、市场化的今天，尤其难能可贵。在此意义上，格林的观点符合我们在第一节所说的"民主的内在价值的论证"。第三，这是让"民主"真正重新回到政治中。这种民主，是罗马式的而不是希腊式的，但是又不是"罗马共和主义"的，毋宁说是罗马式"群众民主"（plebiscitary democracy）。这个词在民主学者中一直是个贬义词，甚至比"希腊民主"还要糟糕，因为它唤醒的是对罗马时代由"民众领导"率领"暴民大众"反对共和贵族们的历史的回忆。格林用这个词强调，今天的民主国家中的真实事情和罗马民主一样，是领导人在表演，人民则是"被动"的观众——或许像当年角斗场中的大众一样，他们还享受观看。[1]¹²⁰ 唯有认清这是事实，才会由此出发设法设计有效的民主方式制约领导们手中过强的权力。如果忽视或者故意无视这个事实，反而会忘记或是故意不设计制衡方式。[2] 格林认为他的"目光民主"的设计，还可以使得被多元民主派搞臭的"人民"概念终于再次恢复名誉。"人民"在发声参政时，大多是作为利益差异很大的小群体，确实不太会是一元的，所以可以说此时并不存在作为

---

[1] 参看 Jeffrey Green, *The Eyes of the People: Democracy in an Age of Spectatorship*, pp. 204-205. 实际上，达尔认为穷人是暴民，他们少进入公共领域直接干政，或许是一件好事，参看卡罗尔：《参与和民主理论》，第89页。

[2] 韦伯已经指出：领导与人民之间相对清晰的区分，以及领导依然拥有很大的权力，乃是现代大众民主的一个特点。格林因此认为既要承认事实，又要想办法在此基础上继续贯彻民主。比如，既要接受领导，又要用观看等方式来制约领导。Jeffrey Green, *The Eyes of the People: Democracy in an Age of Spectatorship*, pp. 149, 152, 156.

统一实体的"人民"。但是,他们在"观看"或者监督领导人时,并不考虑党派利益,便在实质上构成了一个共同的"人民"实体。[1]205-206

所以,在今天也不必对"民主"失望,只不过如何看待真正发挥民主作用的渠道、机构、方式,需要我们有足够的理论想象力,需要政治思想史上的方法论创新。

无论是奥伯还是格林,无论是"发声"还是"凝视",都坚持古代直接式民主在今天依然可以发挥相当积极的作用。这在今天普遍质疑古典民主的大背景之下,是反潮流的。

四 制约民主的民主——哲人式公民

上面介绍的著作可以说都对古代直接民主的意义重新加以肯定。但是,古今思想家忌惮和反对直接民主,也不是没有道理的,比如大众暴政、不尊重私权、不尊重自由思考、情绪化、愚昧,等等。历史上也曾经发展出一系列对治这些弊病的机制,比如法治[1] 理性化[2] 包容机制、宗教、大众传媒和自由思想家的独立,等等。这些机制的本质究竟是什么,又有争议:它们究竟属于"民主"的一部分或应有之义呢,还是对民主制衡的非民主机制?[3]

民主的特有弊病大致可以分为两大类:私人化或是公共化。前者是柏拉图所描述的民主倾向于走向个人主义和党争,以及自由主义体制下的最小政府论和政治冷漠;而后者则是人民主权所容易带来的道德优越和狂妄。"复兴古代民主者"可能会忽视后面这种民粹主义问题。不过,历来有不少深刻的思想家意识到这个问题的危害,并且建议用民主之外的某种机制抗衡之。著名的有诸如托克维尔和尼布尔,他们强调独立的信仰体系能抗衡民主的道

---

[1] 维尔南就指出,雅典民主机制的主旨可能是为了法治:将权力放到中间(meso)。
[2] 理性化是现代性的重要特征,韦伯传统的人比如历史学家黄仁宇就这么看。泰勒式管理体制或许是其典型例子。但是,它的本质恰恰不是"民主"。参看卡罗尔:《参与和民主理论》,第49页。
[3] 比如,法治其实与民主可以是对立的。民主是主体的、表演的、生活的;而法治则是结构-功能机制化导向的。作为乐观主义者,奥伯认为雅典已经看到民主的所有问题,并都加以防范了。Ober, Josiah. 2008. *Democracy and Knowledge: Learning and Innovation in Classical Athens*, pp. 78-89. 这些问题的现实意义是:如果一个后发民主国家总是失败,是因为民主体制不健全还是忘记了同时建设这些"民主之外"的体制?

德自义天性。非宗教的抗衡方式则主要是代表独立自由批判性反思的哲学。维拉（Villa）的《苏格拉底式公民身份》提出了"哲人型公民"学说，是这方面的一个富有新意的成果，我们已经收入本译丛。

在维拉看来，为了反对政治冷漠而热烈拥抱社群主义已经成了今天的一个时尚。[1] 然而，对古代式民主即公民政治的无条件复活号召，是相当成问题的，它很可能会带来更可怕的危害，导向毫无批判能力的新盲从。[8]^{301} 为此，他诉诸苏格拉底的洞见：未经过审查的公民生活不值得过。而苏格拉底作为与政治拉开批评距离的哲人，以这样的方式维护民主政治的健康，也可以说是一种另类的"民主派"或者"公民"。[8]^{305}

维拉认为苏格拉底与柏拉图不一样，从未提出过任何正面的道德教条。苏格拉底如果说在历史上首创了"道德个人主义"的话，那么就在于他集中精力专门批评民主国家和一切共同体的道德自义。伯里克利时期的民主，以思想和行动的"合一不分"为骄傲自豪，个人完全认同共同体。但是，未经批评反思的行动，承载了道德优越感，会带来许许多多更为严重的灾难，这值得哲人专门投入时间和精力去对付。[8]$^{23,26,39,57-8}$ 在《高尔吉亚篇》中，苏格拉底自诩为雅典唯一的政治人。不过，苏格拉底"哲人公民"的特点是仅仅批评，而并不行动，其主要任务就是通过反思使得政治行动慢下来。从这个角度看，苏格拉底的"不行动"与梭罗等的哲学行动观相比，也可以避免乌托邦革命的危险。[8]$^{54-56}$ 这种纯粹负面性的哲学批评治疗工作，对共同体的健康发展，本身就具有很大的建设性意义，尽管民主共同体往往并不领情，而是将其视为不道德、坏公民。[2]

总之，维拉旨在论证从苏格拉底身上我们可以看到一种新型的公民身份，即哲人型公民，他本质上不是反民主，而是民主的健康发展所不可或缺的一个要素。有意思的是，有的学者认为民主的"商谈"或人人有权发言的制度的更深刻意义，恰恰就是相互批评提醒；[3] 而有的学者如 Schofiled 和 Wallch 甚至认为，柏拉图也是这个意义上的民主派。[5]^{18}

维拉为了防止民主共同体崇拜的狂热，可能过分强调个人与共同体之间

---

〔1〕 中国学者对西方有关公民身份的热烈讨论已经关注，并且有多部译著在"西方公民理论书系"的翻译工程中出版。

〔2〕 Dana Villa, *Socratic Citizenship*, pp. 29, 33. 当然，在《高尔吉亚篇》中，苏格拉底自诩雅典唯一的政治人，参看 Dana Villa, *Socratic Citizenship*, pp. 17, 19.

〔3〕 参看 Balot, *Greek Political Thought*, pp. 65–66.

的距离了。其他许多希望恢复古代民主的益处的学者们则努力同时治疗现代民主中冷漠与狂热双问题。比如法伦格就建议在内在个人主体自我和社群共同体自我之间保持某种平衡。一个健康的公民应当能够在不同的框架之间来回转化身份，因为它们各自都重要，而不能让一种框架吞掉另外一种。[5]543,547

结　语

在今天的政治哲学和政治思想史学界中，当说到"反对民主"时，人们一般会想到施特劳斯派等少数保守派，而认为主流政治理论家是力挺民主的。但是从联邦党人到托克维尔，从公共选择论到集体行动论，主流学界即便看到民主的必然性和优越性，还是一直对民主尤其古典民主的潜在问题感到深刻的忧虑：直接民主既是无力的，又是危险的，它有可能带来大众暴政，压制多元和自由，罔顾专家而自信傲慢，低俗而无效率。许多人甚至认为：西方社会如果成功的话，靠的也不是"民主"，而是其他的东西诸如自由主义，小政府（弱政治），共和，分权制衡，市场经济看不见的手的作用等等。[1] 为民主的价值辩护者，反而显得是"逆流而动者"，必须提出扎实的理由论证。本译丛将这样的学者——他们有哲学家、史学家和政治学家——的一些最新成果译介给读者，正是试图展示学者们为民主平反的新切入角度，不少是前人未曾思及的，非常有启发性，开拓了政治哲学和政治思想史的视野。然而，这些工作之间又不完全相同，甚至观点有分歧和冲突。比如奥伯主张人民之声依然非常有用，[2]101 但是格林则持不同意见，他认为应当更多地考虑人民的眼睛。这样的分歧还体现在对一些关键词的理解上。比如，Performance 是一个在近几十年西方学术界十分流行的关键词，然而它在不同的人那里意味着不同的理论模式。在阿伦特那里，它更意味着表演，在法伦格那里，就添加了"施为"（施行）的意思；在格林那里，领导表演，群众观看表演。而在奥伯那里，performance 指的是一个体制的能力或"表现"。[5]5 总之，这一个词可以表达人类行为由内到外的各个层次。

正是看到学者们的分歧或者丰富性，上面我们试着对其宗旨进行了一些

---

〔1〕　参看约翰·邓恩：《让人民自由——民主的历史》，新星出版社，2010年版，第183页。

划分。最主要的划分是将民主辩护论分成从内在价值出发的论证与从外在价值出发的论证。有意思的是，哲学家们多从内证看民主的利弊，而历史学和政治学者则多从外证看，他们更为"现实主义"。不过，这样的学科偏好也不是绝对的。甚至以专门论证民主的外在效力著称的奥伯，也强调民主的正当性证明主要还是内在的，即它的内在价值是首要的。[1] 在此值得指出的是：阿伦特的'外证'和奥伯的'内证'，都来自亚里士多德。甚至他们描述终极目标时所用的术语即"繁盛"（flourishing），也都来自亚里士多德。可见亚里士多德的思想极为全面，内外兼修，影响至今不竭。

在现代，从内在价值论证民主共和的意义，尤其困难。因为现代性设定个人主义为最终价值本位，于是一切政治方式归根到底是个人的幸福的工具。如果从这个角度看，则民主能完成的事情，只要可以被开明专制或自由贵族制等其他体制完成，逻辑上看不出为什么一定要坚持民主与共和。[2] 由此看来，希望依然维系民主共和内在价值的，是所谓"强者"。强者政治学与弱者政治学[3]不同，关心的不是第三人称的效率（或者演化论适存度意义上的功能），而是第一人称的内在价值或人作为人的幸福（之善）。用伦理学类型学的语言说，它关心的不是后果论，而是完善论。关心这样的价值，尤其是试图在极为现实的政治当中追求实现这样的"理想主义"价值，确实是某种"奢侈"。从古典哲学的角度看，唯有强者才能享有这样的奢侈，同时也必须去追求这样的奢侈。否则就不配"强者"之名。

进一步的问题是：内与外有没有关联？在一个险恶的国际环境下，仅仅重视内在价值比如人的尊严，或许是玩不起的奢侈。然而，奥伯认为民主不是奢侈，它很现实。民主作为一种内在之好能带来外在之好。注意这种解释并不像它看上去那样是自然而然的。许多学者尝试过，但是都失败了。比如

---

[1] Ober, Josiah. 2008. *Democracy and Knowledge: Learning and Innovation in Classical Athens*, p. 23. 奥伯在古代民主史领域发表过许多影响广泛的著作。他之前的一些重要著作可以视为是对民主的内在价值的辩护。

[2] 参看巴伯：《强势民主》第 26 页。政治的未来与以神经科学、演化论、人工智能等为代表的结构功能取向的"新自然主义"价值观的关系，值得专文讨论。

[3] "强者政治学/弱者政治学"的理论模式参看包利民：《古典政治哲学史论》，人民出版社 2010 年，导论。这个模式在今天依然有效。现实主义者如韦伯、熊彼特等都用切实的事实指出，在民主社会中，人民并未真地直接进行统治。"强者政治学"与"弱者政治学"的二分，在今日西方民主世界中还是清晰可辨，进入 20 世纪之后甚至加剧而非缓解了。

卡罗尔在解释现代企业民主化实验时也提出了类似的论证：当工人能控制自己的工作时，就能感到尊严和自由，便会主动发挥更大干劲，带来更高效率。[1] 但是，这种"企业民主解释"显然过于理想化了些，她所钟爱的南斯拉夫的工人自治的实践从后来的经验看也未必成功。科斯的企业理论表明，作为降低交易费用的需要而出现的企业应该不是民主的，而是等级体系的。[2] 奥伯却用"新企业理论"由内向外解释雅典的成功。这是基于一种独特的社会认识论解释：如果将雅典民主的那一套机制理解为"高效知识共享机制"，那就自然可以理解民主国家为什么会取得外在的强盛。奥伯的思路如果能够普遍成立，在历史哲学上将引发深思：这是否意味着善（好）而非恶（坏）也可以成为推动历史进步的主要动力，从而亚当·斯密和黑格尔的历史哲学（看不见的手与理性的狡计）就未必成立？人类将可以在现实政治经济中直接地既追求外在之好，同时又追求内在之善。

当然，这即使是可能的，也并非自动的、自发的；它需要自觉努力。当一个民族获得了外在之好后，应当积极乘势发展内在之好，如古代雅典人的所作所为那样，从而为人类文明做出些永久性和普遍性的贡献，并且为自己的可持续发展保持某种特殊而强大的红利。

许多人为本译丛的选题、翻译和校对做出了贡献，我们在此表示十分的感谢，尤其要感谢的是奥伯教授、林炎平先生、格林教授等人对本译丛的大力支持，感谢林志猛编订了译名表，并与罗峰、文敏等校对了部分译稿。热心古典学术事业的人是纯粹的。

包利民

2015 年 3 月 1 日

参考文献

1. Jeffrey Green, *The Eyes of the People: Democracy in an Age of Spectatorship*, Oxford: Oxford University Press, 2010.
2. Josiah Ober, *Democracy and Knowledge: Learning and Innovation in Classical*

---

[1] 卡罗尔：《参与和民主理论》，第 54 - 55，58 页。
[2] Ober, Josiah. 2008. *Democracy and Knowledge: Learning and Innovation in Classical Athens*, p. 103.

Athens. Princeton: Princeton University Press. 2008.
3. Robert D. Putnam, *Bowling Alone: The Collapse and Revival of American Community Putnam*, Robert D. Simon & Schuster, 2001.
4. ［美］阿伦特:《人的条件》，上海：上海人民出版社，1999 年。[Hannah Arendt, *The Human Condition*, trans. By Zhu Qian, Shanghai: Shanghai Renmin Press, 1999]
5. Vincent Farenga, *Citizen and Self in Ancient Greece*, Cambridge: Cambridge University Press, 2006.
6. ［英］德里克·希特:《公民身份——世界史、政治学与教育学中的公民理想》，吉林出版集团，2010。[Derek Heater, *Citizenship: The Civic Ideal in World History, Politics and Education*, trans. By Guo Taihui and Yu Huiyuan, Jilin: Jilin Publishing Group, 2010]
7. ［古希腊］修昔底德：《伯罗奔尼撒战争史》，广西师范大学出版社 2004 年。[Thucydides, *The Peloponnesian War*, Guangxi Normal University Press, 2004]
8. Dana Villa, *Socratic Citizenship*, Princeton: Princeton University Press, 2001.
9. 约翰·邓恩:《让人民自由——民主的历史》，新星出版社，2010 年版。[John Dunn, *Setting the people free: the story of democracy*, trans. By Yintai, Xinxing Press, 2010]

目 录
Contents

致谢		*1*
第一章	目光式民主	*1*
第二章	作为观众的公民	*33*
第三章	克服民众权力的声音模式	*70*
第四章	平民民主的概念：过去，现在，未来	*133*
第五章	马克斯·韦伯对民众权力的重塑及其成问题的遗产	*155*
第六章	把坦诚性放在首位：平民政治论与坦诚政治	*201*
第七章	目光中的民众权力	*226*
参考文献		*237*

致 谢

这是我的第一部专著。当其面世之际，我无法不想起自己的老师们。首先要提到的是 Nancy Rosenblum，他那温柔强大的心智一直给人以有益的启迪；而 Dennis Thompson 的严格批评总是能收到诲人不倦之功效。他们二人都读过本书的诸多早期版本，并提供了价值无法估量的指导。Sharon Krause 在这近十年来一直是一位杰出的导师；本书受惠于她和她的典范影响以及一直以来的众多批评性评论很多。Michael Sandel 在关键时刻提供了鼓励和敏锐的洞察力。其他教师虽然没有直接参与这个项目，但在作为灵感来源和学术示范的作用方面，也是不可缺少的。同样，我还要感谢 Bruce Ackerman，Mark Barr，David Bromwich，Gunnar Falkemark，Robert Forbes，Paul Kahn，Tony Kronman，Sven-Eric Liedman，Harvey Mansfield，Russell Muirhead 和 Richard Tuck 等人的持久影响。

朋友们、同事们以及其他非正式的建议者们也发挥了重要的作用。我很难夸大对 Aziz Rana 和我在这一计划刚开始时所进行的谈话的感谢之情。同样的谢意也是 Brendhain Diamond 应得的，他对我的友谊和他的前苏格拉底哲学风格不仅丰富了这本书的内容，还使我的生活更加丰富充实。能够在宾夕法尼亚大学完成这项工作使我受惠匪浅，我要感谢宾夕法尼亚大学政治学系的同事们——尤其是 Avery Goldstein，Nancy Hirschmann，Ellen Kennedy，Anne Norton 和 Rogers Smith——他们是给予了我最多支持的人，并在我写作过程的最后阶段提出了一些至关重要的建议和批评。我对其他许多人也都抱有感激之情，他们花时间阅读我的手稿，并向我提供反馈，或向我提示了一些重要资源：Jon Argaman，Bryan Garsten，MuradIdris，Johan Karlsson，Odette Lienau，Paul Linden-Retek，Michael Nitsch，Andrew Norris，Goran Duus-Otterstrom，Jonathan Schroeder，Josh Stanfield，Marty West，Elizabeth Wingrove，以及

John Zaller.

我还受益于这三位优秀的研究助理——Meike Schallert，Aaron Ross 以及 Joe Datko——他们中的每一位都为这个项目奉献了大量的精力。

有一些机构慷慨地向我提供了财政支持：宾夕法尼亚大学的教务长办公室、美国国务院的富布赖特学者基金、哈佛的一个研究生协会基金，以及两家非常支持我的研究项目的瑞典基金会——Herbert and Karin Jacobssons Stiftelse 以及 the Mary von Sydow f. Wijks Stiftelse——提供的研究资助，还有哈佛的宪政项目计划的支持。

我在以下机构就本书的某些部分的早期版本做过讲演：加州伯克利大学的法理学和社会政策项目、哥伦比亚大学的政治理论研讨会、宾夕法尼亚大学政治学系、人文研究所，以及哥德堡大学的政治理论研讨会。我还在美国政治科学协会年会、新英格兰政治科学协会和东北部政治学协会讨论过本书某些部分的早期草稿。听众们给予的反馈有助于完善和加强本书的主要主张。

第五章的主要思想在我的旧文"马克斯·韦伯与民众权力的复苏"（*Max Weber Studies*，8.2，2008，pp. 187–224）中已经发表过。我要感谢 Sam Whimster 和该杂志编委会的其他成员，他们允许我在这里援用该文的部分内容。

我非常感谢我在牛津大学出版社的编辑 David McBride 对本书的信任；还要感谢两位给了我批评建议的匿名审稿人。Susan Ecklund，Alexandra Dauler，Paul Hobson 和 Brendan O'Neill 也提供了优秀的编辑帮助。

最后，我无比感激自己的家庭。我的父母 Joan、Franklin Green 和姐姐 Julie 向我提供了持续一生的爱和支持，如果没有他们的话，我肯定无法完成这本书。我在瑞典的大家庭成员——Helen，Oscar，Ebba 以及 August——给了我第二个家园，我在那里完成了本书的这么多内容。我的女儿 Kitty 一直是向我提供快乐的源泉，她有益地提醒我在文字之外还有世界。Amy 在过去的岁月中读了我的大量文字，并帮助我越过了本书进展中的诸多关隘，是啊，我能拥有这样一位耐心、善良、美丽、有才华的妻子，真是我的幸运。我将本书献给她。

第一章 目光式民主

因我们面对新问题，故应有新思考、新行动，我们必须解放束缚自身的枷锁。

——亚伯拉罕·林肯

1.1 人民之眼

迄今为止，人们一直认为民主就是通过人民的声音赋予人民以权力。本书旨在呼吁人们思考人民的**眼睛**。就民众赋权的具体器具（organ，器官，工具）而言，人民的眼睛可能可以发挥更为恰切的功用。

当我们思考民主制中的人民及其权力的本质时，总是会看到声音隐喻的优势无所不在。因为早在公元8世纪的政治理论中就已经具备了这样的信条：人民的声音就是神的声音（vox populi, vox dei）。即便很少有人能够真的彻底追随这一信条，但是将人民的权力以声音的形式来理解这一倾向在现代民主思想传统中是如此的根深蒂固，甚至成了一条普遍原则。不仅是众所周知的民主机制——选举和公众意见——很容易将自己归结到声音这一隐喻上，而且在立场不同的民主理论进路中，也存在着以人民的声音为基础来构建民主理论的显著倾向。商谈论民主派看重政治家、宣传家、法学家和其他公众人物应该如何对话，以及他们的商谈是如何精练并且扩大了人民的声音的。多元主义者提醒我们，在现代民主社会中并不存在单一的至高无上的声音，而是多元化的声音通过彼此竞争和彼此合作而达到稳定的民主系统中的普遍和谐。那些关注投票机制的"意见汇聚派"则选择如下时刻作为其分析对象：人民——或者（更为准确地说）那些参与投票的大多数人——通过声音正式地表达自己对于谁应当掌权问题的偏好。

本书的观点并非认为：聚焦于声音隐喻是错误的（至少当它涉及某些特定个体和团体的政治活动时，它并没有错），而是说，（就其自身来说）这种聚焦可能会很容易产生一种不切实际的民主理论，它与大多数人在大多数时间中以及**人民**自身（集体中的普罗大众、不担任公职的公民）长久以来体验政治的方式脱节。事实是，对于大多数人而言，我们的政治声音是某种我们很少演练的东西，只是在定期的几次投票、偶尔的几次民意测验以及对我们关注的特定问题进行探究时才运用。如果我们的候选人获胜了，或者我们的特定问题得到了满意的解决，那么可以说我们的声音确实被听到了；但若因此就以为"人民"在说话，而非选举获胜的某些多数派或者组织良好的少数派在说话，那就无疑是太过自负的想法了。无论如何，关键之处在于：我们的绝大多数政治经验（无论作为投票者还是不投票者）并不是参与到这种行动中或者决策制定中，而是观看或者倾听积极参与的**其他**人。此种观众身份就内嵌于政治行动本身当中。当政治家发表演说时，成千上万的人会听他/她想要说什么。当公益组织进行公开抗议时，他们的行动逻辑已经假定了那些当下虽无行动、但却在观看的广大公众可能会受到激励，加入到这项事业之中。而当某些坏事发生时，比如，当发生恐怖袭击或者自然灾害威胁到政治体生活时，多数人只能旁观，希望那些有权做决策的权威明智地使用他们的权力，以惠及那些只能眼看着危机发生的广大平民。这也就是说，大多数公民在大多数情况下并非用其声音与政治发生关联的决策制定者，而是用眼睛与政治发生关联的**观众**。本书就是要在这一事实的基础上思考民主理想的意义。

政治的观众身份并不只是政治行动通常的关联，而且是一个**难题**，它标示了 21 世纪来临之际威胁民主生活的独特困难。从技术的层面来说，观众身份这个难题反映在大众传播技术（特别是电视）的兴起上。这些技术通过将观众身份固化在日常政治经验的结构中，已经从根本上改变了政治生活的行为。通过大众媒体表达自身意义的组织和资源使得行动者与观众之间几乎不存在任何转换的可能，毋宁说是造成了一个只能观看政治精英这个较小群体表演的半永久性观众阶级。在过去，如在雅典城邦中，作为观众的公民可能很容易走上前台并成为政治行动者，而在今天，大多数政治观众都只不过是政治信息的接受者——无法直接回应，并且几近完全无法回应。行动者与观众的关系，就其当前的形势来看，威胁到了民主社会所珍视的政治平等。理查德·伯恩斯坦（Richard Bernstein）的如下说法毫无疑问是正确的："寻找到某些能够调和行动者和观众的方法仍然是当前最紧迫的问题之一"。①
通过将政治前所未有地置于人民之眼的观察之下，大众传媒也将一套有损政治对话合理性的政治实践常规化了——拍照、原声剪辑、新闻泄密，以及（更为普遍的）不关心议题的人格政治，从而进一步让普通公民远离如下这种感觉：他们参与做出真正政治决策并对其所基于的原则做出理性推理。那么，从观众的视角考察民主就意味着：在伴随民主发展逾一个世纪之久的特定病症和机能不良的阴霾下进行民主理论研究。

在探索一种将观众身份这一难题——它基于如下事实：大部分人主要通过他们的眼睛（而非他们的声音）参与政治②，以及从目光而非声音的角度去理解"人民"这个集体概念——纳入考虑的政治理论时，我的方法是复活并发展一种在民主理论中已被遗忘的选项：被称为"平民政治式民主（plebiscitary democracy）"的思想流派。将平民政治当作一个思想流派；或认为一个人可以像成为一位代议制民主派、多元主义派或者参与派那样成为一位平民政治派（plebiscitarian）；这么做已经给予平民政治论（plebiscitarianism）比它通常得到的要更多的荣誉。就其目前的形式而言，平民政治式民主在民主理论中算是一个贬义词，指的是一种虚假的或者完全败坏的民主——在此种民主中，政治精英（通过大众媒体）所进行的战略性政治营销将有意义的大众决策所需要的商谈和大众参与排除在外。例如，在德国的哈贝马斯和美国的布鲁斯·阿克曼（Bruce Ackerman）、詹姆斯·菲什金（James Fishkin）这些最杰出的民主理论家的著作中，平民政治指的是一种由有操纵能力的精英所掌控的景观政治（a politics of spectacle），在其中，真正的人民决策已经被败坏了，大多数公民只能扮演观众的角色。但是，此种对于平民政治式民主的彻底贬低有些狭隘了。平民政治式民主并非只是一种境况条件（condi-

---

① Richard Bernstein, "Judging – the Actor and the Spectator", in *Philosophical Profiles: Essays in a Pragmatic Mode* (Cambridge, UK: Polity Press, 1968), 222.
② 为了避免出现误解，我想要在开篇处做出如下说明：人民之**眼**并不只是想要强调政治观众身份的视觉维度，而且也想要说明听觉维度的重要性。这一隐喻中的视觉指涉的是视-听领域。如果说这个隐喻并非完全精确，那么它却并不那么罕见。在日常的表达中以及在哲学的话语中，视觉过程都被赋予了超过视觉之外的意义。例如，当康德提到表象的世界（Erscheinungen）之时，他所意指的世界并非只是通过视觉通达的世界，而且是指通过五感的任何一种都可以通达的世界。最重要的事情是要去做出这一区分：视觉和听觉（两者都是"人民之眼"这一表述所指的内容）的被动的、观看的过程与声音、参与和决策的积极过程。

tion），而且也是一种理论。它并非仅只命名了一种观众身份泛滥的民主境况条件，而且提供了一种从旁观者的视角论证和追求民主的方法。通过回到马克斯·韦伯这位最早的平民政治式民主理论家，通过检审他的两位极具影响力的后继者（卡尔·施米特和约瑟夫·熊彼特）的贡献；以及通过求助于另一些对政治观众身份的重要性有敏锐察觉的作者们（如亚里士多德、莎士比亚和本杰明·贡斯当），我将会重建平民政治式民主理论，将之恢复为民主思想中的另一种切实可行的范式。

说白了，平民政治式民主理论并不是要断言观众比政治行动者更好，而只是想要表明从观众的角度也能够发展一种民主理论：从政治观众的立场出发也能构建出对于公民身份、民众权力和民主进步的理解。

但是，如果说观众身份并不比行动者的身份更好，如果说观众是一个颠覆平等和自治这些传统民主价值的有问题形象，为什么还要煞费苦心地发展一种致力于观众利益的民主理论呢？反之，为什么不试图找到将观众转变为行动者的方法呢？第一个原因是（这一点已经在前文中提到了）：观众身份是普通人在其日常生活中与政治发生关联的决定性方式。虽然政治哲学并不必然关心大多数人在大多数时间中与政治关联的方式，但是一种打上民主烙印的政治哲学却有着独特的责任：以尊重政治经验的日常结构的方式阐发政治原则。认真对待观众身份是一种对普通人的政治生活表达尊重的方式。第二个原因（也已经在前文中提到了）是：与声音的过程相比，观看的过程确实是更具共同体性的，因此更适合作为"人民"这个集体性概念的基础。虽然如下说法无疑是正确的：大众民主的所有公民都拥有在偶尔举行的选举中发出自身声音的权利，但这项权利的实际使用却阻碍了普通公民获得一种集体意识——只要选举的结果将公民区分为投票者和不投票者、区分为隶属于相冲突的政党的成员，以及最终区分为（间接）感受到竞选获胜还是失败的人。正因为平民式民主重视"人民"——作为集体看的普通公民——这一观念，故而，它将自身建基于观众身份这一境况条件之上，即所有普通公民因为不担任公职而都对政府旁观。

最后一种对于平民政治式民主理论的辩护是：作为这种理论基础的观众身份的非理想境况条件，恰恰使其重要性和价值得以凸显出来。随着民主在20世纪席卷全球，人们日益认识到民主还没有——并且可能永远不会——达到18和19世纪其现代复兴时所设想的高度理想主义状态。这种失望情绪（并非与反民主情绪同一回事）已经有了不同方式的表现。温斯顿·丘吉尔那微妙的讽刺说法——民主是最坏的政府形式，除了人类尝试过的其他政府形式之外——可能是此种情绪最为著名的表达。而意大利政治理论家诺伯托·博比奥（Norberto Bobbio）对民主的"未实现的承诺"和"未预见的障碍"的刻画可能是最为重要的表述了。① 现在需要做的事情（并且在很大程度上尚未被尝试过）就是：找到一种能够卓有成效地回应这些失望情绪的民主理论——这种民主理论指引我们走出由于依赖完美理想型（如非支配性对话、多元化平衡或者一人一票制选举）所导致的两个孪生陷阱：一方面，掩饰失望情绪已经成为民主经验现象学的一部分；另一方面，致力于暴露当今民主系统中的机能失败：揭示所有的理想型以及所有政治希望都只能是虚假的幻觉。一种关于平民政治式民主的理论旨在引领我们找到二者之间的另一条通道。通过将理论自身建基于人民的眼睛而非人民的声音之上，进而建基于这样一种器具之上——正视不平等和被动性等问题而非主张自治和代议的完善性，我将辩护的平民政治理论模型试图为特别适合于败坏境况条件（它影响了民主在今天被经验的方式）的那些理想而奋斗。

下文将会对此种理论的细节做出具体阐释，但本章作为开篇则先对总体原则做出说明。在本章的余下部分中，我想要初步介绍一下平民政治式民主理论的主要特点，而对此种理论的详细阐释和辩护则是后面章节的任务。在 1.2 节中，我主张：尽管观众身份作为政治研究主题的合理性仍然有着道德上和理智上的怀疑，但是从政治观看者的角度探究民主毕竟是可能的，即确实存在着**民众赋权的目光模式**（ocular model of popular empowerment）；而且，正是因为平民政治式民主包含了这一模式，故而可以成为政治思想的一个重要选项。此外，不仅民众赋权的目光模式是可能的，而且对其追求可能会让我们对实现更加民主的社会时的关键性公共善做出更有意义的阐释。平民政治式民主不仅是我们所熟悉的民主过程的替代解释，而且代表了一种新型伦理范式，它将会重塑我们领会和探究民主的道德意义的方式。1.3 节到 1.6 节，将考察平民政治式民主理论和民众赋权的目光模式所能实现的理智的、审美的、平等的和团结的价值。在作为总结的 1.7 节中，我将详细阐述本书余下章节的总体思路。

---

① Norberto Bobbio, *The Future of Democracy: A Defence of the Rules of the Game*, trans. Roger Griffen (Minneapolis: University of Minneapolis Press, 1987), 27 – 39.

1.2 人民权力的两种模式：声音模式 vs. 目光模式

平民政治式民主理论试图从观众的眼睛（而非从行动者的声音）这一视角出发去探究民主，这似乎是想完成一个不可能的任务。毕竟，政治科学并不习惯于将视觉能力作为政治赋权的一个合适基础。通常的假设是，眼睛是位于权力之外的：观众身份如果意味着什么的话，就是标示出统治关系的存在（多数人处于从属地位，他们看着少数人在公共舞台上演出）；并且，民众赋权只能靠发表言说、采取行动和做出决策——当然，这些正好不是观众做的事。

观众身份是理论上的死胡同：观众是毫无力量的，并且（因此）基于观众身份的民主理论无法获得至关重要的东西。在此种看法背后支撑它的是一个流传甚广的假设：它涉及民主制中民众赋权（popular empowerment）必须采取的形式。我将这个传统的并且仍然占据统治地位的民众赋权的模式称为"**声音模式**"。其特征将会在随后的章节中做出详细阐释，但是在此可以归纳出三个核心特征：民众权力的**对象**是**法律**（大体上说，即影响公共生活的法令和规范）；人民权力的**器具**是**决策**（关于政治体应当去做什么的表达性决定，如投票和大众意见）；因此，民主制的**关键性理想**是**自治**（人民能够生活在自己参与制定的法律之下）。那些对于是否存在"传统的民主理论"抱有怀疑的读者——或者说，那些怀疑它是否采取了"人民权力的声音模式"的读者——将会在本书第三章找到这些主张的具体证明。然而，此处只要明确下面这一点就够了：我们不难看出，如果权力按照声音范式进行理解的话，那么观众身份只会表现得毫无力量可言。作为一个只是观看政治的非参与者，观众并不做出决定，也不制定法律，因此，他们存在于集体性作者和自我立法的过程之外。这样，在人民权力声音模式的主导之下，政治科学在观众身份中——以及总体而言在视觉本身中——只能够找到一种外在于政治的、毫无权力可言的、并且对民主的进步理论毫无关系的经验形式。

通过从观众的角度对民主进行理论阐释，我为之辩护的平民政治式民主期望能够克服声音模式的局限。它挑战了声音模式的每一个元素，并且按照目光范式重塑民众权力。这种目光范式可以在与声音模式相对应的三种转变中得到最佳理解。

第一章 目光式民主

首先，当政治关心的是观看的观众而非做决定的行动者之时，民众赋权的对象必然转移到被注视的**领导者**那里，并离开其传统的根基——被写下的、得到讨论和通过的**法律**。诚然，声音模式影响之下的传统民主思想体系通常主张培养强健领袖的必要性，但是这种领袖不是作为民主的目的，而是作为实现人民意志的手段，或者作为有助于形成和教育公民对于法律、规范和政策的偏好的手段。目光模式所要求的东西是与领袖行为更直接相关的民众赋权的概念。民众赋权的目光模式的衡量指标不再是得到通过的法律，而是在于人民与被注视的领导者的关系。在声音模式中，领导者是达成立法这一终极目的的手段；与此模式不同，在目光范式中，领导者却是实现民主的最终位置所在。

就其自身而言，这第一个转变确实看起来非常抽象。如果说目光模式反对抬高"人民－法律"的关系的传统做法，主张将人民与其领袖的关系放在核心位置，那么现在需要解决的关键性问题就是人民－领袖阶层的关系应该采取什么形式。这就将我们引向了目光和声音两种范式的第二个差异。通常来说，按照声音模式所构想的那样，人民通过其声音来施行对领导者的控制；通过如下措施——诸如选择支持谁，领导必须对其积极响应，表达自己的偏好、意见和价值判断，以及不但在选举中而且在公众意见中做出判断，使领导者对其行动负责任。因此，声音模式假设人民权力的器具在**决策**：一种声音式民众赋权模式，人民通过声音确认其个人意志（或者众意）；并且通过选举、指示、代议或其他有助于交流意见、价值和关切的过程，来让这一意志对政治生活产生影响。

正相反，目光模式是基于人民的眼睛及其观看的能力，而非人民的声音及其言说的能力。通过目光模式的民众赋权不涉及将人民的声音具体化为权威性决策，而是要将人民的观众身份提升为**凝视**（gaze）状态。凝视是审查、观看和实际监督的等级化视觉模式，它是目光模式下民众赋权的主要器具。那么，致力于民主的目光模式的平民政治论所要做的，并非是用言说（决策）进行赋权的形式，而是用观看（凝视）进行赋权的形式。

凝视（一种用观看进行赋权的形式）这一观念对于现代民主理论来说是完全陌生的。但是，它却是政治学之外的其他学科研究的重要部分，包括神学、心理学、哲学、艺术和文化研究。因此，我为平民政治式民主进行辩护的志向之一就是：要让凝视这个概念与民主发生关联，并且基于凝视来理解目光的权力。虽然关于凝视这个概念有着多种多样的理解,但是有五种版本对于定义**大众的凝视**(popular gaze)来说极具启发且很有助益。第一种,深刻影响了18世纪末看到民主复兴的那一代人的自然神论。这种神学不承认神的声音的实在性,但却主张**神的凝视**(divine gaze)的重要性。自然神论的上帝并不说话——并不通过经文、预言或者奇迹与人类交流,但是他观看。正如托马斯·杰斐逊所说,这是伟大的"监督的权力(superintending power)"。① 神对死后生活的判决在自然神论神学中不受重视,于是,此种神学的最为重要的伦理后果便是,神的凝视在此世内在化了(主要以自我凝视或者良心的形式),取代了对于未来报应惩罚的恐惧。② 第二种,上述神学的一个世俗版本可以在精神分析传统中找到,在其中,被另一个人观看的这种感觉被视为精神生活内在结构的基础。根据弗洛伊德和(尤其是)拉康的理论,理想自我(ideal ego)(我想要成为的那个人)与自我理想(ego ideal)(作为想象的观众发挥着凝视功能的那个人,我的生活的所有事件都在他的眼前假想地展开)之间,存在着关键的区分。③ 有了这种自我理想的凝视概念,精神分析认识到:我们不仅常常从他者的视角看我们自己,而且这个他者趋向于相对稳定——这样,一个人就完全可能辨认出谁的假想观众身份被赋权去扮演这一规训角色。第三种,试图把握目光权力的最具雄心的哲学尝试,毫无疑问就是萨特的**生存性凝视**(existential gaze, le regard)概念了。对于萨特来说,观众并不单纯是一个被动的人物;作为凝视,他拥有权力(尽管不是一种常规的权力),可以削弱另一个人的主体性。当一个人感到自己被观看时,他就会从主体转变为客体,产生羞愧感、骄傲感或者危险

---

① Thomas Jefferson, letter to John Adams, April 11, 1823, in Lester J. Cappon, ed., *The Adams - Jefferson Letters: The Complete Correspondence* (Chapel Hill: University of North Carolina Press, 1987), 592.
② 例如,可参见 David L. Holmes, *Faiths of the Founding Fathers* (Oxford: Oxford University Press, 2006),第3章,特别是46-47页。
③ 两者可能是一致的,比如,我想要成为摇滚明星;但当我尚未成为摇滚明星之时,我可能会责骂自己,我可能想象一个摇滚明星会如何看待我。但是,两者也可能不一致。例如,可见 Sigmund Freud, "On Narcissism: An Introduction", in James Strachey, ed., *The Standard Edition of the Complete Psychological Works of Sigmund Freud* (London: Hogarth Press, 1953), vol. 14, 67 - 102; Jacques Lacan, *The Four Fundamental Concepts of Psychoanalysis*, trans. Alan Sheridan (New York: Norton, 1998), 61, 130, 144 - 146, 155, 256 - 258, 272。

感——这三种感受都将一个自由的存在者驱离了他/她的本真存在之路。①第四种，福柯的规训式权力（disciplinary power）观念——训导及塑造个体之主体性的那种权力，与命令人们去战斗、交税和服从法律的统治性权力相对立——与他的**规训式凝视**概念密不可分。规训式权力的核心机制是主体的"强制性可见（compulsory visibility）"。正如他对现代监狱进行研究后所做出的解释："正是被规训者一直被注视着（总是能够被看见）这一事实，使其处于受支配地位。"那么，规训式权力并非通过命令来发挥作用，也不是通过吸引人们注意其力量的炫耀性展现来发挥作用，而是"一种仅仅通过凝视来展现的权力"。②第五种，女权主义理论中有一种"**男性的凝视**"的观念。对于创造了这个词的劳拉·穆尔维（Laura Mulvey）来说，男性的凝视代表着一种在好莱坞电影中时常出现的状况，即男性的主导统治不仅是作为电影的主角，而且是作为暗藏的观众——电影就是为了他们而上映的。即便当女性作为叙事的中心时，她们要么被当作窥探隐私的施虐癖的对象，要么（跳到另一个极端）被当作理想化的崇拜对象——总之，都预设并强化了男性视角。通过将男性的视角强加其上，传统的好莱坞电影让女性观众不得不适应一种本不属于她们的身份。关于穆尔维的这篇文章有很多争议，特别是她对于男性和女性的身份认同形式做出了本质主义的描绘。但是，穆尔维的分析中尤为重要并且意义深远的部分是：她将观众身份作为一个权力位置，"在性别失衡的世界中，观看的快感在主动/男性与被动/女性之间发生了分裂。决定性的男性凝视将其幻想投射在女性人物身上，对其进行相应的描绘"。③也就是说，按照穆尔维的解读，家长制权力不仅仅是统治行动世界的权力（做什么，谁去做，谁获益），而且也包括形成凝视之本质的权力；通过凝

---

① 萨特对于凝视的处理是极其多变的和复杂的，但总的来说，萨特将凝视作为一种非交互性的入侵，它取消了被观看的个体的行动能力："我将他者的眼光放在我的行动的核心来把握，将之作为我自身可能性的固化和异化……他者作为一种眼光仅仅只是——我的超越性做出了超越。当然，我仍然**是**我自己，我的可能性在这些可能性的外来意识模式之中。但同时，他者的眼光将它们异化与我远离。"[中译者注：参看《存在与虚无》中译本（陈宣良等译，北京：生活·读书·新知三联书店，2007年，331页），译文有改动]，Jean-Paul Sartre, *Being and Nothingness: An Essay on Phenomenological Ontology*, trans. Hazel E. Barnes (New York: Philosophical Library, 1956), 263。

② Michel Foucault, *Discipline and Punish: The Birth of the Prison*, trans. Alan Sheridan (New York: Pantheon, 1977), 187–188。中译者注：参看《规训与惩罚》中译本（刘北成、杨远婴译，北京：生活·读书·新知三联书店，199年，211页），译文有改动。

③ Laura Mulvey, "Visual Pleasure and Narrative Cinema", *Screen* 16 (Autumn 1975): 6–18, 10。

视，（政治的和文化的）行动才能够被理解。

尽管这五种解释看起来不尽相同，但是这些例子的共同特点是：它们都将观众放在潜在地掌握权力的位置上（相对于那些被观看者来说）。这些例子说明：在观看的赋权和未赋权形式之间有差别，从而，寻找赋权的目光模式是可能的。无可否认的是，在此种思路中有着一个关键性张力——凝视是凭借"看着某人"这一行为的内在属性就能发挥独立的权力呢，还是说，凝视最好被理解为反映了基于非目光领域的某种权力？前一种情况是萨特的学说所清晰地肯定的。这种情况不仅可以在源远流长的"恶魔之眼"的民间传说中找到支持，而且可以在某些社会规范（如盯视是无礼的）中找到支持，还出现在如下这种情况中：毫无恶意的婴儿的凝视会让我们紧张。① 然而，在另一些例子中，凝视并非等级制权力关系的主因，毋宁说是某些潜在的等级关系（神－人、监狱－犯人、家长制社会－女性）在用目光的方式揭示自身。但是，即便在这种对于目光权力的较为温和的理解中——在其中，凝视（作为赋权形式的观看）的权力来自非目光的资源——人们仍然可以分辨出目光赋权的相对程度。神可能在看，也可能没看；监狱可能是也可能不是全景监视的；家长制社会可能施加也可能没有施加一种男性视角，作为文化产品的隐含观看者。那么，至少可以说，目光的领域提供了一个让权力可以显示自身的平台，这表明从目光来解读人民的权力——民主的核心道德意义——是可能的。

在使用"大众的凝视"这个概念的时候，我将会使用这种较温和的意义——一种适合于人民的赋权形式的观看，其特点是对领导者的真正的和切实的监视，**它可能事实上依赖于非目光的资源**（如选举）——为平民政治式民主理论辩护，并且为这种理论所依赖的民众权力的目光模式辩护。这个选择之所以看起来是合理的，并非仅仅因为萨特所提出的关于观看的内在权力的学说看起来过于思辨，而是因为现代大众民主的明确特点就是，强加给领导者的目光性约束——他们感到被迫出现在公共舞台上，并且潜在地接受严格的观察和监察——正是通过非目光的资源所支撑的，例如选举失败的危险，或者（如果传唤受审）遭受惩罚的危险。但是，为了防止人们这么想：与声音范式相比，目光模式对于权威性的非目光资源的依赖将会在某种程度上证明目光范式无效，我们就必须认识到：声音模式本身也是要依赖于声音

---

① 关于民俗传统，见 Tobin Siebers, *The Mirror of Medusa* (Berkeley: University of California Press, 1983), x. 关于恶魔之眼的现代意义，可见 Margaret Olin, "Gaze", in Robert S. Nelson and Richard Schiff, eds., *Critical Terms for Art History* (Chicago: University of Chicago Press, 1996), 212, 214。

之外的资源。由来已久的对人民声音的颂扬和理论阐释，很少被解读为宣称言谈自身就具有内在权力——仿佛单纯通过使用言辞和声音表达偏好，公民就赋予了自身以权力；毋宁说，它意味着选举制度（候选人对于选举获胜的渴望）和国家的强制力（两者自身都是沉默不语的）可能会被用于**强制实施**那些否则失效的人民的声音（大众对政策、法律和其他关于公共善的实质性决策）。在民众赋权的目光方式和声音方式之间进行选择，尤其是，考虑究竟是用凝视的形式为人民之眼赋权，还是用权威性决策的形式为人民之声赋权，并非是一个关于民众权力来源的争论，而是这一权力如何使用的问题。

本书的核心主张是：给予"凝视"还是"决策"以优先权，是问题的关键；以及当思考人民及其权力的本质时，有充分的理由给予民主的目光式理解以优先权。因此，仅只在声音模式妨碍了目光模式之时——仅只在对声音模式之完善性的错误信念会剥夺对于目光模式的需求之时，目光模式才会拒斥声音模式。但这也就是两者敌对的最大限度了。在许多情况下，声音和目光机制是相互交叉的。这并非仅仅指我在前文中所讲的，领导者必须当众出现这个目光性要求不只依赖于领导者想要赢得大多数选民声音的渴望，而是指：选举远非只是发出声音的唯一机会，它可以极大地促进并且扩大大众-观众身份的目光力量。这并非单纯因为选举通常与谁掌握权力直接相关联（因此就决定了谁必须被看到以及被听到），而与应当去做什么事情无关，毋宁说是因为：选举的过程需要领导者不断地在公开场合出现，这既包括候选人，他们在真正的选举开始之前就要争取获得选民支持；也包括已经当选的领导者，他们一旦掌权就感到必须要参与一系列精心安排的公共活动，这些活动旨在从那些参加投票的人民那里获得支持。

民众赋权的器具（organ）究竟是凝视还是决策，这个问题是同一套选举制度中应当突出重视哪些特点的问题：目光的还是声音的？大多数民主理论都认为目光标准（候选人和政治领导者必须在公开场合出现）是次要的，这些东西只能够成为（居于核心地位的）领导者所达成的实质性决策的陪衬；然而，我所为之辩护的平民政治式民主的研究进路则恰恰是建基于、并将自身定位于领导者在公开场合出现。因此，平民政治式民主理论给予人民的凝视（一种赋权式大众观看）而非人民的决策（一种赋权式大众声音）以优先权，并非是主张有独立于声音权力之外的目光权力，而是说：正是领导者在公共场合的目光领域露面，而非在立法的和选举决策的声音领域之中，赋予人民更多权力的进步要求是最为恰当、最为有利、最有建设性的要求。因为大规模的声音过程往往是罕见的、表达不清的、其确保领导者回应和负责的能力是靠不住的，而且从未让人们真正凝聚成为一个集体（而只是人民中的某一小团体），所以我主张：用凝视（而非决策）去理解"人民"这个集体概念——尤其是，去理解民众赋权的器具——是可行的。

目光模式的前两个特征——将人民权力的对象重新定位于领导者而非法律，以及将人民权力的器具重新定位于人民的凝视而非决策——引出了一系列极其重要的问题。将赋权式观看与无权式观看区分开的标准是什么？在人民对其领导者的真正监督与仅仅观看之间的差异如何分辨？简而言之，指引平民政治式改革者去追寻民众赋权的目光模式（而非声音模式）的原则是什么？这些问题将我们引向目光模式与声音模式的第三个差异：规定和指导着民主进步主义探索的**关键性理想**。依靠声音模式的传统民主理论所诉诸的关键性理想是自治（人民积极参与自我立法过程的能力），而平民政治式民主的民众赋权的目光范式却认为关键性理想是**坦诚性**（candor）——我使用这个词主要想表明的并非个体性规范：领导者应当是真诚的，而是指一种制度上的要求，即领导者不可以操控自己公共出场（publicity）的条件。领导者的坦诚性表现在他们在公开场合露面时不能预先彩排、预先计划，也不能用权力自上而下操控，而是应该面对自发性公众事件的全部风险和不确定性。

尽管少有对坦诚性这个词进行理论阐释，但是现代政治的观察者应该对坦诚性标准非常熟悉。一方面，在通常情况下，领导者能够用很多种方式控制他/她的公共出场：决定何时、多久、在什么场所、与谁一起以及在什么情况下出现。事实上，有了那些前所未有的技术和组织资源之后，领导者及其政治机器已经能全面控制其在公开场合的露面：他们已经被包装好了、发言稿也写好了，甚至精微管理到了最小的细节——包括摄像机拍摄的角度、背景，以及（更有甚之的是）所谓"自发聚集"的观众们的反应。然而，另一方面，我们同样也知道这种控制并非彻底的，在某些情况下，领导者对其公共出场的条件的控制就相对较弱——比如，当其公开露面是直播的而非预先录制的，是现场自由发挥的而非念稿的，是被迫进行的而非自行决定的，是遭受到他人的质疑和追问的，而非滔滔不绝的独白式陈述。

在现代平民政治中，展现坦诚性的例子有：总统辩论中候选人之间的即兴交互质询（这一实践一直被禁止，直到近期才被允许）；[①] 追究问责的新

[①] "被禁止"指美国总统选举辩论委员会（the Commission on Presidential Debates，简写为CPD）禁止这一形式。如，可见 George Farah, *No Debate: How the Republican and Democratic Parties Secretly Control the Presidential Debates*（New York: Seven Stories, 2004），7，10 及其他处。CPD 在 2008 年改变了这一政策，但是没有任何候选人利用这一机会去交互质询其他人。

闻发布会，在此，某位极其固执的新闻记者能够战胜那些领导者和高级官员试图控制事件发展的诡计（例如，选择谁可以提问，不允许追问，拒绝评论）；以及领导者自己愿意坦诚地公共出场的场景，比如当他们允许无情的记者进行公开访谈时，当他们应允对其内部圈子进行前所未有的监督时（正如在电影《作战室》中所表现的场景），或者出席那些可能会有刺耳批评和责骂的公众集会时。在英国议会中，大臣回答议员问题这一政治实践（也为许多其他国家所采用），可以说是少有的试图将坦诚性作为民主日常特征的政治制度。

围绕着自治这一理想来构建的传统民主理论试图让人民掌控立法手段，而追求坦诚性的平民政治式民主则试图让人民**掌控领导者公共出场的方式**。诚然，这种掌控是否定式的，因为它指的是从领导者那里争夺控制权，而非人民自己来决定领导的公开出场应当以何种方式进行。但是这种否定性无法模糊最重要的一点，即坦诚性原则引入了这样一个标准：领导公开露面的政治景观是不（以及在何种程度上）是在领导者的控制之下。因此，坦诚性原则所主张的是：如果对当代大众政治的视觉本质——景观的、图像的和观众身份的倾向——全盘否定的话，那就太过宽泛了。在目光领域之内，可以区分好的和坏的结果，即，较好的和较差的观看经验。对观众身份的最为有影响力的批评就是：相对于全面理性对话的商议性政治，所有的景观政治都是低等的。这种批评忽略了如下关键性事实：在目光领域中，仍然有可能区分道德上较优的和较劣的景观形式。① 这些批评所忽略的东西正是我用"坦诚

---

① 居伊·德波（Guy Debord）向充斥着景观的社会发起了挑战，这强烈地体现出一般政治理论的一个总倾向：反对政治的图像化，而非要对道德上好的和差的景观形式做出区分："从定义上来说，景观完全不受人类活动的影响，任何计划好的评论或者矫正都无法将其动摇。景观是对话的反面。在表象（representation）获得其独立实存的那些地方，景观便重新建立起自己的统治……景观是处于囚禁状态之现代社会的梦魇，它只是表达了永久昏睡的愿望。景观是昏睡状态的护卫者……通过景观这一手段，统治性秩序不断地复述自身，成为一场无法中断的自我赞美的独白"［译者注：参看《景观社会》中译本（王昭风译，南京：南京大学出版社，2006年，第6—7页），译文有改动）。Guy Debord, *Society of the Spectacle*, trans. Donald Nicholson New York: Zone, 1994］, 17, 18, 19. 对景观完全负面性阐释的其他重要研究作品有：Jürgen Habermas, *Structural Transformation of the Public Sphere: An Inquiry into the Category of Bourgeois Society*, trans. Thomas Burger (Cambridge, Mass.: MIT Press, 1991), chs. 20–24; Daniel Boorstin, *The Image: A Guide to Pseudo-Events in America* (New York: Harper and Row, 1964). 对上面这种阐释趋势的一个局部偏离，见 Joseph LaPalombara, *Democracy Italian Style* (New Haven, Conn.: Yale University Press, 1987).

性"这一理想来为平民政治式民主进行辩护时所要强调的：在领导者和观众之间的目光联系是可以受到其自身的道德分析影响的。我们可以说，这种思路类似于对言说行动所蕴含的伦理责任的演绎——这一演绎居于交谈性伦理和商谈民主论思路的核心。正如阿佩尔和哈贝马斯所主张的那样（尽管方法上有着细微的不同）：交谈性言说预先假定了某些规范性标准（交互性、真诚、尊重和作为终极目标的相互理解），那么我们也可以说：政治观众身份也有自己蕴含的理想——政治精英们的公开露面必须表明他们自身是**值得被观看的**——而坦诚性这一原则对"值得被观看"意味着什么，给出了最好的定义。① 因此，坦诚性可以作为关键性理想，在其基础上民主的**图像**能够得到评估、发展和改良。

那么，这些就是民众赋权的目光模式与声音模式的主要差异。目光模式将民众赋权的对象理解为领导者而非法律，将民众赋权的器具理解为凝视而非决策，将民众赋权的关键性理想理解为坦诚性而非自治。这三重转变构成了将民众赋权的目光模式与传统的声音模式区分开来的基础模板。我会在本书中反复讲述这三重转变，通过它们来详细阐释平民政治式民主的意义。

然而，我必须要重申的一点是：虽然作为平民政治理想的坦诚性与作为传统价值理想的自治有差异，但是并非完全对立——推广而言，目光模式并非在任何情况下都与声音模式完全敌对。这两种范式的关系就如兄弟一般，它们在许多方面相互关联。首先，正如我在前文中提到的，目光式权力是由声音式权力所担保的：如果没有选举，领导者就没有义务在公共场合出现，更不用说要坦诚出现了。再者，选举决策越来越与领导者的人格关联在一起，而且越来越与预先确定的党派忠诚无关；于是，坦诚性就是这样一种原则：通过主张领导者应当在一种他们无法精心策划和控制的条件下在公共场合露面，无疑有利于领导者个性的曝光，从而使投票人获得更多关于领导者人格的消息，更好地做出决定。② 在这个意义上，目光式、观看式过程有助

---

① 例如，可见 Karl‑Otto Apel, *The Response of Discourse Ethics to the Moral Challenge of the Human Situation as Such and Especially Today* (Leuven: Peters, 2001), 45–48。
② 关于当代政治舞台上人格的重要性，可见 Anthony King, ed., *Leaders' Personalities and the Outcomes of Democratic Elections* (Oxford: Oxford University Press, 2002); Bruce Cain, John Ferejohn, and Morris Fiorina, *The Personal Vote: Constituency Service and Electoral Independence* (Cambridge, Mass.: Harvard University Press, 1987); Bernard Manin, *The Principles of Representative Government* (Cambridge: Cambridge University Press, 1997), 220, 221。

于提升声音式、决策式过程。最重要的是，人民自治和声音范式所珍视的价值——如商议（通过理性对话的过程达成决策）和透明性（选民最大程度地获得政府活动的信息，以更好地决策）——将会（至少在一定程度上）经常性地得到坦诚的帮助。毕竟，很难设想真正的商议性意见交换是完全不包含任何坦诚性元素的；如果其他条件不变的话，人们同样可以说：坦诚性无疑有助于（而非限制了）政府的透明性。正因为这些原因，坦诚性并非全新的承诺，而是在某种程度上与那些我们较为熟悉的价值和目标相一致的。

但是，本书的核心主张是：坦诚性——以及，广义而言，围绕着民众赋权的目光模式（而非声音模式）建立的平民政治式民主理论——确实为民主的研究提供了一个新的伦理范式。尽管这两种范式有着兄弟般的亲缘关系，但是它们毕竟不同。在很多情况下，在平衡不同类型的民主承诺、设计具体制度和改革等问题上，它们提出了完全不同的建议。在第6、7章中，我将会详述：如果同意坦诚性为理想的目光政治优先于以自治为理想的传统声音政治，我们会得到哪些具体的制度和伦理后果。但是，既然平民政治式改革者将会以无法还原为传统关切（增强人民的声音、为人民的声音赋权、并服从人民的声音）的方式追求民主，那么我们要预先问几个问题：坦诚性的好处在哪里？民众赋权的目光模式的好处在哪里？为何民主的改革者将控制领导人公共出场（而非立法）的方式放在优先地位？

回答这些问题时，我们首先必须牢记：目光模式之所以存在的原因是，它提出了一种适用于作为观众的日常状态下的民主公民的民主理论。在第2章中，我将会具体说明观众身份这一现象，并论证这一现象定义了绝大多数人在绝大多数时间经验政治的方式，而民主作为唯一关心普通公民的政府形式，应当尊重普通人的政治经验的日常特征，并对之做出回应。但是，在此只要重申如下观点就够了：从最为基本的层面上来说，民众赋权的目光模式之所以是有道理的，是因为它并没有将普通公民的日常政治生活假定为他们明显不是的那种（做决定、发表演说、立法、主动的公共事务决策者），而是正相反，认识到日常政治生活的被动的、非参与性的、**观看的**本性。然而，目光范式的这一基本特征并非在证明平民政治式民主的人民权力的目光模式，而是作为一个起点——为所有其他正当性证明提供基础。以坦诚性为理想的平民民主政治之所以是合理的，不仅仅是因为它尊重政治观看者，充分考虑其情况，而且因为这样做可以实现其他的重要价值——在此当中有**四个**尤为重要，并且值得在本章余下的部分中详细阐述。这四个价值是：第一，在**理智**层面，以坦诚性为理想的平民民主政治指出了一个有希望的方向,使民主理论有可能摆脱"代议"这个日益受到争议的、一直模糊不清的路径。第二,从**审美**的立场来看,以坦诚性为核心理想的平民政治论允诺将事件性(eventfulness)注入当前的政治文化中——后者充满了丹尼尔·布尔斯廷(Daniel Boorstin)所说的"虚假事件"。第三,坦诚性政治支持**平等主义**价值,因为它将特殊的风险和义务施加给政治精英们,以冲抵其不成比例的、从未充分合法化的等级性权威。第四,在平民政治式民主中有着明确的**团结**价值。通过将人民定义为目光而非声音的存在,它就将"人民"这一概念从其近来的消亡中拯救出来、使之得到复兴,从而让普通公民感到自己是一个有意义的和有效的集体的一员。在下文中,我将会分别讨论这四个价值,解释它们如何通过平民政治对坦诚性的追求(而非传统对于自治的关切)得到了最大化。

1.3 目光模式的理智价值:一种后-代议制的民主理论

从纯粹理论的层面上来说,民众赋权的目光模式及其理想"坦诚性"的独特之处在于,它是一种创新性的政治价值,因为它摆脱了代议制这个规范性标准范式:它并不依赖于公民拥有预先存在的偏好、利益或者观点,并希望政府将其纳入立法之中。事实上,新模式完全不取决于公民决策。在这些方面,坦诚性指明了一种后代议制的或者非代议制的民主理论。

至于为什么要摆脱代表性范式,原因有很多。首先,对政治代议制的拒斥可以看作是(更大范围的)哲学、文化、艺术以及历史的后现代理论对"表象论"批判的一部分。"代表"(表征)制会引起形而上学式反感,它依赖于主-客二分法,假定了主体性(一致的、统一的、自我同一的主体,如站在政府背后发表意见的"人民")和客体性(政府能够忠实无误地反映被代表者)。① 其次,从卢梭开始,对于代议制的批判就一直反对其前民主的、

---

① Pauline Marie Rosenau, *Post-modernism and the Social Sciences* (Princeton, N. J.: Princeton University Press, 1992),尤其是 93 页。关于这些相互竞争的观点我们必须认识到,某些代议制的辩护者强调:政治代表并不需要模仿人民,代表与被代表者之间恰恰应该存在差异。例如,可见 F. R. Ankersmit, *Aesthetic Politics: Political Philosophy beyond Fact and Value* (Stanford, Calif.: Stanford University Press, 1996), 39 - 51; Nadia Urbinati, *Mill on Democracy: From the Athenian Polis to Representative Government* (Chicago: University of Chicago Press, 2002)。然而,"代表"概念的过于模糊的特点(对于太多不同的解释者来说,它意指太多不同种类的东西)是对其拒斥的另一个潜在原因。

第一章 目光式民主　　　　17

封建的起源及其神秘性和无法最终证实性。① 例如，弗朗索瓦·基佐（François Guizot），作为最早研究代议制人之一，认识到：何谓充分代表，最终不过是个品味问题。② 近期做出类似批判的人是安克斯密特（Ankersmit），尽管他是代议制概念的辩护者，他还是说："正确的代表将永远是一个有争议的问题，它永远不可能像确证一句话的真实性那样得到客观证实。"③ 再次，社会选择理论（social choice theory）已经揭露出内在于代议制系统中的各种类型的非理性，让人们开始怀疑个体的偏好是否能被非任意地和有意义地整合为一个集体结果。④ 最后，在最一般的层面上——也可能是最为相关的和最可应用的层面上——代议制受到那些怀疑其核心组成部分的人的挑战。人们或者怀疑政府应当对其负责的"来自人民的输入"究竟是否存在⑤；或者怀疑现存的选举机制是否能够使当选领导者的行动有意义地并且持续地实现官员对选民的积极回应。⑥ 这两种情况说明：代议制作为一种

---

① Jean‑Jacques Rousseau, *The Social Contract*, trans. Maurice Cranston（Penguin：London, 196）, 3.15. 译者注：参看《社会契约论》的中译本 121 页（何兆武译，北京：商务印书馆，2003 年）。
② François Guizot, *Histoire des Origins du Gouvernement Représentatifen Europe*（Paris：Didier, 1851）, 82, 83. 也可参见 Alfred de Grazia, "Representation：Theory", in David L. Sills, ed., *International Encyclopedia of the Social Sciences*（New York：Macmillan, 1968）, vol. 13, 462。
③ Ankersmit, *Aesthetic Politics*, 23.
④ Kenneth Arrow, *Social Choice and Individual Values*（New Haven, Conn.：Yale University Press, 1973）；William Riker, *Liberalism against Populism：A Confrontation between the Theory of Democracy and the Theory of Social Choice*（San Francisco：Freeman, 1982）；Kenneth Shepsle, *Analyzing Politics：Rationality, Behavior, and Institutions*（New York：Norton, 1997）. 社会选择理论的成果是存在争议的，并且受到了批评。例如，可见 Gerry Mackie, *Democracy Defended*（Cambridge：Cambridge University Press, 2003）。
⑤ 例如，可见 Philip Converse, "The Nature of Belief Systems in Mass Publics", in David Apter, ed., *Ideology and Discontent*（London：Free Press of Glencoe, 1964）, 206–261；John Zaller, *The Nature and Origins of Mass Opinion*（New York：Cambridge University Press, 1992）。
⑥ 例如，可见 Lawrence R. Jacobs and Robert Y. Shapiro, *Politicians Don't Pander：Political Manipulation and the Loss of Democratic Responsiveness*（Chicago：University of Chicago Press, 2000）；Adam Przeworski, Susan Stokes, and Bernard Manin, eds., *Democracy, Accountability, and Representation*（Cambridge：Cambridge University press, 1999）, chs. 3, 7, 11；Martin Gilens, "Inequality and Democratic Responsiveness", *Public Opinion Quarterly* 69（2005）：778–796；John D. Griffen and Brian Newman, "Are Voters Better Represented?" *Journal of Politics* 67（2005）：1206–1277。

政治理念，尽管在学术的和日常的话语体系中颇为流行，但它在当代平民政治社会中发挥的政治行为范导功能其实并没有那么大。

在历数这些对代议制的挑战时，我并不想要卷入到这场辩论之中：现存的自由民主制度是否能够以及在何种程度上确实能够符合有意义的代议制标准。这个问题已经引起了激烈的讨论，并且（从很多方面来说）居于当代政治科学的核心。显然，如果对代议制的信念仍然是大多数政治科学家以及记者和日常批评者的标准，那么对这个观念不尊重无疑就是一种误导了。然而，我们可以说，那些挑战代议制系统——即民主作为一种制度的理想：这种制度通过对领导阶层的定期选举这一核心机制，可以使政府实现选民的目标、政策和利益——的人们一直很难回答"是否能够找到取代代议制的另一种民主理想"这个问题。例如，在那些众所周知的并且各不相同的对代议制的批评中，关于政治-道德的想象有着一个常见的缺陷：即如果不是把民主看作是通过选举对代表的选择来进行人民的自我立法，那就无法弄清楚"民主"意味着什么。民主要么被实证主义的术语重新定义，完全缺失理想性。（如熊彼特将民主定义为一种方法）；① 要么，对民主作最小化阐释，即民主仅仅表示民众可以解除领导者或政党的权力② （这个目标并没有完全抛弃代议制，只是限制了其适用性）；或者，只是去批评代议制，却缺乏一个明确构思的替代选项；③ 或者，可以绕开代表人选举制重新肯定自我立法这一代

---

① Joseph Schumpeter, *Capitalism, Socialism, and Democracy* (New York: Harper and Brothers, 1942), 242. 然而，在本书第5章中，我将会提出如下观点：熊彼特应当被视为精英之间竞争这一理想的代表。竞争不仅仅是事实，而且是一种几乎可以被最大化的道德约束。但是，将熊彼特作为代表了一种道德中性的民主概念的人，是广为采纳的解读，而且影响很大。

② 例如，亚当·普沃斯基（Adam Przeworski）就将民主定义为这样一种制度，"在其中，政党可能在选举中失败"［译者注：参看《民主与市场》中译本（包雅钧等译，北京：北京大学出版社，2005年，第1页），译文有改动］。Adam Przeworski, *Democracy and the Market* (Cambridge: Cambridge University Press, 1991), 10.

③ 比如，在威廉·莱克（William Riker）对他所说的政府的"群众模式（populist）"理论的著名批评中，在论及他所谓的"自由主义替代模式"中，有着深深的混乱。例如，我们无法弄清楚：自由主义模式究竟指人民仍然选择领导者，但对于领导者应当实现什么并无指令；还是说，甚至挑选领导者这件事都不是由人民所做的选择（即投票是随机的）。当莱克说自由主义的模式充分满足了如参与性、自由和平等这些传统民主价值的时候，他将问题进一步复杂化了。见 Riker, *Liberalism against Populism*, ch. 10.

议制的道德内核（如参与式民主派为直接民主所做的辩护）。① 这些挑战代议制的观点看来有一个共同的缺陷：完全无法用**决策性**权力（人民借以自我统治或者选择统治者的权力）之外的东西来想象"人民的统治"。然而，基于坦诚性这一目光式理想的平民政治式民主，确实能够提供一种可替代的道德世界，这个世界能够满足那些怀疑代议制和人民自治的可行性的人们。以**视觉**（而非**声音**）为中心，将焦点集中在对**领导者**（而非**法律**）的行为限制上，以坦诚性为理想的平民民主政治将会从代议制和自我立法理想的霸权——这一霸权在大多数情况下甚至限制了那些想要逃离它的批评家——中摆脱出来获得自由。

1.4 目光模式的审美价值：事件性

作为一种适合于政治观众的地位和立场的政治理想，坦诚性原则——即，领导者不能够控制其公共出场的境况条件这一原则——的一个明确后果是：它将会最大化日常政治生活和对话的事件性。在之前的时代中，我们会很难理解事件性这个标准，并可能合理地主张所有发生的事情都同等地有事件性。但是，当我们开始使用大众媒体（特别是19世纪之后无线电、电视、网络技术的发展）处理政治事务之后，在事件的真实性程度上做出区分就成了理所当然的事情。当丹尼尔·布尔斯廷在20世纪60年代创造"**虚假事件**"这个词时，与其说他虚构了一个新观念，倒不如说他将几乎每一个现代生活的参与者已经知道的东西概念化了：并非所有发生的事情都能够同等地称之为事件。布尔斯廷认为，将虚假事件与真实事件区分开的特征是：虚假事件欠缺自发性（虚假事件是从上而下精心设计出来的）、欠缺意义（虚假事件要么是例行公事的和自动化的，要么只是在转发早已散播的信息）、并且有颂扬其组织策划者的倾向（虚假事件从观众那里榨取忠诚，而不是征求批评。毫无自发性的、可预言的并且一片喝彩的虚假事件就像真实事件一样

---

① 例如，可见 Benjamin Barber, *Strong Democracy: Participatory Politics for a New Age* (Berkeley: University of California Press, 1984), 146, 205-206. 本杰明·巴伯（Benjamin Barber）评述了可能威胁到现行政府代表人民的能力的那些问题——包括阻碍人民集体偏好的理性汇聚的社会选择问题，以及投票作为政治表达的一种形式的深刻局限性。他的策略是主张一种参与性理想，在这一理想中，未来政治社会可能会在某种程度上达成代议制系统所鼓吹却又无能提供的那种民众主权。

吸引我们的关注，但是与真实事件不同，它们让观看者陷入空虚（或许被操纵），并且感到浪费了时间。①

就像布尔斯廷区分真正事件与虚假事件一样，平民政治的坦诚性原则也针对被观看的事物的可看性（watchability）做出了区分。进一步，坦诚性原则也使用与布尔斯廷大致一样的方式——反对那些被操纵的、可预言的、对参与者毫无风险的非坦诚性公共出场——来解释这一区分。然而，布尔斯廷怀疑几乎所有的政治景观，认为它们都是不自然的和构建的（甚至1960年第一次总统选举电视辩论也是如此），并且，他倾向于仿照自发的社会/自然过程（如火车失事或者地震）来定义"真实的事件"。但是，坦诚性原则为我们提供了一种**在政治内部**区分各个事件之"事件性"程度的方法。换句话说，并非断然拒斥所有政治景观或拒斥所有将领导者带到公众眼前的传媒产品，我为之辩护的以坦诚性为原则的平民民主政治试图去改进和提升这一现象，以便于政治景观能够更好地将其作为真实事件的潜能发挥出来。平民民主政治的核心主张是：领导者不得控制自身公共出场的条件，这样他们在公共场合的露面就会消除那些虚假事件的病态特点，而成为包含了自发性、意义性和风险性的真实事件。坦诚性事件按其定义来说就是自发的：因为它不能够从上而下地操纵、表演或者提前预演。坦诚性事件也是不能够预言的。因为那些在舞台上的人不得操控事件的意义；至于事件将会得到何种解读，是不确定的，因此取决于观众的独立判断。虽然可能依然会有对领导者的颂扬，但它并非是事件本身的一个组成部分。坦诚性事件的决定性特征是：领导者被迫去行动，以赢得属于他们的喝彩，而非被动地接受它，却不需要任何努力。在这些方面，坦诚性试图让政治上发生的事件——甚至那些被构建起来的景观——变得值得被观看。在观看坦诚性事件时，我们所观看到的并不仅仅是我们早已知道的东西或者其他人想要让我们知道的东西，而是在事件发生过程中揭示出的东西。

当然，平民政治式民主理论并不仅仅致力于区分真实事件与虚假事件，而且主张一种可以生成前者和消除后者的政治有着内在的价值。通过将事件性作为独特的**民主**价值，平民政治式民主延续了一种尚显稚嫩、但却在成长中的民主思想传统，它将民主与自发性的培养和制度化结合起来。迄今为止，这一传统的最伟大的阐释者是汉娜·阿伦特，她之所以赞美政治生活，

---

① Boorstin, *The Image*, 特别是第1章。

是因为它能够从自然那自动的和重复的过程中摆脱出来,能够在一个被循环所吞噬的世界中生成崭新的和历史的事件,最终,"让非同寻常之事成为日常生活的寻常之事"。① 平民政治式民主理论建立于这一阿伦特式奠基之上,并且凸显了这样一个并未在她的思想中得到清晰阐释的核心主张:即事件性是一个值得享有的概念——不仅值得为实施事件的政治行动者所享有,而且更值得为观看它的观众所享有——进一步来说,要求更多的事件性在政治中出现,是一种**民主式**渴望,这正是因为民主所寻求的政治生活不仅满足享有名誉和在公共舞台上自我实现的少数人,而且要满足通常只能观看这些出场表现者的多数人。尽管阿伦特对政治的戏剧模式的阐释一般是通过行动者的视角来进行的,但是她自己清楚地意识到:她的理想民主制所承诺的事件性对只能观看的大多数人来说,无疑是有吸引力的。阿伦特对见证自发性事件的内在满足感的认识,可以通过如下事实得到说明:她自己是一个颂扬政治行动的非-行动的理论家;当她描述事件性的承诺时,她所钟意的隐喻是奇迹(the miracle)(因为奇迹仅对于奇迹的观看者来说才是奇迹般不可思议的,而对于奇迹的展现者来说却不是);最为重要的事实是,特别是在她的后期作品中,她认识到自发性行动远非给予政治行动者的政治礼物,而是一个标准,通过它,政治领导者能够受到那些只观看和不参与的外部人的批评。结果证明,即便政治摆脱了自然的自动化和其他非历史的过程,仍将受制于其自身内部的自动化。② 构成本真的、事件-生成的形式的政治实践的言说行动有可能会分裂为两种不同的非事件性病症:没有行动的言说(如,在宣传中的言说)和没有言说的行动(如在暴力中、纯粹技术中以及秘密政治中的行动)。③ 阿伦特吁求一种能够免除这些病症的政治学;为此,她不仅颂扬政治行动的生活,而且试图找到一个政治观众们能够触及的和欣赏的

---

① Hannah Arendt, *The Human Condition* (Chicago: University of Chicago Press, 1958), 197. 译者注:参看《人的境况条件》中译本(王寅丽译,上海:世纪出版集团,2009 年,第 154 页),译文有改动。

② 因此,阿伦特写道:"我们的政治生活,……尽管其存在于行动的领域中,但也发生在我们称之为历史的过程中,并且这一历史的过程有变成类似于自然的或者宇宙的过程那种自动化过程的趋势……事实是,自动化内在于所有过程之中,无论它们的起源是什么。"译者注:参看《过去与未来之间》中译本(王寅丽、张立立译,南京:译林出版社,2011 年,160 页),译文有改动。Hannah Arendt, *Between Past and Future: Eight Exercises in Political Thought* (New York: Penguin, 1977), 168–169。

③ 见 Arendt, *Human Condition*, 175–181。

政治世界。阿伦特想要说的，也正是平民政治式民主更为明确主张的，就是除了将政治作为达到自由之路——无论"自由"是宽泛地定义为某种集体行动，还是具体地定义为自己立法——这一传统的价值之外，还有着另一种价值，这种价值可能不那么重要，但同样真实，这就是**观看自由**：见证那些自发的、并非事先策划的政治事件，以及对处在压力和紧张状况下的历史个体的真实描绘。

正如作为平民政治价值的坦诚性是这样一个原则：它既能够帮助我们理解布尔斯廷对虚假事件的痛惜，也能够引导我们提出改进的办法，同样，坦诚性也能够让我们理解阿伦特对那种因为言行分离而伤害到事件性的政治的担忧。坦诚性原则吁求取消领导者对其公共出场的控制，削弱宣传的权力，使得领导者在公共场合的出现变成为竞争性的、可以被批评的，这样就更少可能传播谎言、矛盾和花言巧语。同样，通过强迫权力拥有者在公共舞台上出现，或者至少通过将"不公共出现"定位为本身就是非民主的（无论完成了多么重要的任务），坦诚性（其首要的本质性要求是：领导者露面并且经常露面）将可以缓解缺乏言说的问题。因此，由坦诚性原则指导的政治试图把决策制定者带到公众眼前，他们被迫将言辞付诸行动中，并将行动和言辞结合起来。

总之，致力于最大化坦诚性原则的平民民主政治，有助于用事件性这一观念对民主进行阐释，这体现在如下两方面。第一，它提供了区分事件性程度的机制。例如，一位平民政治论者会提出如下主张：在其他条件不变的情况下，政治家的记者招待会要比集会演讲更具事件性，辩论要比付费广告系列更具事件性，首相在提问环节现身回答问题要比首相的专业新闻秘书（在首相缺席时）应对提问更具事件性。对这些主张的解释反映了广泛公认的直觉，即：在每一个例子中，与后一种状况相比，领导者在前一种状况下对他/她的公共出场较少操控；于是，产生意料之外的、有意义的和崭新的事件（对相关的人造成了不可预知的后果）的能力也比后一种状况更强。第二，一位平民政治论者会提出如下主张，事件性是一种内在于民主制中的善：它服务于那些否则会毫无兴趣的观众，他们只能观看却无法决定大多数政治事件。① 在支持将事件性作为道德价值这个问题上，平民政治式民主理

---

① 正如我将在第二章中更详细讨论的。观看的公民可以被看作是毫无兴趣的，这要么指他们缺乏兴趣（对问题没有明确的观点），要么指虽然有兴趣，但却认识到这对自己所观看的政治事件无法产生影响。

论诉诸康德首次提出的观众身份与道德的关系，不过是从一个相反的方向上。康德从事件（法国大革命及其在被动观看者那里产生的同情）开始，推导证明非投身性的观众拥有普遍的道德判断；而我为之辩护的平民政治论则是从需要一种观众政治道德出发，推演出事件的价值。① 但请不要将其理解为：坦诚性吁求革命性事件，毋宁说，它欲求的是在权利和自由得到稳固确立的制度系统中发生的事件。

精英可能会回应说："对于从未经历过任何事件的人民来说，什么都没有发生过，他们无法理解事件其实毫无重要性。"② 但是，平民政治式民主所为之奉献的正是这样的人民。

1.5 目光模式的平等主义价值：人民的马基雅维利主义

坦诚性原则不仅影响到大众民主社会中事件的本质，而且将领导者置于巨大风险和压力的境况条件之下。的确，某些领导者可能会在这样的境况中历练成长；但是历史表明：即便最具超凡魅力的政治家也试图在最大限度上控制自己在公共场合的露面。事实上，任何质疑坦诚性对领导者所施加的限制和压力的强度的人，只需要看看现代政治生活中坦诚性事件的匮乏就明白了。避免让坦诚性实现制度化，已经成了政治家们普遍关心的课题，这一事实就是坦诚性理想具有关键性的、改变性的潜能的证据。如果领导者在公共场合出现却没有完全控制他/她的形象，那么他将会面临如下风险：犯错误并走错路、意见不合、无意中揭露真相甚至耻辱。最重要的是，坦诚性带来了不确定性，这本身将会破坏权力维持的稳定性。

正是因为坦诚性将这些额外的负担强加给公众人物——这些负担是普通人在其私人生活中不可能经验到的——故而它反映出一种平等主义。当然，这种平等主义并非通常类型的平等主义，因为它并不是要将所有公民放在同一个平面上，即给予他们同等政治行动的机会，而是着眼于让政治精英们因其不成比例的、从未得到充分合法证明的权力而补偿公众。平民政治式民主理论基于政治领导者与普通公民的不平等这一境况条件之上。因此，这种理论所追求的平等主义是一种校正的、补救的和（首要是）**被动的**类型：它将

---

① 见 Immanuel Kant, *The Contest of Faculties*, in *Political Writings*, ed. Hans Reiss, trans. H. B. Nisbet（Cambridge：Cambridge University Press, 1991），182。

② T. S. Eliot, *The Family Reunion*（Orlando, Fla.：Harvest Books, 1964），19.

特殊的、目光式的重担加在被挑选出来的少数人身上，这些人的声音被赋予了特殊的权力去代表其他人、与其他精英们商谈以及参与到用意志决定政治体命运的现实决策之中。

要将特殊的重担加在领导者身上——作为他们从未得到充足合法性证明的权威的补偿——这一主张可能是我所为之辩护的平民政治式民主理论中最富争议的部分。毕竟，这是一种政治平等的被动形式——试图将高等级的拉下来，而非将低等级的提上去。这一吁求让坦诚性看起来是一种内在**悲观主义**的政治价值，只是想着怎么能够拉紧堕落的政治世界的缰绳，却不考虑将之引向崭新的成就和前所未有的进步。进一步来说，这种悲观主义并不限于被动性的平等主义这个问题上，而且也在平民政治式民主的其他方面表现出来，例如：它接受了普通公民身份只能是观众式的，而不是行动式的，它只是想超越代议制，而非改进这个成问题的模式。确实，我要承认这些指控都是正确的：坦诚性政治事实上充满了悲观主义精神——或者，正如通常所说的"现实主义"的精神；特别是，出于尊重那些注定不可规避的障碍和困难的原因，而愿意将政治目标设定得低一些。但是，我反对如下暗示：这种悲观主义仅仅是对坦诚性政治的控诉。毕竟，在治国技艺的层面上，早已形成了一个悲观主义传统：毫不夸张地说，悲观主义的出现是与（摆脱了古典的和基督教的遗产之后的）现代政治理论的开端同步的。① 例如，马基雅维利通常被看作是这一现代的、悲观主义的政治理论崛起中最为关键的理论家，他明确提出：政府和掌控政府的领导者必须放弃那些传统的道德教导和目标所描绘的美妙景象，转而追求那些相比较低的却更为现实的政治目标。这种马基雅维利主义有三个核心组成部分。第一个组成部分，马基雅维利主义意味着：政治的目标不应该设定为那些高高在上的、形而上学的和难以证实的东西，而是应该设定为那些近在手边的、可以获得的和最为基本的东西——在马基雅维利那里，这些东西意味着安全、秩序和规则的稳定性。第二个组成部分，在追求这些目标的过程中，马基雅维利主义表明：人们**不是**从无善无恶的原点开始，而是从一个已经嵌入其中的情境开始，在其中人们总是发

---

① 施米特对现代派立场做出了如下格言式表述："所有真正的政治理论均假定人性邪恶，也就是说，人绝不是一种没有任何问题的生物，而是一种危险的并且有活力的生物。"译者注：参看《政治的概念》中译本（刘宗坤等译，上海：上海人民出版社，2004年，141页），译文有改动。Carl Schmitt, *The Concept of the Political*, trans. George Schwab (Chicago: University of Chicago Press, 1996), 61。

现自己已经被威胁、失望、敌人和危险所环绕。① 也就是说，按照这种悲观主义的马基雅维利式逻辑来看，政治道德就是尽量消除预先存在的恶；这种道德与获得正向的善毫无关系。这引出了第三个组成部分，马基雅维利主义的政治道德明显与传统的建基于个人层面的伦理规范（例如避免残酷、欺骗、阴谋和暴力）不一样。通过与拯救自己灵魂完全不同的甚至有时相反的手段，马基雅维利主义者拯救了城邦。

如果说这三个部分定义了为人所熟知的、现代的、马基雅维利式的"国家理由（raison d'état）"概念的根基，那么同等重要的事实是：马基雅维利及追随他的现实主义者都没有将这一悲观主义扩展到塑造普通公民的伦理和行为的政治道德中去。在其主导的形式中，马基雅维利主义只是应用到拥有巨大权力的少数人身上，而非应用到注定过着平庸政治生活，只能观看治国技艺的多数人身上。正如马基雅维利自己在《论李维》中所详细阐发的，普通公民仍然要在前现代的伦理视域中被考察和评价。在马基雅维利看来，如果一个好君主需要去学习如何不去成为一个好人，那么一个好公民仍然是那些实现诚实、虔敬、自我牺牲、忠诚和真诚等传统的（并且事实上完全是非马基雅维利式的）品质的人。②

我想要问的是，如果领导者和国家都被允许在明确的现代政治教育的冷酷智慧中寻找方向，那为什么关于普通公民的伦理话语却仍旧需要一种过时

---

① 马基雅维利写道，这种理想主义的进路之所以令人无法接受就是在于：人们总是被那些想要作恶的敌人所环伺，"一个人如果想要在所有方面上坚持善良原则，那么在如此多不善良之人的环伺之中，他将注定被毁灭"。译者注：参看《君主论》中译本（潘汉典译，北京：商务印书馆，1986年，73-74页），译文有改动。Niccolò Machiavelli, *The Prince*, trans. Harvey C. Mansfield (Chicago: University of Chicago Press, 1998), 61. 马基雅维利与其他认识到了这一事实的人——无论柏拉图（作为其正义理论起点的是一个被贪婪统治的狂热城邦）还是霍布斯（他从自然的野蛮状态开始推理）——的不同之处在于：马基雅维利用他的 virtù（德性优秀）概念所意指的并不是某种能够战胜恶这一先在状况的力量，而只是作为与邪恶角力并且阻止邪恶的不完美实践活动。因此，马基雅维利并没有将自己的研究与和谐、和平这样的终极目标相关联，他的政治伦理在战争、"得当使用"的残酷以及扩张的驱力这些令人担忧的实践中反复地出现。

② Niccolò Machiavelli, *Discourses on Livy*, trans. Harvey C. Mansfield and Nathan Tarcov (Chicago: University of Chicago Press, 1998), I, 55; II, preface; III, 1, 17. 因此，曼斯菲尔德写道：在"道德品质是人民'维系善良'的那些品质"这一意义上，马基雅维利认为人民是传统道德的捍卫者。Harvey C. Mansfield, *Machiavelli's Virtue* (Chicago: University of Chicago Press, 1996), 179.

发霉的多愁善感？为什么政治现代主义的成果只能局限于少数人享用，却将多数人遗留在雅典公民大会上？我为之辩护的平民政治论主张：马基雅维利主义不应该局限在处于统治地位的精英和治国技艺的行动中，对政治伦理的重新定义能够并且应当扩展到普通公民的伦理中。于是，坦诚性政治最好被看作是**颠倒的马基雅维利主义**的一部分——或者，更为确切地说，一种"**为人民的马基雅维利主义**"。通过用"领导者的坦诚"来定义普通公民的利益，上文指出了马基雅维利式领袖理论的基础的三个要素可以在公民伦理的层面上再次运用。于是，第一个部分关系到目标。将提升领导者的坦诚作为最重要的民主目标，这表明平民政治是用能达到的和靠得住的东西来定义公民利益。这并非是在简单地宣称坦诚性价值的获得不需要政治社会的大规模转变（如马克思主义或者参与式民主的某些版本所要求的那样），而是正相反，坦诚性价值尤其适合我们所熟知的那种政治：由电视、人格、低投票率和观众身份所主导的政治。特别是，当我们将领导者不能控制自己公开露面的条件这一规则的制度化定义为坦诚性之后，则坦诚性就相对容易被评估并且测量。在这方面，它与那些宏大的、较为传统的理想——例如代表和自治，更不用说商议、参与和透明度了——相比起来就有明显的优势。这些理想是众所周知地（在具体情况下）难以评估的，并且其确切意义也极富争议。当然，正如前文所述，坦诚性与这些传统理想中的某一些有交叉，就此而言，赋予坦诚性这样具体的和明确可辨的目标以优先地位，可以使其成为达成更崇高的愿望的有效方法。

　　但是，我在前文中确实也说过：坦诚性是某种不同的和特别的东西——也就是说，它不能够单纯被看作是这些传统民主价值的替代品。认识到这一点，就会引领我们领会对于坦诚性平民政治式提升如何反映出"为人民的马基雅维利主义"的第二个方面：即之所以坚持坦诚性，并不是以获得某些正向的善为目标，而是以应对和抵抗先在的恶为其道德动力。这种恶就是深深植根于当代大量民众中的不平等，它使得普通公民的政治经验从属于被挑选出来的少数人——唯有他们做出立法和其他政治决断。我将会在本书第二章对此详细讨论。政治精英与普通公民的区分是政治科学中常见的议题，但是通常倾向是将这个问题消解掉——或者断言这个问题过于夸大了（选举和公众意见在最大限度上可以控制领导层的决策制定），或者寻求改革，以便有效恢复人民在政治决策中的平等地位（例如重改选区、强制投票或者经济公正）。尽管这两个选项提出了不同的解决手段，但是领导者和普通公民之间的不平等作为普通公民所面对的民主生活的一个本质特征却被否认了。然而，对于受到马基雅维利主义精神指引的平民政治理论者来说，问题并不是消除政治不平等，而是去设计一种适合它的政治伦理。坦诚性能够实现这种伦理，因为其基本原则并不是要将决策权交还给人民，而是要确保在民主制中拥有不成比例的巨大权威和权力的人在某种意义上被迫去因其特权而**补偿**公众。坦诚性规范指领导者不能控制其公共出场的条件，而且必须接受公众调查、争议以及其他不必要求普通私人也接受的斗争。故而，坦诚性要求决策者对其权力做出的补偿就是：接受对自己的大范围、高强度的监视。

为这种被动性平等主义的重要性进行辩护并不意味着：平民政治理论支持一种贯穿私人关系、工作或者社会其他方面的全面的怨恨伦理。这一点引出了与马基雅维利传统类似的第三个部分。正如马基雅维利想要为一种明确的**政治**道德辩护——这种道德在很多方面与个人层面的私人伦理的传统道德规范相矛盾（但并非完全取代之），坦诚性的被动式平等主义也局限在政治生活的特定面向中。政治上必需的东西并不总是道德上正确的东西。不过，这种悲观主义教导的最终结果既不明确，也不固定。在特定实例中一个人应当选择政治还是道德，究竟是拯救城邦还是自己的灵魂，平民政治论无法对其表明立场。然而，平民政治论者确实主张的是：这种生存论上的两难问题并非精英的特权，并非只是少数人才能享有的崇高负担，而是可以扩展到普通公民的政治伦理中去。普通人有权拥有自己的悲观主义，坦诚性平民民主政治的目标是将领导者暴露在压力和不确定的公共境况条件之中，这是向大众提供属于他们自己的马基雅维利主义的一种方式。

1.6 目光模式的团结价值："人民"概念的复兴

通过目光式手段（控制领导者公共出场的手段）而非声音式手段（控制立法的手段）来进行民众赋权的平民政治论的最后一个价值是团结（solidarity）：即平民政治论允诺复兴"人民"这一概念，将之作为当代政治生活中一个有意义的集体身份概念。

人民的存在似乎是显而易见的。但事实上，出于两种不同的原因，在当代政治生活中，人民一直是一个并不受欢迎的形象。一方面，主流民主研究的通常态度是试图在研究中抛开严格的人民概念。多元主义者反对单一的人民概念，将这个概念分解成彼此分离的少数派群体，它们为了获得权力必须合作和竞争。同样地,作为研究公民身份和政治合法性的主导范式的商议民主理论家,关心的是参与到最高统治权决策的个体的对话,因此不关心大众选民本身。意见汇聚派模型虽然使用了人民概念,作为通过民主投票过程而产生的多数决策的作者,但是,它将这种意见汇聚还原为形成它的诸多个体意志。因此,它对作为集体的人民之严格概念也是拒斥的。另一方面,在政治哲学家那里有着一种明显的倾向:拒斥人民概念的真实性,认为这是一个欠缺实在基础的构建性概念。① 在此,值得注意的是:利奥塔宣称后现代主义是对宏大叙事的怀疑。人们通常没有意识到,这一著名论断离不开对于宏大主体的相应怀疑,比如作为宏大叙事的宏大主角的"人民"。② 事实上,甚至激进民主派也愿意接受霍布斯的如下观点:人民仅仅是权力的副作用——故而,人民这个概念完全不适合作为彻底解放式的政治行动者或者主体。③ 对人民作为集体性实体的怀疑,无疑来源于认识到对这个概念的极权主义滥用。极权主义政党(或者领导通常都声称自己以一种直接的并且毫无中介的方式代表人民说话,如此一来,它可以为其规划要求绝对的合法性,并且获得无限制的权力。④ 我将会在本书第 7 章中指出,某些人(如哈贝马斯)试图不诉诸主体意志来重新定义"人民",从而削弱极权主义对这个概

---

① 例如,克劳德·勒福尔(Claude Lefort)将从独裁到民主的转变描述为一个权力转变的过程:先前的权力核心在君主那里,之后转变为一个"空位(empty place)"。(译者注:以前是君主统治,现在是人民统治。不像君主有着具体的指称者,"人民"是谁呢?不断有政党和政治人物宣称自己"代表"人民来行使权力。于是,人民成了一个"空位"。) Claude Lefort, *Democracy and Political Theory*, trans. David Macey (Minneapolis: University of Minnesota Press, 1988), 17。
② Jean François Lyotard, *The Postmodern Condition: A Report on Knowledge*, trans. Geoff Bennington and Brian Massumi (Minneapolis: University of Minnesota Press, 1984), 30.
③ 例如,可见 Iris Marion Young, *Inclusion and Democracy* (Oxford: Oxford University Press, 2000), 126; Pierre Bourdieu, *Language and Symbolic Power*, trans. Gino Raymond and Matthew Adamson (Cambridge, UK: Polity Press, 1991), chs. 7 – 9。
④ 想想希特勒是如何说的:"我来自于人民。15 年来,我从人民出发,与这场运动一起稳步前进。没有人能够将我置于人民之上。我在人民中发展壮大,我仍然是人民的一员,我将回到人民中去。我的野心是,在这个世界上,唯有我才是唯一有资格说'我是人民的代表'的政治家。"J. P. Stern, *Hitler: The Führer and the People* (Berkeley: University of California Press, 1975), 18。或者,想想阿根廷的独裁者庇隆在 1950 年所说的:"如果我的统治是有优点的,那么这个优点就必须解释为完全表达了人民的愿望。我不过是一个仆人而已。我的美德在于忠实地并且正确地实施人民的意志。"Frank Owen, *Peron: His Rise and Fall* (London: Cresset press, 1957), 168。

念的操控。不过,更强大的潮流是在分析民主时不用明确提及"人民"。①

平民民主政治,及其民众权力的目光模式,试图对抗这一遗忘或边缘化"人民"概念的趋向。它在这么做时,既没有将人民用纯粹哲学的抽象进行定义,也没有将之定义为一种非现实的、潜在危险的单一意志立法者,而是将之定义为政治精英的大众观看者。将人民集体地看成是一个大众观看者,并不是说所有的政治观看者都在观看同样的政治事件(尽管确实有一些近似这种情况的事件),毋宁说,通过观看而非行动形成政治经验的那些人因这一事实而拥有一种**集体利益**。② 坦诚性定义了这一利益,它所指明的关键性理想不仅能够赋予普通公民权力,而且(如果持续且坦诚地去追求它的话)将会提供给他们与其他普通公民的团结感,因为其他普通公民也在用观看能力被动地经验政治。这样一来,就在政治理论和民主实践中让人民重新成为真正的并且重要的主体。与之前的声音模式相比,用目光形式让人民得以复兴,有着很多好处。它能够持续出现而非片断式发生,因为在当代平民政治中,政治图像的制造与选举不同,是持续不断的。任何厚颜无耻的民众煽动者都不能宣称自己得到了人民的支持,因为人民作为目光实体,对特定的政策和决策保持沉默。进一步来说,这意味着人民可以真正成为统一性的源泉,超越党派斗争和具体竞争的分裂。

目光模式的这些东西并不是要让普通公民远离更为积极主动的政治,不去主动支持特定的候选人、组织、意识形态纲领或者其他政策。然而,我主张:我们需要将这种行动主义理解为特定的个人和群体去做的,而不是人民——作为一个整体的普通的、不担任公职的公民大众——去做的。正如我在上文中所说的,以及在本书第 7 章中会进一步全面阐释的那样,人民这一概念应当被保留给那些更为真正集体性的东西:不是"被听见"这一极其罕见的成就或者用声音决定一个特定政治问题甚至也不是投票——它本身就相当罕见(并且还有可能造成分裂,因为它产生了获胜的多数派和失败的少数

---

① Jürgen Habermas, *Between Facts and Norms*: *Contributions to a Discourse Theory of Law and Democracy*, trans. William Rehg (Cambridge, Mass. : MIT Press, 1996), 463 - 491.
② 最近的发展表明:在单一的公共舞台上出现——这本来就是不切实际的,因为常识告诉我们:期望同一个政治事件被所有公民同时看到是不现实的——已经被如下倾向进一步瓦解了:领导者在大规模选民中的不同公众面前的表现不同。既然这一实践已经成了领导者用以控制和最小化对自己公共场合露面时的风险(似乎必然如此)的一项措施,一个平民政治论者为了反对这一倾向,就会支持在公共场合露面必须同时播送给**尽可能多**的观众。

派），而是那些非常常见的**被动**经验：处于沉默之中、并服从被选出的政治精英所制定的决策。积极行动的人为自己谋求胜利，善良的行动者为那些不积极行动的人谋求胜利。但是，很少有真正集体性的现实事业。大多数事业帮助了某些人，伤害其他人。并非去诉诸"人民"作为政策的假定支持者——其实这些政策实际上并非所有公民都支持，也无法代表所有公民的利益，我所为之辩护的平民政治观念拒绝任何以意志为基础的人民概念，它不是将人民定位于行动主义和决策制定的声音过程中，而是定位于作为观看者身份的目光过程中。如果共和政体要存活下去，那么行动者就应当是而且必须是参与的，但是这一认识本身就充分表达了对他们的公共服务的尊重了。鉴于多元主义的发现和塑造了大部分政治议题的激烈讨论，似乎没有必要——并且实际上也是不准确的和不切实际的——将当今政治议题的任何一种具体解决方案看作是人民想要的、需要的或者支持的。公民或者群体在竞争权力时可能胜利也可能失败，但是人民，恰恰因为它是一个集体概念，必须超越胜利和失败。人民只是观看，它不获胜。

1.7 本书的计划

本书接下来的章节力图对我在此初步展示出的基本视角和原则做出证明和进一步发展。第 2 章致力于详细阐释这一计划背后的道德推动力，讨论超越民主理论的标准视角并探求新的平民政治模式的基本原因。我将为如下主张辩护：需要一种政治理论，其理想要符合政治的观众身份这一事实。此外，我要证明：公民-观看者这个形象，尽管是大多数人在大多数时间所过的政治生活的根本状态和典型象征，但却一直被当代民主理论的主流视角系统地避开、拒绝或边缘化了。

第 3 章论证的是一个我在本章中反复提及却并未充分证明的主张：存在着一种"传统民主理论"。为此，我提出：从民主在 18 世纪末复兴至今，民众赋权的声音模式——将人民思考为表达意见、价值和利益的决策性实体——已经成了民主的正统教义。我会论证，在卢梭、普布利乌斯、边沁和詹姆斯·密尔、约翰·斯图尔特·密尔、托克维尔等这些古典民主理论家中，声音模式影响甚广。我想要表明的是，尽管 20 世纪的政治科学已经开始挑战声音模式的基础，但是即便在那些充分意识到其缺陷的人们中间，这一模式仍然顽固地占据着主导性的地位。我也会说明声音模式的核心缺陷：

特别是，它欠缺现实性（它高估了大众领域中声音的能力），它的不准确性（因为，在大众民主中，不是"人民"，而是多数人或者得到良好组织的少数人在说话），以及其霸权性的效果（声音模式隐藏了大众被排除在政府之外这一日常生活现象的根本特征）。

在展示了声音模式的困境之后，第4章试图提出一个新的替代方案。它重新回到被过度中伤的平民政治式民主观念，回顾其历史发展，力主其作为现代伦理范式的现实意义。通过对韦伯和其他平民政治式民主理论家的初步讨论以及对莎士比亚的两部罗马剧的细读，我认为，有别于以往完全贬损地看待平民政治过程，事实上，在平民政治式民主中存在着未受到理论关注的伦理成分，即我在此所引入的以坦诚性为根本原则的民众赋权的目光模式。

第5章试图对平民政治范式做出进一步的阐释，对最初的和最为重要的平民政治理论家马克斯·韦伯做出细致的描述。我的目标是要证明：韦伯的平民政治式民主模式应当理解为将赋予人民力量的器具重新定位于目光的（而非声音的）基础之上；同时，我希望弄清楚为什么韦伯对于人民权力的根本性重塑没有在20世纪的政治科学中成功扎根。为了回答后一个问题，我转而研究韦伯的两位极具影响力的后继者——卡尔·施米特和约瑟夫·熊彼特，并揭示这两位继承者为何没有发展出属于他们自己的、与韦伯的创新型民主理论所暗含的目光方式充分一致的平民政治式理论。

本书试图复兴这一允满活力的和与现实相关的平民政治式民主模型，而作为这个复兴过程的一个组成部分，就是表明平民政治论者将如何以不同的和创新的方式面对民主化问题。第6章承担的正是这项任务，我会检审将以坦诚性为理想的平民政治论应用到当代大众政治中时，所可能导致的实践后果。特别是，我主张一种平民政治论版本的民主进步主义的独特性，描述平民政治论者如何用与商议民主派、参与派和追求透明派都不相同的方式，去定义和追求民主化。通过考察平民政治论的三项实践应用——总统辩论、公众质询、新闻发布会，我将会证明：以坦诚性为理想的平民民主政治的追求，可以使一个进步主义民主派用不同于这些众所周知的民主思想流派的方法来构想改革。

第7章作为结论，探讨如下重要问题：平民政治论如何与参与性公民身份的传统模范相调和。因为平民政治的坦诚性原则规范的是领导而非普通公民。而且，因为它说明的是领导者应当如何公开出场，而不是他们如何对当下最迫切问题做出决策，某些读者可能会反驳说：平民政治论缺乏责任感或者说对那些立志尽其所能地为共同善奋斗的公民没什么影响。为了对这些担忧做出回应，我将解释我所为之辩护的平民政治伦理可以针对三种不同类型的公民发挥三种不同的作用。它为被动的观看者**提供**（supplies）一种伦理视角，它为主动党派式伦理视角提出了替代（supplants），并补充了（supplants）致力于民众主权的民主派的伦理视角（用坦诚性而非自我立法重新定义民众主权）。那么，一个人对于平民政治论的接受取决于他对自己的公民类型有一定程度的自我认识。

第二章 作为观众的公民

> 默默无语心中狂欢，
> 因为已知万事中，
> 这是最困难的一件。
>
> ——W. B. 叶芝

2.1 看到观众

当代大众民主一方面延续了始于 2500 年前雅典的民主传统，另一方面又背离了这种传统。虽然我们往往能很清晰地意识到在立宪层面的大众代议制度（即规定了当代代议制民主的制度结构——如选举、竞争性政党以及分权）的特征，但如果我们要问生活在这样一种政体中的公民有何特征时，相关的著书立说可谓是捉襟见肘。生活在大众代议制民主下的公民，有何本质特征，存在着何种特殊利益，这样的问题尚未获得充分的讨论。多半，公民要么被等同于作为直接民主制的组成成分的参与式公民，要么就被当作去政治化的、对政治生活缺乏持久兴趣的经济行为者。这两种解释都否认存在一种特殊的、形成于当今现代大众民主制度中的公民身份：民主制下的公民身份要么是它一直所是的那样（即在共同参与者面前从事行动与言说），要么就是完全非政治性的。

我反对将公民身份还原成以上两种模式中的任何一种，而是认为，大众代议制民主催生了另一种类型的公民并且将其常态化。就法律及抽象原则而言，这一种类型的公民具备完全的政治权利，但就实践上而言，这种公民主要是作为一名观众去经验政治的。关于这一类型的公民，我将其称之为**公民观众**（citizen-spectator），而我也会借亚里士多德之言，称其为**被统治的公**

民（citizen-being-ruled），它介于民主理论中的两种广为人知的形象之间。一方面，存在着一种公民统治者（citizen-governor）——或者说，参与的公民——的形象，其行为包括讨论、采取行动、加入、抗议、表态、立法以及最重要的决策。这一形象最能印证现代民主传统的特征，卢梭、杰斐逊、约翰·S. 密尔、托克维尔、杜威以及如今那些商谈理论支持者们都已经对此有所阐述。另一方面，存在着一种**非政治性的公民**（apolitical citizen）的形象。作为公民，其仅仅是一个在司法意义上拥有受国家保障的法定权利以及社会权利的个体。非政治性公民对于公共事务毫无兴趣，缺乏有关执政的知识，也不知道如何成为一名能发挥作用的政治行动者。无论投票不投票，他对于正在被选择的东西都没有清晰的认识。代议制民主的早期诠释者——如西耶士（Sieyès）和贡斯当（Constant）——就预言到，这样一种形象将会在商业共和国里占据主导地位，在这样的商业共和国里，对于生产及交换的首要关注将会消耗最多的政治能量。① 而且直到20世纪，这种形象一直都受到基于财产、性别以及种族的选举限制有意鼓励。再者，这样一种形象似乎被战后有关公民行为的研究所发现——尽管对于这样的非政治性究竟意味什么，还存在着巨大的争议：它要么意味着民主的失败，要么它本身就是一种民主制度的必要缓和剂，以及它要么表明了大众作为选民而言是缺乏能力的，要么它是对大众政治的条件的理性回应，它仍然设法以代表潜在利益的方式来挽救某些东西。②

---

① 参见 Benjamin Constant, "The Liberty of the Ancients Compared with That of the Moderns," in Biancamaria Fontana, ed., *Political Writings* (Cambridge: Cambridge University Press, 1988), 316-317: "我们不再会享有古代人的那种自由，那种自由是一种积极的、持续的参与集体权力的自由。我们的自由必然是由平静快乐和私人独立所构成的。"
② 战后针对于普通公民的非政治特征的重要研究，包括 Bernard R. Berelson, Paul F. Lazarsfeld, and William N. McPhee, *Voting: A Study of Opinion Formation in a Presidential Campaign* (Chicago: University of Chicago Press, 1954); Angus Campbell et al., *The American Voter* (New York: Wiley, 1960); and Philip Converse, "The Nature of Belief Systems in Mass Publics," in David Apter, ed., *Ideology and Discontent* (London: Free Press of Glencoe, 1964), 206-261。关于非政治性是一种作用于政治系统的必要缓和剂这一论证，参见 Samuel Huntington, "The United States," in Michael Crozier, Samuel Huntington, and Joji Watanuki, eds., *The Crisis of Democracy* (New York: New York University Press, 1975), 113-115。对漠视政治的或最低限度的参与式公民的合理性的重新发现有诸多资源。见 ArthurLupia, "Short-Cuts versus Encyclopedias: Information and Voting Behavior in California Insurance Reform Elections," *American Political Science Review* 88 (1994): 63-76; Samuel Popkin, *The Reasoning Voter: Communication and Persuasion in Presidential Campaigns* (Chicago: University of Chicago Press, 1991); Paul M. Sniderman, Richard A.

第二章 作为观众的公民

"公民统治者"和"非政治性公民"都拒绝了一种处在中间状态的公民身份，因为这样一种公民身份就心理上而言关心政治，但是这并没有导致其积极参与政治生活。换句话说，我们对于这样一种公民缺乏了解，这种公民对政治的知识及兴趣（即便程度很低，也）远远超过了积极从事政治的程度。占据这个中间地带的公民——我既将其称为"公民观众"（因为观众身份明确了这种公民的政治经验），又将其称为"被统治的公民"（因为被统治这一特征反映了观众身份身上的权力动态机制）——可被视为一种混合体，它同时具备了来自公民统治者以及非政治性公民的两方面特征。被统治的公民确实拥有一种政治经验，但是这种经验完全是替代性的。被统治的公民确实有兴趣并以个人方式介入了统治，然而这种介入并非积极的。被统治的公民亲历、观察并追随政治，但是他既非一名政治家，亦非一名主张者或领导者，甚至都不是某个政治组织中的一名积极成员。就偏好而言，被统治的公民可能有也可能没有，或者说，他可能有一种普遍式的偏好——即希望事情能得到很好解决，但是并不确定这到底指什么；不过，在关乎每一种特定的政治问题时，被统治的公民都会明白，他或她的自身偏好并不能决定最终结果。作为一名观众而非参与者，被统治的公民并不是一只政治动物，而是一名总是出现在政治动物园里的常客。另外，作为一名观众，被统治的公民也明白，在他或她自己的政治生活和政治决策的领地之间存在着一条清晰的界限。

在本章中，我要捍卫这样一种观点，即被统治——以作为观众身份从事**非投入但参与性政治**——是一种公民身份的形式，而且在 21 世纪所处的环境中，这种形式是极其普遍的，但却遭到了当代民主研究的主流话语的忽略。在 2.2 至 2.4 节中，我会讨论亚里士多德关于"被统治"的理论（注：我对于"被统治"一词的使用和亚里士多德的用法大致相同），并且会提出这样一种观点，亚里士多德或许有充分理由在他的民主理论中仅仅给予被统

Brody, and Philip. E. Tetlock, *Reasoning and Choice: Explorations in Political Psychology* (Cambridge: Cambridge University Press, 1991), 18; Donald A. Wittman, *The Myth of Democratic Failure* (Chicago: University of Chicago Press, 1995), esp. ch. 2; Franz Urban Pappi, "Political Behavior: Reasoning Voters and Multi-party Systems," in Robert Goodin and Hans-Dieter Klingemann, eds., *The New Handbook of Political Science* (Oxford: Oxford University Press, 1996), 255–275; and Shanto Iyengar, "Shortcuts to Political Knowledge: Selective Attention and the Accessibility Bias," in John Ferejohn and James Kuklinski, eds., *Information and Democratic Processes* (Urbana: University of Illinois Press, 1990), 160–185.

治的公民一点点关注，但是现代制度以及道德承诺应该将被统治的公民这一形象抬高至首要的地位。然而，被统治这一形式的重要性并未受到现代民主理论家们的重视。在 2.5 至 2.8 节中，我会回顾当代民主理论中那些最具影响力的分析视角——包括公民行为研究、多元主义和商谈民主，并且论证它们如何**系统性**地忽略了"公民观众"这一身份。在最后的 2.9 节里，我将关注这样两个问题，即发展一种以被统治的经验为中心的民主理论意味着什么，以及在后续章节中我将要为之辩护的"平民政治模式"到底是如何提升了公民观众的价值的。

2.2 亚里士多德的"被统治"理论及其在他的政治理论中的边缘化

当代民主理论往往否定或者边缘化公民观众这一身份，但是在有关公民身份的最初探讨中，在亚里士多德的政治理论内，我们可以找到那种作为中间状态存在的公民身份的概念——其介于参与政治和漠视政治之间。然而，亚里士多德自己并没有完全致力于有关"被统治"的研究；尤其相对于他在研究"统治"方面所花的大功夫而言，"被统治"这个概念几乎没有受到重视。所以，亚里士多德之所以重要，并不仅仅是因为他承认存在第二种公民身份的经验——即被统治，而且因为他为将"被统治"置于有关"统治"的首要话语之下，做了铺垫。

根据亚里士多德，民主制下的公民必须具备两种不同的美德：统治的美德和被统治的美德。[①] 第一种美德指具备作为统治者和立法者能力的公民，即：决策、商谈、担任公职、判断、领导及负责的人。第二种美德指的是公民身份的日常经验：那些不担任公职或在决策权威中并不位居要职的人也会介入政治生活，因为他们是政治决策的接受者，以及政治事件的被动观察者。[②] 亚里士多德认为，对于同一位公民而言，两种美德都是必要的，因为作为古代民主实践的公职轮换制度意味着，每一位公民都可以在不同的角色

---

① Aristotle, *Politics*, 1277a26 – 27: "一位公民的卓越之处在于他既有统治能力，也有接受统治的能力"；另见 *Politics*, 1277b14 – 15: "好的公民必然在统治和被统治两个方面都有能力和知识。"

② 显然，服从与倾听之间存在着概念差异，但是对亚里士多德而言，它们有很大一部分是重叠的。

间完美地转换。但根据亚里士多德的解释,统治和被统治在概念上依旧是不同的。

有关公民身份的西方探讨刚出现不久,亚里士多德的被统治理论就出现了。从与当今民主政治依旧紧密相关的三个方面来看,该理论是非常值得重视的。第一,亚里士多德的理论提醒我们,公民身份并不是一种始终如一的现象,而是从其实践及其所要求的承诺看,都是本质上多样的和多元的。第二,亚里士多德突出了"被统治的公民"的形象,从而把人们的注意力引向了存在于民主生活中的一种至关重要的经验——尽管这种经验往往会被忽略。被统治既有别于担任公职和决策权力,但又不是完全排除在政治共同体之外。被统治的公民并不是一名领导者或执政官,但也不漠视政治或反政治。被统治的公民介于统治者和局外人之间,其显示了公民身份的日常特征,就如普通人——即那些在政治共同体内拥有正式身份,但没有任公职或者其余任何特殊的突出地位的成员——所经验的那样。

最后,可能最为显著的是,亚里士多德把被统治理解成具有自身独有的美德。被统治并不纯粹是不够平等的政体所必须接受的。更确切些说,被统治甚至是那些最完美的民主国家的一个基本方面。因此,被统治的公民的形象出现在亚里士多德对民主生活所作的最理想化的解释当中。① 具体而言,亚里士多德把被统治之美德定义为服从方面的优秀品质,他将其比作是一名妻子服从一名丈夫,或激情服从于理智的方式。在所有这三种情况中,统治的本质是基于说服的,因此,这种本质也是宪政式的(constitutional),而非专制和暴力式的。它指的是对于同等人(equal)的服从,而非像奴隶服从主人或身体服从灵魂那样对于自然强者的服从。统治的美德在于 phronesis,即主动找寻实现公共善的手段的深思熟虑的能力,而被统治的美德就是"正确意见"(doxa alethes),或者说,被动地接受已经由他人慎重思考并正确得出的决定。② 进一步说,统治和被统治这两种美德对应于对话的两个组成部分,即言说与倾听。统治的美德表现于在公民大会前展开的演说以及有说服力的论证之中,而被统治的美德则表现在对于这些论证的密切关注以及接受

---

① 亚里士多德在专门考察公民身份及国家的理想形式的《政治学》第3卷中论述了被统治,不过在《政治学》第4卷中并没有论述,第4卷只讨论了什么是在所有国家最容易实现的境况下的最佳事物。

② Aristotle, *Politics*, 1277b26–30.

之中。①

亚里士多德设想了公民生活的第二重维度,这重维度有别于言说、立法以及统治等主动的政治过程。对于当代大众民主的研究者而言,他的这一设想要比他为那些处于这重维度的人定义某些伦理含意的独有方式来得更重要。确实,亚里士多德本人对于被统治的理解其实是与存在于古代直接民主中的那种独有的政治现实密切相关的。然而,重要的是亚里士多德宣布存在着另一套公民伦理,只是这一套公民伦理的实践者并非统治者,而是被统治者。而且,对于这套公民伦理而言,公民美德并不体现在拥有集体约束力的决策当中,而是体现在与那些积极参与者的被动互动中。

即便亚里士多德把公民伦理的第二重维度引进民主理论的术语体系中,他的理论也向我们预示了这个概念在当代民主思想中会被边缘化。尽管亚里士多德在统治与被统治之间做了形式上的区分,但是他并没有发展出一套关于被统治的独立理论。被统治这个想法很少被人关注。而且,当我们在解释被统治的价值时,这个概念是被全然置于统治——即作为一个政治共同体中积极参政的成员所实践的担任公职和判断的行为——这个首要价值之下的。根据亚里士多德的看法,被统治的价值在于,它使尚未成为统治者的人做好准备,以便在将来的某一时刻胜任统治者——承担公职,并作为一名领导者在公共舞台上参与政治。为了成为一名好的统治者,即善于明智和其他公民美德,这个人必须在一开始就经历通过被统治而受到的政治教育。统治同等人的宪政统治者"必须通过服从来学习,比如通过服从一名骑兵部队的将军所下达的命令来学习如何履行一名骑兵部队的将军所应承担的责任,或者通过服从一名步兵部队的将军所下达的命令来学习如何履行一名步兵部队的将军所应承担的责任,以及通过接受各级军官的命令来学习。有一句老话说得好,从来没有学过如何服从的人永远不可能成为一名好的指挥。"② 当一位公民学会如何服从和领会来自那些长官的善的意图时,他自己可能就会成为一名领导者,或者当他掌权时,他就会正确地运用权威。因此,亚里士多德在一开始区分了统治和被统治的美德,只是到后来又把它们合二为一——全部纳入统治这个单一的价值维度中。

正如我将会在后面两节中谈到的,亚里士多德之所以不愿把"被统治"

---

① Aristotle, *Politics*, 1277b22–24.

② Aristotle, *Politics*, 1277b9–13. Aristotle, *The Politics and The Constitution of Athens*, trans. Stephen Everson (Cambridge: Cambridge University Press, 1996), 67.

作为政治经验中的一个独立维度来探讨,一方面是因为他所生活的那个政治实体中有着特定的制度以及人口因素,而这些因素模糊了统治与被统治之间的区别,另一方面则是因为他的道德哲学将积极参与政治上升为人类幸福的终极目的。但是,当我们悉心观察那些构成当代代议制民主的制度、实践以及道德信念时,我们就会发现情形已经大为不同了。对于当今的民主理论家而言,忽视被统治的公民——即作为观众而非参与者的公民,他有政治意识却又不在政治方面表现主动,他们对于政治有兴趣,但是并没有一种对于政治利益清晰且成熟的认识——已经完全说不过去了。在 2.3 节,我会讨论有关现代大众民主中那些使"被统治的公民"的形象尤其相关的制度方面。在 2.4 节,我将探讨这样一个问题:现代的某些道德信念——即普通人的平等及尊严——同样也使被统治的公民与当前民主政治的理论阐释紧密关联。

2.3 "被统治的公民"的当今相关性:社会学因素

古代雅典民主的制度条件向我们解释了——即便没有充分证明——为什么亚里士多德会将"被统治"这个概念边缘化成某种为"统治"这一首要实践行动做预备的概念。这些制度条件有两个基本组成部分。第一个也是最重要的,是公职的轮换制度。在古代城邦这样的小规模环境中,这一制度使得每一位公民在其一生中都有机会在议事会中任职,或者至少曾经某次担任繁多公职中的某一个。[①] 因此,我们就能理解为何可以把被统治当作为统治所作的准备,因为到了公元前 5 世纪和 4 世纪的时候,在城邦内,确实存在着身份交换的真实现象。当然,轮换制度是一种理想,在实践中从未完全执行过。财政和军事领域中最重要的职位并不由抽签决定,而财产要求又使许多人没机会竞争官职。另外,当前的研究已经表明,雅典政治生活中存在着寡头政治的维度,从而在公民大会中也存在着一个永久性的附属阶层——这个阶层虽然拥有完全的公民权利,但不会参与积极的公民实践,诸如演讲和

---

① 在雅典政治系统的包容性方面有着诸多"非同寻常的事实",Alford 在对此方面的研究总结时说道:"事实上,每一位公民都有可能担任行政官,大约有一半的人会担任议事会议员,而且其中有超过百分之七十的人(大约 500 人中的 365 人)有可能在某一天担任议事会主席。" C. Fred Alford, "The 'Iron Law of Oligarchy' in the Athenian Polis⋯ and Today," *Canadian Journal of Political Science* 1985 (1985): 302。

担任公职。① 不过，雅典政治相对的包容性解释了为什么亚里士多德还是把被统治当作为统治所作的准备，以及为何他会在自己的政治理论中边缘化被统治这个概念。

第二，除了使得亚里士多德边缘化"被统治"这个概念的公职轮换制度以外，同样也起着重要作用的是雅典的政治结构，这种结构使人在统治与被统治这两重角色之间难以做出鲜明的区分。对于亚里士多德而言，被统治依旧是在空间上、时间上以及意识形态上与主动统治联系在一起的，即便"被统治"正是被界定为被排除在与统治相关的任职和实践之外。被统治的经验是一种并非积极参与意义上的介入政治。但是，介入（involvement）和参与（participation）的区别在雅典的语境中是难以持久维系的，因为在雅典，主动参与的地点——公民大会——同时也是被统治的场所。在公民大会上被动安坐并注视和聆听行政官和其他杰出领导者的政治演说的公民，同时也是立法主体的成员，因此也可被视作是一名共同立法者。在公民大会内，他有权利发言、站起来在政治上平等的人面前说出他自己的任何想法。他会被倾听到。公民大会的成员资格也意味着，他是那些发表政治演说者的直接受众。被统治的公民可以质疑——或者更可能的是去嘘喊——那些行政官和其他在他面前进行言说的领导者们。② 很明显，因为公民大会给予了普通公民以参与重要的立法决策的机会，结果在统治与被统治之间的区别就变得模糊。但是，即便我们怀着一种怀疑的态度去看待古代雅典民主的平等方面，并认可很多学者所强调的观点，即认为很可能只有小部分公民才行使了公民大会上发言的权利，我们还是有理由相信，坐在公民大会上的被动观众仍旧是各种演说的受众，而且依然有机会做出回应，哪怕这种回应不是雄辩，至少也是对发言的领导者发出喝彩或喝止。一种相似的情况在罗马的 contio（公共集会）中也能找到，这样的 contio 缺少形式上的法律效力，但依旧把被统治的公民带入公民统治者参与政治的场所，并且给予前者类似的机会向后者表达喝彩或喝止。③

---

① 见 Josiah Ober, *The Athenian Revolution: Essays on Ancient Greek Democracy and Political Theory* (Princeton, N. J.: Princeton University Press, 1996)。虽然 Ober 反对把雅典视作寡头政体，不过他的分析是建立在大众（坐在公民大会和法院中，但大体上不发言的公民）和精英（在人民面前发言和诉讼的公民）的二元区分之上的。

② 同上，18–31。

③ Robert Morstein - Marx, *Mass Oratory and Political Power in the Late Roman Republic* (Cambridge: Cambridge University Press, 2004).

第二章 作为观众的公民

考虑到这两个制度因素,即公职的轮换制度以及政治参与和仅仅政治介入的场所的重叠,我们就能理解(哪怕这并非完全正确),为什么亚里士多德会在其公民研究中赋予统治以特别高的地位,以及为什么对于"被统治"仅仅一笔带过,并不看重。但是通过比较会发现,在现代条件下,几乎没有任何理由去看低或忽视被统治的公民这一形象。

第一,公职轮换制使得古代雅典的被统治的公民很可能在有朝一日担任起统治一职,而在现代语境中,被统治的经验呈现出某种持久性。这样的持久性虽然不是绝对的,但也是被各式各样的社会因素及历史因素强有力地支撑着。现代民主制是代议制系统,在这样的系统中,大多数公民在担任公职以及决策方面的非参与形式,是在设计国家宪法时就已经被确立下来的。伴随着始于18以及19世纪的工业革命的人口爆炸产生了大规模的民主政体,并因此在很大程度上已经强化了代议制政府的非参与性后果。如今,麦迪逊所构想的所谓大美利坚共和国(American Republic)——在1790年,该共和国有四百万居住者,其中四分之三的人口没有完整的公民权——比庞大的民主国家里的许多小城市都要小。① 确实,即便大众民主下的地方性政治(尤其是城市里的地方性政治)通常也是在大规模的人口基础上运转的,这样的政治与国家层面的政治之间的相似性要远远多于差异性。随着人口数量的增加,政府介入普通个体的日常生活的程度也与日俱增。由19世纪的共和主义所提出的自治(self-rule)是政府被排除在私人领域之外的后果——这保留下了大致是乡村的及农业的共同体,在不受管制的经济体内自由运作,但同时也是能运用公共立法积极管理及塑造日常生活环境的结果。然而,自20世纪起,国家在控制商业、管理经济增长、监督教育、保障社会财富以及确立科学、技术和医疗保健的发展方向方面所承担的角色已经成了惯例。这意味着,并不在政府内担任某种特别职权或责任的非参与式公民,虽无法直接参与政府决策,但是不得不受到那些政府决策的确实影响。另外,自从1702年第一份日报——伦敦的《每日新闻》(Daily Courant)——诞生以来,大众传播技术——电报、广播、电影、电视以及互联网——的稳健发展使得政治观众的活动范围不再受限于实际上做政治决策的场所,从而提升了被统治者观看政府的机会。最后,当代地缘政治中的安全风险的极端特征,以及控

---

① 即便是一个世纪之后,1900年,像英国这样相对民主的国家所拥有的选民都还不到七百万人(大约占总人口的五分之一)。见 F. W. S. Craig, *British Electoral Facts*, 1932 - 1987 (Brookfield. VT: Gower, 1989)。

制这些风险的秘密政治，使得普通公民只有完全依赖于少数被挑选出来的领导者的善意以及才智，才能避开灾难。即使是像巴赫拉克（Bachrach）这样信奉大众参与理想的极端民主派人士也会在上一个时代——古巴导弹危机发生之后——做出这样一番评论："生活在工业以及核时代的紧急状况中，使得在一个民主社会中做出关键性重大政治决策和在极权社会中一样，都是由一小部分人决定的。"① 这些因素——代议制系统、大众社会的崛起、积极的福利国家、通过大众媒体而运转的政治，以及核弹——合在一起，应当使被统治的公民成为当代民主生活中最为熟悉的、得到充分理论阐述的形象。

第二，将当代民主和古代民主区分开来的，并不仅仅是被统治的公民的半永久性（semipermanence），还有存在于时间上的、空间上的以及意识形态上的统治与被统治的分离。难以在古代语境中存在的"非参与式介入"经验，在当下条件中已经变得充分可见。既能作为政治演说的受众，同时又能对演说做出回应，这种对等（即便称不上平等）的经验在现代的大众代议制民主中是不存在的。正如 C. 赖特·米尔斯所观察到的，大众社会的一个最明确的特征是："普遍盛行的交流的组织方式使个人很难或无法及时有效地回应。"② 这不仅仅在于进行政治演说的人要远远少于聆听政治演说的人（因为这点也可能是古代民主有的情况），而在于通过大众媒体展开的政治活动意味着，政治信息的接受者以及政治行为的观察者不需要亲临政治治理的场所，以及政治事件完全可以在实际发生以后才被经历到。今天，对于被统治的公民而言，在空间上和时间上从政治活动的场景中被移除出去，是一件正常的事。这样的隔离有可能造成政治冷漠，但同时也为一种替代性的政治从事活动的出现做了准备——这使被统治的公民能够从远处关心政治。另外，通过大众媒体进行的政治交流使得观众身份不仅变得容易，而且成了必然。任何做出实质性反应的努力，其本身都必须经过媒体的中介。如果缺乏组织和技术的放大，来自被统治的公民的政治声音就会实质上遭到否定。

这种情况使一种不必积极从事政治的政治介入成为可能。它形成了一种可以独自地、无声地和旁观地存在的公民身份。这种情况也标志着公民身份的主要感官的转变。在以雅典民主为代表的古代语境中，"被统治"从来没有与**声音**（voice）的运用彻底分离过：在公民大会上对领导者大声喝止，以质疑来回应领导者，或如亚里士多德所言，拥有"正确意见"（即便这并非

---

① Peter Bachrach, *The Theory of Democratic Elitism: A Critique* (Boston: Little, Brown, 1967), 1.
② C. Wright Mills, *The Power Elite* (New York: Oxford University Press, 1956), 304.

通过自身的深思熟虑获得的）。然而，因为现代语境中的政治介入是一种替代性的、经传媒技术中介过的形式，而且因为个人几乎不会被问及任何问题（除了会投谁的票），所以被亚里士多德归于被统治的公民的道德规范——拥有正确意见——在当今已经不再适用了。① 更确切地说，是**视觉**（sight）与**听觉**（hearing）等被动性感官，才构成了现代的被统治经验。确实，被统治的现代形式中最激进的方面，并不是被统治的公民的意见被忽略，而在于拥有意见不再是政治经验的先决条件。只有在极少数的情况下，被统治才会以口头形式来表达——无论是在无组织的抗议暴动中，还是在制度化的投票过程中，但是一般情况下只是单向的接受，个人只是听和看但不说。一名普通公民不担任公职，不做审判，对于政府所发出的公共政策也不必——或者说，通常不会——有某种基本偏好。然而，普通公民**确实**是介入政治的，因为他对主要的政治事件有所认识和感兴趣，而且通过大众媒体持续地接触到政治。

亚里士多德可以边缘化被统治，把这个概念归在关于统治的首要话语之下，因为当时的社会条件可以使他把被统治视为统治的准备阶段——或者说，至少使得被统治从不成为一种与统治行动偏离的经验。我在此所谈到的制度和历史的发展表明，这些社会条件并不适用于当今的代议制民主。

2.4 被统治的公民的当下相关性：道德因素

亚里士多德之所以将被统治的公民归入有关统治的基本话语里，也有出于道德方面的理由，他主张一种将能做出裁量并承担公职的公民当作完善的人类的终极目的的道德哲学。即便被统治对于这个过程是必需的，因为当其他人过积极的政治生活时，总有一些人是被动的，我们还是清楚地认识到，统治属于人类发展过程的最终阶段，并且构成了社会中的人的最完美的模式。亚里士多德之所以把统治放在比被统治更高的地位上，部分原因是他的道德哲学推崇作为自我统治者（self‐ruler）的人，这样的人能够指导并塑

---

① 换句话说，在亚里士多德的被统治这一概念和我自己援引此概念去描述大众民主下的公民身份之间，存在着不同。虽然两者均指被动意义上的公民，但是亚里士多德的说法更强调服从，而我的用法则聚焦于观看机制。然而，服从与观看机制之间的差异并不是绝对的，也正因为如此，亚里士多德确实为我所使用的现代意义上的"被统治的公民"概念提供了部分基础。

造共同体生活的条件。

　　一种以自我统治的理想为基础的道德及政治哲学依然是当代民主思想中的关键——确实，这一理想在实质上垄断了当下从规范性角度对于民主的思考。各种各样的民主模式——商谈民主、多元主义、意见聚合派、参与式民主——继续在为这个理想背书，并且希望实现这样的政体：法律所约束的对象同时也是法律的制定者。① 然而，和亚里士多德不同，当代民主理论家在思考的时候必须同时考虑到另外一个道德理想，即人类平等的理想。平等这一规范不仅意味着：民主必须被视为与奴隶制以及女性附庸制中的天然不平等根本对立的东西，而且还意味着当下民主（以及基于民主理想的当代政治哲学）有一个明显的特征，就是其对于日常个体的政治生活的关注。对于不同的人而言，民主意味着不同的东西；而且在诸多民主理论中，可能并不存在某种未遭民主理论家反驳过或者不会遭他们反驳的任一说法。但是，很少人会反驳这样一种简明且普遍的看法，即民主，作为一种专门致力于政治平等的国家系统，为普通人——那些在财富、影响力、教育、名声、智力、力量、才能、魅力以及道德感等方面都表现得一般的人——的政治生活提供了尊严以及得以展现的平台。

　　那么，问题就变成了：民主应该如何赋予普通个体的生活以尊严呢？对于这个问题的一般回答，要么是将公民假定为去政治化的经济行动体，他可以在政治生活缺席的情况下将个人利益最大化，要么就继续从亚里士多德的传统——不过要忽视其自然不平等论——中寻找答案，主张尊严唯在于成为公民统治者，即有商谈能力、会选择立场、会谈判、会反抗、会管理、会做决策的公民。至于被统治的公民可能会有某种专属于自己的尊严，则通常不被人所考虑。这虽然会让人感到遗憾，但并不出人意料。毕竟，被统治的条件使得在被挑选出来的、有力量去达成具备集体约束力的决策的少数人，和并不在政治生活中扮演主动角色的大多数人之间，必然存在一种等级式的区分。被统治这一范畴看起来像是直接违背了人类平等原则，以及对于作为独有的平等主义政体即民主的信念。这并不是说，民主理论家对于在当代的代议制民主下的政治生活中的等级差异视而不见。然而，当人们阐述赋予普通人的政治生活以尊严的民主理想时，习俗智慧还是认为，要实现理想就必须

---

① 或许，多元主义者相对而言更为怀疑制定者身份以及大众自主的理想，但是他们仍然会认为，代议制政府有将公民群体身上那些分散的利益以及偏好成功传达出来的能力。（见2.7节）

把普通人定位为公民统治者，使其具备力量从而能对政体组织中的集体生活做出意义深远的决定。

在有关当代民主思想的各种讨论中，"公民统治者"随处可见，而"被统治的公民"则寥寥无几；不过在我证明这一点之前，我必须要讨论公民身份的研究把统治置于被统治之上时所依赖的普遍原则。很明显，现代对于公民统治者地位的提升并非基于亚里士多德的目的论。更确切地说，至少有三个众所周知的来源赋予了民主制下作为公民统治者的普通公民以尊严。第一，所有公民作为一个国家的正式成员都享有司法上的平等，这为公民打开了进入政府的渠道。在一个良序运转的代议制系统中，没有人被法律禁止积极参与政府事务。任何有意愿的人都可以参与竞选、请愿、组织抗议、集会、在公民社会中加入或建立一个组织、提供法律和政策建议、在选举中投票。第二，普通公民均具备参与政治的能力（fitness），如今成了几乎贯穿所有阐述民主道德理想的学说的一个基本预设。这一能力被说成是一个不证自明的事实，比如托马斯·潘恩（Paine）就诉诸普通公民的常识及能力，以取代世袭君主的绝对统治①。要么，这种能力被说成是所有个体都能学会的公民身份及自治的必要技艺，并从中获益。比如，在密尔和托克维尔看来，政治平等的允诺并不意味着所有个体已经具备了过上自由及有担当的集体生活的本质特征，而是指每一位个体都完全能参与集体事业，以便在心理上、智力上以及道德上经历由公民教育所带来的成长。第三，普通公民可以被当作公民统治者，因为代表机制（the system of representation）表明公民的偏好以及利益是至关重要的：它们会被反映在挑选出来的少数实际决策者所制定的政策以及决策当中。民主理论家对于普通公民如何能实现被代表——通过由那些必须面临改选的代表们主持的投票和民调，还是由在多头政治秩序中共同拥有权力的群体和自由联盟来完成的选举，抑或自诩能产生理性公平结果的商谈进程——可能有不同意见，但是所有这些模式都为普通公民提供了尊严，因为它们确立了通过代议制系统实现立法的结果，可以被认作被代表者视为自己共同起草及共同立法通过的。

这三个主要原则——进入政府渠道的普遍畅通性、具备统治的适当能力，以及代表公民利益和偏好的制度——向我们解释了什么样的道德动力促

---

① 潘恩认为，美国人民的民主奋斗"在很大程度上是全人类的事业……还是每一个被自然给予了感受力的人都关心的事情"。Thomas Paine, *Common Sense* (London: Penguin, 1982), 63–64.

使公民统治者在当代民主思想中成了关键形象。① 它们为我们阐明了什么样的理想条件和期望能够作为规范性原则，促进对于一个自由且平等的民主政体的追求。但是，它们又是如何与日常生活联系起来的呢？它们又是怎么成功地赋予普通公民的日常生活以更高贵的意义的呢？因为政治的日常状态的标志是不担任公职、没有机会参与立法决策、在影响力、权力、财富或知识上地位平平，所以必须指出的是，这三个原则否定了或忽视了政治的日常经验。这三个原则作为规范性的典范有着不可否认的吸引力，但是却会令人看不清政治被普通个体所经验的方式。这些原则的每一个的背后都存在着一种日常的政治现实，只要公民统治者被当作民主思想的主角，这种政治现实就无法得到应有的重视。

要理解这一点，我们不妨先看看形式上或法律上平等的原则。这个理想是当代民主国家的一个真实且有意义的特征，但同样现实的是，等级制度确实存在，而且它是日常统治经验的特征。理论上任何人都能够竞选公职、成为领导者或建立政治组织，但是这种理论上的可能性并不会改变这样一个事实，即绝大多数人永远不会这么做，而仅仅是生活在民主政体中，在这些政体中，其他公民被赋予权力去制定具有约束力的、会影响政治共同体的集体生活的决策。无论这种对积极政治生活的回避是一种自由选择，还是一种集体行动的组织逻辑必然导致的结果，抑或是当前社会条件中的一种偶然且可修正的特征，事实依旧是：生活在民主政体中的绝大多数公民介入政治的方式表明，他们承认其他人才拥有权力、影响力、责任、突出的地位，以及出色的政治领导力和政府公职。②

接着，让我们来考虑一下普通公民到底是如何约定俗成地被认作某种有执政能力的人的。尽管这一信念已经是当代政治心理学中的一条公认原则，但是我们要面对的现实依然是，缺乏正规的政治决策机制，正是日常状态的民主公民身份的一个基本特征。理论上任何公民都适于统治的事实并不否定另一个事实，即决策、商谈、辩论以及竞选拉票等经验恰恰是普通公民难以

---

① 在对于公民身份所展开的规范性概念构建中，公民统治者不仅占据了公民观众的上风，而且与非政治性的经济行动者角色相比也更为重要。虽然当从现实性或价值中立的角度来分析民主时，后一种形象会很显著，但是从伦理角度来解释民主时，它却远远不如公民统治者这一形象。

② 正如熊彼特所论证的，"人人都有自由竞争领导权。……这指的是那种人人都有自由权利开一家纺织厂的自由"。Joseph Schumpeter, *Capitalism, Socialism, and Democracy* (New York: Harper and Brothers, 1942), 272。

获得的。对于大多数公民而言，他们会做的唯一决策就是在偶尔进行的竞选活动中投票。[1] 虽然一些选举活动对于政治的整体走向确实有着明确的意义，但是如果我们不加鉴别地将投票等同于统治，那就会赋予投票过多的含义。与投票不同，由那些手握政治权力的人所做的决策更倾向于成为常规化的（而非临时的）、主动产出的（而非被动反应的）、清晰详尽的（而非仅限于简单二元是非选择的）、立法性的（并非选举领导者的）。即使确实如一些研究所表明的那样，普通公民是根据政策及意识形态偏好来投票的，这也只是意味着，政策偏好会影响人们投票的方式，而不意味着投票本身就是政策的选择。另外，决策的实质并不是出于意识形态去追求某种事先决定的目标。当目标明确的时候，除了选择如何去赢以外，没有什么是要去选的。真正的决策是这样一种情形，即为一个没有预存偏见和立场的问题，下一个判断或做一个决定。少数被挑选出来的人被赋予权力去做这样的决策。经济危机、安全威胁、来自外国政府的提议和挑战以及科学技术的发展，都需要政府提供及时的政策，而这些都是一系列不可预测但需要决策的事件。然而，公民身份的日常经验与这些决定并没有什么关系。

最后一点，公民统治者的模式把公民确认为是一名共同的立法者，因为代议制把选民的偏好转化成了政府的输出；但是，公民身份的日常经验却完全是另外一回事，普通公民们并不对每一项要颁布的法律和政策存在某种基本偏好。注意，这并不是对于代议制政府的标准式批判，说代表们是完全与选民隔离的，所以他们能制定自己所选的政策，而违背他们选民的基本偏好。这也不是说，代表们会以各种自利方式提出议题，从而操纵选民的偏好。我想要说的是，越来越多的经验研究表明，普通公民不可以被还原成储备着预先存在的意见和偏好的仓库，而政府的输出必须对其负责。

比如，众所周知的，调查问卷的被访问者在对于某些问题的回答上总是表现出明显的不稳定——他们说出来的观点总是互相矛盾，而且更让人困惑

---

[1] Kay Schlozman, "Citizen Participation in America: What Do We Know? Why Do We Care?" in Ira Katznelson and Helen V. Milner, eds., *Political Science: State of the Discipline* (New York: Norton, 2002), 434, 436. 另见 Verba et al., 在有关政治参与所作的七国研究中, 他发现"投票是唯一一项有大量公民从事的政治行动"。Sidney Verba, Norman H. Nie, and Jae-On Kim, *Participation and Political Equality: A Seven-Nation Comparison* (Cambridge: Cambridge University Press, 1978), 61。

的是，他们甚至会对同一个议题的意见左右摇摆。① 匡威（Converse）在1964年做了一份著名的研究，他从各种有关1956年（及其他年份）大选的调查中分析了选民为何会做出不稳定的回应。匡威的结论是，引起回应不稳定的主要原因是选民对于大多数政治议题缺乏强烈的感觉："很大一部分选民明显没有什么有意义的信念，即便是关于那些引起了精英们长期而激烈的政治争议的议题。"② 对于这个"无态度"的发现推翻了我们一直以来关于民主的常识，即认为公民确实有着固定的基本偏好，从而可以被代表出来。这一结论也改变了标准的民主信念，即认为每个政府输出与来自选民的相应输入都是密切相关的，或应当密切相关。

起初，匡威的研究以及类似的发现遭到了强烈的批评。比较通常的反驳认为，选民反应的不稳定是由测量误差所引起的结果，因为问卷问题的表述想要捕捉被访问者的真实偏好是非常困难的，所以调查结果不可能表明"无态度"。③ 然而，即便考虑到所假定的测量误差的大小，以及几乎没有人可以精确地解释其产生的原因，还是可以看到在政治科学的领域内有一种日渐增长的趋势，反思那种认为公民在大多数议题上拥有预先存在的政策偏好的核心假设。④ 有关调查反应的心理学研究已经开始抛弃这类固定意见的模式，不再认同这种文件柜式的意见范式，取而代之的观点是，普通公民有一个相矛盾的数据库，所反馈出来的态度是根据这一数据

---

① 比如，参看 Converse, "Nature of Belief Systems in Mass Publics"; Christopher H. Achen, "Mass Political Attitudes and the Survey Response," *American Political Science Review* 69 (1975): 1218 – 1231; Gillian Dean and Thomas Moran, "Measuring Mass Political Attitudes: Change and Uncertainty," *Political Methodology* 4 (1977): 383 – 424; Robert Erikson, "The SRC Panel Data and Mass Political Attitudes," *British Journal of Political Science* 9 (1979): 89 – 114; John Zaller, "Political Awareness, Elite Opinion Leadership, and the Mass Survey Response," *Social Cognition* 8 (1990): 125 – 130。

② Converse, "Nature of Belief Systems in Mass Publics," 245.

③ 关于一个相关的概览，参见 Donald Kinder and David Sears, "Public Opinion and Political Action," in Gardner Lindzey and Elliot Aronson, eds., *Handbook of Social Psychology* (New York: Random House, 1985), 659 – 741; and Tom W. Smith, "Non – attitudes: A Review and Evaluation," in Charles Turner and Elizabeth Martin, eds., *Surveying Subjective Phenomena* (New York: Russell Sage Foundation, 1984), 215 – 255。

④ John Zaller, *The Nature and Origins of Mass Opinion* (New York: Cambridge University Press, 1992), 34; W. Russell Neuman, *The Paradox of Mass Politics: Knowledge and Opinion in the American Electorate* (Cambridge, Mass.: Harvard University Press, 1986), 48, 64.

库"暂时形成的"。① 研究表明，所反馈的观点的形成既不先于也不独立于调查问题，而是在某种程度上依赖于问题本身，以及问题被问及的方式。在很多情况下，被访问者并不表达一种预先就持有的意见，而是在构建一个答案来回答给定的问题。② 对于调查的反应依赖于被问及的问题，这使得调查问题的设计变得尤为重要。③ 进一步说，视"无态度"为一种真实的政治现象的观点，还得到了对于"无议题的政治"——即那些不可被还原为立法议程，而是以人格或非实质性因素为中心的政治经验——的新关注的加强。④

反思公民偏好的最重要作品之一是约翰·佐莱尔（John Zaller）的《大众意见的本质及起源》。佐莱尔论证道，问题排序以及问题设计会对公众意见产生众所周知的影响，但"这些影响并不应该被认作因方法论而导致的人为制造的结果，而应该被认作对大众政治偏好的本质的反映——即人们天生就态度含糊矛盾（即便人们自己并没有意识到），并依据那些看上去最显然的观念做决策的方式加以应对"。⑤ 佐莱尔解释道："如果不同的设计或者

---

① 比如，参看 Timothy D. Wilson and Sara D. Hodges, "Attitudes as Temporary Constructions," in Leonard Martin and Abraham Tesser, eds., *The Construction of Social Judgments* (Hillsdale, N. J.: Erlbaum, 1992)。
② 比如，Tourangeau and Rasinksi 论证了作为一种"回答提问"过程的公共意见模型。Roger Tourangeau and Kenneth Rasinksi, "Cognitive Processes Underlying Context Effects in Attitude Measurement, *Psychological Bulletin* 103 (1988): 299 – 314. John Zaller 证明了，因为个体每次对待新问题时都在很大程度上取决于当时他们脑子里认为的最重要的事，所以他们并不会明显表现出某些成熟的偏好，而是随机可变地回答这些问题。Zaller, "Political Awareness, Elite Opinion Leadership, and the Mass Survey Response."
③ 正如 Kinder and Sanders 所总结的："我们之中那些设计调查的人发现，我们自己和那些掌握并操纵着实权的人——公职人员、编辑和记者、新闻人物等——几乎拥有着完全一样的立场。两者都选择了构建公共议题的方式；而且在两个例子中，选项似乎都相应受到了决定。" Donald Kinder and Lynn Sanders, "Mimicking Political Debate with Survey Questions: The Case of White Opinion of Affirmative Action for Blacks," *Social Cognition* 8 (1990): 99。
④ 关于无议题政治这一概念，比如参看 Neuman, *Paradox of Mass Politics*, 25 – 26, 38, 68, 73, 107, 180. 对于根据人格来投票的倾向的解释，参见 Michael Margolis, "From Confusion to Confusion: Issues and the American Voter (1956 – 1972)," *American Political Science Review* 71 (1977): 31 – 43; Manin, *The Principles of Representative Government* (Cambridge: Cambridge University Press, 1997), 220, 221; Bruce Cain, John Ferejohn, and Morris Fiorina, *The Personal Vote: Constituency Service and Electoral Independence* (Cambridge, Mass.: Harvard University Press, 1987)。
⑤ Zaller, *Nature and Origins of Mass Opinion*, 79 – 80。

问题顺序会产生不同的结果,那并不是因为其中的某一项或另一项设置扭曲了公众的真实感觉;更确切地说,是因为公众没有明确的真实意见,所以便潜在地依赖被问到的某个特别的问题,来确定具体的议题到底是什么,以及解决这个议题时到底要考虑什么。"一方面,佐莱尔的观点是与过去那种传统看法相悖的。传统看法假定普通公民对于被问及的问题会预先存在清晰的意见,但是佐莱尔认为:"个人并不会对议题持有某些'真正的态度',如传统理论所假定的那样;但是会有一连串部分独立的、通常会前后矛盾的态度。"另一方面,佐莱尔的发现也和匡威的不同,因为匡威强调的是普通公民的无态度,而佐莱尔却关注的是日常态度的矛盾含混以及不确定。换句话说,佐莱尔并没有质疑普通公民会对政治做出反应——"公众会有希望、害怕、价值取向、关心的事物,在很大程度上,这些都是独立于精英话语的"。佐莱尔反对的是将这一意见具体化成明确的、能够由被选的领导者所清晰代表的政策偏好。佐莱尔的观点是,"公众的感觉处在一个连他们自己都未被察觉到的状态,这种感觉是无法聚焦的,而且经常是矛盾的"。①

为什么普通公民对于议题的反应会倾向于表现得如此含混矛盾呢?佐莱尔认为,原因并非普通公民在基本能力方面有任何的不足,而是因为日常政治经验中存在着等级差异,以及除了投票以外,大多数公民永远不会被要求去做政治决策:"对于大多数政治事务,大多数人真的不确定他们的意见是什么,甚至包括那些在政治中和他们利益相关的、纯粹个人的事务也如此。他们之所以不确定,是因为除了标准化的采访场景之外,他们很少有机会被要求去形成和表达政治意见。"② 那些被选出来的少数人积极投身于某些特别议题,他们可能拥有某种清晰且固定的偏好,这被通常的意见研究视为常规,而"大多数人面对大部分议题时,在对给定议题的各个不同方面进行考虑时所表现出的反复无常,一直是无法被解决的,而且可能也是无法被认识到的"。③

这种把公众意见重新解读为无法独立于提问过程的,且常常表现为无态度和充满矛盾的看法,驳斥了把普通公民设想为由政府政策和立法输出代表其固有偏好的公民统治者的观点。阿亨(Achen)较早地对匡威发现的无态度提出了批评,他担心,如果匡威的发现是真的,那么"民主理论就会失去

---

① Zaller, *Nature and Origins of Mass Opinion*, 93, 95.
② Ibid, 74–75, 76.
③ Ibid, 55.

第二章 作为观众的公民

它的根基"。① 根基的瓦解正是由新的公众意见研究揭晓的——确实,这为民主理论提供了另一个新根基,即被统治的公民。

与司法平等、参政能力以及代表机制这三个原则相对的,是公民身份在日常经验中所体现出的另外三个方面,即等级差异、无决定、无偏好;这三个方面表明,赋予普通的公民身份以更高地位不应以公民统治者这一为人熟知的形象为中心展开。当公民统治者被认作民主话语的主角时,普通公民就成了民主理论的客体——而不是它的主体。当代民主理论打算把所有公民变成统治者,其方式要么是将公民描述成已经是统治者,要么就勾勒出公民获得统治者身份的理想条件。这样的论证并不旨在把被统治的公民接受为当代民主制度中的关键形象,也不想赋予处在被统治状态下的公民以更高的地位。这一点会让人感到遗憾。因为民主制度赋予日常能力的公民以特别的尊重和突出的地位,所以可以且确实必要去思考这一日常处境的本质,从这种处境本身看待它,从而在一个并非平等主义的政治世界中实现平等主义民主哲学所作出的承诺。

要求赋予被统治的公民以更高的地位,并不是暗示被统治是优于统治的,也不是说政治中的被动观看应该被证明为优于公民从事政治活动的主动形式。之所以要认真对待被统治的公民,是因为它的**现实性**(即它在现代大众民主中的普遍性——如果不是主导性的话),而非它具备内在优越性。虽然其他类型的政治哲学可以把它们的教诲只局限在少数人身上,但对于民主制公民身份的理论阐述,却无法回避普通个体所共有的政治经验的本质。尽管这并不意味着民主理论无法和公民**理想**发生交汇(公民理想就其本性超越于公民身份的一般实践,从而确立了公民卓越的标准),但这确实意味着,公民理想不能无限度地脱离日常生活。尤其是当制度条件使某种特定的公民理想在现实中只适用于一小部分公民时,过高的公民理想就可能在无意中蔑视了生活在现实世界中的普通公民。

最终,如何赋予民主制度下的公民以更高地位的问题,说到底是关于谁才应该作为民主理论的主题——或者说,主角——的问题,换句话说,也就是在问:民主思想家应该构建谁作为理想,并努力理解之?民主思想家们是否应该挑选一位公民统治者那样的人物形象,作为对于民主经验的理想承诺的代表?或者,民主理论家是否应该以一种截然不同的方式,挑选被统治的

---

① Achen, "Mass Political Attitudes and the Survey Response," 1227.

公民——他虽然缺乏公民统治者那样明显的崇高性,却涉及更广泛和普遍的政治经验?从其他的哲学分支来看,一种经验的发生频率并不体现这种经验的价值:数是完全不同于质的。但是,正如我所表明的,在对于某种民主现象进行思考的政治哲学中,数量方面的考量绝非完全不相关的。民主理论家们既然以普通人的政治生活为研究对象,他们就不能随意选择他们的主角,而必须在选择中顾及对普通公民都适用的政治经验的性质。因此,我的观点是,即便不必完全排除考虑公民统治者,人们还是应该看到,"被统治"在现代大众民主中是一种普遍且永恒的公民身份状态,所以不应当被民主理论的主流范式所忽略。

然而,正如我将要论证的,被统治的公民一直遭到了系统性的忽视。在本章余下的篇幅里,我要仔细分析一下当代民主理论到底是以哪几种主要的方式否定或忽视了"被统治的公民"这一形象的。

2.5 在有关公民行为的经验研究中,"被统治"虽被承认,但地位从属

被统治的公民的中间状态——尤指其在心理上介入政治,但并不伴随积极参与政治生活——在有关公民行为的研究文献中事实上已经获得了承认。譬如,为美国政治行为研究提供最大数据组资料库的全国选举研究(National Election Studies, NES),就包含各式各样的计量指标,诸如政治兴趣以及政治知识,这些都有异于积极从事政治活动。这些计量方式抓住了政治经验中的另一个方面——即政治经验中不可被还原成以参与形式出现的政治从事行为的那一方面,诸如选举拉练、写请愿书、向候选人提供政治献金、竞选公职、政府任职等。而且,关于公民行为的研究,对非参与式政治介入进行计量分析也是合乎常理之事。这个计量方式是以不同的方式和不同的名义展开的。例如,以政治利益与介入、认知能力、政治博弈、政治技术、意识形态博弈,以及政治意识等方式和名义。① 尽管对于政治介入有这些计量研究方式,而且它们也包含了参与式从事政治的一些方面,但是大多数方面都迥异于积极的政治参与。②

---

① 关于这些以及其他的计量方式的一个全面概览,见 Neuman, *Paradox of Mass Politics*, 192;也参考 Zaller, *Nature and Origins of Mass Opinion*, 333。

② Zaller, *Nature and Origins of Mass Opinion*, 333。

虽然关于政治介入（political involvement）没有唯一的定义，但是从总体上来看，政治介入可以被定义为"对于政治的意识、对于政治的兴趣、信息告知、关注媒体等"①。这种政治经验是以政治知识、兴趣以及政治的观看机制的形式出现的。另一方面，参与（participation）指的是更加狭义的、更少进行的政治从事行为（engagement），比如竞选工作、公共倡议和公职担任。投票可以被视为一种居于二者之间的行为。这种行为是政治从事行为的积极形式，但如果它是参与的唯一形式的话，那么它并不足以使人成为一个诸如候选人、法官、公共意见领袖、意识形态活动家或政治说客那类的政治参与者。②

另外，政治介入在大多数公民行为研究中是一个特殊变量，而且当代民主生活中的一个公认事实是，政治介入要比政治参与普遍得多。虽然对于这一差异的估计在不同的研究中会有不同的呈现，但是，相对于60%至70%的、至少是在最低程度上介入政治的人而言，把承担参与型角色的人限制在不超过5%至10%的人口，是通常的做法。③ 剩下的大约占据总人口20%至30%的人被归为对于政治完全冷漠的群体，因此，他们对于政治生活既不积极，也没有任何的介入。④ 在介入与参与之间存在差异并不是一件让人惊讶的事。基于那些已经讨论过的且对任何政治观察者都是自明的缘由，大众代议制民主的条件只能为一小部分人提供积极的政治生活。然而，同样的条件，尤其是大众媒体，也使公民可以接触政治，不过这是在对政治保持最低程度的认识和兴趣的意义上而言的。

然而，尽管有各种各样的专门术语用以衡量有别于政治参与的政治介入，而且这种度量也能抓住绝大多数人的日常政治经验，但是奇怪的是，人们对于民主政体下的公民身份这一重要范畴却一直缺少细致专门的考察。当人

---

① Verba, Nie, and Kim, *Participation and Political Equality*, 71.
② 投票作为一种政治活动的独一无二性，参见 Sidney Verba, Kay Lehman Schlozman, and Henry E. Brady, *Voice and Equality: Civic Voluntarism in America* (Cambridge, Mass.: Harvard University Press, 1995)。
③ 参比如，参看 Robert D. Putnam, "Tuning In, Tuning Out: The Strange Disappearance of Social Capital in America," *PS: Political Science and Politics* 28 (1995): 664–683; Lester W. Milbrath, *Political Participation: How and Why Do People Get Involved in Politics?* (Chicago: Rand McNally, 1965); and Neuman, *Paradox of Mass Democracy*, 11。
④ 关于这种对政治完全冷漠的群体的证据，可见 Herbert H. Hyman and Paul B. Sheatsley, "Some Reasons Why Information Campaigns Fail," *Public Opinion Quarterly* 11 (1947): 412–423; 另见 Neuman (*Paradox of Mass Politics*, 170–174), 他估计这一完全政治冷漠者占总人口20%的比例。

们研究政治介入时，通常都将其当作政治参与的先兆或相关物。所以，被忽视的并非政治介入本身，而是与政治参与相分离的政治介入，即被统治状态。

实际上，即便那些强调在介入政治的大多数人与被挑选出来的少数积极分子之间存在着数量以及等级的差异的研究，还是倾向于把政治介入纳入对积极型公民身份的首要分析中。米尔布莱特（Milbrath）的一份富有影响力的研究《政治参与》（*Political Participation*，1965）非常明显地表明了这一点。米尔布莱特将从事政治的行为分成三个层次：第一类是无动于衷者，他们"在大多数情况下……对周遭世界的政治部分表现得完全一无所知"；第二类是观众，他们介入政治，但是不参与政治（或者，如米尔布莱特所言，"他们注视、欢呼、投票，但是他们不参与角逐"）；以及第三类是"角斗士"，他们担任公职、参与竞选运动、募集政治献金、参与决策会议以及战略会议，另外也从事一些诸如参加政治会议或集会、向政党或候选人献金或者会晤公共官员或政治领导者等边缘性活动。米尔布莱特发现，大约有60%的美国人属于观众，30%的是无动于衷者，以及10%的是角斗士。（只有2%到3%的人是纯粹的角斗士，如果把参加边缘性活动也算上，这还可以多加5%到7%的比例。）然而，即便观看机制是政治行为中最普遍的形式，而角斗士的行动是最不普遍的形式，米尔布莱特的整个研究依然是围绕民主社会中积极参与的极少数公民的特征展开的。研究中的大部分内容都旨在于说明能带来积极参与的行为类型：比如，一种类型的参与使得另一种类型的参与变得更可能（即各种参与形式往往会互相关联），以及社会经济地位是如何与参与相关的。① 当对政治介入进行分析时，也是被当作积极参与的先兆："一个人受到越多的政治刺激，他越有可能在政治中表现积极。"② 米尔布莱特感兴趣的是要去说明，怎么会有一股力量推动从事政治的行为的层次上升的——即从无动于衷提升至介入，再提升到参与。③ 这或许是对的，但是这

---

① Milbrath, *Political Participation*, 16–17.
② Ibid, 22, 39.
③ 在最后总结的一章里，米尔布莱特确实认可一种非参与式的公民伦理学——这种伦理学以忠诚和服从为基础，但同时也依赖于最低限度的权力监督、对政治事件的被动关注以及政治组织内部"开放性交流系统"；然而，在米尔布莱特的阐述中，这一方面并没有得到充分展开（Milbrath, *Political Participation*, 145–154）。米尔布莱特之所以没有对这种另类的公民伦理展开充分的探索，是因为他把重点放在了观众行动到底是如何预示角斗士的行动之上；他倾向于认为精英在这样一个系统中承担重任；并认为，大多数公民依旧设法从阶层分化的政治系统中获取他们想要的东西。

会导致人们忽视那些介入但不积极参与的大多数观众的存在。

把政治介入理解为一种在概念上不同于积极参与的政治经验形式——但同时又只是参与的先兆——是极其普遍的，而且这种理解也反复出现于其他诸多有关政治行为的研究中，它们都将政治介入还原成积极形式的政治生活的正相关物。① 说介入拥有先兆性，这一点都不为过；事实上，纽曼（Neuman）已经发现，介入政治的人每增加百分之一，参与政治的人就会增加0.6%。但是，当介入仅仅被这样理解时，就会忽视其余那些只介入但不参与政治的大量公民。②

有些研究会强调，与民主政体的古典公民身份相比，介入和参与两者的水平在今天都太低。而作为被统治的观看状况——只介入不参与——也会被这样的研究所忽略。随着现代调查方法在20世纪20年代和20世纪30年代的发展，不断有研究表明，公民所拥有的政治知识、信息以及对政治生活的兴趣简直少得可怜。有大量的人，大约百分之五十的人，会无法说出他们所推选的代表的名字，无法清晰连贯地阐述政治意见，也无法在意识形态中找到自己的定位或反映出对当下重要议题的认识。③ 常会被人忘记的一个事实是，尽管这些衡量指标显得很低，但依旧远高于在政治生活中扮演积极角色的公民的比例。因此，对政治介入（即他所言的"政治关心"[political sophistication]）做出了最详细且最严谨的阐释的纽曼深感政治介入者之少，以至于忽略了一个事实：政治介入相对于积极的政治参与而言，其实还算是频繁的。④ 构成被统治的公民的特点的介入与参与之间的差异，常常被那些

---

① 比如，参看 Schlozman, "Citizen Participation in America," 439; Verba, Schlozman, and Brady, *Voice and Equality*, 269-287, 346; Campbell et al., *American Voter*, ch. 5. Zaller 对矛盾模糊性的分析为有关公民身份的日常经验的研究做出了真正的贡献，但即便是他，也依旧把政治意识当作用以表明反应稳定的标志，并从而是某种会鼓励一种更加积极的、更为意识形态性的政治生活的东西。（Zaller, *Nature and Origins of Mass Opinion*, 65）
② Neuman, *Paradox of Mass Politics*, 86.
③ 关于程度极低的公民参与的最权威研究，参看 Berelson, Lazarsfeld, and McPhee, *Voting*。
④ Neuman, *Paradox of Mass Politics*, 3, 6-7. 另见 jian Philip Converse, "Public Opinion and Voting Behavior," in Fred I. Greenstein and Nelson W. Polsby, eds., *Handbook of Political Science* (Reading, Mass.: Addison-Wesley, 1975), 79: "无疑，通过对所有国家的调查可以获知这样一个最为人熟悉的事实，从掌握充分信息的观察者的要求来看，大众关于公共事务的信息水平是惊人低下的。"

笼统讨论公民行为的减少或不足现象的研究所无视。

2.6 忽视被统治的公民的四条基本理由

对于被统治的公民的忽视，以及相对应地将公民统治者抬升至民主理论中的关键形象，这两种态度有多种根源。有时候，对于被统治的公民的否定源自对现实的否定。比如，在西方代议制民主的欢呼者看来，当代代议制系统在某种程度上实现了民众自治（popular‑self‑rule）——换句话说，这种政体形式将普通公民转变成了积极的政治行动者，他们集体参与立法来规范他们共同生存的环境，决定他们的命运。如此夸大民主制的功效，就没有为被统治的公民留下什么概念空间，因为他们只是以被动的形式部分地介入执政。①

从另一边来看，一些批评家们因为担心民主化进程的水平很不完善，所以通常关心的是一种更直截了当的政治排外性，而非"被统治的公民"的那种较为温和的政治上被排除在外的形式；正如前所说，后者预设了在一个政治体制中享有正式的成员身份以及充分的自由权利和保护。大多数民主理论家在思考政治排外性机制时，他们脑子里所想的是那些被剥夺正式的政治权利和机会的个体或群体，比如移民、少数民族或族裔、女人以及原教旨宗教派别。比如在美国，完整的投票权利要到1965年才以制度的形式被确立下来；这个事实意味着，作为一种政治参与形式的投票的相对软弱无力性，只是到最近才被意识到。当一些人被系统性地排除在投票权利之外时，可能并没有人会担心投票的各种局限性，以及投票与其他更为积极的政治从事行为之间的差别。被统治的真正情况只会出现在既不因自身占据历史的制高点而感到自鸣得意，亦不将特定的群体以法律的形式排除在政治生活之外的政治体制中。

被统治的公民之所以会遭否定，也起源于理论的误导，一些理论将代议

---

① 比如，在福山所作的西方代议制度是政治历史终结的胜利的著名（也是为人诟病的）论断中，**自由主义民主**就是一个用来描述获胜的政治理想的重要术语。在这个混合词中，以明确规定和被充分确立的权利形式保护个人免受政府权力的侵害，与被统治者同时自视为统治者这一民主理想之间，并无明显差异。它毫无批判精神地假定，以选举制度代替权威政体，就足以实现黑格尔—科耶夫意义上的普遍承认之终极状态。Francis Fukuyama, *The End of History and the Last Man* (New York: Free Press, 1992).

制民主解释成了某种劳动分工形式。早自西耶士起,对于代议制民主的辩护就是将其解释成某种适应于现实情况的制度结构,这种现实情况是,在主要以经济贸易和生产为导向的现代商业共和国内,对存在于古典城邦及中世纪城邦中的积极的政治参与,大多数公民既没有时间也没有兴趣。西耶士将代议制政府辩护为某种劳动分工形式,这种形式使统治成为一种专门的职业,它使其余公民可以自由地从事经济和专业活动。① 鉴于这样的逻辑,那么被统治的公民和公民统治者之间之所以存在着权力的差异,是因为前者不愿意去承担后者的责任。这样的理由今天依然盛行。正如奥斯卡·王尔德在批评社会主义时所说的,"社会主义是一个不错的主意,如果它不霸占这么多夜晚的话"。确实,这话解释了为何参与式民主不仅在实现大众参与上存在着技术性困难,而且在现代环境中也毫无意义。

显然,政治需要时间、承诺及精力,而这些都是昂贵的稀缺品,它们必然会与对职业、家庭、金钱以及闲暇的需求形成竞争。明显的是,并不是每个人都会想要从事一种积极的政治生活。但是,假定每一位想要参与政治的人均有能力参与——即暗示非参与者尚未学会他们所必须扮演的角色——就和指望公民普遍从事政治一样,都是荒唐可笑的。确实,如果捍卫代议制民主的理由是缺少进行政治讨论和决策的夜晚,那么也必须承认的是,当代民主政体中的日常政治经验的一个鲜明特点是**夜晚太多**:也就是说,有过多剩余的政治精力无处发泄。

然而,近期的事件已经让我们意识到,我们有过多的夜晚,但仍缺乏机会从事有意义的政治活动。就在世贸中心遭到恐怖主义袭击后不到一星期内,纽约市长就主持召开了一场全国性的电视记者招待会,在会上,他建议来自全美的所有热心公民们都能以最好的方式做出贡献。"全国各地所有想要出手相助的人们,我建议一个绝好的帮助之道,那就是:来这里花钱。去饭店,去看表演。城市的生活会继续下去。"几天之后,总统又随声附和,鼓励那些有兴趣为复苏做贡献的公民们可以作为游客全国旅行,去一些像迪士尼乐园的地方游玩,从而造福于国家。

这些话是在一个会被铭记数个世纪的世界历史时刻中说出来的,如果将

---

① 参见比如 Emmanuel Joseph Sieyès, "Views on the Executive Means Available to the Representatives of France in 1789," in Michael Sonenscher, ed., *Emmanuel Joseph Sieyès: Political Writings* (Indianapolis: Hackett, 2003), 48; Benjamin Constant espoused a similar view. See, e.g., Constant, *Political Writings*, 23.

这些建议理解成把私人生活提升至高于公共生活的地位，或者说，把它们理解成暗示着对于公共善的古典式关照已经被还原成了经济增长的要求，那么就完全误解了这些话的意思。谁才是这些话的受众呢？并不是被赋予权力去追求公共善的公民统治者，即并不是那些在特定的历史时刻中作为一名平等的伙伴进行商谈、立法、决策、行动以及参与活动的人。市长和总统的话表明，这类公民无法在当前的危机中发挥任何作用——而且，国家的健康更多地依赖于公民们作为消费者以及经济行为者在私人领域发挥的能力，而非作为致力于公共善的政治行动者。但如果把这些话的受众视为市长和总统所希望激发的完全私人的和商业化的经济行动者，那么就又错了。相反，这些会被人记住的鼓舞是说给那些想发挥更大作用的公民听的，但是他们并没有什么实质性的职位可以承担。去购物并回到私人领域中去的建议，既不是说给那些已经生活在私人领域中的人听的，也不是说给那些在公共舞台上位居要职的人听的，而是说给那些处在中间状态的政治观众——或者说被统治的公民——听的。

即便西耶士本质上是对的，但是他把现代公民归为其私人及商业利益远高于其政治精力的人时，将造成这种公民身份的代议制解释成劳动分工，依然会引起误导。问题并不仅仅在于劳动分工只意味着专业化，而权力拥有者和私人公民之间的关系是等级性的。同样也不准确的是，劳动分工预设存在着一种真实的任务分离，然而私人公民并不完全与政府领导者或官方的工作相分离，他必须日复一日地盯着、听着、了解这样的人。当一个群体是另一个群体的听众，而且当后者又在无回馈的情况下做出影响前者生活的决策时，结果并不是一种价值中立的劳动分工，而是在统治与被统治之间的权力分配。

最终，被统治——即以心理介入而非直接参与为特征的政治观看机制——的现实性以及普遍性遭到了忽视，因为政治科学家将关注重点从被统治者**转移**到了其他据说能恢复自我立法机制的政治经验上。能说明这一趋势的一个重要例子，就是对于地方政治的强调，在地方政治中，据说公民**有**能力成为一名公民统治者那样的重要人物。另一个例子就是公民社会理论。这一理论注意到组成公民社会的自愿社团采取政治立场并实际上成为准游说团体的倾向。[①] 可以明确的是，如果低估地方政治以及结社生活对于当代民主

---

① 参看比如 Nancy Rosenblum, *Membership and Morals: The Personal Uses of Pluralism in America* (Princeton, N. J. : Princeton University Press, 1998)。

政治的意义，那就大错特错了。除了国家这一语境之外，这两者还提供了另外两种语境，使公民可以在其中更容易地承担起公民统治者（即那些从事决定、商谈、政治谈判、选择立场的人）之职——尽管在公民社会的例子中，成员资格并不总是能（或许**通常**不会）带来与公民统治者的经验相类似的经验。① 而在地方政治的例子中，如果许多地方在大众社会的环境下会形成超大的规模，那么就可以合理地追问：这种类型的政治到底包含了多大的范围？因此，夸大地方政府以及公民社会的意义同样也是有可能的。虽然他们或许可以让人不注意被统治的公民（主要存在于国家层面上），但是他们无法由此取消被统治的经验——即与政府之间所形成的一种被动的、观看关系的经验，这种关系的特征就是预设其他人而非自己会做出最重要的决定。虽然一个人当然能发现当代大众民主国家政治并非是以"被统治"为主要特征的语境，与被统治的问题的这般脱离，并不能阻止那些想要直面这个问题的人。

2.7 通过否定统治及主权来否定被统治：多元主义

被统治必然会涉及在面对政客、官员以及公共意见领袖时所体会到的某种相对无权的经验。被统治意味着处在一个政体的统治和管理层之外。这意味着承认，无论个人有多少种偏好和意见，这些偏好及意见的数量会远远多于——几乎可以说是无限地多于——对这些偏好及意见进行表达的场合。被统治是政治观看机制的一个状态，在这种状态中，自己之外的其他人被赋予权力做出有约束力的决策——无论是通过立法、司法决策、行政执法的方式，还是通过在媒体或其他社会组织中的重要地位上形成公共意见的方式。

---

① 一方面，自发性组织的成员状态越来越多地是被动的、反应式的，而积极的、参与式的经验则越来越少。比如参看 Theda Skocpol, *Diminished Democracy: From Membership to Management in American Civic Life* (Norman: University of Oklahoma Press, 2003); Schlozman, "Citizen Participation in America," 454. 其次，有些最常见的成员状态——比如在教会或自助性团体中的成员状态——并不能被主要地当作一种政治从事活动的形式，而是事实上和一种对政治保持完全消极乃至冷漠的态度相一致的（尽管并非必然如此）。最后，对于公民社会可以发挥准政治的或主张性的功能的赞许，都会有可能其实体现了美国式民主概念。在美国之外，当论及致力于政治主张的全国性组织时，公民社会往往扮演了弱得多的角色。比如，在欧洲，公民社会主要以跨国组织的形式出现。比如，参看 Emanuela Lombardo, "The Participation of Civil Society in the European Constitution‑Making Process," in Justus Schöulau et al. eds., *The Making of the European Constitution* (New York: Palgrave, 2006)。

被统治意味着处在这些政治行动者创造历史的进程之外。这意味着，他们是不出名的、无权的，也是不重要的——不过在最低限度上，他们至少会关注那些有名有权的重要人物。

否定被统治的公民的形象，方式之一就是去否定相反的实体的存在，即否认那种拥有主权的、负责制定各种权威性决策以决定集体生活状态的公民的存在。如果没有人拥有那种被统治的公民所不拥有的权力的话，那么"被统治"这一范畴本身似乎就会丧失其意义，它对民主理论的主导性话语的挑战也会因此被消除了。

对于主权的否定——以及与之相伴随的，对于被统治的否定——充分体现在多元主义民主理论家那里，他们承认政治权力存在着不同的以及多元的本质。多元论者否认国家拥有一个被某些人占有且同时将其余人排除在外的权力中心，他们认为在一个多元民主政体中，扮演主要行动者的群体——政府官僚阶层、政治党派、民族以及宗教组织、职业协会、公司、公共利益组织、公民社会中最多元的自治组织——在关键时刻会根据特定的重要议题，建立各种同盟来共享及交换权力。① 尽管最近有一些多元论者承认在一个多元政体中也会持续存在权力等级，但多元理论的基本取向是削弱而非加重对于绝大多数普通公民的相对无权状态的担忧。

多元论者对于一个统一的单一主权的否定，他们对于现代代议制民主中的权力的多中心性的坚持，对于民主理论中的另外两种观点做了非常有益的矫正。一方面，多元主义表明：盛行于19世纪的民主理论家（比如托克维尔和 J. S. 密尔）中间的对多数人暴政的恐惧是一种夸大。② 多元论者认为，大多数政策并非由多数人决定，而是由那些要么在自己权限范围（比如当地警局）内不受阻拦地运用权力的少数人，要么由能够与其他群体谈判而建立某种暂时同盟（比如，为获得农业补贴而经常组织的农场游说团体）的少数人群体所决定的。不同的议题有不同的议题公众（issue public），特定的问

---

① 正如多元主义的经典作家之一罗伯特·达尔在其《民主理论前言》中所论证的，大多数时候，在专项议题以及决策上，代议制民主并不反映多数人的意志，而只是反应能吸引其他团体以形成暂时性联盟的特定少数人的意志。在《谁统治?》中，达尔发现，在康乃迪克州的纽黑文，公共政策是无数联盟的一种产物，而非来自单一掌权的精英。Robert Dahl, *A Preface to Democratic Theory* (Chicago: University of Chicago Press, 1956); Dahl, *Who Governs? Democracy and Power in an American City* (New Haven, Conn.: Yale University Press, 1961).

② 关于"多数人暴政是一种神话"的论断，见 Dahl, *Preface to Democratic Theory*, 133。

题是由他们而且也是为他们而设的。① 另一方面，多元论者强调享有权力的群体的多样性，以及在不同群体之间存在着持续的竞争和谈判，他们抛弃了"统治精英"——被诸如 C. 赖特·密尔这样的精英理论家们所假定存在的某种庞大的统治阶级——这一观念，因为该观念对于现代代议制系统中的权力所作的单调解释既过分简单又毫无必要。

多元主义针对"多数人暴政"和"统一的精英群体"的观念的批评是卓有成效的，但这并未使它有效地缓解人们对于被统治状态的担忧。权力中心的多样性和权力的分享是两回事。缺乏一个庞大的精英阶层并不意味着缺乏非精英式的公民。事实上，各种群体之间存在着不平等：各种群体对于资源的掌控能力是迥异的，结果就会造成他们对于法律以及政策的影响程度不同。② 进一步说，在群体的形成中就存在着等级差异。普通公民并不在一个群体中占据领导地位，而且，即便他或她是一名成员，当其他成员在组织中位居领导之职时，他或她也必须扮演"步兵"的角色。有关决策的问题与这位公民并不相干——要么决策已经做出了，要么，当处在战略布局及谈判时，决策的任务都留给了领导层。在形式上每个人可以平等地建立自己的组织，这是自由社会的一个真正有意义的方面，但是这并不等价于决策上有实质性的平等，更甭提对于权力的主观感受上会有任何平等。最后，存在各种议题公众并不意味着每一位公民都是各种议题公众中的某位成员。恰恰相反，研究表明，大多数公民并没有基于议题的专门关注，以有效引导其注意及参与。③ 议题公众的多样性帮助我们理解了精英权力的实质，而不是处在被统治状态下的普通公民。

通过将现代代议制民主定义成一种"诸多少数人群体的统治"的政治系统，而非多数人统治或单一少数人群体统治，多元主义可被视为在理论上支

---

① 正如达尔所观察到的，"赋予（选举时的多数人）除了算术式之外的更多意义"并没什么用，"从数字上呈现出来的多数，无法执行任何协调性的行动。而作为数字意义上的多数人的各组成部分却拥有行动的手段。"（同上，146）。

② 正如海尔德（Held）所讲的这个问题："多重权力中心的存在几乎不能保证政府（1）会以完全平等的态度倾听它们；（2）除了和这些中心的领导者保持交流外，还会做其它事情；（3）会受有权者之外的任何人的影响；（4）会对正在讨论中的议题做出任何反应，等等。David Held, *Models of Democracy*, 3rd, edition (Stanford, Calif.: Stanford University Press, 2006), 169。

③ 有关议题公众与大多数公民的关系的一个尖锐批判，见 Neuman, *Paradox of Mass Politics*, 38, 68, 73, 107, 180。一份更新的报告，见 Scott L. Althaus, *Collective Preferences in Democratic Politics: Opinion Surveys and the Will of the People* (Cambridge: Cambridge University Press, 2003), 19。

持这样一种观点：在大多数议题上，大多数公民并不起决定性作用，只承担着被统治的公民的观看角色。① 然而，多元论者并没有走向这个路向。相反，对于单一权力中心的否定通常走向对将公民排除在权力之外的同样否定。多元主义通常是一种代表制（representation）理论，它解释并且论证了被视作当代代议制民主特征的平衡性。多元论者倾向于认为，即便大多数人并不参与政治决策，但是群体竞争的最终结果以及持续不断的结社联合，会产生最符合集体公民利益的公共决策。② 另外，多元论者认为，任何联合可以实现的目的都是有限制的，即积极的政治参与者受到事先存在于大众之间的共识的约束，这些共识反映了大众关于程序规则以及可接受的政策选项的强烈的基本偏好。③ 这类共识与常规性的竞选结合在一起，意味着个别政治领导者并没有通常以为的那种回旋余地，即便不存在被明确表达的大众偏好。④ 而且，各种参与讨价还价和权力角逐的群体发挥着自由化的作用，这一作用被视为在最低程度上满足了代表性的定义，即，被高度重视的个人自由受到了保护。因此，多元主义不被看作是大多数公民被排除在政府职位以及领导阶层之外的证据，而被推举为一种民主代表理论，这样的代表制使得精英人士必须对选民基本利益负责。

的确，当前越来越多的多元论者已经注意到，多元社会中存在着各种等级差异。达尔（Dahl）的后期作品对于经济组织中存在的不平等结构给予了特别的关注，而且所谓的新多元论者也承认在多元系统中群体竞争所体现出的影响力和资源方面的不平等。⑤ 但是，多元论范式的基本结构强调政治权

---

① 达尔写道："我认为，正是由于选举有这样的特征——即并非少数者在统治，而是许多少数者在统治——所以我们必须寻找专制政体与民主政体之间存在的某些本质性差异。"（Dahl, *Preface to Democratic Theory*, 132）
② 根据达尔的说法，多元群体的存在的重要之处，在于确保了代表们会对"普通公民的偏好做出某些回应"（Dahl, *Preface to Democratic Theory*, 131））。另见 Held, *Models of Democracy*, 187。
③ 比如，参看 Held, *Models of Democracy*, 194。
④ 达尔认为，常规选举以及各党派和群体之间的政治竞争可以以间接的方式控制领导者。这些活动并不能真正体现多数人统治，但是"它们会极大地扩展由少数人组成的各群体的规模、数量以及多样性，这些群体的偏好在领导者进行决策时是必须被考虑到的"。（Dahl, *Preface to Democratic Theory*, 132）
⑤ 比如参见 Dahl, *A Preface to Economic Democracy*（Berkeley：University of California Press, 1985）。有关那些关注许多很少被体现的群体的新多元论的最近阐释，参看 Andrew S. McFarland, *Neopluralism: The Evolution of Political Process Theory*（Lawrence：University Press of Kansas, 2004）。

力局部性的、碎片式的以及分化的特征，所以这一范式无法很好地考虑被统治的公民，因为被统治的公民是被**普遍的、未分化的无权状态**所定义的。正如海尔德（Held）所看到的那样，即便当多元论者承认民主生活中会有各种等级差异，而且这些等级差异会在多元系统中持续存在，但是通过多元理论充分挖掘出这些不平等的内涵也是极其困难的："因为这一理论的中心前提——存在多种权力中心、不同且分散的利益、一个群体总是趋向于抵消另一群体的权力、将国家和社会连接起来的'先验'共识、在派系之争中扮演法官和仲裁者的国家——根本无法解释一个在权力、影响和资源分配上存在着系统性不平衡的世界。"①

多元论者在考虑处于日常状态下的个体公民时，通常所强调的是公民关系（civic ties）以及忠诚的多样性。杜鲁门（Truman）就强调"千变万化的现代公民关系网络"，并认为"基本正常"的民众都有各式各样的成员身份。② 多元主义视民间关系的多样性为常态，结果忽视了同样也属常态的另一事实，即在涉及大多数统治决策以及通常的政治事务方面，大多数公民与讨论和决定集体约束性决策的过程之间，至多只有非常微弱的关联。另外，日常政治经验的突出特征之一就是明显缺乏清晰的、可供精英决策充分反映的政策偏好。

这种常态——被统治的公民——不仅被多元主义的模型所忽略，而且也表明多元主义对于中央统一主权的批评是有局限的。毕竟，有一系列统一的禁令和政策是由政府权力背书的。毕竟，有法律存在。而且，即便各种群体影响了法律的制定，但对于那些普通的、被动的、未被组织起来的公民，即那些必须服从法律而非制定法律的人而言，法律实际上还是作为一种统一现象被经验到的。谈论一个中央集权的立法者或主权可能是没有意义的，但是这并不能抹杀那些非主权的沉默被动的大多数人的重要性，对于他们而言，政治经验主要是由观看构成的。

2.8　错误地将公民统治者泛化：商谈民主

商谈民主的理论把重心放在商谈上，将其作为一种转换偏好以及达成以

---

① Held, *Models of Democracy*, 165.
② David B. Truman, *The Governmental Process: Political Interests and Public Opinion* (New York: Knopf, 1951), 503–516.

理性谈话为基础的集体决策的机制。这类理论以各种方式将被统治的经验边缘化。诚然，当商谈被认作一种精英实践的时候，仅仅由议会中的代表或其他高贵环境中被选出的领导者进行时，已经预设了精英公民身份与普通的公民身份之间的分离，即便这种分离尚未明晰发展。然而，即便这种精英主义立场在政治理论中有着深厚的根源，而且是商谈理论（比如，亚里士多德、伯克以及 J. S. 密尔的理论）赖以建立的原型，以及，即便有些当代理论家赞同这一立场或将其视为商谈政治中的一个不可回避的方面，但今天更为普遍的情况却是，商谈与广义平等和参与式政治是相关联的。今天，作为一种制度设计理论，商谈民主的理论被自觉地呈现为一系列程序性条件的集合；为了让公民将自己理解成塑造政治共同体的集体生活的规范以及价值的制定者，这些程序性条件就需要成立。① 从这个点切入意味着，尽管被统治的状态可以被认作当前存在的事实，它却没有被当作是一个运转良序的民主政体中的永久性情况。相反，商谈程序意味着这么一种期望，即通过实现一种使法律的受众同时成为法律制定者的政治环境，来消除被统治这一范畴。从其最具形而上学野心的形式来看，商谈被设想为某种产生决策的机制，这些决策虽然可能犯错，但它们蕴含着这么一个假定：如果所有公民都参与讨论，那么**他们都会做出这一决策**。② 在这个意义上，商谈将理性注入了政治生活，以理性的统治代替了意愿的竞争。商谈所做出的理性主义承诺，使得"由谁来参与"的问题变成了一个次要的问题——如果不是全然无关的问题的话。既然积极参与者们能够代表一个政体中最可识别的利益，那么重要的问题就

---

① 在他们所编写的有关商谈民主的文集的导言中，Bohman and Rehg 写道："具备合法性的政府应该能体现'人民的意志'，这样一种观点已经有很久远的历史了，并且还以许多不同的形式出现过。而商谈民主这个概念便是这一丰富遗产的受惠者，其出现于过去的二十年间，并呈现出了政治理论方面的巨大发展……作为合法性的一种规范性解释，商谈民主诉诸了理性立法、参与性政治以及公民自治等理想。" James Bohman and William Rehg, eds., *Deliberative Democracy: Essays on Reason and Politics* (Cambridge, Mass.: MIT Press, 1997), ix. Amy Gutmann 辩护了促进商谈能力的教育，因为如果孩子"要实践民主的理想，即作为公民能享有政治上的统治权，那么他们要学会的就不仅仅是与权威保持一致，还要能够从批判性的角度思考权威"。Gutmann, *Democratic Education* (Princeton, N. J.: Princeton University Press, 1987), 299. James Fearon 提供了大量关于商谈的论证，不过把道德论证建立在民众自治的意识形态上。Fearon, "Deliberation as Discussion," in Jon Elster, ed., *Deliberative Democracy* (Cambridge: Cambridge University Press, 1998), 44–68。
② 比如，参看 David Estlund, "Beyond Fairness and Deliberation: The Epistemic Dimension of Democratic Authority," in Bohman and Rehg, *Deliberative Democracy*, 173–204。

是，如何使得决策去落实对于一个理想谈话环境的理性承诺，而非到底是谁可以参与实际对话，以及相反，谁必须处在观看的位置上。被统治的概念本身会在理性政治面前瓦解。

虽然很清楚的是，商谈民主的哲学基础不承认被统治的公民对于民主理论的持续重要性，但如果我们将这个理论还原成其最富野心和争议的形而上学主张的话，我们就会遗漏商谈民主否定被统治这一范畴的最重要方式。商谈民主对于被统治的公民的形象的否定，其最重要和普遍的方式并不涉及有关商谈式立法的合理性的认识论主张，但涉及以公共理性的公民伦理的形式出现的实践指导。作为一种伦理学理论，商谈民主从一个理想的语言环境所要求的规范性前提中，提取出了一名商谈者在达成共同理解的集体过程中所必须接受的某些伦理性约束条件。这一伦理学勾勒出了涉及关于共同利益的商谈的核心实践的公民责任及义务。尽管对于这些伦理观念的意义有很多争论（比如，这些伦理观念是否只适用于涉及宪法实质性内容的辩论，还是说同样也适用于条规法；它们是否应该被限制在建立共识上，还是说同样也可被用于调整或缓和冲突；它们是否会要求言论局限于合乎常理的观点，抛弃那种全面真理，还是说它们也容许整全性教义的表达），但是从最基本的层面来看，商谈伦理可以被定义成确保政治话语能反映互惠互利、互相尊重以及平等的理想的行为实践和社会承诺。①

这些公民伦理观念是如何与被统治的公民的被边缘化相联系起来的呢？商谈伦理观与那些实际上从事集体决策的人的相关性确实不可否认，但它与绝大多数人之间的联系是非常弱的，因为对绝大多数人而言，政治生活与决策无关，只是偶尔投票而已。对于那些在日常生活中只扮演被动观察者的公民而言，是否会有一套截然不同的伦理观呢？问题并不仅仅在于商谈民主论者不去追问这个问题，宁可去分析决策者而非普通公民的行为，而在于他们否认这个问题本身的正当性，因为他们事先就假定甚或公开论证，商谈伦理观普遍适用于一个运转良好的民主政体内的**所有**公民。即便商谈对于有权之人——即那些做决策的人——而言当然是应做之事，但它现在却被设想为是一切公民行动的典范。

比如，让我们来看一下罗尔斯。罗尔斯指出，公共理性的约束包括在做

---

① Amy Gutmann and Dennis Thompson 辩护了三个例子中的后一种情况，*Democracy and Disagreement* (Cambridge, Mass.: Belknap Press of Harvard University Press, 1996)。

决策时所表现出的公民义务（合乎情理）、倾听意愿以及公正态度。① 罗尔斯并不把这些约束简单地理解为政治权力持有者的实践或伦理指南，而是"宪政民主政体中的公民身份的一种理想概念"，它"呈现出事物可以达到的状态，把人看成为一个正义且良序的社会所鼓励他们成为的那种人"。② 罗尔斯绘制的公共理性明显是基于这么一种"公民理想"的，即"公民们以每一个人都认为其他人可以理性地被期望去接受的方式来统治自己"。③ 立法阶级的普遍化——以及在普通公民与官职担任者之间的区别的相应边缘化——导致将公共理性推崇为普遍适用于所有民主制公民的伦理学。诚然，罗尔斯并没有忽略精英群体与普通公民发挥着不同的政治功能。因此，最高法院——它取决于少数被挑选出来的法官对基本宪法原则的讨论——就是作为罗尔斯意义上的一种象征着公共理性的典范制度出现的。罗尔斯也说，公共理性的约束"最根本地适用于在公共论坛上发起政治主张的公民们，以及因此也适用于各政治党派的成员、参与竞选的候选人以及其他支持他们的群体"。④ 然而，尽管在从事政治活动的公民和那些仅仅在外围观看的公民之间存在着差异，罗尔斯理论的总体影响还是将精英群体和普通群体共同纳入到一个包罗万象的伦理视域中："在公共理性看来，承担公民责任的公民任务类似于承担判案责任的法官任务。就像法官是通过先前的法律依据、公认的成文法解释和其余相关的依据来判例的，公民们则是借助公共理性来思考，并受到互惠标准的引导，每当宪法的基本要素以及基本公正事务遭受危机时均如此。"⑤ 罗尔斯将公民身份定义成某种单一的、可普遍化的实践。他把"公民身份的基本政治关系"设想为"作为集合体来实践终极政治权力的自由且平等的公民的关系"。⑥ 罗尔斯把有关"好公民"的伦理观建立在有关"理性决策者"的商谈伦理观上，理所当然地把有效现成的政治行动机会视为一项基本前提。因此，实践政治权力的语境就是一种基本的预设。

一些商谈理论家更能理解被统治的状态。比如，古特曼和汤普森（Gutmann and Thompson）在他们非常有影响力的有关商谈理论的论述中承认：

---

① John Rawls, "The Idea of Public Reason," in *Political Liberalism* (New York: Columbia University Press, 1996), 216–220.
② Ibid., 213.
③ Ibid., 218.
④ Ibid., 215.
⑤ Rawls, "Introduction to the Paperback Edition," in *Political Liberalism*, lv.
⑥ Ibid., xlv.

第二章 作为观众的公民

"(代议制民主的)缺点是,大多数公民成为仅仅是观众;他们仅仅是以间接方式参与商谈。而且,可能最为关键的是,代议制民主非常重视公民对于他们代表的问责机制。如果他们做不到这点,或者说,被阻挠做到这点,他们的代表可能就不会做出负责乃至诚实的行为。"① 然而,至于罗尔斯,虽然他承认从事政治确实有不同的程度,但他并没有因此而发展出一套专门针对那些并不实际参与商谈决策的公民的规范理论。古特曼和汤普森发现,当权力持有者的商谈行为并不完全回应他们的选民,或者并不对他们的选民负责的时候,抗议可能就成了必要;然而,这一非商谈的伦理规范只是在代议制系统失灵的意外情形才发挥作用,而非关系到被统治者所处的常态状态。② 对于古特曼和汤普森而言,常态状态就是代表与被代表者共享同一套商谈伦理规范时的状态。所以,他们可以把所有公民定位成"积极的",并做出一般性断言:"公民是积极的臣民,他们可以接受或拒绝对双方都有约束力的法律和政策的理由,要么是在公共论坛上以直接的方式,要么以通过那些对他们负责的代表的间接方式。"③

认为公共理性在任何情况下都不适用于普通公民,这可能是错的。显然,公民会参与和他人的对话,所以公共理性的观念是有切实相关性的。不过现实是,普通公民缺乏频繁且有意义的参与机会去实践公共判断。然而,忽略代表与被代表者之间的这一差异,忽视使得商谈实践无法普遍化的制度性因素,正是商谈民主的特征。因此,商谈理论家会否认或回避这样一个事实,即在有关立法的决策和有关投票给谁的决策之间,存在着结构性的差异。确实,他们把一套关于立法的逻辑用到了对于后一种类型的决策的解释上。比如,在阿克曼和菲什金最新的作品《商谈日》(*Deliberation Day*)中,

---

① Amy Gutmann and Dennis Thompson, *Why Deliberative Democracy?* (Princeton, N. J.: Princeton University Press, 2004), 30.
② 所以,有一个有趣的观点并未被专门探究,即存在一组可能适用于被统治的公民的二阶的、非商谈性的道德利益。相反,Gutmann and Thompson 把民主政体下的所有公民都定义成"有自主性的行动者,他们要么以直接的方式,要么间接通过他们的代表来参与自身所属社会的治理。在商谈民主中,这些行动者参与政治的一种重要方式是,通过表达和回应各种理由——或要求他们的代表这么做——来证明他们所必然赖以共同生活的法律。(Gutmann and Thompson, *Why Deliberative Democracy?* 3 - 4, emphasis added). **要求**给予理由已经不再属于商谈的范畴。它反映了商谈场景所要求的互惠、平衡和平等的缺失。尽管 Gutmann and Thompson 承认存在这样一种另类的公民伦理形式,但他们并没有直接探究它,而是将其并入了更高一级的商谈模型中。
③ 同上,141.

就把商谈伦理学应用到了投票行为上。① 结果，他们模糊了针对约束性规范及政策的立法决策（如前所说，这类决策是经常的、生产性的和明晰的）和仅仅针对领导者的选举决策（这类决策通常是偶尔的、反应性的而且只有两个选项）之间所存在的差异性。更进一步说，阿克曼和菲什金从公民的政治经验中挑选出了有关决策的罕见的例外情形，并以此为基础对公民身份展开普遍的伦理思考，于是便忽视或否认政治的日常经验是大众对那些从事公共决策的被挑选出来的少数人进行的被动观看。

总的来说，被排除在决策程序之外的公民、并不受邀参与商谈最重要议题的公民，以及其意见和国家的立法没有任何明显关联的公民，在很大程度上被有关商谈伦理的话语所遗忘。促使商谈民主论者对于公民伦理进行反思的问题是：在冲突和多样的环境中，一个政体的成员应该以何种方式与他人进行交谈。而这个问题本身就已经**假定**了主权决策的语境，因此也恰恰预设了在被统治的状态下并不存在的条件。这一倾向哪怕不是普遍的，至少也是极其盛行的。关于商谈公民的伦理学，就是关于有权参与立法及管理决策的公民的伦理学。

2.9 更尊重被统治的公民，意味着什么？

根据主流的理论解释，民主生活在伦理上看是丰富的，而且从根本上说是进步的。但是，**被统治的公民**——或者说，**公民观众**——对主流的理论解释构成了挑战。它挑战了商谈伦理学的范式，因为被统治的公民并不如商谈民主派所预设的那样从事政治讨论以及辩论，而作为一名观众观看政治，自己既不去说服他人，也不被政治论辩所说服。同样地，被统治的公民打破了民主的多元主义范式。虽然单一的权力中心的缺席助长了多元论者，他们往往会因此就否定公民被排除在权力之外，但是被统治的公民恰恰处于一种与政府的被动关系中，这种关系意味着并非自己而是其他人做出那些最重要的决定政体命运的决策。最后一点，尽管关于公民行为的文献仅仅只把政治介入看成为积极参与的相关物或预兆，被统治的公民的定义却恰恰在于介入与参与之间的分离——即介入但不参与，并因此坚持将**纯粹的介入**当作现代大

---

① Bruce Ackerman and James S. Fishkin, *Deliberation Day* (New Haven, Conn.: Yale University Press, 2004).

众民主中的一种永久的且实际上也是主导的政治经验形式。所以，当代民主理论中的各种学说以及立场——商谈民主、多元主义理论以及公民行为研究——之间，尽管存在着明显的差异，但是它们都忽视了被统治的公民的存在以及重要性。

与这些主流研究范式和视角不同，我在本书中所要复兴和辩护的平民政治传统十分重视被统治的公民。第一，我会强调被统治的公民的事实或**实际存在**。虽然当代民主思想的主流研究路径会忽视或者边缘化政治精英与普通公民之间的差异性，以至于忽视"被统治的公民"这一概念本身，但是从平民政治学角度去研究民主，则完全建立在这种差异性上。我在后面章节中考察的平民伦理学，是建立在对某种政治世界的理解之上的，这样的世界建立在不拥有积极的、立法的和表达性的政治生活的多数人和拥有实质性决策权的少数人的基本分离的基础上。第二，从平民政治学角度来解释民主的一个关键后果是，为被统治的公民提供一个可以归属的群体：**人民，**即从集体的角度看的普通公民大众。在平民政治学模式下，"人民"标示的是一个政治实体，它或许可被称为**无组织之人的组织**（*organization of the unorganized*）：由无决策、无偏好以及相对从属于政治精英等共有经验所连接起来的政治观众。虽然一般民主理论倾向于消解或边缘化"人民"这个概念，但是从平民政治学角度解释民主，则会恢复这个观念，从而使本来分散且孤独的被统治的公民有了一个可以容身的集合体。最后一点，在考虑这个群体的利益可能为何时——即被设想为大众观察者的"人民"究竟如何"统治"时，平民民主的理论会尊重被统治的公民，会提出一种契合而非排斥观看机制的民主进步主义的解释。平民政治的"坦诚性"原则并不像标准的传统那样强调"自主"，而是强调领导者不得控制自己进入公开领域时的条件。这一关键性规范是专门旨在提炼出观众的政治生活经验的。

从第四章到第七章，我将详细阐释和辩护平民模式。不过在下一章中，我将通过辩护以下这个观点继续展开对民主思想的批评性回顾，即我认为确实存在着某种"传统的"或者说"通常的"民主理论，它所依据的是民众赋权的声音模式。

第三章 克服民众权力的声音模式

弟兄们，古老的事物未必就是真实的，
新的事物也未必如此；
啊，但是如果古老的思想一直存在，
那就得好好考虑它！

——Arthur Hugh Clough

1.1 声音模式的主宰地位

既然大众民主在今日的体验方式必然导致观众现象，为什么后者被人无视？为什么我们对民主的理解还是由"公民统治者"的核心意象所主导，尽管事实上我们大部分人大多数时间的政治生活的特点是观看而非行动？为什么一方面，今日许多公民要进行有意义的政治决策困难重重，而另一方面，民主思想家却总是忽视观众身份现象并假设要么普通公民已经是决策者，要么不必花费多少力气或是经历结构性改革就可以发挥更大的决策作用？

我在前面两章中多少已经暗示了对这些问题的回答了。在此我将进一步具体加以阐释：民主理论之所以没有充分考虑观众现象，是因为它无法在声音力量之外想象民众权力。这也就是说，民主理论，尽管从它 18 世纪末诞生到今日的历程中有过多种多样的视角，一直受制于三方面的无能：它没有能力将民众权力的对象设想为法律、规范、政策等大众声音形式之外的任何东西；它没有能力将民众权力的器具（器官）看作是表达这一声音的决策之外的任何东西；它没有能力将民众赋权的评判性理想视为自主性（人民用自己的声音决定公共生活的条件）之外的任何东西。这是一种关于民众权力的本体论的正统看法，即，假设人民的力量在其最为基本的层面上就是其表达的和决策的声音（或各种声音）。我称这种正统看法为"民众权力的声音模式"。

民众权力的声音模式只能将观众身份视为对民主的实现毫无关系或甚至有害的。这是因为声音模式假设民众赋权必然涉及自我立法——观众当然被排除在这样的过程之外。确实，代议制民主中的人民并不实际上作为立法集会成员制订法律——因为这种可能性明显已经被代议制机制所预先排除；然而，在民众权力的声音模式的核心，是对一个人民介入正规决策的行动的丰富详尽的阐释；这一行动就是投票。从民众权力的声音模式的角度看，投票的意义超出了它的"挑选领导者"的字面功能。选民们不仅选择领导者，而且在不同的具体层面上有效地决定领导者打算实施的政策的内容。选民们能近似地发挥这种立法功能，因为投票时刻正是被理解为一种表达式立法行为——候选人被视为在一定的选举纲领的基础上打选战，选民们被视为选择那些提出了符合自己偏好的政纲的候选人；而且不仅如此，还有各种间接机制使得那些罕见的正规选举领导者的决策过程，对当选官员的决策过程能施加永久性规范影响。在这些机制中，有三种最为基本，其一是当选的代表希望再次当选，这就使得政治家有很强的动机制订符合广大公众的偏好的决策；其二是少数党和新出现的竞选者的强烈竞争，这使得不遵守大众意志的风险非常之高；其三是存在着测度公共意见的方式，比如民意调查，这使得打算为公共利益立法的政治家有办法识别出公共需求是什么。投票本来显得只是一种相当有限的表达性行为，即仅仅限于领导者选择，而非政策选择，而且受制于其稀少性、反应性和二选式倾向；但是，在这些机制的基础上，投票被设想成一种高度清晰和微妙的手段，能够传达出选民们的根本性的意见、价值、利益和偏好，并使其影响政府政策的实际输出。因此，当根据这一声音模式理解时，民众权力的功能就是为统辖公共生活的规范和政策提供一个实质性的基质。代议制机构当然与这样的民众权力是隔绝的，没有法律义务服从它；但人们还是设法用一种真实的或潜在的立法意志的模式来设想民众权力。一旦用这种立法模式思考民众权力——即将其理解为一种制定规范、法规和政策的基本内容的表达性力量——声音模式就会彻底无视沉默的、非立法的、非决策的观众。

本书其他部分都在探究表达一种充分考虑观众现象的非声音的、目光式的民众权力模式，本章则专门辩护这样一个观点：确实存在着一种统治了民主理论250年之久的民众权力之声音模式。其实，不难看出，认为民主理论是由民众权力的声音性假设所主导的断言，必然会面临两种反驳。首先，当代民主理论家通常深感于现代民主思想传统中的视角多样性，于是否认存在着任何联结这些多样视角的中心意识形态。其次，"人民"之概念——从而民众权力的本体论——是民主理论中最为复杂和困难的问题之一，因此对其存在的性质似乎不可能得出一般共识。17世纪的费尔马（Filmer）的观察——关于"人民"一词的意思，并无公认看法——在今天显然也是对的。①

我不同意这些反驳，所以，我将论证事实上确实存在着一种正统的并依然主导性的看法，将民众权力理解为一种声音的、立法的力量。不管民主理论在其他方面有何种差异，声音模式显然塑造了代议制民主从18世纪至今的理论建构的方式。为了证明这一事实，我将追溯18世纪和19世纪的最早的代议制民主理论家是如何在新的代议制体系当中理解民众权力的。在3.2节中，我首先考察代议制民主在18世纪诞生前理解民众权力的三种主导性模式：人民作为立法者（前现代民主思想和实践中的主导模式），人民作为多数人，人民作为选举人权力。我将论证，尽管这三种早先的模式中没有一种可以输出到现代大众代议制民主的具体条件之中，这一事实却并未得到代议制民主的标准理论家的足够重视。相反，正如我在3.3节中论证的，18、19世纪的民主理论家一直把"人民"看作是某种立法者，即便代议制机制已经使其不可能。许多民主思想家（比如卢梭、普布利乌斯、边沁、密尔、托克维尔）在其他方面分歧颇多，但是却都有一种系统性的倾向，将代议制民主中的民众权力看作是一种立法力量：即，看作是一种决策性的和表达性的权力，这种权力实现在政府制定的法律、规范和政策的内容当中。在3.4节中，我将转向民主理论中更为新近的潮流。虽然声音的、立法的民众权力模式继续规定对代议制民主的常识解释，不少政治科学家事实上认识到，将人民理解为一种当代大众民主中的立法力量，是有严肃问题的。然而，因为不能以声音的、表达的存在之外的方式想象"人民"，这些理论家并未被引向新的可能选择，而是被引向（悖论地）对声音模式的重新肯定。声音模式的霸权地位——最熟悉其缺点的政治科学家最终还是认可这一模式——典型地体现了民众权力的声音性本体论是如何深刻地主宰着民主理论。

就"人民"概念所涉及的内在困难，我想说两点。首先，请注意民众权力的声音本体论，即注意那种系统化的倾向——将人民想象为某种议会，将

---

① Robert Filmer, *Patriarcha and Other Political Writings*, ed. Peter Laslett (Oxford: Basil Blackwell, 1949), 252.

民众权力想象为某种最终在法律和政策中实现自身的力量,我这么做并不意味着陷入那个大家熟知的争论中:人民的声音究竟应当被视为一种具有单一意志的集合体还是应当被视为无数意志的聚合。① 毋宁说,我的目的是记载并强调:不管被认为构成了"人民"的意志有多少,根本的假设一直就是:民众权力的本质或实质是一种表达性的、意向性的、意志的、立法的声音。所以,我并不否认"人民"之概念由单数还是复数构成一直有争议,我只是指出在有关它的本体论实体上,存在着一种共同的意识形态。其次,人们应当明白,一切认为"人民"不是一个严格的概念并因此应当被抛弃的看法,本身就是民众权力的声音模式的最终遗产。正如我在第一章(1.6节)所讨论的,近来民主制哲学家由于无法将"人民"理解为立法力量之外的某种事物,同时又意识到与这一观点相关的各种问题和危险,便干脆抛弃了"人民"概念本身,即作为集体而存在的日常公民之概念。民主理论却不承认"民"(民众,demos),这一不幸结果不仅有害于民主(democracy)的词源学,而且有害于一种能够让普通公民倾听的政治理论。日常公民正是通过"人民"才能拥有一种看重和尊重其日常观众身份状况的政治理论和政治生活。民主理论对于"人民"的抛弃乃是抛弃了那个集体——这是唯一能够服务于组织未组织的东西的集体,它使人有可能探讨处于日常性状态下的日常公民。

我们要做的不是抛弃"人民"这一概念,相反,应当将其恢复为民主理论和实践当中的一个有意义的实体。本章将通过批判来复兴"人民"。我将指出那个广泛流行的、但是非常值得怀疑的假设,即认为人民必须被视为某种声音性的事物。我的目的既是为了记录现代民主思想的一个荒谬之处,也是为了解释它:尽管人民被从政府中正式地和明显地排除在外,民众赋权还是被毫无例外地想象为一种声音的、立法的力量,即发挥这一种立法机构发挥的功能——主持制定塑造政体命运的基本规范、政策和法令。在困扰声音

---

① 对于这场争论的一个最新贡献是菲利普·佩迪特(Philip Petit)的文章"Rawls's Political Ontology," *Politics*, *Philosophy*, *and Economics* 4 (2005): 157–174。佩迪特提出的问题是:人民是单一意志的共同体、还是各种意志的聚合体——抑或第三种可能:是以上两种的混合体[佩迪特称之为**公民体**(civicity)]。然而,无论人民是一还是多,民众权力揭示自身所依凭的 medium(手段)仍然是最为核心的问题。但是,佩迪特忽略了这个问题。反而,佩迪特自己默认,他勾勒的三种可能性的共同承诺都是民众权力的声音式、立法式本体论。即这三种可能性都做出了如下假设:民众权力的对象是统治公共生活的规范、法律和政策;民众权力的机制是人民的声音决策。

模式的诸多问题当中,最为急迫的问题是它的不真实性(它夸大了民众在大众代议制民主中的声音性潜能),不精确性(在现代民主制中所听到的声音并非真正的集体人民的声音,而仅仅是大多数人的声音,或者可能是精心组织起来的少数人的声音),垄断性(当人民被理论家描述为一种声音的、立法的存在时,则它被从政府排除在外就意味着湮没了,不存在了)。最后这一点尤其重要。受排除与由此带来的观众身份对于当代民主体验来说是根本性的。但是,当人民被理解为一种立法性力量时,民众权力就只能被视为人民——或更为精确地说,大多数人——偶尔会言说的东西,而不会被视为人民总是看见的东西:拥有巨大不对称的权力的个别领导者不断出现在只有少数人能据有的公共舞台上。我们在本章讨论了处于统治地位的声音模式的诸多困难之后,下面几章中将发展另外一种不同的模式,即对民众赋权的目光阐释,以此作为复兴平民政治式民主的核心要素。

1.2 代议制民主诞生之际的民众权力难题:三种传统模式的缺失

民众权力的本性必须是声音式的,它的最终功能必须在于它对国家的立法输出的贡献之中。这样的信念是基本上源自代议制民主产生的历史轨迹的一个假设。代议制民主诞生之前的民主实践的历史当中,主导的做法是用机构方式将人民确立为一个真实的立法集会,结果使得新的代议制体系的哲学家几乎难以想象"人民"还能扮演其他任何角色,尽管代议制政府的结构本身就完全应该引发这种新思维。

在代议制民主在18世纪晚期出现之前,民主和共和思想的一个基本公理就是:人民通过立法而展示自己的权力。当然,在这个模式的内部还有相当重要的差异,比如人民究竟应该商议还是投票,或者人民应当独自享有立法权还是与其他非民主团体分享这一权力;但是,民众权力就是制定共同生活的一般守则的立法集会的权力,这一基本概念却一直是理解和贯彻民众权力的主导性方式。我们可以发现将民众权力与立法集会权力等同起来的四种不同排列。第一,这样的等同在直接民主制中最为明显,比如在古代雅典,瑞士行政区,新英格兰乡镇等地,"人民"实际上被等同于政体的立法部门。例如,正如汉森(Hansen)所证明的,在雅典,民众被等同于城邦,尤其是等同于立法集会（ecclesia）。① 其次，不仅直接民主制显示出将民众权力等同于立法集会权力的倾向，在共和主义传统中，结合了君主制、贵族制和大众要素的混合政体的理想通常也被理解为通过赋权一个集会来实现大众要素，这个集会向所有公民开放，能够为整个政体制定具有约束性的法律。比如，在罗马，人民的权力被等同于立法集会的权力，尤其是百人团会，部落会，以及民众议事会——它们每一个都可以以自己的方式制定（有时还提议）具有集体约束力的法律，尽管要与元老院和执政官的权力一道发挥作用。在斯巴达也一样，人民被等同于体制化为立法集会的公民集体，尽管本身不能提出法案，但是可以对实质性议案投票表决同意或否定。在更为晚近的时代，威尼斯共和国同样也将自己的大众要素视为在于大议会（Great Council）当中，它与元老院一道是国家的主要立法议会，尽管威尼斯居民中只有非常少的少数人有权出席这一议会。实际上，威尼斯公民团体的排外性点明了将人民等同于立法者的传统做法的第三个来源。不仅是那些运用集体公民权的共和国认为这一权力位于立法集会中，而且从另一角度看，甚至在那些并不诉诸集体公民的国家中，立法集会中的政治精英也经常自视为人民本身，而非人民的代表。这一点在17世纪的英国议会传统中可以看得最为清楚，在这一传统中，议会与人民的等同是一个常识——至少当人民与议会都可以通过反对国王来规定和认识自己时。② 最后，将人民等同于立法者的做法还显示在18世纪晚期民主革命者的期盼上。比如，正像伍德（Wood）所描述的，美国革命者通常将革命的保证理解为将殖民地的立法权直接交给人民掌管。最初，按照辉格党教义，他们认为推翻君主制就是要赋予国家立法机构以权力，而后者被他们看作与人民是同义词。当在现实中实施这一计划非常困难时——即在革命后的情景下，激进分子们明白了国家立法机构肯

---

① 汉森写道：“在民主城邦（尤其是雅典城邦）中，政府和公民大体上是一致的，这主要是通过人民集会制度实现的。其主导的意识形态是：城邦（polis）就是人民（demos）；比如，这样的思想体现在所有现存的条约中，雅典城邦总是被称作'雅典的人民（ho demos ho Athenaion）'。" Mogens Herman Hansen, *The Athenian Democracy in the Age of Demosthenes*, trans. J. A. Crook (Oxford: Blackwell, 1991), 59。

② Gordon S. Wood, *The Radicalism of the American Revolution* (New York: Knopf, 1992), 25–26, 598–599; Margaret Canovan, *The People* (Cambridge, UK: Polity Press, 2005), 23; Edmund S. Morgan, *Inventing the People: The Rise of Popular Sovereignty in England and America* (New York: Norton, 1988), esp. chs. 1–3.

定不能等同于全体人民时——激进分子还是坚持用立法权来思考人民权力，只不过现在他们坚持这一权力可以由压倒国家立法机构的人民通过议会之外的集会、会议、请愿和书面指导的方式来实现。换句话说，激进分子假设，民众政府恰恰就是发挥了立法作用的"人民"，如果不是永久性的，至少也是在其决定这么做时。①

如果说前现代民主制和共和制国家中将人民等同于实际的立法集会的做法使得民众权力只能采取立法模式，那么18、19世纪出现的代议制民主本来应该挑战这种将人民思考为一种立法力量的概念方式。无论如何，正是为了反对这种将人民看作是国家正式立法权力拥有者的概念，代议制民主才提出了自己的理论。根据麦迪逊对代议制政府的含义的经典表述，它与直接民主的区别就在于"将作为集体的人民排除在任何（政府）参与之外"。② 然而，关键是要记住：正如代议制民主拒绝将人民赋权为一种立法机构，它也赋予了人民在几乎所有类型的政体中都无法比拟的其他权力。即便人民不会成为政府的一个部门，它还是会像在直接民主制中一样继续拥有大量的（如果不是最高的）权力。于是，麦迪逊明确指出，代议制民主会将人民排除在任何政府职能之外，但是他也坚持新制度同时会保持"民众政府的精神和形式"。③ 代议制政府可以向人民赋权的规范在今天更是被普遍接受。代议制政府的早期理论家——尤其是西耶士、贡斯当和基佐等法国思想家——总是将代议制看作既是对民众权力的一个制约，又是对其的一种扩展；然而在下一代的19世纪人及后来的人当中，随着正式的贵族制彻底从社会生活中撤离，投票权逐渐普遍化，代议制政府也就被广泛看作是一种服务于（而非限

---

① 例如，可见 Wood, *Radicalism of the American Revolution*, 365 – 376。
② James Madison, "Federalist No. 63," in Jacob E. Cooke, ed., *The Federalist* (Middletown, Conn.: Wesleyan University Press, 1961), 428.
③ James Madison, "Federalist No. 10," in Cooke, *The Federalist*, 61. 麦迪逊认为代议制这个机制，虽然是欧洲的制度，但是也在美国当作"完全民众的"来使用。这也可以说明他将代议制政府作为民众政府来理解（Madison, "Federalist No. 14," in Cooke, *The Federalist*, 84））。同样，在《联邦党人文集》第三十九篇中，麦迪逊写道："激励每一个爱好自由之士的光荣决定：将我们的政治实验建基在人类寻求自治的能力之上"（Madison, "Federalist No. 39," in Cooke, *The Federalist*, 250. 中译者注：参看《联邦党人文集》，程逢如等译，北京·商务印书馆，1995年，第192页）。汉密尔顿也提到："共和政府的基本原则就是：多数人应当获胜"。（Alexander Hamilton, "Federalist No. 22," in Cooke, *The Federalist*, 139. 中译者注：参看《联邦党人文集》，第108页。）

制了）人民权力的充分民主的机制。

从政治哲学的角度看，代议制民主所提出的挑战是一种理论挑战：如何调和人民赋权与它被排除在传统的立法集会机制之外的事实。① 如果人民的权力不是在集会中提建议、商议和批准法律的权力，那么人民究竟拥有何种类型的权力？民众政府如果不是意味着人民在政府内部拥有权力，那又意味着什么？

当然，代议制民主出现之前的政治理论已经熟悉这一问题：如何在人民被排除在政府之外的情形下思考民众权力的模式。除了共和主义和民主派思想中居主导地位的人民作为立法者的模式，还有另外两种民众权力的模式——人民作为众民（multitude），人民作为选举人权力（constituent power）。然而，不仅这两种模式没有一种可以充分输入到现代民主的独特规范性和机制性条件中，而且即便它们可以被用于民主上，它们的用法已经受到立法模式的侵染，而它们本来似乎应当是挑战立法模式的。

首先，从罗马时代以来，反民主的作者们一直将人民的权力看作是一种"众民"——即一种混乱的、无序的、暴力的力量。民众权力一旦被看作是这样的众民，就必然既是危险的，又是虚弱的——是某种可怕的、同时又由于除了毁灭便别无他能，而不那么可怕的力量。描述这样的民众权力的概念的比喻语言非常丰富地将其说成是一种缺乏自主的力量，它无力将自己展现在领土和法律的固定疆域之中。比如，一个文艺复兴时代常见的比喻说它是"多头魔鬼"。② 古罗马时代常见的另一个比喻则将人民的权力比喻为海洋：这是正常政治体之外的一种力量，不过在少数危机时刻会产生无法阻止的摧

---

① 早期代议制政府的阐释者们都受困于这一人民"既被排除政府之外又被赋予权力"的矛盾，将之视为一个真正的难题。例如，基佐是最早将现代代议制政府作为主题进行研究的人，他用学院派的传统对之进行检视，惊讶于代议制民主究竟是一种什么样的制度，在这样的制度中："不统治的人民有主权，但他们只是服从；而施行统治的是政府，却没有主权？" François Guizot, *Histoire des origins du gouvernement représentatif en Europe* (Paris: Didier, 1851), 88. 最近，波考克将代议制民主中民众权力的成问题的性质描述如下："既可以说所有的政府都是人民的，也可以说人民已经完全退出了政府。"J. G. A. Pocock, *The Machiavellian Moment* (Princeton, N. J.: Princeton University Press, 1975), 517。

② 例如，可见 Christopher Hill, "The Many-Header Monster in Late Tudor and Early Stuart Political Thinking," in Charles H. Carter, ed., *From the Renaissance to the Counter-Reformation: Essays in Honor of Garrett Mattingly* (New York: Random House, 1965), 296–324.

毁性能量。① 在这两个比喻中，人民都缺乏稳定和自主决策的能力，故而非常容易受到民众煽动者的操控。一方面，当民众权力被理解为一种众民时，它就完全是一种非政治的力量，缺乏政治执行的任何属性。② 另一方面，那些沿着民主方向发展了"人民作为众民"的概念的人，在众民中发现了在政体之上导致混乱的持久威胁，却可以成为一种间接的然而高效的手段，有助于保证法律、政策和政府行为与大多数人的利益一致。这一论证的最早例子来自斯宾诺莎，他建议说，群众的无序本身尽管总是有潜在暴力的威胁，事实上有助于帮助大多数人的目的和利益的实现，或至少有助于政治家了解这些利益是什么。③

---

① 例如，可见 Warren Montag, *Bodies, Masses, Power: Spinoza and His Contemporaries* (London: Verso, 1999), 77: "一个最为常见的展现民众的本性和力量的形象就是海洋（这个隐喻可以在塔西佗和 Quintius Curtius 那里发现），通常情况下民众只是作为国家事务的不受人瞩目的背景存在，但是在乱世之中也有能力释放出无法抵御的力量。国家中的最小裂隙——无论是死亡（例如，奥古斯都之死对于塔西佗来说，以及亚历山大之死对于 Quintius Curtius 来说）还是纷争（Cataline 的密谋对于 Sallust 来说）——都有可能引发民众的行动和秩序的颠覆。"荀子（一位公元前 2 世纪的儒家哲学家）也使用过类似的隐喻："君者舟也，庶人者水也，水则载舟，水则覆舟"转引自 Masayuki Sato, *The Confucian Quest for Order: The Origin and Formation of the Political Thought of Xun Zi* (Leiden: Brill, 2003), 262。
② 按照霍布斯的说法，只有依靠君主的领导能力才能够让众民成为人民，并获得随之而来的作为行动者和表达者的可能性。例如，在《论公民》(De Cive) 中，霍布斯论证说：众民——缺乏国家秩序的大量人民——是无能于行动的，并且（因此）人民应当被重新定义为政府的器具，比如君主或者立法集会，后者是真正能够做出政治决策的。Thomas Hobbes, *On the Citizen*, trans. Richard Tuck (New York: Cambridge University Press, 1998), XII. 8; also see VI, 洛克早期的作品中也可以看到类似的理论，以及对于众民的深深恐惧。John Locke, *The Political Writings of John Locke*, ed. David Wootton (New York: Mentor, 1993), 142。
③ 斯宾诺莎在《政治论》第 7 章 11 节中提到：君王想要保存其权力——"无论是出于对众民的恐惧或者想要迫使众民服从或者出于考虑公共善 [utilitati] 的大公无私精神——总是要支持大多数人的意见"（转引自 Montag, Bodies, Masses, Power, 80. 中译者注：参看《政治论》中译本，冯炳昆译，北京：商务印书馆，1999 年，第 70 页）。近期，维诺（Paolo Virno）在其对于众民的研究中提出了类似的主张。见 Virno, *A Grammar of the Multitude* (Cambridge, Mass.: Semiotext (e), 2004)。Michael Hardt 和 Antonio Negri 同样提到并发展了众民的概念，论证它与后现代民主实践是可以关联的。他们将众民作为"行动的多数人"——一方面，将之与暴力的和毁灭性的大众（mass）区分开；另一方面，将之与统一的、契约性的、主权的人民区分开。Hardt and Negri, *Multitude: War and Democracy in the Age of Empire* (New York, The Penguin Press 2004)。

在代议制民主中，民众权力（popular power）不能还原为众民的权力（power of a multitude），这一点已经清楚了。代议制民主中的人民被组织为一种大众选举人团，他们会有规律地、然而不太经常地进行投票。如果这种选举权的任何运用消解了人民的统一性（投票者与不投票者之间，有着对立偏好的人之间，不同党派立场之间的分歧），那么，将人民有组织地纳入国家立宪结构之中，意味着民众权力并非无序的，而是有序的——不是对国家基础的一种威胁，而是其必要组成部分之一。在代议制民主之中，人民位于政府之外，但依然是宪政体系的一个部分。再者，即便我们接受斯宾诺莎对于众民权力的民主式解读，即暴力骚动的持续风险可以保障对大多数人利益的持久尊重，这种保障也并非代议制民主所独有的，它可以出现在任何类型的体制之中。① 故而，"众民"的概念对于掌握代议制民主所独有的那种民众赋权形式，并没有什么帮助。

第二，人民如果被理解为一种选民权力（constituent power），则它就是一种批准政府的实体，它如果出现，也是在那种非常罕见的危急时刻，用以裁量统治权力之争或是施加某种新的宪政规范。但是它总体而言处于休眠状态，将领导身份和政治组织移交给政治精英。把人民理解为一种选民权力，可以有不同的方式，有的民主色调多些，有的少些。最不具有民主色彩的版本包括帝国式的（人民只是以一种纯粹形式的和虚幻的方式批准主权者，比如元老院和民众集会"选举"罗马皇帝时）以及中世纪式的（作为最后诉诸的手段，人民对不正义的君王可以抵抗和造反，但是并不挑战君主制体系本身）。② 从洛克开始，这一"人民作为选举权力"的概念开始被以共和主义的方式加以理解。虽然他有时会提及民众权力的典型的辉格派观念（将人民等同于议会），洛克对于"人民"最为系统的用法是作为一种前政治社会，它同意被某种形式的政府所统治，不过保留改变政府和宪法的权利，如果权威当局没有按照人民的利益进行统治的话。对于洛克来说，作为选举权的人民自身并非统治者，而是当议会和行政分支冲突时才介入进来；或者，

---

① Mosca 做出了类似地论证。见 Gaetano Mosca, *The Ruling Class*, trans. Hannah D. Kahn (New York: 1939), 155 – 156。
② 关于后者，可见 Canovan, *The People*, 17; Anthony Black, "Society and the Individual from the Middle Ages to Rousseau: Philosophy, Jurisprudence, and Constitutional Theory," *History of Political Thought* 1 (1980): 145 – 166; David Wootton, ed., *Divine Right and Democracy: An Anthology of Political Writing in Stuart England* (New York: Penguin, 1986), 49。

它自己也可以卷入与这两个分支之一的冲突中。① 将人民思考为一种只是在革命性的危机的高度例外情形下才出现的权力,会剥夺人民的任何立法权。不过,近来民主理论家发展出的选举权模式却可以恢复人民的立法功能,尽管这是一种非常独特类型的立法权。阿克曼是这方面的关键理论家。根据阿克曼的看法,人民大多数时间中都处于休眠状态之中,按照并非自己塑造的法规条例和行政命令生活。然而,在少数罕见的群众动员起来的"立宪时刻",人民被激活,参加制定或修改政体的根本大法或宪法。于是,在阿克曼对美国历程的阐释中,那些高级立法的历史性时刻,比如立宪建国,内战修宪,新政运动,都被看作是人民所主持的。② 沃林(Wolin)提出了"变动不居的民主"观,即人民在高强度行动的兴奋时刻发挥自主性权力。这一观念也可以被视为恢复了作为选举权的人民的某种立法功能。③

即便我们同意:作为选举权的人民模式有助于理解人民权力在现代群众代议制民主中发挥作用的方式,但是,由于日常公民仅仅在极为稀少的危机时刻才积极参加政治,发挥自主性,以异乎寻常的深刻统一性共同行动,人民作为选举权的模式还是不足以回答我们当下的问题:如何在群众民主体制的日常运作当中理解民众权力。比如,在美国,人民——或更为精确地说,强大的多数派——可以在反英革命中作为选举权行动,并且在十年之后在政府之外的集会上批准新宪法;但是这完全不是麦迪逊所思考的"人民",即那种既被排除在政府之外、同时又被赋权参与国家的日常运作的人民。在群众性代议制民主中,人民并非仅仅是那种一代人时间中才出场一次的选举权。所以,有必要对民众权力的本体论提出新的分类。

上面我们探讨了民众权力的三种流行模式——人民作为立法者,人民作为众民,人民作为选民权。既然这些模式都无法应用到现代大众代议制民主的特有的规范性和机构性状况之中,那么就完全可以说现代群众性代议制民主带来了一种独特类型的"人民",它有自己独特形式的民众权力。但是,18、19世纪,甚至20、21世纪的民主思想却不愿意正视代议制民主中的

---

① John Locke, *The Two Treatises of Government*, ed. Peter Laslett (Cambridge: Cambridge University Press, 1988), II: esp. secs. 149, 168.

② Bruce Ackerman, *We the People*, 2 vols. (Cambridge, Mass.: Belknap Press of Harvard University Press, 1991, 1998).

③ Sheldon Wolin, "Fugitive Democracy," in Seyla Benhabib, ed., *Democracy and Difference: Contesting the Boundaries of the Political* (Princeton, N. J.: Princeton University Press, 1996), 31 – 45.

"人民"的新颖性,而总是退回到声音范式上,即认为人民应当被理解为一种立法者,而民众权力应当被视为一种立法力量。尽管这一潮流中有些例外情况,总体而言那些理解代议制民主中民众权力本性的人所接受的主导性范式一直是声音模式,它将民众权力规定为一种塑造规范、法律和政策的权力。① 根据这一声音模式,人民或许不是以正规的形式对立法做出实际决策,但是它的权力完全就是一种表达性权力,颁布政府政策的内容。一旦被理解为一种声音的、立法的力量,则"人民"就规定了对应该做什么的问题的潜在回答,代表们的职责或者是去贯彻这些指令,通过商议改变它们,或者以高级智慧的名义忽视它们。根据声音模式,代议制民主并不要求民众权力总是得到服从,而只是要求:服从人民意味着倾听人民关于立法和指定其他政策的发言。如果这样看,则人民不是政府,而是政府背后的政府:它的角色是对政府官员所做的决策发表看法。事实上,民众权力的声音模式试图解决代议制民主中的民众权力难题——如何协调代议制民主既排除人民享有政府职权,又赋予人民多于其他政体的权力的事实,协调的方式是减少直接民主和代议制民主之间的差异。人民继续拥有立法功能,只不过是以间接的方式。

3.3 18、19世纪的声音模式

有人认为与民主在18、19世纪的现代复活关系密切的古典作家都会把

---

① 据我所知,最为重要的例外是孟德斯鸠,他似乎阐释了一种仅仅限于领袖选择而不参与立法的民众权力观念。Montesquieu, *The Spirit of the Laws*, trans. Anne M. Cohler, Basia Carolyn Miller, and Harold Samuel Stone (Cambridge: Cambridge University Press, 1989), bk. 2.2, 12; bk. 11.6, 160。然而,这是一种不同寻常的理论,不要与传统的共和主义教义混为一谈,后者认为人民长于审判,而非执行和管理。早期共和主义理论家断言人民的判断天赋既包括了对于领导者的判断,也包括了对于政策的判断,而孟德斯鸠的特殊之处在于他在这两个领域之间做出了严格的区分,并主张将民众权力限制在领导者的选择之上。关于传统共和主义者的观点,见 Bernard Manin, *The Principles of Representative Government* (Cambridge: Cambridge University Press, 1997), 62。但是,孟德斯鸠并没有完全坚持这一主张,也没有充分发展它。无论如何,孟德斯鸠的理论都应当与我所主张的平民政治理论区别开来,平民政治论不仅对民众权力的对象做出了修订(将之从法律修订为领导者),而且对民众赋权的器具做出了修订(将之从人民的决策修订为人民的凝视)。换句话来说,通过质疑将人民的地位看作一种决策性力量的质疑,平民政治论的立场是并不将人民理解为法律或者领导的选择者。

人民的本质理解成一个立法机关,把民众权力的本质理解成一种声音表达性的立法权;但是这一看法违背了当代民主史学中的一条普遍信条,即甚至在这些作家(卢梭、边沁、普布利乌斯、两位密尔、托克维尔等其他作家)的最经典作品之中也存在着千差万别,以至于无法对于他们全都认可的民主类型提出任何全面诊断。① 但是,这一否认"传统民主意识形态"的概念的观点,从三个方面看是经不起推敲的。第一,虽然在古典作家之间确实存在着巨大的争议——尤其是关于民主政体是否会在教育和发展方面对公民产生影响的问题上,因为一个统一的、包含了自 18 世纪和 19 世纪以来的最具影响力的民主思想的理论概念乍看之下是荒谬不经的,但是批评家们还是可能过于夸大了他们的这一反对。从一组理论作品中发现异中之同的企图,并不纯粹由理性决定,而是依赖于个人在比较这些作品时所采取的标准到底是宽还是窄。那些因为投身于同一项哲学计划而被有益地归为一类的思想家,比如詹姆斯·密尔和边沁、马克思和恩格斯,或哈贝马斯和罗尔斯,也可以被合理地区别开,以呈现统一的表面下所持续存在的更细微的张力与冲突。两条路径都有着明显的好处。第一条路经可以使得我们能够对大致的原则和总体任务有一个全方位的了解,而另一条路径则可以使我们更细致入微地观察到各种各样的不同之处以及每位思想家的独到之处。既然统一和区分都存在着优势,那么,一上来就拒绝整体地考察随 18、19 世纪民主复活而出现的古典民主文本,就没有道理了。

第二,一开始就抛弃"传统民主理论"的概念,不仅会破坏全面理解 18 世纪和 19 世纪的民主思想的合理目标,而且还尤其不利于平民政治民主理论的宏伟目标——正如我已经提到过的,平民政治民主理论旨在于系统性地构建一种与当代大众社会环境相称的**全新的**民主观念。否认"传统民主理论"的存在,将使我们无法全面把握过去,从而也瓦解了试图超越过去以及从 20 世纪的政治经验中汲取明确教训的努力。

当然,对于存在某种"正统民主理论"的可能性的辩护,绝不等同于仅

---

① Carole Pateman, *Participation and Democratic Theory* (Cambridge: Cambridge University Press, 1970), 20-21,另见 John Medearis, *Joseph Schumpeter's Two Theories of Democracy* (Cambridge, Mass.: Harvard University Press, 2001), 129-133; Emilio Santoro, "Democratic Theory and Individual Autonomy: An Interpretation of Schumpeter's Doctrine of Autonomy," *European Journal of Political Research* 23 (1993): 122-123; C. B. Macpherson, *The Life and Times of Liberal Democracy* (Oxford: Oxford University Press, 1977), 85; David Held, *Models of Democracy* (Stanford, Calif.: Stanford University Press, 1987), 178-179.

仅阐述这一正统理论的内容可能是什么。这一点让我们走向第三条也是最重要的论证路径，可以用于克服人们不愿意承认"传统民主理论"的存在的偏见，即权威作家们——包括卢梭、普布利乌斯、边沁、詹姆斯·密尔、约翰·斯图尔特·密尔以及托克维尔等——都假定了对于民众权力的一种共享理解，即均把民众权力理解成落实在政府所制定的法律、规范以及政策中的一种**决策式**和**表达式**的权力。换句话说，我的观点就是：声音性的、立法性的民众权力本体论事实上是一种共享的理论信念，这一信念将18、19世纪乃至后来的民主理论的各种不同路径连成了一个整体。

卢梭的重要性

从卢梭对于代议制政府的众所周知的厌恶看，把卢梭归为主张现代代议制中的声音性、立法性的模式的民众权力的主要理论家，似乎是不恰当的。然而对于这点，我们应该说的是，首先，从学术角度来看，说卢梭反对代表制度是非常有争议的。卢梭似乎在这个问题上已经不止一次改变了立场。很有可能的是，他的政治理论可能要比《社会契约论》的读者所以为的，更为偏向代议制民主。① 但是，在这个问题之外，需要被意识到的是，尽管《社会契约论》极力反对代表制度，但是这部作品所勾勒出的民主政治的轮廓和代议制政府之间有着重要的相似性。首先，和代议制民主一样，在卢梭的民主理论中，人民被认作至高主权，尽管人民与政府统治相分离。因此，卢梭甚至会说，民众的至高主权可以与贵族政治或君主政治统治相契合。② 卢梭与代议制民主理论家的不同之处是，卢梭的民众主权尽管不是年复一年、日复一日地从事日常的管理活动，但还是在集结和输入它的意志。人民是处在

---

① 卢梭在《政治经济学》(1755) 中支持代表制度，但似乎在同一年里他就已经开始变更自己的观点，这一迹象在《论不平等的起源》中可见。虽然在《社会契约论》(1762) 中，卢梭不遗余力地反对代表机制，但是在《科西嘉制宪拟议》(1765) 中，卢梭又赞同通过强制命令实现的委命机制。有关卢梭对于代表机制所持的最终判断，争议非常多，不过有些人提出，卢梭之所以赞同代表制度，并不仅仅是因为在大型国家中必须如此实践，还因为从原则上来看，这样的机制会推动选举式的贵族政体。比如，参看Roger Masters, *The Political Philosophy of Rousseau* (Princeton, N. J.: Princeton University Press, 1968), 402; Robert Derathé, *Jean - Jacques Rousseau et la science politique de son temps* (Paris: J. Vrin, 1970), 279 - 280; Nadia Urbinati, "Continuity and Rupture: The Power of Judgment in Democratic Representation," *Constellations* 12 (2005): 219 n. 46。
② Jean - Jacques Rousseau, *The Social Contract*, trans. Maurice Cranston (London: Penguin, 1968), 2.6; 82.

政府统治之外的，但可以一而再再而三地进入政府管理的场所。然而，对于代议制民主而言，人民除了稀少的制宪时刻的例外场景，从来都没有被集结，人民的正式参与仅限于投票选择代表。然而尽管有这样的区别，由于卢梭将人民从政府统治中分离了出来，所以他必须要回答代议制民主理论家所面临的相同问题，即如果不是统治的权力，那么现代民主中的民众权力的本质到底是什么？

在回答这个问题时，相对于先前的社会契约理论家——比如霍布斯和洛克——理解民众权力本质所采取的方式，卢梭做出了三个关键性创新。首先，和霍布斯不同，在卢梭看来，人民是先于政府而存在的。霍布斯认为，在缺乏国家权力去强制推行秩序的时候，就只会存在着"动荡"（tumults）和"众民"（multitudes）；所以在他看来，人民作为一种组织起来的集合体，本质上就是权力的产物。但是卢梭不这么认为，他和洛克一样，从一开始就将人民看作是一种先于政府形成的前政治式社会团体。第二，也和洛克一样，并有别于霍布斯的一点是，卢梭把人民而非政府定义为主权者（the sovereign）。统治者的任务是去服务人民这个事先存在的实体："政府如果要具备合法性，就不能和主权者联合，而是作为仆人来服务主权者。"①

但是，第三，也是最重要的一点是，卢梭认为民众权力的**实质**（essence）或者说**中介**（medium）并不是契约——同意在政府系统下生活——而是法律，于是，他就同时背离了霍布斯和洛克。法律是对于什么才应该是民主政体中的约束性规范的实质决定。或者，正如卢梭所言："主权者，除了拥有立法权以外没有其他力量，只是通过法律行动，而且，因为法律只不过是普遍意志的真正行动，所以主权者只有当人民集结起来时才能行动。"②

当民众权力被理解为是一种立法力量时，人民就成了一个表达性的实体，这一实体规定了在一个政治实体内应当做什么。民众权力成了一支常规性而非特别的力量。一旦被理解为一种立法力量，人民就不仅仅对先前存在的事件和问题作回应，而是能够为公共生活制定规则与条件。伴随着作为其中介的法律，人民变得善于表达，现在能够以非常精妙和准确的方式进行交流。确实，既然卢梭把主权者的活动等同于立法，很明显他就没有简单地将

---

① Jean-Jacques Rousseau, *The Social Contract*, trans. Maurice Cranston (London: Penguin, 1968), 2.6; 82.
② Ibid., 3.12; 136.

大众立法限制在极少数的宪法问题上,而是期望人民也能制定成文法,譬如那些与民法以及惩罚相关的成文法,以及一般而言所有满足普遍性关键条件的法令条例。① 诚然,在区分主权者和政府时,卢梭指望后者不仅从事法律的具体应用,还会介入类似于立法的行政法令。但是,无论什么时候,只要作为主权者的人民聚集起来,政府就必须服从。②

卢梭在把民众权力定义为立法权时,他不仅认为人民拥有比先前的社会契约理论家所以为的某种远远更具声音表达性的权力,而且他还在国家内部给予了立法一个新发现的重要位置。卢梭提出,国家的生命在于它的立法权。③ 法律不再仅仅被设想为是一批相对固定和可靠的基本规则,而是一种民众意志的动态载体,一种由历史上不同的人民表现其自身独一无二的本质的装置,它将一种内在的理性注入了社会演化的偶然路径。④ 或者,正如卢梭所言:"我们不再会问是谁制定了法律,因为法律是普遍意志的行为;不再会问是否君主凌驾于法律之上,因为他就是国家的一部分;不再会问是否法律会不公正,因为没有人会对自己不公正;而且,不再会问我们如何能够既

---

① 卢梭把民众集会理解成定期会面的团体,这个团体不仅会立法制定(或者说,至少批准)基本的宪法,也会颁布更加具体的法规。比如,从他的劝诫中我们就可以看出这点:"由集会的人民通过批准一部法典来决定一个国家的宪法是不够的;而且,由其建立一个永久性存在的政府,或一次性选出永久执政的官员也是不够的。未被料到的事件使得有必要召集临时性特别会议,但除此之外,还必须有固定的、定期召开的集会存在,而且是不可被任何情况废除或休停的。这样,在某个约定的日子里,人民可以被法律本身以正当的理由召集起来——而不用任何其他更进一步的号召……政府越有力量,主权者的集会就会越频繁。"(Jean - Jacques Rousseau, *The Social Contract*, trans. Maurice Cranston (London: Penguin, 1968), 3.13; 137) 人民对非立宪层面的立法的作用(即便仅仅是批准),在《社会契约论》中也有非常清楚的表述:"立法的权力归结于——并且只能归结于——人民",而且"未经人民亲自批准的任何法律都是无效的;它一点都算不上是法律"(同上,3.15; 141)。
② 同上,3.14; 139:"当人民以合法的形式被集合成一个统治体时,政府的一切司法权就停止了;行政权被暂停,而最卑微的公民则犹如最高级的行政官那样,神圣且不可侵犯,因为当被代表的人在场时,任何代表机制都不再存在。"
③ 同上,3.11; 135:"政治生活的原则存在于主权之中。立法权是国家的心脏,而行政权是国家的大脑,用以启动每一部分的行动。大脑可能会瘫痪,但个体仍旧会完好地活下来。一个人可能是愚蠢之人,并且能够存活下来,但是只要他的心脏停止跳动,那么他的生命也就完结了。"
④ 比如参看同上,2.6; 80 - 83。因此,卢梭会说,彼得大帝的一个失误是试图让俄国人模仿德国人或英国人,而不是让他们利用他们的政治自由成为独一无二的俄国人(同上,2.9; 88 - 90)。

是自由的，又是服从法律的，因为法律只是对于我们自己的欲求的记载。"①

因此，卢梭既把人民从政府中分离了出来，又将人民变成表达性的实体，这一实体为政府理应去执行和管理的法律提供了**潜在内容的来源**。在《社会契约论》中，人民并不像在传统的直接民主模式中那样，被表述为政府，而是被表述为"政府背后的政府"。也就是说，尽管卢梭将人民与政府区分了开来，但他还是按照政府的模式去理解人民，还是把它设想为一个被赋权为政治体制的命运制定具有约束力决策的立法集会。卢梭是希望人们从字面上理解这个意象的，即真的希望作为主权者的人民将其意志植入政治，并且通过制定一般法律来监督、指导或者是从根本上改变政府；不过，在继卢梭之后的那个世纪里盛行于整个西方世界的代议式民主模式则认为，人民并不需要真实地聚集起来，就可以实现这一立法性功能。

因此，即便卢梭没有明显支持代表制度，但是他还是为代议民主的哲学提供了奠基石，因为继他之后的理论家所依赖的正是一个本质上卢梭式的人民概念，即作为"政府背后的政府"的人民概念。

《联邦党人文集》

虽然卢梭和革命的激进派都支持这样一种可能性，即人民可以进入政府的领地并将其自身的统治决策置于正式代表以及官员所作的统治决策之上，但是代议制民主的早期理论家，比如普布利乌斯②，却主张大力降低——如果不是消除的话——全体公民直接参与政治的机会。《联邦党人文集》(*The Federalist Papers*)的作者认为，除了在投票的场合以及极少数的宪法危机之外，人民不得去做任何直接的政治决策。因此，再重复一遍，麦迪逊可能会坚持认为："这些（直接民主的）政体和美国政府之间的真正区别，在于**作为集体而存在的人民被完全地排除在美国政府之外**。"③

然而，人民被排除在正式的政府统治行动之外，并不意味不再从声音及

---

① Jean–Jacques Rousseau, *The Social Contract*, trans. Maurice Cranston (London: Penguin, 1968), 2.6; 82。

② 译者注：普布利乌斯（Publius）是一个化名。美国立宪期间，詹姆斯·麦迪逊、亚历山大·汉密尔顿、约翰·杰伊因尊敬推翻了君主政体建立罗马共和国的古罗马执政官 Publius Valerius Publicola，而使用 Publius 这个化名写作讨论宪政，后结集为《联邦党人文集》。

③ Madison, "Federalist No. 63," in Cooke, *The Federalist*, 428.

立法的意义上将人民设想为政府背后的政府。人民可能不会以官方正式的方式立法，但是民众权力的本质依然会被设想为是一种立法力量：作为利益、偏好、意见以及价值等的汇集，以决定政府政策的内容。即使参与代议制机构商谈的被选代表们应当在与人民隔离中自行决策，但是人民依然被定义成一种拥有立法欲望的力量，尽管这股力量与政府相脱节，还是在有约束力的规范及政策中实现自身。因此，普布利乌斯对于"将人民排除在外"这一原则的解释只是基于**位置**（政府的决策并不必然是整个人民的决策），而非**本体论上的区别**，即人民不再被视为一种在政府的法律中介中实现自身的力量。

《联邦党人文集》依赖于一种民众权力的声音本体论，根据这种本体论，民众权力的最终对象是法律；这种依赖关系从《联邦党人文集》的三名作者各自的文字中都可以找到。首先，在麦迪逊对代议制度的辩护中，他将代议制度解释成一种**折射装置**（refracting device），这种装置传达出了选民的潜在看法，而且产生了与人民的真正利益更加一致的决策。在《联邦党人文集》的第十篇中，麦迪逊指出，由其他公民挑选出来的一小部分公民担任政府代表，这样的安排的好处之一就是能够"通过某个选出的公民团体，使公众意见得到提炼和扩大，因为前者的智慧最能辨别国家的真正利益，而他们的爱国心和对正义的热爱最不可能为暂时的或局部的利益而牺牲国家"。"提炼"和"扩大"这两个词象征了一种代议制政府的构想，这样的政府能把握事先就已存在的民众意志，并且使其变得更好，即更理性、更平和、更有效、更有益。拥有权力的代表们被设想为旨在于落实事先存在的、或许常常不清晰的立法目标的媒介。这种代议制民主比直接民主更有优势的基本观点是有问题的，这倒不是由于其相当合理的建议，即认为通过少数人深思熟虑达成的决策可能会比多数人的非商谈性集会更好，或者如麦迪逊所言，"由人民代表所发出的公共呼声要比人民自己为此集会亲自提出意见更能符合公共利益"；而是由于某种未经检验的假设，即认为民众权力的本性依然是在国家的立法输出中被满足和实现。麦迪逊会去重新思考民主的制度，并不意味着他会去重新构想民众权力的本质。恰恰相反，对麦迪逊而言，人民的权力仍然停留在直接民主的阶段：依然还是表达自身意见、偏好以及价值观的权力，它决定了政治体制的集体约束力性法律，只不过现在受到代表们的提炼和扩大。①

---

① Madison, "Federalist No. 10," in Cooke, *The Federalist*, 62.

诚然，一个在《联邦党人文集》中被不断重复的比喻是：把代议制机构的决策比作理性，而把人民介入直接统治的鲁莽尝试比作激情。① 这样的区分表明了普布利乌斯在把人民设想为政府的对立面时所指的两者之间的重要差异。人民的决策是波荡起伏的、"暴力运动式的"，而且还"会充斥着短暂的错误和妄想"。② 相反，政府的决策则是稳定的、精心安排的，而且还有利于共和政体的长期健康。但是，在这个差异之下存在着根本性的相似，即人民和政府都是由一种在**决策**中实现自身的**意向性意志**（intentional will）所定义的。因为存在这种本体论上的一致性，所以人民可以被设想为政府背后的政府，而民众赋权可以被理解成通过立法权的形式进行。

汉密尔顿也把代议制政府表述成一种折射装置，并因此从立法的角度把人民设想为一种有意向性欲望的潜在基体。汉密尔顿在《联邦党人文集》的第三十五篇中讨论了代表制度，他一开始就拒绝所有模拟说——希望代表团体会反映出全体人民的社会以及专业构成。他尤其批驳了各种职业代表机制的方案，根据这种机制，所有不同的职业在政府内部都有代表。一方面，对于新成立的政治体制的排外因素，汉密尔顿表现出了令人耳目一新的坦率。他坚持认为"要建立一个能真正代表所有阶级的人民的代议机制的想法，是一种彻底的幻想"，因为他认为只有三种职业群体可以在新成立的共和政体中担任公职，即商人、学者阶层以及大土地所有者。③ 在做出这番判断的时候，汉密尔顿承认，代议政府不仅是天生排外的（因为和直接民主不同，大多数人民是被动的），而且其中强烈的阶级性会使得这种排外被加重，因为普通公民——自由工作者、熟练工、机械工、小作坊农场主——不可能得到职业性代表。然而，当汉密尔顿在同一篇文章中系统阐述代议系统的实际运作时，排外性因素不见了，我们看到了这样一个共和政体，它能以最高的忠诚追求满足那些并没有实权的公民的基本利益。和那些先前主张实际代表制

---

① 因此，麦迪逊反对直接民主，因为"公众的激情——而非**理性**——会占据审判席"（Madison,"Federalist No. 50,"in Cooke, *The Federalist*, 343）。汉密尔顿也以同样的理由为强势行政分支辩护："共和制度的原则……并不要求无条件顺应人民群众的一切突发激情或一时冲动，因为这些很可能是由那些善于迎合人民偏见而实则出卖其利益的人所阴谋煽动的……他们有时是错的。"（Hamilton,"Federalist No. 71,"in Cooke, *The Federalist*, 482）

② Hamilton,"Federalist No. 68,"in Cooke, *The Federalist*, 458; Madison,"Federalist No. 63, in Cooke, *The Federalist*, 425.

③ Hamilton,"Federalist No. 35,"in Cooke, *The Federalist*, 219.

的理论家一样,汉密尔顿诉诸经济利益的逻辑——这种逻辑将代表与被代表者联系起来,因为他们拥有何种决策是必要且有利的共识。例如,根据这种逻辑,任何经选举当权的某位商人在行使权力中都可以满足其他商人的利益,而且,对于商人有好处的东西对于机械工、制造工等其他被排除在外的职业也同样有好处。商人是机械工和制造工"天然的庇护者和朋友"——以至于汉密尔顿会提出,商人在代表这些职业阶级时要比这些阶级代表其自身更好。① 同样地,所有土地所有者都希望自身的利益——例如,较低的财产税——被那些实际拥有公职的少数富裕地主所捍卫。② 学者阶层是纯粹的理性力量,他们并不代表任何经济利益,所以可以在商人和地主之间扮演起理想的调和者。然而,利益逻辑并不总是有效。为了确保利益的天然纽带完整无损,选举也是必要的。选举意味着,代表"会告诉自己(他的同胞公民们的)性情与倾向,并心甘情愿地让自己的行为受其适当影响"。选举会使代表熟悉"整个公民群体的一般天赋、习惯与思考模式"。利益的原则以及选举的作用,这两个因素确保了代表机制所带来的各种好处。"在其余任何意义上,它要么是没有意义的,要么就是荒谬的。"③

汉密尔顿的代表理论把政府设想为一个用以追求基本经济利益的工具,所以很明显会被批评为忽视了这样一种情况,即每一名代表,作为代表,不可被还原成一名土地所有者、商人,或者学者,而事实上是一名拥有实权、权威、名望和影响力的政客。当然,统治精英有自己的利益诉求和关切。但是我们暂且把这个批评放在一边;应该留意的是,汉密尔顿的代表理论实际上预设了,人民体现的是一种准立法的权力。正是因为被排除在外的普通公民大众均被理解成明确的经济利益的承担者,在政府立法输出上有一系列清晰的诉求,所以汉密尔顿才能将代表制以理想化的方式解释为某种服务于全体公民、同时又不让人民分享任何政府统治权的机制。

---

① 商人"拥有影响力和分量,以及更高的后天修养",这使得他们在与技工及制造商共享某些共同利益时,成了最有力的倡导者:"他们(技工及制造商)知道,无论他们对自身抱有多大的自信,更能提升他们利益的人是商人,而非他们自己。他们意识到,他们的生活习惯未能赋予他们后天的有利条件,当这些条件缺乏时,在一个商谈的议会中,即便拥有最好的自然禀赋也几乎无济于事"。(Hamilton, "Federalist No. 35," in Cooke, *The Federalist*)。
② 同上,220:"因此,每一个土地拥有者都会有使土地税维持在尽量低的水平上的共同利益;而对于共同利益的考量总是最可靠的共通感。"
③ 同上,222。

人民权力被概念化为一种准立法的力量，这点在杰伊的文字中也能找到，他用拟人的比喻将人民描述成一个表达性的、实现自决力量的存在体。确实，正是因为对于美国人民抱有乐观的态度，他对宪法在未来取得成功也抱着乐观的态度：具体而言，"上帝乐于把这个连成一片的国家赐予一个团结的人民——这个人民是同一祖先的后裔，语言相同，宗教信仰相同，政府原则相同，风格习惯非常相似；他们通过共同的计划、军队和努力，在长期的流血战争中并肩作战，光荣地建立了全体的自由和独立。"①

人民在批准新宪法时所扮演的角色，确实向我们指出一种不同的、洛克意义上的人民——洛克认为人民在大多数情况下都处于无声休眠状态，只有在决定宪政问题时才会被激活。然而即便如此，作为宪法的制定者、批准者或修改者的人民，仍旧被定义为立法者，只不过现在所立之法不是条规法，而是国家的根本大法。

总体上，我们可以说，普布利乌斯把人民当作一种利益、价值以及偏好的集合体，虽然位于政府之外，但是通过正式的政府统治权力可以完全被转化成法律、规范以及政策。

边沁、詹姆斯·密尔以及作为审判庭的人民

卢梭偏爱民主制而非代表制，而美国和法国的立宪者则多半偏爱代议制政府而非民主制，但是后一代的哲学激进派们则不同，他们最早提出、支持并从理论上建构了如今已为人所熟知的混合模式：代议制民主。② 当考察这个流派中两个至关重要的理论家杰里米·边沁和詹姆斯·密尔的时候，我们会再次发现同一个普遍倾向：用立法性术语理解民众权力的概念，这是一种表达性力量，它在塑造政治体制的法律、规范以及政策的**具体内容**（无论是实际的还是潜在的）中实现自身。

我的这番论断并不是要将边沁和密尔的贡献仅仅还原成某种对 18 世纪

---

① John Jay, "Federalist No. 2," in Cooke, *The Federalist*, 9. Madison 也往往把人民泛称为一个团体性存在，将公民称为犹如共同生活的"同一个家庭的成员"和"同一个伟大繁荣的帝国的同胞"（Madison, "Federalist No. 14," in Cooke, *The Federalist*, 88）。

② 作为一个专用术语，代议制民主这个词至少可以追溯至汉密尔顿。比如，参看 Alexander Hamilton, *The Papers of Alexander Hamilton*, ed. Jacob E. Cooke (New York: Columbia University Press, 1961), I: 225. 虽然在整个 18 世纪的大多数时间里，"民主"仍旧是一个坏词。不过，伴随着密尔和边沁以及他们同代人的发展，一场重大的转变正在发生。

理论的复述，或者否认在他们的民主模型和由卢梭及后来的约翰·斯图尔特·密尔对民主的更为参与论的解释之间存在实质性差异。和参与派不同，边沁和密尔并不认为政治生活具有教育或品格教化的作用，而认为它仅仅是一套确保个人得以享受拥有财产、获得劳动成果，以及（尤其在边沁看来）最大化社会福利等自由权利的实践制度。边沁和密尔明显没有把人民设想为卢梭意义上的通过立法以实现一种独特历史认同的创造性行动者。另外，在卢梭谈及人民的普遍**意志**的地方，边沁和密尔主要在谈论集体**利益**——尽管过于区分两者是个错误，因为无论边沁还是密尔都不认为利益的最大化会自行实现，而认为依然需要政治意志以便抵抗所谓的统治精英的"邪恶利益"。最后，相对于其他自19世纪以来的民主理想主义者，边沁和密尔强调人民被排除在政府之外，尤其是被排除在国家的行政和管理机构之外。所以他们担心与人民分离有别的政府总是存在着某种暴政的威胁；在这一认识上，他们显得与众不同。

然而，尽管有着这些重要差异，边沁和密尔还是从声音的、立法的层面构建了"人民"这个概念，这使他们和同代人及哲学对手极其类似。不管他们多么清楚地意识到人民和政府之间所存在的差异，他们只能把民主的进步看作是往最终消除这一差异的方向上推进。而且，他们对于政府暴政倾向的担忧，表面上看像是在思考某种更低限度的民众权力——仅限于反对执政者的权力滥用，而非在于实现人民的自我立法，但是事实上，对于两位思想家而言，民众权力不仅体现在抗议专制领导上，而是理想地体现在尤其能反映政治共同体普遍利益的大范围立法上。因此，对于人民与政府之间形成的注视关系（人民被排除在无法完全控制的政府之外时必然出现的观看关系）的任何赞许都被习以为常的声音式愿望所压倒了，这种愿望就是：人民通过间接控制政府的立法输出，可以从实质上克服自己被政府排除的境况，并看到自己的意志反映在国家决策之中。

比如，从边沁所选择的比喻中，我们就能很明显地看出声音的、立法的模式下的民众权力。他在构建人民这个概念以及分析代议制民主下的人民权力的性质时，将民众权力比作**审判庭**的权力。早自1790年始，边沁就把注意力放在了人民的这一意象上，提出"公众构成了一座审判庭，而这座审判庭比其他所有审判庭全加起来都强大"①。尽管"审判庭"的含义似乎更是

---

① Jeremy Bentham, "Of Publicity," *Public Culture* 6 (1994): 581.

司法的而非立法的,而且,尽管边沁强调作为审判庭的人民的关键责任是对于个别领导者的性格以及潜在罪行进行裁判,但他依然明白指出,作为审判庭的人民的终极功能正是清楚阐述且贯彻人民对于立法及政策所作的实质性裁判。构成审判庭的人民被理解成"对每一个人及每一件事进行判定的法官"。① 因此,作为审判庭的人民的权力"可以被当作是源自于人民群体的法律系统"。② 除了其他责任,作为审判庭的人民还有某种如边沁所言的"改良性建言功能"(melioration-suggestive function),即对于所有公共事务不断地提出实质性的建议。③ 通过其作为审判庭的权力,人民能够使得政府"知道被统治者的真实愿望",并且在很大程度上由官员和其他正式公职人员去贯彻执行这些愿望。④

在边沁所构建的"作为审判庭的人民"的概念中,值得注意的是,这个概念不仅仅阐述了人民虽然被排除在正式立法活动之外,但依然可以参与制定实质性的法规和政策,还表明人民这么做时也确定了什么是国家的**普遍利益**。这个论点在边沁的《议会改革计划》中尤为明显;在这本册子中,他将民主的各项制度(比如男性普选权、无记名投票以及年度议会)与对整个政治共同体的普遍利益的提升相联系。边沁所说的"普遍利益"指的不仅仅是安全方面的关切,尽管这些方面被给予了优先的地位,而且还包括其余三个至关重要的方面,即生计、财富以及平等。⑤ 正如波斯特玛(Postema)所说的,边沁关于"普遍利益"的构想预示了更加现代的公共利益观,比如公共健康、经济发展以及像公路桥梁之类的基础设施建设。⑥ 于是,好政府就不

---

① Jeremy Bentham, *The Works of Jeremy Bentham*, ed. J. Bowring. (New York: Russell & Russell, 1962), IX: 42.
② Jeremy Bentham, *Constitutional Code*, ed. F. Rosen and J. H. Burns (Oxford: Clarendon Press, 1983), 35-36. 另见 Fred Cutler, "Jeremy Bentham and the Public Opinion Tribunal," *Public Opinion Quarterly* 63 (1999): 329。
③ Bentham, *Constitutional Code*, 37, 39.
④ Bentham, "Of Publicity," 584; 另见 Cutler, "Bentham and the Public Opinion Tribunal," 325。
⑤ 正如边沁所言,"普遍利益需要,在涉及生计、财富、安全以及平等的问题时,共同体中聚集起来的民众能达到最大化;而且还特别需要,前三项的分配在尽可能安全的情况下,接近平等。"(Bentham, *Works*, IX: 127). 另见 Bentham, *First Principles Preparatory to a Constitutional Code*, ed. Philip Schofield (Oxford: Clarendon Press, 1989), 153。
⑥ Gerald Postema, "Interests, Universal and Particular: Bentham's Utilitarian Theory of Value," *Utilitas* 18 (2006): 129.

会仅仅满足于达到最低标准,而是会从事提升普遍的社会财富的政策以及进行相关立法。而且,就民众权力与普遍利益是同一的而言,民众权力也会在国家的立法输出中落实。正如罗森布鲁姆(Rosenblum)所总结的那样:"民众主权以两种方式表达自身:一种是以抵抗统治者或自我防卫的形式;另一种是当政治社会被组织起来充分表达人民主权时,以法律的形式。"①

在何种基础上,人民可以被认作立法所反映的普遍利益的承担者呢?代议制民主到底是如何能服务于普遍利益的呢?这样的问题之所以复杂,是因为边沁在确定普遍利益时采取了两条不同的标准。一方面是古典功利主义的标准,即"人民"之所以代表了普遍利益,是因为他们人数更多:他们的利益在共同利益中所占份额要远多于贵族和君主的,因而他们的利益可以充当普遍利益的代表。诚然,早期的作品中,边沁在解释普遍利益时正是从这种汇集的(aggregative)意义上进行的。② 但是,在边沁最鲜明支持代议制民主的后期著作中,普遍利益逐渐被定义成由所有个体共享的那些利益。即不是汇集,而是交叉利益的共同核心,现在定义了"普遍利益"。③ 如果说边沁过去表达公共利益的汇集性模式潜在地可以绕开民主制度(依赖更为明智的幸福计算)的话,那么后一种模式就与民主实践内在关联了。④

尽管边沁没有完全将这两种用以确定公共利益的方法分离开来,大致而言边沁倾向于认为,人民的选举权致力于后一种意义上的公共利益(相互叠的利益),虽然他把公共意见的非正式权力理解成表达更早期的对于公共利益的汇集性意义上的表述。就民主选举而言,边沁提出,所有个体都偏向

---

① Nancy Rosenblum, *Bentham's Theory of the Modern State* (Cambridge, Mass.: Harvard University Press, 1978), 82.
② 因此,在他的 *Introduction to the Principles of Morals and Legislation* 中,边沁把普遍利益定义成"若干构成一个群体的人的利益的总和"。Bentham, *An Introduction to the Principles of Morals and Legislation*, ed. J. H. Burns and H. L. A. Hart (London: Athlone, 1970), 12。
③ 参见,比如 Bentham, *Constitutional Code*, 51, 63:边沁谈到一个人所享有的"普遍利益"时说道,"该种利益对于他自己以及共同体中的其他每一位成员都是共同的"。从集合式的普遍利益向兼容式的普遍利益(在这种模式中,普遍利益是重叠利益的子集)的过渡并没有例外,而且波斯特玛认为"边沁话语中的反复无常可能会产生混淆"无疑是正确的(Postema, "Interests, Universal and Particular," 122)。
④ 比如,参看 Michael James, "Public Interest and Majority Rule in Bentham's Democratic Theory," *Political Theory* 9 (1981): 49:"边沁一般把民主设想成一套被设计出来的制度,其目的并不是要去发现最主要的个人利益的集合,而是要去推进共同体内全体成员的共同利益。"

于追逐他们自身的个人利益，但是选举机制会设置障碍阻止他们这么做。一般的选举人找不到那些牺牲其他所有人的利益来为他追逐自身利益（即选举者的自身利益）的候选人。因此，对于一般的选举人而言，最好的决策就是投票给那些最支持普遍利益的候选人。无记名投票，只是更进一步地推动了这样一种趋势，即选举人在投票时追求高于他们私人利益的普遍利益。①

人民在作为一种立法性审判庭时所发挥的功能，并不仅限于它的选举功能，同时也包含了它作为公共意见承担者的功能。确实，在谈及人民用自身意见影响当选的公职人员的官方决策的非正式权力时，边沁最为频繁地使用了审判庭这个比喻。边沁不断提及"公共意见审判庭"这个观念，他发现在公共意见中，有趋向普遍利益的现象；他相信，在一个开明的政治社会中，这种趋同只会不断地有助于规定公共利益：

> 对于政府权力的滥用，它是唯一的制衡；对于政府权力的善用，它是不可或缺的补充。能干的统治者会引导它；审慎的统治者则引导或追随它；愚蠢的统治者会无视它。即便是处在文明的当前阶段，在大多数时候，它发出的指令也都会和最大幸福原则的指令保持一致；然而，在有些时候，它会脱离于它们；但是，随着脱离的情况一直在减少，脱离的范围越来越小，这些脱离迟早会消失不见；背离的情况会完全消失，而一致的情况将彻底圆满。②

代议制民主会促进立法所体现的普遍利益，这不仅是通过选举出那些更可能追求这种利益的个体，而且通过指导当选代表的决策满足普遍利益。当然，这是一个间接的过程。而边沁所持的是普遍盛行的观点，即代议制民主不会使公职人员受制于来自人民的约束性命令，以及，大众选举会仅限于领

---

① 詹姆斯对边沁的理论如此总结："为了抓住被选举的机会，每一位候选人都不得不承诺会支持选举者的共同利益，即公共利益。所以选举者会认为，如果他投票给那个看起来会最有效促进公共利益的候选者，那么他就会享受到最好的服务。所以在通常情况下，当个人的特殊利益表现得高于其所享有的公共利益时，无记名投票就成了一种能起调和作用的手段，而且这种手段能保证他会投票支持公共利益。"同上，55，50。见 Bentham, *Works*, III: 452。另见 Rosenblum, *Bentham's Theory of the Modern State*, 85："大众选举能做的就是确保被选中的统治者至少能够保障普遍利益。"
② Bentham, *Constitutional Code*, 36; 另见 Bentham, *First Principles Preparatory to a Constitutional Code*, 76, 186, 241, 286; Cutler, "Bentham and the Public Opinion Tribunal," 327。

导的选拔而非政策的全民投票。但是，即便代表是自行决策的，边沁依然认为，由于每年都要选举，他们还是会倾向于基于对人民观点的预判做决策，而且，这个过程事实上会朝普遍利益的方向靠拢。

诚然，尽管边沁是19世纪理想主义者中的一名典范人物，他对于公共意见这一非正式权力的考察还是导致他在某些方面预示了后人对于大众意见在民主政体中扮演的角色的怀疑。边沁不仅有时会承认，公共意见几乎不是单一公众群体的产物，而是从某些更小的亚公众群体中浮现出来的，而且他还认为"公众意见"这样的概念本身是一种理论建构，并用诸如"非官方的"、"想象的"和"纯粹虚构出来的口头实体"来描述它。① 然而，所有这些理论难题并没有致使边沁去质疑公共意见的存在或潜力。公共意见审判庭的"存在经常被怀疑成是纯粹意象的、有名无实的玩意儿。然而从另一方面来说，公共意见这一称谓或许不那么为人众所熟知，其力量的存在倒是被普遍承认的"。②

由于存在着这两种机制——挑选出献身于普遍利益的代表和间接引导领导者通往普遍利益，边沁把民众权力理解成一种机制，它不仅能实现在选举领导者的正式投票中，也发生在规范以及政策的实际立法中。对于边沁，就如同对于卢梭以及《联邦党人文集》的作者一样，人民权力并不仅仅旨在于挑选领导者或制衡统治精英，即并不仅仅作为一种集体权力以保障自由权利和维持国家的最少干预，而是作为一种关键性发声器，用来传达符合整个政治共同体利益的信息。尽管相比于卢梭给出的解释，人民权力在边沁这里更加沉默和缺乏创造性，但是它依然有一种相同的本质属性，即决定着什么样的法律和政策才是一个民主政府应该去制定的。确实，正是因为边沁所理解的人民权力包含了立法权这一要素，所以他理想化了抽象的代议制民主和19世纪美国所充分实践的代议制民主。因此，边沁会这样描写代议制民主：它"是一种政府形式，在这种形式中，人民的利益是唯一被关照的利益——在这种形式中，没有哪一个人有专属于他自己的单独且反常的利益，也没有哪

---

① 边沁对单一公众的理念的挑战，见 Bentham, *Securities against Misrule and Other Constitutional Writings for Tripoli and Greece*, ed. Philip Schofield (Oxford: Clarendon Press, 1990), 54。有关边沁对"公共意见"这一术语使用的诸项怀疑，见 Bentham, *Securities against Misrule*, 54; Bentham, *First Principles Preparatory to the Constitutional Code*, 56, 283。另见 Cutler, "Bentham and the Public Opinion Tribunal," 325, 329。

② Bentham, *Securities against Misrule*, 56; 另见 Cutler, "Bentham and the Public Opinion Tribunal," 327。

一个群体的人有专属于他们这个群体的单独且反常的利益——不会有任何靠付出、丧失、牺牲人民的普遍利益为代价而被持有的利益"。①

　　这里，我们没有必要再费周章去详述边沁的知识盟友詹姆斯·密尔的民主理论了，因为密尔赞同的仍旧是一种类似于立法力量的人民权力概念。确实，相比边沁，密尔更倾向于把安全防务作为一个好政府的主要目的。而且，密尔尤其关注国家用以提供这种安全的执行权力——被密尔称为"政府"——本身是否会对人民造成欺压和伤害。进一步说，密尔几乎不指望政府的行动会由人民自己来决定或授权。更确切地说，为了防止政府施加压迫性统治，人民的功能就是去干预政府，否则政府就会自然而然地实行这种压迫性统治。② 然而，人民与政府的关系并不是密尔的政治理论中唯一存在的关系。还有第三个群体，即由人民［或者至少是那些在年龄（达到或超过40岁）、财产（最富的三分之二人口）以及性别（仅限男性）方面满足密尔严格标准的投票人］选举而立的代表议会（representative assembly），其任务就是去制衡政府，以及使人民免遭本来用于保护人民的权力的伤害。密尔把这个机关称为某种"制衡主体"（checking body），而且重要的是，它的功能就是立法。③ 关于这个主体，密尔这么写道："因此，制衡主体必须有力量去克服为个人或少数人——或者为个人和少数人一齐——动用的、以确保实现他们的邪恶目的的所有力量，否则它的制衡就无法发挥作用。"④ 为了避免无限后退——即制衡主体本身也需要被制衡——密尔声称，人民与制衡主体之间的关系不同于人民与国家执行权之间的关系。民众权力面对政府时，只发挥保护性功能，而人民与代表议会发生关系时，则发挥了一种声音的、表达性的权力。议会"必须拥有一定程度的、足以发挥制衡作用的力量。它也必须拥有和共同体一致的利益；否则它将会滥用它的权力"。⑤ 为什么人民会一方面只是避开政府的支配，另一方面又认为自己和代表议会拥有一致

---

① Bentham, *Works*, IX: 450.
② 正如密尔所言，人民"必然会（将政府权力）委托给某个个体，或者由一些个体组成的群体，而这样的个体必然会有最大的动机去滥用它们"。James Mill, *Essay on Government*, in Jack Lively and John Rees, eds., *Utilitarian Logic and Politics: James Mill's "Essay on Government," Macaulay's Critique, and the Ensuing Debate* (Oxford: Clarendon Press, 1978), 72。
③ Ibid., 87.
④ Ibid., 74.
⑤ Ibid., 73.

的利益呢？和边沁一样，密尔发现选举过程能够传达人民的利益，而且也能使这些利益被强制贯彻，并足以对抗代表们追逐"邪恶"的私人目标的自然倾向："频繁的选举以及将投票限制在独立之士那里，是选举人和代表之间，以及选举人和共同体之间的共同利益得以确保的手段。"密尔认为，尤其是当选举被频繁举行之时，它就会产生这样的立法性意义，因为选举人会在立法的基础上做出选择——或者正如密尔所言，"因为那些选择的人将会遵循人性原则选定那些符合自己的意愿的人"。① 这样的论点不仅极为相信选举制度有传达并且执行选民政策偏好的能力，而且预设了人民从一开始就被定义成一种具有利益偏好及期望的实体，它依靠代表们为其欲望立法。②

可见，对于边沁和密尔而言，有关人民权力的概念构建是以声音本体论为基础的，这种本体论把人民权力的对象——或者说，其最终表现形式——看作是法律。像佩特曼（Pateman）那样的批评家认为，边沁和密尔的民主理论"并没有表明，选民们在大多数议题上会有一种关于何种政策符合他们自身利益及普遍利益的看法，以及因此对其代表们到底应该投票支持何种政策有明确的看法"。即便这些批评家是对的，然而事实仍旧是，对于边沁和密尔而言，衡量民众权力的最终指标是国家的立法输出。③ 在这样一种范式中，领导层之挑选过程的意义被弱化了，仅仅被当作是一种为立法而服务的装置，而非使民众权力的终极意义得以落实的场所。这不仅是由于边沁和密尔——和所有提倡民众权力的声音模式的人一样——把民众权力当作一种在选择（比如，投票选举）中实现自身的决策性力量，而且还是由于选举中的选择没有被解释为其显而易见的事实（即，对领导者的挑选），而被解释为一种立法权力，这种权力正是代议制民主否认普通公民可以拥有的。所以，

---

① James Mill, *Essay on Government*, in Jack Lively and John Rees, eds., *Utilitarian Logic and Politics: James Mill's "Essay on Government," Macaulay's Critique, and the Ensuing Debate* (Oxford: Clarendon Press, 1978), 78。

② 一方面，密尔指出，人民没有从事实际统治的能力——"大众群体不适于政府的事务"（同上，59），以至于"人民，作为一个整体，无法为自己去从事政府事务"（同上，72）——也正因为此，人民会满意于进行"一般性控制"（同上，59）。另一方面，一个显然的事实是，密尔是从立法的角度设想这种控制的。人民首先要控制的就是使国家在立法时所做的实质性决策能够与人民自身的意见、偏好以及价值观保持一致。

③ Pateman, *Participation and Democratic Theory*, 18.

边沁才会把选举人在选举中的选择定义为"对某个人的选择,通过这个人,在代议制议会中,他的利益将会被提出、拥有及兑现"。①

约翰·斯图尔特·密尔

J. S. 密尔是代议制民主的另一位经典理论家。和先前已讨论过的人物——卢梭、普布利乌斯、边沁以及詹姆斯·密尔——一样,如果否认密尔对民主理论做出了独到贡献,那就是一种不准确的看法。密尔系统性地阐述了一种有关民主的教育理论,这样的理论在哲学的激进派中完全不存在,而且与卢梭在这方面的工作相比,密尔的理论显得更为成熟。另外,密尔的一些特别建议——诸如比例代表制、公开投票,尤其是他关于更胜任者和教育程度更高者的额外选票权重的独特看法——将他和其他经典的民主理论家区分了开来,而且使得他的理论拥有独到之处。最为重要的是,密尔将代议制政府表述为一种非常有包容性的政体类型,同时又尊重受过教育的、杰出的政治精英的审慎判断;正如汤普森有益地描述的,这样的政体将参与原则和胜任原则结合在一起。这使得密尔的民主理论不仅在人民元素和精英元素之间达成某种不寻常的平衡,而且还使这一理论致力于理性对话这一理想。②

然而,尽管有这些方面与众不同,如果仔细看一下密尔是如何构建代议制民主的理论的,尤其是他的专著《代议制政府》(1861 出版;本书应当被视为 19 世纪中叶以来有关该主题最全面和最有影响力的作品),就会发现关于民众权力的声音本体论的相同假设,这种本体论不仅有我先前考察过的其他经典理论家的典型特征,而且在过了 19 世纪最初的几十年后,成了对于代议制民主的常识性理解的一部分。所以,在讲述密尔的时候,我有双重的目的:一是要呈现他对民主的解释是如何把民众权力的声音本体论——即假定民众权力是一种表达性的声音力量,它实现于实质性的规范和政策中——视为理所当然的,二是要表明密尔肯定这种本体论的特别理由非但没有什么异常,而且还和 19 世纪政治思想的普遍假设保持着一致。

根据密尔的解释,担任陪审团成员、参与地方行政工作以及对某项事务偶尔提出主张,很可能就是代议制民主下的大多数公民最合适的积极参与形式。对于这些实践到底能使普通公民实现多大程度上的人民自治,密尔的态

---

① Bentham, *Works*, III: 452.
② Dennis F. Thompson, *John Stuart Mill and Representative Government* (Princeton, N. J.: Princeton University Press, 1976).

度是模棱两可的。在有些情况下,他似乎认为这些行动使得民众能够进行自我立法,而在其他情况下他又明白指出,这些行动中的力量太微不足道,以至于除了发挥教育功能以外,没有任何价值。①

这些温和形式的参与能为普通公民提供自我立法的机制吗?即便密尔对此犹豫不决,但他仍旧把代议制民主当作这样一种政体,在这种政体中,人民(即并不正式从事日常管理事务的普通公民群体)是一种准立法的力量,是政府背后的政府,通过政府决策这种媒介实现自身的权力。正如密尔所言:

> 代议制政府的意义在于,全体人民——或者说,大多数人民——通过定期选举出的代理者来实践最终的控制权力,这种权力在每一种宪法中都会存在于某些地方。他们完全充分地拥有一种终极权力。无论什么时候,只要他们愿意,他们都必然控制着政府的所有运作。②

在此,正如在《代议制政府》整部作品中,密尔自始至终都在忽视而非强调存在于人民的权力与选举产生的代表议会的权力之间的差异。议会被当作民众在国家中的一个切实的器具。当密尔指出,在英国宪法中,"民众权力"是"最强有力的权力",它有"凌驾于政府一切部门之上的实质性至高地位"时,他的意思并不是说与其代表相分离的人民拥有这样的权力,而是在说,这样的权力属于在议院中代表人民的、被选举出来的立法者。③ 当然,密尔在自己的分析中一直想去撼动的,正是这样一种被认定存在于人民和议院之间的区别。所以,一点都不会让人感到意外的是,仅仅过了几页,密尔在对上面这段引文的一个重述中,就以代表的权力替换了人民的权力:

---

① 例如,在一篇短文中,密尔把这些行动当作某些机制,"通过这些机制,不仅仅是相继的一些个体,而且整个公众群体,在某种程度上,都成了政府的参与者,并且共同从政府那里接收指令及智力上的训练"。但在另一篇短文中,关于同样的行动,密尔却写到,除了陪审服务以及也可能参与的地方政府事务以外,"这些行动所带来的实践更多的是发生在思考层面而非在行为层面,而且是在不承担任何行为责任的前提下的思考层面;对于大多数人而言,这样的实践只不过是被动地从他人那里接受想法而已"。同样地,虽然密尔赞成普遍参与,但是他也承认,对于大多数人而言,这样的参与会仅限于"一些次要的公共事务上"。*Considerations on Representative Government*, in John Gray, ed.,*John Stuart Mill: On Liberty and Other Essays* (Oxford: Oxford University Press, 1998), 286, 413, 255–256。
② Ibid., 269.
③ Ibid., 270.

> 对于代议制民主而言，至关重要的一点就是，在国家中实际享有的最高权力应该掌握在人民代表的手里……在这个方面所表现出的巨大的多样性和代议制政府的本质并不矛盾，只要其功能都是保证代表们对一切有最终的控制权。①

这里有一种把议院等同于人民的旧式辉格党观点。但如果这种老派观点的基础是实际代表制的教条——而且还是一种未经检验的假设（即认为某种非君主式权力实际上就是一种民众权力）的话，那么对于密尔来说，选举过程以及辩论自由（立法会内外的），才使得民众权力很容易被认作等同于立法议会的开会过程和法律制定。在密尔对代议制政府所作的最理想化的解释中，立法议会是一个政体表达集体意见的场所。正是在这样的"竞技场中，不仅整个国家的一般意见，而且这个国家的各个部分的意见，甚至就连这个国家所包含的每个杰出个体的意见，都能够在完全公开的环境下被呈现出来，并引发讨论；在此，这个国家的每个人都指望找到某个人物能将他自己脑海里的东西言说出来，就和他自己说出来一样，或者比他自己言说的还要好。"② 因此，密尔在讲述代议制议会时，认为其应该是"一个能反映人民群体中各级智识水平的公平样本"。毫无疑问，这样的观点假定了，人民就其本质上而言，是由被选举出来的代表所考虑和商讨的意见及经济利益——因此，代表议会也就是"一个为满足大众要求而设的机关"。③

诚然，密尔不会将大众意志等同于由被选举出来的代表经商议之后得出的决策。在他早期作品中，他明确主张被选举出来的领导者应该与公共意见保持距离，而在他后期作品中，即便他弱化了这个立场并认为领导者有必要考虑人民的看法，密尔依然指望商议程序能够改变并形成人民自身对于政治事务的看法。既然这样，那么重点就不在于密尔以为人民会从事直接的自我立法，以及被选举出来的代表只不过是其代言人，而在于对民众权力的构想基于的是一种声音本体论，以及，无论人民是否被服从，"服从人民"均意味着在有关一个政府应该做或不应该做什么事时，去实现人民所持有的实质性看法、偏好以及价值观。密尔可能会因为这样一种本体论假设，即认为民

---

① *Considerations on Representative Government*, in John Gray, ed. , *John Stuart Mill: On Liberty and Other Essays* (Oxford: Oxford University Press, 1998), 271.
② Ibid. , 282.
③ Ibid. , 284.

众权力的特质就是在立法内容中实现自身,而忽略民众权力与代表议会权力之间存在的差异。①

对于密尔而言,民众权力的声音的、立法的本体论,既是他的一种明确的主张,也是他的一种默认假设。然而,我们可以从密尔讨论代议制民主时的三个关怀中格外清晰地看到这一本体论。首先,密尔对代议制民主中的**投票**(voting)的看法向我们清晰地呈现了人民是如何通过选择领导者而间接地决定立法内容的。其次,密尔把**公共意见**理想化地设想为一种优先于受其影响的政治精英的力量。他认为人民会通过公共意见这一重要渠道落实一种本质上表达性和立法性的权力。最后,密尔对于他所描述及捍卫的政体形式的最明显担忧——**多数人暴政**——从一开始就假定代议制民主的初生机制会赋予人民——或者说大多数人——以权力,使得其最显著的决策(即对领导层的选择)在实践中成为有关基本规范、法律以及政策的决策。而且更重要的是,从这三个方面中的任何一个看,密尔都不是独一无二的,他所做的只不过是更为雄辩和细心地重述他那个时代的政治哲学有关民众权力的流行想法而已——实际上,这些想法和我们自己时代的政治哲学也没有什么明显的出入。

对于投票的迷信

密尔对于选举性决策和立法性决策之间区别的忽略,最清晰地表明了他对于声音模式的赞同。根据这种模式,代议制民主中的民众权力被当作一种在政府决策的内容中实现自身的立法性力量。密尔赞同一种广泛的投票权,获得这项投票权只需要满足识字及最低财产的门槛。在他看来理所当然的是,被排除在投票之外就是被排除在对政治社会的管理之外。同样也被他视作理所当然的是,被包含进选民团体就意味着拥有了准立法权:"在一个民众政府中,任何一个既没有选举权,也没有希望获得选举权的人,要么会一直愤愤不平,要么就会感觉自己是一个与这个社会的一般事务毫无瓜葛的人;这样的人是由他人来管理的;他们'除了服从法律,与法律毫无关系',

---

① 密尔把民众权力这一概念理解成一种准立法力量,不应被人忽视,因为他有时候确实会谈及议会(或代议制民主中的民众集会)与立法厅的分离,或者,他有时把议会解释成一个致力于对话而非行动的主体。虽然密尔希望法律的实际起草过程应该在一个由法律专家组成的独立委员会中进行,但是对于法律的批准应该仍旧由代议制集会来执行。(*Considerations on Representative Government*, in John Gray, ed., *John Stuart Mill: On Liberty and Other Essays* (Oxford: Oxford University Press, 1998), 282–283)

除了作为一名旁观者，他们与公共利益及事务也毫无关系"。① 因此，密尔表现了 19 世纪的标准悖论的一个典型例子，即对于投票权的限制会导致过度夸大投票的作用。投票越受限制，人们越容易认为投票的目的并非其表面所看起来的那样是对于领导层的挑选，而其实首乃是一种准立法的行动。

在解释为何要将投票权仅限于那些满足识字和财产要求的人时，密尔明确地表达出对于投票的高估——即他假定投票是人民用以决定议题的一套机制。正是因为投票是如此有力量，能够被转化成立法，所以投票权才需要被小心翼翼地限制起来。正如密尔所言："除了那些被先验理论压制了常识的人以外，没有人会认为凌驾于他人、凌驾于整个共同体之上的权力应该被分派给那些尚未掌握最基本、最必要条件以便能照看好自己的人；而是该分配给那些会用聪明才智追求自身利益的人，以及那些与他们几乎共属同类的人。"密尔认为，识字的要求是正当合理的，因为这个要求只会将那些因缺乏教育以至于无法提供"任何有关政治的真知灼见"的人排除出去——这个观点非常清晰地表明，那些拥有投票权的人，被期望会以某种方式，通过偶尔进行的、通常是二选式的领导者选择来传达实质性的意见。同样，密尔对于投票所提出的财产要求会使得那些靠救济而活的人被排除在选民群体之外，因为他认为，只有经济独立的人才会"声称……对共同关心的问题……拥有全部管理权"——这里再一次地表明，投票被视为一种治理形式，而非仅仅是在挑选治理者。②

对于密尔而言，选举权必须受到限制，并且需要被严密地监控起来，这完全是由于投票权的力量过于强大。密尔认为，拥有投票权的公民，不仅因为在一个政治共同体中完全的正式公民身份从而能享有对于自由的保护这样的间接利益，而且还拥有一个权威中介表达并执行关于社会治理的实质性规范。当选举者能自由投票时，"他们就不再是他人意志的消极工具，即仅仅把权力交于掌权寡头的机关，因为选举人自己就成了寡头集团"。③ 选举人到底是怎么将其有限的正式领导权转化成这样一种全面有效的立法权呢？密尔的解释极度天真，因为他认为只要人民想要参与立法，他就总是能够这么干：

---

① *Considerations on Representative Government*, in John Gray, ed., *John Stuart Mill: On Liberty and Other Essays* (Oxford: Oxford University Press, 1998), 329.
② Ibid., 330, 332.
③ Ibid., 358.

第三章 克服民众权力的声音模式

如果让代表制度自行运作,那么这个制度就会沦为一个纯粹由选举者说了算的委任制度。只要他们拥有不投票的自由以及他们所喜欢的投票自由,他们就无法令自己的选票脱离于其眼中的任何一条依附性相关条件。他们会拒绝推选一个不向他们承诺会满足他们所有条件的人,而且如果他们愿意,他们甚至会在尚未对任何未预知的重要议题进行表决以前拒绝商谈。以这样的方式,他们就能把他们的代表降格为纯粹的代言人,或者逼迫不再乐意这么做的代表辞职。①

当然,这样的观点忽视的事实是,选举人必须把他们的决策限制在一组专门的选项上——这组选项已经划定了供辩论的议题范围以及辩论双方必有一方获胜的结果,以及每位选民仅仅被赋予在政体中作为数百万分之一个声音,不可能拥有一种有意义的权威性力量。

选举人到底应该直接投票选择代表,还是应该先投票选出一个由选举人组成的中间团体,然后再来由这个团体挑选最后的代表呢?密尔对于这个问题的考察最能反映出他对于民众权力的声音的、立法的本体论的肯定。密尔本人坚决反对后一种做法。即便选举人在两种情况下均不做实际的立法决策,只管投票——或多或少以直接的方式——挑选代表,然后再赋予这些代表以权力去进行立法决策,密尔依然认为,在两种方案之间存在着实质性的差异。② 当然,密尔正确地认为,选举人的选举比直接投票选领导阶层,与立法机制的关系更密切。但重要的是,虽然密尔承认,把选举人置于距治理两步之遥的地方,会使他们的投票失去其立法功能,但他却认为,如果只隔一步的话,投票的表达性就不会有这样的约束。确切地说,密尔理所当然地认为,"直接参与选举领导的选举人当然会首先听从自己的感受"。尽管密尔依然担忧这样的倾向,但他希望比例投票、议会的商议性、对选举者限制以使领导具备灵活性等机制,能缓解这一倾向;但是他同样也认为,对选民立法意愿的任何制约都不应该太强:"即便假定代表身上有久经考验的能力以及公认的卓越品性,选举人的私人意见也不应完全销声匿迹。"因此,密尔认为选举人应当根据自己的意见来投票,而且选举人的权力也会成功地传达

---

① *Considerations on Representative Government*, in John Gray, ed., *John Stuart Mill: On Liberty and Other Essays* (Oxford: Oxford University Press, 1998), 374.
② Ibid., 347.

出这些意见，从而影响商议代表们的决策。①

如果说密尔所提的有关投票的一些具体方案是古怪的话，那么他将选举决策与立法决策合二为一的强烈倾向则有着鲜明的19世纪特征。只要投票受到限制，但这种限制又是在不断减弱的话，那么投票的作用，即赋予人民成为政体内部的一种立法权力，就会令人感到兴奋——同时也会令人感到害怕。正如威贝（Weibe）所述，"与十八世纪那种给他人投票、通过支持来批准上下级关系的做法不同，选举（balloting）是一种自我表达的形式，是一种对自己在自治的集体行动中、与无数他人在一起时所处位置的声明"。②只要选举权尚未覆盖全体公民，那么，把选民视为政府背后的政府的倾向几乎是不可抗拒的。

我们能从各种方面看出，没有普遍选举权的政治文化会拔高投票的意义，会否认投票的挑选领导层机制的这一表面功能，会把选民定义为发起、制定以及批准能决定社会生活的特定规范及条件的**统治者**。比如，我们能从那些反对限制投票权且期盼普遍选举权的人的话语中发现这点。因此，作为国会议员及1872-1873年间宾夕法尼亚制宪会议代表的约翰·M. 布鲁默尔（John M. Broomall）会乐观地预言："这就要来了。只不过是个时间问题。事情正在有条不紊地进行中。三十年来，我一直是普遍自治的拥护者，而且在那段时间里，我就已经发现这事在稳定地推进中。"③ 妇女运动也倾向于把法律上不赋予妇女的选举权视为一种能决定政府政策内容的表达性权力。因此，主张妇女选举权的西尔斯（Sears）在1874年会说道："我们的政治制度是建立在这样一学说上的，即自治权是人民与生俱来的权利……妇女是人民的一部分，所以拥有一切与生俱来的属于人的权利。所以，她们有权参与统治。"④ 在投票选举统治者和参与统治之间的重要差异，于是就在这样一种排外语境中遭到了忽视。否定妇女投票权是非常不正当的，但是这导致了一种对投票后果的膨胀式自信。正如其他不少主张妇女权的人士一样，斯坦顿预言："当我们的母亲、妻子以及姐妹和我们一起投票时，我们的立法

---

① *Considerations on Representative Government*, in John Gray, ed., *John Stuart Mill: On Liberty and Other Essays* (Oxford: Oxford University Press, 1998), 282-283, 378, 380.

② Robert Weibe, *Self-Rule: A Cultural History of American Democracy* (Chicago: University of Chicago Press, 1995), 66.

③ 引自 Alexander Keyssar, *The Right to Vote: The Contested History of Democracy in the United States* (New York: Basic Books, 2000), 190。

④ Ibid., 183.

将会变得更纯洁,对于法律的执行将会更好,而酒吧、赌场和妓院则会更少。"① 当然,她后来被证明是错的。所以,只有当投票的权利被覆盖至整个妇女群体之后,我们才能渐渐地看清楚,作为一种立法机制的投票在实际情况中会有多大的局限性——毫无疑问,它在家庭和公民社会中推进性别关系的平等有着重大的意义,但作为以"女性式"立法来制定政府政策,却有着极大的局限性。②

另一方面,那些和密尔一样的人之所以提倡某些投票限制,是因为在他们看来,把**立法**权赋予社会的全体成员,尤其是妇女和那些没有足够财产或社会威望的人,是非常危险的。18 世纪反对普遍选举权的旧观点认为,没有财产的人缺乏意志,如果他们被赋予投票权,就会受到政治煽动者的操纵。但 19 世纪比较典型的担忧却是,刚被赋予投票权的人会过于肆意妄为,会追求阶级立法(class legislation)以颠覆财产权。③ 代表人物就是查尔斯·弗朗西斯·亚当斯(Charles Francis Adams Jr.),他认为,普遍投票权意味着"无知和邪恶的统治"以及下层阶级(proletariat)的胜利。④ 另外,始于 19 世纪最后的四分之一段时期,兴起了一股反对投票权范围扩大化的逆流,重新呼吁满足胜任资格的人才能担任选举人——在这一要求背后的假设是,投票远非纯粹的领导者挑选,本质上是存在于国家内部的一种准立法力量。⑤ 晚至 1928 年,哈佛政治科学家威廉姆·蒙罗(William Munro)写了一本"投票人智力测验"(Intelligence Test for Voters)的小册子,他在其中提出,当普遍投票权成为现代代议制民主的一项永恒且基本的原则时,选民们可能依旧被控制在边缘地带。蒙罗认为,"列入投票人名单的那些人里,大约有百分之二十的人是不该在那儿的。从整个国家看,这些闯入者的总数必然有数百万。他们的数量已经足以影响一场选举了。选举权制度把一个伟大国家

---

① *Considerations on Representative Government*, in John Gray, ed. , *John Stuart Mill: On Liberty and Other Essays* (Oxford: Oxford University Press, 1998), 189.

② 比如,参见同上,218:"在美国历史上,一个极大的讽刺是,在妇女被赋予选举权之后,政治并没有发生戏剧性的变化。在 1910 年和 1920 年之间,选民数量几乎翻了一番,但是投票的模式以及党派间的联盟几乎没有受到任何影响。"

③ 比如,参见同上,48。

④ Charles Francis Adams Jr. , "The Protection of the Ballot in National Elections," *Journal of Social Science* 1 (1869): 108 – 109;另见 Keyssar, *Right to Vote*, 122 – 123。

⑤ 比如,参看 Francis Parkman, "The Failure of Universal Suffrage," *North American Review* 127 (July – August 1878): 1 – 20; "Limited Sovereignty in the United States," *Atlantic Monthly*, February 1979, 184 – 192; Keyssar, *Right to Vote*, 79, 122。

的命运交于这样的人之手,理性之人还能坚定相信这样的选举制度吗?"①这是一种精英式的观点,但这种观点隐含着这样一种可能性,即尽管被排除在政府统治之外,但人民只要通过投票,就还是能控制国家的命运。

诚然,低估投票的重要性会犯一个巨大的错误。普遍投票权在19世纪和20世纪的逐渐落实是一项历史性成就,而且这项成就实质性地改变了先前被排除在外的群体的社会地位和尊严。另外,将上百万公民纳入选民群体改变了政治的实践,有助于各种争取选民支持的大众政党的崛起。但是,在当今民众民主的观察者眼里已经变得日渐明白的事——投票选举领导层与政策立法之间的结构性差异——在投票权尚未获得充分扩展的世纪里却没有得到充分的认识。只要投票权受到限制,那么就很容易认为,一旦每一个人都拥有投票权时,人民就可以自我统治。无论是社会选择理论对于将个人偏好理性综合成一种集体偏好的可能性的怀疑,还是参与式民主的复兴以及其对于仅仅投票的否定,都对"选票很重要"的观点构成了主要的挑战。而并非巧合的是,这些挑战均是当残留在投票法中的法律性歧视被全部移除**之后,最近才**出现的。②

公共意见的理想化

密尔对于投票的高估——他倾向于消除投票者的选举决策和代表的法律及政策决策之间的区分——并不是表现他赞同民众权力的声音的、立法的本体论的唯一方面。除了投票这项正式权力之外,人民对公共生活的规范及条件进行立法的能力也来自于公共意见的非正式权力。尽管密尔对公共意见的理解不完全像他对投票的看法那样来得清晰,但是他对公共意见的理解还是反映了他的民主理论中随处可见的民众权力的声音本体论的一个关键方面

政治科学家V. O. 凯伊(V. O. Key)对于公共意见的权威性研究始于1961年,他在自己的研究中,对十九世纪如此写道:"在早些时候,公共意见似乎被想象成一阵神秘的烟雾,它从统一未分的公民中释放出来,而且以

---

① William B. Munro, "Intelligence Test for Voters," *Forum* 80 (1928): 823–830.
② 当然,这并非否认依然还有人认为当前形式的投票——即已经**没有**人头税、识字测试、对贫穷者的限制,对选民年龄的放宽和对法律条款的理解或财产及税务要求的放宽——是不公平的。比如,参见 Lani Guinier, *The Tyranny of the Majority: Fundamental Fairness in Representative Democracy* (New York: Free Press, 1994)。

第三章 克服民众权力的声音模式

这样或那样的方式将政府部门裹了进来,并使之与公共意志保持一致。"①确实,自 19 世纪以来的民主理论家都有这样一个典型特征,即把公共意见设想为某种自主性的力量,这种力量既优先于又独立于受它控制的政府。所以,比如法学家弗里德里希·格里姆凯伊(Frederick Grimke)这么说:公共意见是民主政府的一支"动力"。② 当公共意见被这么看时,它就成了一种直接的方式,通过它,被排除在统治之外的人民还是能支配由政府官员所达成的决策。当斯蒂芬·道格拉斯(Stephen Douglas)说出下面这么一句话时,他并不是简单地流于空洞说辞,而是在表达对于 19 世纪民主思想中的一个信念的赞同:如果说"人民要求一种手段的话,那么在他们的愿望受到重视以及他们的意志得到服从之前,他们永远不会感到满意"。③ 民主理想主义者认为,公共意见当然是独立于政府而存在的,公共意见就是人民的意志,并且会被良序运行的代议制民主转化成政府制定的法律和政策。因此,政客们会宣称,他们的决策就是他们的选民的决策。辉格党政客贾斯丁·巴特菲尔德(Justin Butterfield)非常鲜活地向我们阐明了这一点。当被问及是否会支持墨西哥战争时,他信誓旦旦地说,他只不过是人民意志的代言人而已,如果人民想要这场战争,"那么我就会为**战争、瘟疫和饥荒**赴汤蹈火"。④

一方面,密尔反对这种天真的逻辑,因为对他而言,公共意见并不是固定不变的、预先存在的,而是某种从动态的交流过程中呈现出来的东西。密尔偶尔会将公共意见理解成人民从外部控制政府的机制⑤,但即便如此,他依旧非常清楚,一个代议制民主政体虽然有新的通信及传输技术的帮助,但它并不会简单地就把人民的意见传递给被选举出来的领导者,而是会构成一个商谈的平台,在这个平台上,意见可以通过持续的辩论变得合理以及完美。

然而,密尔自己也同样会犯一些天真的错误,比如他会以为光有公开出

---

① V. O. Key, *Public Opinion and American Democracy* (New York: Knopf, 1961), 536.
② Frederick Grimke, *The Nature and Tendency of Free Institutions* (Cambridge, Mass.: Belknap Press of Harvard University Press, 1968), 136.
③ Speech of October 23, 1850, in Henry M. Flint, ed., *Life of Stephen A. Douglas* (Philadelphia: Keystone, 1890), 27.
④ Usher F. Linder, *Reminiscences of the Early Bench and Bar of Illinois*, 2nd ed. (Chicago: Chicago Legal News, 1879), 87.
⑤ 比如,密尔会如此谈及公共意见:"现在每一个人都明白这是……最后关头发挥作用的统治权力。" Mill, *Considerations on Representative Government*, 361;另见 242。

场就足以对抗人民被排除在统治之外的命运,并可以产生这样一种政治体制,人民在其中共同参与实际立法决策过程的商议,如同在直接民主中一样。情况并不会如此简单:被选举出来的代表们将自己的决策置于那些会留心的、对于该做什么事总有一套独立见解的公众的严密监管下。正如密尔所描述的,这样的环境"有着不受制约的公开出场和始终存在的新闻出版机构,它会让代表相信,其每一个行为都会在顷刻之间就被他的选民们知道、讨论以及下判断,而且代表总是要么被选民认可,要么被其厌弃"①。更确切地说,在密尔的解释中最不切实际的一点就是,他认为形成公共意见的现代技术足以把区分主动公民与被动公民的代议制政府所牺牲掉的立法权力又归还到人民的手中。所以密尔会主张当代大众民主的聪敏观察者不会主张的观点:"报纸和铁路正在解决如何把英格兰的民主落实为投票实践的问题,就像雅典人那样,能在一个广场上同时进行投票。"② 当陈述这项"一个广场"的原则时,密尔并没有仅仅认为领导者会对他们选民的意见负责,他还认为选民们参与了全国性商谈,这有效地消除了把国家分裂为拥有和不拥有正式立法权力的公民的局面。③

密尔希望公共意见的权力及其所依赖的通信技术能消除人民被排除在治理之外的境况,而他的这种希望不仅表明了密尔和其他大多数19世纪的民主理论家一样,在看待代议制民主时所抱有的那种高度的理想主义,也显示了民众权力的声音的、立法的本体论是如何决定了民主缔造者理解新政体的

---

① Mill, *Considerations on Representative Government*, 71。密尔认为,在代表与其选民之间所开展的"自由且公开的会议",以及选民定期参与地方性的治理,会帮助普通公民练习对政治上最积极的公民的控制,从而降低积极公民与消极公民之间的差异。Mill, *Considerations on Representative Government*, 370。另见 Nadia Urbinati, *Mill on Democracy: From the Athenian Polis to Representative Government* (Chicago: University of Chicago Press, 2002), 73。

② Mill, *Collected Works of John Stuart Mill* (Toronto: University of Toronto Press, 1963), XVIII: 165。芬利(Finley)已经注意到了这个愿望空想的一面,正确地指出,广场不可仅仅是虚拟的或象征性的。M. I. Finley, *Democracy Ancient and Modern* (New Brunswick, N. J.: Rutgers University Press, 1973), 36。然而,密尔的解释是,投票以及在竞选过程期间可能会进行的非正式会议,在19世纪中叶的交通条件下,足以把政治社会的所有要素——当选官员及普通公民——汇入一个互惠互利且平等商议的环境中。

③ 就这一点而言,乌比那缇(Urbinati)对密尔的观点这样总结:"现代民主之所以独特,是因为存在作为中介的交流网络……密尔相信这一网络能够重新将**实际的集会**(Parliament)和**悬置的议会**(elector)结合起来,从而使得代议制民主能够再现雅典民主身上那种独一无二的特征。"Urbinati, *Mill on Democracy*, 73。

方式的。根据密尔的解释，全体公民——无论是普通公民还是被选出的领导者——都会在一个共同的通信网络中被连接起来，在这一网络中，各种议题都会被争论，各种错误都会被曝光，而各种决策也都会被达成。一件理所当然的事就是，身处这一场景的人民，会继续通过制定能够影响公共生活的法律和政策来实现其权力。

多数人暴政：密尔和托克维尔

民众权力的声音的、立法的模式的流行，也可以从密尔身上流露出的那份最鲜明的**恐惧感**中看出，即他对多数人暴政尤其是阶级立法的幽灵的恐惧。"多数人暴政"这个概念贯穿了密尔的整个政治哲学，它是从其他因素中必然推出的，而这些因素构成了密尔认为民众权力通过决定实质性的法律和政策而显现自身的假设的基础。① 如果选举最终关心的是议题而非领导者，且公共意见又是存在于民主政体中的某种自主性统治力量的话，那么看来就可以推出，多数人群体在代议制民主中将把持充分的支配权。

密尔在承认存在发生多数人暴政的可能性时，把自己看作新一代民主理论家中的一员；和老一代如他父亲以及边沁那样的人物不同，新一代人对于在代议制民主实践中出现的危机有着更切实的批判性理解。在《论自由》中，密尔指出，18世纪晚期出现的民主革命派人士和19世纪早期出现的哲学激进派人士，沉浸在代议制民主下的各种新机制所带来的希望中，全都看好新机制相对于君主政治和贵族特权的明显道德优越性，以至于无法意识到这样一种可能性，即民主政体可能会产生某种自身独有的专政类型，其形式表现为以粗暴和压制的方式对待少数群体。② 对密尔而言，早一代民主理论最鲜明的特征是，他们都倾向于认为代议制民主会赋予**整体**人民（作为一个单一且无所不包的实体）以权力。密尔是这样描述他们的逻辑的：

> 现在所要的则是，统治者应当与人民合二为一，统治者的利益和意志应当就是国家的利益和意志。国家无须对自己的意志有所防御。不必

---

① 密尔和许多19世纪的观察家一样，不断重复地使用"多数人暴政"这个概念。比如，参见 Mill, *Considerations on Representative Government*, 442。

② Mill, *On Liberty*, in John Gray, ed., *John Stuart Mill: On Liberty and Other Essays* (Oxford: Oxford University Press, 1998), 7. 另见 Mill, *Considerations on Representative Government*, 299–302。

害怕它会对自身实行暴政。只要有效地做到使统治者对国家负责，可以及时地被国家撤换，那么国家就不怕把自己能够支配其用途的权力托给他们。统治者的权力实即国家自己的权力，只不过是集中了，便于运用了。这种思想模式，或更确切地说是感想模式，在前一代欧洲自由主义当中曾很普遍，而在大陆的一支当中，则至今还明显地占着优势。①

密尔认为，这种将人民天真地解释成一种统一的、有单一共同意志的实体，是典型的从抽象层面展开的民主理论阐述，而不是结合代议制政府实践的经验的民主理解。而且，密尔感到自己之所以对此有更深刻的理解，正是因为他自己所生活的时代要比他父亲所生活的那个时代让人对代议制民主有更切身的体会——在他自己的那个时代里，"一个民主共和国出现了，占据着地球表面的很大一块"。而其中的悖论在于，民主的扩张也暴露了其潜在的局限——或正如密尔所言："成功倒会揭示或许被失败所掩藏的错误和弱点。"②

在上一代理论家对民主的理解中，关键的错误和弱点在于，他们的理解无法察觉出人民统治与多数人统治之间的区别。密尔认为，现在人们已经开始意识到，"行使权力的'人民'和被权力所驾驭的人并不总是同一拨人；而且，所说的'自治'并不是每一个人的统治都由他自己来执行，而是每一个人的统治都由其他所有人来执行。另外，就实践上而言，人民的意志指的是人民这一群体内最主动参与的那部分人中的最多数者的意志"。因此，如果说第一代民主理想主义者认为国家无须对自己的意志有所防御，于是自然而然地忽略了对自由进行保护的问题的话，那么在密尔对代议制民主的所作的解释中，贯彻始终的重要问题是：少数人群体和个体如何防备以人民为幌子的、以不正当方式呈现自身的多数人群体。③ 就这点而言，值得注意的是，密尔是如何重新释义在边沁和詹姆斯·密尔的民主理论中占据重要地位的"邪恶利益"这一概念的。如果对他们而言，邪恶利益指的是敌视普遍利益的、属于个体领导者和作为寡头的少数群体的利益的话，那么对 J. S. 密尔而言，这个术语就适用于**民主政体下的多数人群体**，只要他们侵犯个体权利。④

---

① Mill, *On Liberty*, 7.
② Ibid., 7.
③ Ibid., 8, 7.
④ Mill, *Considerations on Representative Government*, 299–302.

第三章　克服民众权力的声音模式

需要被意识到的是，密尔在将现实融入自己对民主的理解的同时，又包含了他独有的乌托邦理念，即选举和公共意见的力量足以使得基本上被排除在治理之外的大多数人具备了将自身的偏好、意见以及价值观通过立法及公共管理的手段付诸实践的能力。换句话说，即便说密尔否认（被认作单一的、包含所有人的群体的）"人民"会在代议制民主中进行自我立法，他依然认为（被认作多数人的）人民会拥有这项权力。对于多数人暴政的恐惧是不可与民众权力的声音的、立法的本体论相互分离的，也就是说，无法与这样一种看法相分离：被剥夺了一切官方立法权力的公民群体中的多数人仍旧可以决定那些控制着公共生活的规范和政策的内容。正如密尔所解释的，"在一个进行实际商议的代表团体内，少数群体必然是受支配的，而且在一个平等的民主政体中，（因为当选民坚持自己的意见时，选民的意见会决定代表团体的意见，）人民中的多数会通过他们的代表，在票数上胜过少数及其代表。"① 根据这样的解释，很轻易就可以看到，（被理解为多数人的）人民构成了一种早期曾体现在君主身上的那种专制权力。在美国，根据密尔的说法，"数量上占多数的人长期以来一直完全控制着绝对权力，而且他们可能会像某个单独的暴君或贵族那样，不愿意放弃这一绝对权力"；所以，把人民当作一名暴君来看待是一个很顺理成章的想法。② "人民（Demos）……在美国是权力的来源，这个国家的一切自私的野心都是以人民为导向的，就如同在专制国家里这样的野心都是以君主为导向的：人民，就和专制君主一样，背后尾随着谄媚与奉承，而权力的堕落效应与权力的良性影响则完全保持同步。"③

密尔认为自己正在阐释的内容是不同于第一波民主理论的第二波民主理论，根据第二波民主理论，正是人民中的多数，而非全体人民才最终控制着国家权力；但他并不承认民主理论还可能会迎来**第三波阶段**，后者在 20 世纪变得日渐普遍。在第三阶段的民主理论中，政府决策不再被认为必然是以先前存在的选民基础为前提而做出的，更确切地说，政府决策被认为是由被组织起来的、拥有政治权力的政治精英所动议的。确实，在《代议制政府》的第七章中，密尔简要地思考过这样一种可能性，即大众政党的兴起会赋予组织起来的少数人——或者说，被密尔机智地称之为"多数中的多数"——

---

① Mill, *Considerations on Representative Government*, 303.
② Ibid., 318.
③ Ibid., 328.

以权力，从而使得从多数人统治的意义上来理解代议制民主的传统思路不再有效。然而，无论这番猜想在多大程度上预示了政治科学领域的未来发展，包括精英理论和社会选择理论，密尔都没有顺着这条思路走下去，相反，他却认为被组织起来的少数人的权力并不是什么迫切紧要的问题（至少在英格兰不是什么紧要问题），而且无论这个问题有多么大，它都可以通过他所提出的比例代表制方案来解决。① 而除此之外，正如我一直尝试去论证的，密尔对民主理论的建构关注的并不是人民有被剥夺权力的可能，而是担心被理解为多数人的人民在代议制政体中拥有过大的影响力，倘若它没有同时被保护自由权利、胜任者额外投票权，以及其他压制多数人暴政的机制所缓解的话。对充分民众权力的害怕来自于这样一种假设，即代议制政府的基本制度——选举和公共意见——已经足以赋予人民某种准立法的权力。

对于多数人暴政的担忧——以及这份担忧所预设的民众权力的声音的、立法的本体论——绝非只是密尔才有的，而是在19世纪有关民主的讨论中所普遍存在的。这一担忧可能在托克维尔——密尔的同时代人和思想同道者——的《论美国的民主》一书中得到了最为经典的阐述。和密尔一样，事实上和其他所有主张声音模式的人一样，托克维尔相信，即便无法拥有作为立法团体的正式授权，多数人在国家内部依然会有强大的立法权。对于托克维尔来说，对19世纪民主在制度方面的关键发展——即通过不断降低或者去除财产方面的要求来扩大选举权——进行解释，是在一种将选举权看成几乎等同于立法权这样的划时代意义上展开的。② 因此托克维尔会写道："多数人，不但对于立法和执法有着绝对的控制权，而且也以相同的方式同时控制着统治者和被统治者，所以把公职人员视为自己的被动代理者，而且很乐意把执行自己计划的麻烦抛给他们……它对待他们的方式就如同主子对待奴仆一般，因为它紧盯着公职人员的行动，在任何时候都能对他们进行指导或纠正。"托克维尔承认，人民的统治主权并非某种纯粹的抽象教条，而是决

---

① Mill, *Considerations on Representative Government*, 305 – 312. 密尔认为，英国并不是被由少数人构成的群体所统治的，因为如果它是那样的话，"在议会与民间的普遍情绪之间的冲突就会变得昭然若揭"（同上，305）。这个论点不管看起来有多么的可疑，但依然很重要，因为这再次提示了密尔的假设，即人民，这个由许多人构成却没有被赋予权力去做实际决策的群体，应该被设想成拥有某种准备将自身意愿（或者说，意见、利益以及价值观）转化为政府政策的人。

② Alexis de Tocqueville, *Democracy in America*, ed. J. P. Mayer; trans. George Lawrence (New York: Harper Perennial, 1988), 722 – 723.

定了美国及其他新生民主系统之内的政治经验的日常现实的关键原则："和其他一些国家不同，在美国，人民的统治主权既不遮遮掩掩，也不脆弱无力；风俗承认它，法律强调它；它自由扩展，可以畅通无阻地达到其最终目的。"①

托克维尔对于多数人的准立法权及其专制性潜在威胁的论证，在《论美国的民主》中的一篇以"多数人在美国的无限权力及其后果"为标题的章节中得到最为清晰的阐述。托克维尔坚持认为，在美国，多数人的权力"不仅占据主流地位，而且还不可抗拒"。他还大胆地声明："多数人的意志拥有绝对统治权是民主政府的实质，因为在民主政体中，多数人之外没有任何力量能抵抗它。"多数人的权力意味着，被选举出来的官员"不仅有义务服从一般意见，也有义务服从其选民身上那些转瞬即逝的激情"。政府的所有机关都被认作受多数人的紧密且直接控制的："在政府事务方面，人民中的多数人有权利做任何事。"同样，托克维尔认为，"多数人是唯一需要取悦的权力"。而且，多数人不但决定了政府，还决定了政治以外的日常生活。因此托克维尔总结道："在美国，多数人有着无比大的切实权力以及几乎同样强大的意见权力。"②

托克维尔的观察和阐释表明了，对于多数人暴政的担忧会弱化、而非强调直接民主与代议民主之间的差异。所以，托克维尔才会说："有时候，人民这个团体会制定法律，就像在雅典那样；有时候，经普选而选举出来的代理人会代表它，并且几乎是在它最直接的监督下，以它的名义来行动。"代议制系统，远非将人民排除在承担立法角色之外，实际上被认作一种实现立法功能的机制：

> 人民以选择立法者的形式参与立法，以挑选行政人员的形式参与执法；可以说是人民自己治理自己，而留给政府的那部分权力也微乎其微，并且薄弱得很，政府非常清楚知道自己的权力来自于人民，需要完全服从权威之源。人民对于美国政界的统治，犹如上帝对于宇宙的统治。人民是一切事物的原因和结果；凡事皆出自于人民，并回归于人民。③

---

① Mill, *Considerations on Representative Government*, 254, 58.
② Ibid., 246–250.
③ Ibid., 60.

今天我们更倾向于从一种全然不同的世俗意义上看待托克维尔对人民权力与神权的等同：人民的统治权正像神权一样均是缺席的，任何相反的论断都可能隐藏了实际占据政府要职的人的真实权力。即便有人反对诸神的黄昏，也会清楚地知道，自密尔和托克维尔以来的一个半世纪里的政治以及政治科学的发展，已经使人看到对于多数人暴政的恐惧是有点被过度夸大了——如果说不是偏执的话。现在人们日益敏感地察觉到政治权力的多元化本性，以及大众政治可以令被组织起来的少数以及个体获得实权。但是，不管密尔和托克维尔将多数人视为全能者是否错了，重点在于，他们对于多数人暴政的恐惧是以民众权力的声音模式为前提的，根据这一模式，人民是作为政府背后的政府来行动的，并因此在控制公共生活的实质性法律以及政治中显现自身。

3.4 声音模式在 20 世纪及 21 世纪的延续

在某种意义上，民众权力的声音模式——根据这一模式，人民被定义成一种有意向性的声音，这种声音对于政府应该通过法律制定何种政策，能清晰地表达出一系列的偏好——在 20 世纪以及 21 世纪一直延续着其畅通无阻的态势。无论是在政治理论领域还是经验研究领域，都有一种广泛的共识，即认为当代代议制民主下的民众主权（以及从而民众权力）完全意味着，政府决策的制定者对于人民的基本偏好必须回应。① 这种回应要么被说成是在很大程度上已由现存民主制实现了（比如由唐斯力推的中间选民理论，或我马上会谈到的回溯性投票理论），要么被认为是经明智的民主改革后应当得到的结果（比如大多数商谈民主或参与式民主的理论家所提出的方案）。② 民众权力的声音模式在对于民主的常识性理解中也会有所反映——比较典型的例子就是新闻行业，这种常识性理解喜欢把人民比作一个有意向性的实

---

① 相关评论，参见 Lawrence R. Jacobs and Robert. Y. Shapiro, "Studying Substantive Democracy: Public Opinion, Institutions, and Policymaking," *PS: Political Science and Politics* 27 (1994): 9–16。另见 Sidney Verba, "The Citizen as Respondent: Sample Surveys and American Democracy," *American Political Science Review* 90 (1996): 1–7; James A. Stimson, Michael B. MacKuen, and Robert S. Erikson, "Dynamic Representation," *American Political Science Review* 89 (1995), 543–565。

② 比如，参看 James Fishkin, *The Voice of the People: Public Opinion and Democracy* (New Haven, Conn.: Yale University Press, 1995)。

体,它会支持或否决特别的政策、个体或政治意识形态,也会利用选举的方式来表达政体的更宏观的立法意向,尽管表面看来选举只是有关挑选执政者的问题。

然而实际上,声音模式从19世纪到20世纪及21世纪的延续过程并不是一帆风顺或毫无阻碍的。选举和公共意见,作为最初构建声音模式的基础核心部分,已经被人从头到尾彻底检验了一番,而且还是以一种罕见于19世纪的彻底怀疑态度来检验的。就选举而言,当今的观察者更加明白选举决策并非自动就是政策决策,因为选举决策不过是被动反应性的,偶尔进行的,通常只有两个选项,而且在任何立法意义上都不会有约束力。至于公共意见,今天几乎没有人会认为,公共意见与政府决策之间存在着简单直接的关系。当代政治研究者能非常清楚地意识到一些对于19世纪观察家而言非常陌生的问题,比如:在许多议题上不存在真正的公共意见,公共意见对本该受其制约的政治精英的依赖,公共意见本身所蕴含的含糊及非理性倾向,以及最重要的,难以对民主政体下的公共意见的权力做出可靠的认定。即便是公共意见最坚实的捍卫者,如今都不得不承认,这一权力发挥的作用是局部性的,能对政策产生实质性影响的情况只有三分之一。[1] 另外,无论采取何种绝对标准来衡量政府对于公共意见的回应,当前的文献表明,两者之间的关系是负面的:回应性的趋势在下降,因为政治人物并没有根据公共意见来制定政策,而是根据公共意见来确定他们该如何精心设计他们的公共出场。[2]

一方面,即便政府确实不会忠实地反映——或者只在最低程度上反映——公民的基本偏好、价值观以及意见,这也并不会自动地否认民众权力的声音模式。声音模式并不是说人民总会被服从,而是说,服从人民就意味着实现人民在立法以及其他政策方面的实质性希望。因此,声音模式能注意到人民的偏好遭受忽视的情况。然而在另一方面,当人民的声音遭到惯例性忽视的时候,当它常常不存在的时候,当它的存在遭到本应受其控制的政府的遏制的时候,当没有确定的标准以衡量它在多大程度上控制着政府的时候,当它的自我表达机制非常粗糙从而非常严重地限制了其进行清晰表达的

---

[1] Paul Burstein, "The Impact of Public Opinion on Public Policy: A Review and an Agenda," *Political Research Quarterly* 56 (2003): 36.

[2] Lawrence R. Jacobs and Robert Y. Shapiro, *Politicians Don't Pander: Political Manipulation and the Loss of Democratic Responsiveness* (Chicago: University of Chicago Press, 2000).

能力的时候,以及当谈论那些设法被倾听到的部分人民的声音总是要比谈论人民本身的声音更加准确的时候,人们指望民主的研究者们应该重新思考声音模式,并探索其他的替代模式。最起码的是,大规模声音只能释放出不完整的、有限的、临时性的权力,这应当促使研究者们把人民理解成某种无法被还原成自身声音的主体——它的现象不仅包含了对政府下达命令的声音,还包含了一种目光式的、观看式的维度;这就是人民的**眼睛**——这双眼睛必须紧盯着政府,因为大众声音是不存在的、非决定性的,或者是不活跃的。当认为任何从底层成功传达出来的声音从来都不是人民真正的声音,而只是部分选民的声音时,就更有理由去怀疑"人民的声音"这个概念,并从观众身份这样一种更为真实的集体经验去理解人民。

然而,除了我将复兴的、长期被低估的平民传统之外,几乎没有任何重新思考。声音模式一直占据着主流。这主要有三个原因。第一,人们长期以来缺乏理论上的想象:他们总是错误地假定只能通过丰富或增强人民的声音才能推进民主,以至于完全忽视了其他推进民主——比如像以人民的眼睛为核心的在目光意义上的改进——的潜在可能性。第二,尽管不断地承认声音模式存在着问题,但是这种模式毫无疑问源自于某种根深蒂固的理论偏见,这种偏见除了去实现完美的理想,反对做任何事情。很多当代民主理论并不直接援引康德,但是到处都渗透着康德的精神:具体地说,是一种会被切实感受到的理论上的责任感,决不允许理论与实践的分歧削弱对于全体人共有平等的政治自主这一完美理想所抱有的信念。① 因为在一个完美的世界中,公民们是平等的决策者而非观看者;所以受康德启发的民主哲学总是强调,构建有关政治的理论时,要把所有公民都当作拥有相同能力去决定公共生活的法律和条件的潜在决策者。这样的路径尽管令人崇敬,而且非常普遍,但是却使民主理论绕过令人不快却非常强烈的现实,即对于大多数公民而言,今天的大众民主是由观看机制而非主动决策来定义的。

前两个原因都是导致无法超越声音模式的障碍,而它们的混合造成了第三个障碍。尽管声音模式引发的问题越来越多,但是其地位依旧稳定,其中

---

① 康德指的是"不可行这一低劣且有害的借口……因为最有害、最不符合一个哲学家的事情就是粗俗地援引据说是与之相冲突的经验了,如果在恰当的时候按照理念来建立机制的话,那些经验本不该存在;而不是仅仅因为概念都来自于经验就让粗鄙的概念取代理念从而破坏一切美好意图"。Immanuel Kant, *Critique of Pure Reason*, ed. Paul Guyer and Allen W. Wood (Cambridge: Cambridge University Press, 1997), 397 (A316/B373—A317/B374)。

最匪夷所思的原因是我在这里重点谈的,就是所谓声音模式的**支配性地位**。我的意思是,那些全力揭发人民声音的弱点——比如它的稀少、不清晰不明确、不具有可靠的能力令政府对它的立法偏好做出回应、无法包含真实的集体性——的人并不是在驳斥把人民设想为声音,实际上恰恰相反,那些揭发者反倒成了主张这种设想的最有影响力的支持者。确实,20世纪的民主理论,至少从民众权力本体论的角度来看,最值得留意的一点是其所患的"精神分裂症",即,尽管承认人民的声音不清晰不强大、不稳定和不存在,但是声音式人民的本体论概念非但没有被动摇,反而获得了强化。

这是一种支配性环境:那些怀疑人民能履行"政府背后的政府"一职的声音的、立法的实体的学者,依旧无法超越声音模式,而只是在继续重复这种模式。我在这里所要考察的正是这一点。这至少可以从以下四种不同的情况中看出:回溯性投票理论、过于简单地假设选举决策的二选式特征反映了选民中意识形态的二元分化特征、伯纳德·曼尼(Bernard Manin)的听众式民主的概念,以及在处理普遍困扰公共意见的复杂难题时的那种非理性乐观主义。从每一种情况中都能看出同一个基本趋势:尽管一些政治科学家的工作已经挑战了对声音模式的轻易接受,但是他们自己依然受到这种模式的严重制约。他们即便在很大程度上做出了修订,但依然没有承认作为观看者的人民,相反更多地激发人们在理论上重新把人民构建成一种十分有效的立法性实体。

回溯性投票

声音模式的这种支配性功能清晰地展现在影响颇大的回溯性投票理论对"人民"的阐述中。回溯性投票理论最初是由V.O.凯伊发展起来的,不过后来无数其他理论家亦对此做出了贡献,这个理论把人民的选举功能主要理解成一种对于过去的回溯性判断,而非一组对未来发出的指示。[①] 尽管这个模式内部会有一些变化,但其基本理念都一样,即人民以这个国家自上一次投票以来是否表现得更好为一般标准,来决定是否支持现任政府。即便有些学者——比如菲奥莉娜(Fiorina)——强调如此判断也会涉及预期性的因素,但他们仍旧把选举时的选择理解成偶尔判断哪一个政党将会在总体上表

---

① V. O. Key, *The Responsible Electorate*: *Rationality in Presidential Voting*, 1936–1960 (Cambridge, Mass.: Belknap Press of Harvard University Press, 1966); Morris Fiorina, *Retrospective Voting in American National Elections* (New Haven, Conn.: Yale University Press, 1981); Manin, *Principles of Representative Government*.

现得更好，而非对任何具体行动提出特定指令。19世纪的民主理想主义者并没有明显区分领导者的选举和政策的选择之间的差异，以为前者是传达后者的直截了当的方式，但回溯性投票理论似乎更认为人民声音的清晰度是受到限制的，换句话说就是：人民并没有真正参与立法，其仅仅是在少数场合对被选举出来的官员的过往绩效做判定。

就表面来看，该理论的优点是更加精确地描述出民众选举过程中具体发生的事情，在选举中，对政府管理层的选择是直接和真实的，但就决策政策而言，却都是间接和非决定性的，因此也就承认了人民在当代政治中所扮演的观看角色。毕竟，如果人民并未向政府提供其要去实现的基本偏好和意见的话，那么这就算不上立法，而只是对统治者的立法所作的反应而已。同样，如果选民仅限于次数极少的自上而下投票的话，那么人民几乎就无法清晰地表达，而是长时间沉默，偶尔被闲言打破。因为回溯性决策是被动反应性的、二选式的、偶然举行的，所以回溯性投票理论似乎承认，在大多数情况下，人民必定会退居幕后看着政治事件的发生，于是，政府的各种所作所为就是无法被人民预知的、并没有被人民选择的，以及可能并不是人民想要的。从这些方面来看，回溯性投票作为一种理论，虽然承认选举决策是实在的，但是也将这一决策的功能远远降低到19世纪理想主义者的预期之下，所以，该理论似乎是在肯定几乎未被这些理想主义者注意或讨论的人民的政治经验中的一种特征，即：被排除在政府外，以及由此产生的观众身份。

然而，人们对于回溯性投票理论完全不是这样解释的。即便该模式承认人民声音的清晰性遭到了明显的削弱，这一模式的主张者逐渐否认了这种削弱的后果。在其核心解释者看来，回溯性投票显然会导致和19世纪理论家所预测的相同的结果。确实，凯伊（Key）就承认会有一些不理想的结果，他认为，"就因为有一个候选人赢了，就假定在面对公共问题时，选民中的多数人会和该候选者有相同的观点，肯定他过去的行动，或对他未来的举止抱有特定的期望，那就大错特错了"。[①] 但是，在后来对于该理论的重述中，人们已经明显不再坚持认为人民声音的表达性遭到了削弱，即不再认为人民声音的清晰性是受限的以及难以将政府输出与基本的人民意志相等同。一方面，人们论证道，因为选举是重复的和竞争性的，所以候选者最终会试图猜

[①] Key, *Responsible Electorate*, 2；另见61。

测选民所想要的东西，于是，随着时间的推移，将能大致捉摸出大众的意志。① 一旦我们想到选举的次数并不频繁、候选人精于将政策目的隐藏在"精心安排的对话"背后、衡量实际回应程度的难度，以及在许多议题上可能并不存在基本的大众意志，这样的观点就显得过于乐观了。②

另一方面，有人辩解说，人民声音之所以表达性有限，是因为人民并没有真的想要某些特别政策，他们在乎的只是某种一般表现。因此，菲奥莉娜会说："当我说大多数人更喜欢和平而非战争，更偏好低的失业率和稳定的物价而非高失业率以及通货膨胀，更想要社会和谐而非社会不安，更爱自给自足而非依赖于进口石油，以及诸如此类的话时，我会感到很保险。"③ 这样，菲奥莉娜就是在指出，总的来说政客不需要担心选举人想要何种政策，只需要担心什么样的政策会产生出最佳一般结果。但是，这种在政策与绩效之间的区别是过度放大和过度简化了。在很多情况下，比如堕胎，政策是无法与结果相分离的。另外，即便确实人人都把和平、财富、低失业率当作普遍目标，但在现实的政治竞争中，重要的是如何定义这些目标以及如何使这些目标相互平衡。尽管人们很愿意认为那些在选举中失败的人之所以失败，是因为他们工作干得不好——或者说因为他们的竞争对手干得太好，但事实是，关于什么是干得好，并没有清晰的标准。实际上情况多半是那些胜利者与失败者对于何为"好的表现"有着不同的定义。在政治中，目的并不是像田径运动会上那样固定的，它们自身是可以不断争论及重新定义的。

这样说并没有丝毫暗示回溯性投票的理论家把选举解释成对过往表现的回溯性判断是错误的。成问题的是轻易地把这种有限的、偶然的、二选式的、被动反应性的决策（这不过是大多数人的偏好、而非人民的偏好的表达）转化成更具表达性和权威性的声音权力。强调人民声音的回溯性特征的理论家们往往不会去直面回溯的内在局限，而是相反，十分满意于这种回溯所带来的表达性。这一点，很典型地表现了我所指的民众权力的声音模式在今天的支配性功能。

---

① 比如，参看 Manin, *Principles of Representative Government*, 224。另见 John Ferejohn, "Incumbent Performance and Electoral Control," *Public Choice* 50 (1986): 5–25。
② 关于"精心安排的对话"，参见 Jacobs and Shapiro, *Politicians Don't Pander*, esp. ch. 2。
③ Fiorina, *Retrospective Voting*, 11。

二选式问题

正如回溯性投票理论所看到的，当前的政治科学不同于19世纪以来的民主理想主义，已经明白大众决策往往是二选式的。在两党制的体系中，这种二选式对立似乎完全是自然的。但是在以比例代表制为基础而组织起来的议会制国家中，发展的方向一般也朝向二选式对立的方向展开，因为各政党在选举期间都会逐渐融入两个对立的阵营。①"肯定—否定"这样的二选对立结构似乎会对大众的表达性造成严重的限制。比如，马克斯·韦伯（Max Weber）——我将在后续章节中分析他的平民政治理论——就提出，正是因为大众声音的二选式才使其在作为一名立法者上毫无效力。②

但这个结论并非一直为人信奉。相反，人们尝试了各种方式解决二选性所带来的问题。正如我刚才所示，方式之一就是回溯性投票理论。而另一个方式则来自于这样一个普遍信念，即随着时间的推移，二选式对立的竞争会以选民团体内部的真实分裂为基础而形成，从而其会更接近于公民大众的基本偏好。但是，这两种方式是建立在同一个观点之上的，即政治问题本身存在着根本性的二选式特征。这一看法在美国尤其盛行，它最清晰的表述是这样一种观点：大多数议题上的立场都分布在一个"自由—保守"的连续统上。确实，那些最坚信人民有能力使自己的偏好、意见及价值观被转化成政府政策的政治科学家们，往往也会依赖于这样的意识形态连续统。③ 所以，就像一般人的看法那样，比如当一名"保守派"赢得选举的时候，人民就同时挑选出了整个一揽子的议题，包括持枪权、国防支出、法律和秩序、传统的家庭价值观、财政责任以及反堕胎权。通过投票给"自由派"的候选人，人民实际上也选择了支持枪支管制、堕胎权、少数族裔权利以及更加和平主义的外交政策。因此，人民不是被视为仅仅简单地对政府过去的表现做出自上而下的裁量，其实他们还确立了政治体制本身所应该依循的意识形态总体

---

① 比如，发生在德国（2005）和瑞典（2006）的选举。
② Max Weber, "Parliament and Government in Germany," in Peter Lassman and Ronald Speirs, eds., *Political Writings* (Cambridge: Cambridge University Press, 1994), 226–227.
③ 比如，参见 James A. Stimson, *Public Opinion in America: Moods, Cycles, and Swings* (Boulder, Colo.: Westview, 1991); Stimson, MacKuen, and Erikson, "Dynamic Representation." 有关在保守主义—自由主义坐标上衡量意识形态的标准做法的最新讨论，见 Larry M. Bartels, *Unequal Democracy: The Political Economy of the New Gilded Age* (Princeton, N.J.: Princeton University Press, 2008), 254–257。

走向。根据这一逻辑，因为大多数政策选择是在同一座意识形态天平上相连的，所以人民要做的选择只有一项，而且它将会顺利地执行大量其他的选择。候选人并不是表面意义上的候选人——即某个要么担任公职，要么寻求公职的特定个体——而是完全可以看作在贯彻一组逻辑相关的观点的意识形态理论家。因此，一项选举决策实际上就是一项立法决策，而且它还是一项能发挥显著作用的立法决策：通过一场针对领导层而展开的为数不多的、二选式的选择，人民实际上能够表明他们对于政策偏好做出了更微妙的决定。

基于这样的逻辑，虽然大多数选举的二选式结构似乎必然会导致人民声音的表达性被减弱，但是这种减弱却会因为大多数主要问题本身是二选式的，恰好得到改善。因为所有的议题都可以被还原成一个大问题，即到底是自由派立场还是保守派立场，到底是民主党立场还是共和党立场，到底是坚持传统的一方还是坚持希望的一方，所以投票的二选性一点也不会约束人民的声音，而是可以说包含了某种基因——决定了大量的政策偏好将会以何种方式被影响到。这样的逻辑同样也能用来缓解投票举行的稀少性问题。因为其实只有一种选择值得去做，即这个国家到底应该走向保守还是自由，所以，过于频繁进行这一选择会产生负面结果。毕竟，决策在立法方面产生的后果需要过一段时间之后才能显现出来。

这一旨在解决投票的二选性及低频率问题的方案过于简单，明显存在诸多的问题。首先，这一方案假设大多数议题在逻辑上都是紧密相连的，但这样的基本假设是非常可疑的。各种议题之所以在意识形态上相一致，与其说是各议题本身之间存在着逻辑关系，不如说是将各竞争党派相互区分开来的历史偶然情况所致。比如在美国，就无法找到逻辑关系将支持死刑和反对堕胎联系在一起作为同类的保守党事业。两者的联系是由反复无常的党派结盟造成的，而不是由代表保守派本质的理性的、自然的或必然的特征所致。而且在两党制国家，将党派认同还原成意识形态认同尤其困难，因为在一个政党内部，意识形态也会有相当大程度的多样性。① 其次，任何诉诸意识形态连续统的尝试必然会面临这样一个问题，即只有一小部分公民会有一点点意

---

① Adam J. Schiffer, "I'm Not *That* Liberal: Explaining Conservative Democratic Alignment," *Political Behavior* 22 (2000): 293 – 310。对于在两个主要的美国政党内部达成更大范围的意识形态统一的趋势的分析，见 Matthew Levendusky, *The Partisan Sort: How Liberals Became Democrats and Conservatives Became Republicans* (Chicago: University of Chicago Press, 2009)。

识形态坚定立场，而且，即便是在那些自诩有意识形态立场的人当中，对于这样的称号实际意味着什么，也存在着巨大的分歧。① 换句话说，清晰的政策措施并不必然——甚至根本不是——产生于以意识形态为基础的投票。② 再次如何测量"自由派-保守派"连续统，本身就是有争议的，这些争议使得我们可以更清晰地认识到，这样的二分法概念本身就过于简化。③ 最后，需要被记住的是，在当代大众民主中，有许多决定都和意识形态无关，而是源于偶然的历史轨迹。领导者如何对未被预见到的危机和事件——例如需要立即回应的外交问题——做出反应，依赖于经挑选出来的、被赋予权力去做此类决策的少数人所作的独立判断，而不能被还原为某种意识形态的算法。

对于议题自然会有意识形态倾向的信念，假定了在静默的选举决策中包含了某种执行各项政策的精确命令。对于个人的选举就是对于保守派人士或自由派人士的选举，从而，也就是对于保守派政策或自由派政策的选举。以为可以用一种方式用那些稀少的、二选式的大众表达时刻牢牢把握大多数决策，是一种意识形态思维的虚妄。换句话说，这样的逻辑否认了，或者至少让人忽视了参与实际决策的人与不参与实际决策的人之间的根本性差异。

所谓的听众民主理论

最能体现声音模式支配性地位的例子之一就是由伯纳德·曼尼所发展出来的听众（audience）民主理论，这解释了为何当政治科学家在努力揭示声音模式的问题时，却走向对该范式的辩护和重申。曼尼的听众民主模式要比其他大多数民主理论似乎更能反映出这样一个事实，即当代大众民主下的集体公民具备了观看型听众（spectating audience）的特征。曼尼把听众民主理解成代议制政府的第三个也是最新的阶段，紧跟在议会阶段和党派阶段之后——议会阶段的特征就是重要人物通过商谈方式行使统治，而在政党阶段中，意识形态政党通过竞争与合作争取对国家的控制。如果说政党阶段使得投票者清楚地意识到政策是与他们的选择一脉相承的，那么在听众民主中，

---

① Teresa E. Levitin and Warren E. Miller, "Ideological Interpretations of Presidential Elections," *American Political Science Review* 73 (1979): 751-771.
② 同上，769；另见 Philip E. Converse, "Comments on Davis's 'Changeable Weather in a Cooling Climate atop the Liberal Plateau,'" *Public Opinion Quarterly* 56 (1992): 308-309。
③ William Haltom, "Liberal-Conservative Continua: A Comparison of Measures," *Western Political Quarterly* 43 (1990): 387-401.

选举决策与国家的立法输出联系就变得很模糊了。曼尼提出，到了20世纪末，"不再可能会以为""在统治精英与被统治者之间存在着一致性（无论是真实的一致性还是想象的一致性）"。他注意到，从20世纪70年代开始，选举结果与选民的社会经济及文化构成之间的相互关系已经变得非常弱。这意味着，以阶级为基础的、可以从中推测出一套相对清晰的政策偏好的投票的趋势正在下降。相反，政治分野不断受到重新定义，总是受到有组织的政治精英自上而下的挑战乃至重塑。涉及政治生活的主要议题不再稳定或确定，在听众民主中，政治变得与政治家的个人性格密切相关——这样的趋势只是进一步地推动了无议题式政治，并随之导致意象式政治文化取代话语式政治文化。所以，在听众民主的机制下，就会产生这样的预期，即被选举出来的官员会把自己创造性议程带入政治，他们会基于自己的判断处理意外的历史危机和机会，以及，公民集体会因此作为观看者而不是自主的决策者群体来观察发生的政治事件。正如曼尼所承认的那样，这样的发展趋势并不是一种中立的现象，而是在挑战民众自我立法这一核心理想：

> 在精英与人民大众之间存在的社会及文化裂缝是难以衡量的，但是没有理由认为当前的政治及媒体精英会比政党官僚更接近选民。不存在任何迹象表明这些精英可能更有利于在选民那里激发起认同感，远非一种精英代替另一种精英的问题，而是被统治者与统治精英之间的裂缝的永恒存在，甚至可能会愈演愈烈，这激起了某种危机感。①

然而，曼尼所提到"危机感"更多的是一种修辞的说法而非实际情况。曼尼并不认为听众民主会瓦解人民声音的完整性和影响力，也不认为它会扩大普通公民与政治精英之间的鸿沟，而是认为听众民主不仅能够形成一种真正的大众声音，而且还能使这种声音发挥起实际作用，决定统治的政客们所作的立法决策。曼尼支持回溯性投票理论，他提出，即便人民无法以明确决定未来的方式发出自己的声音，也能对过去做出判决。而且，即便在任何特定的选举中，抛给人民的选择在很大程度上都是来自于上层的决定，反复进行选举的事实依然意味着，就长期来看，政客不得不把能实际反映选民中分歧的选项呈现给人民："因为……政治上最深刻的分歧都是那些与选民先入

---

① Manin, *Principles of Representative Government*, 233.

为主的想法相符合的分歧,所以这个过程往往会不断地使选举时的不同选项与公众中的不同阵营相互对应起来。"曼尼所说的"对应"指的既是某种已经在听众民主中发生的现象,而且也是可以被进一步最大化的现象。因此,对于一个生活在听众民主下的普通公民而言,曼尼建议:"在一个代议制系统中,如果公民想要去影响公共决策的进程,他们应该通过回溯过去来投票。"因此,如果说听众民主本来似乎威胁到人民作为声音的自我立法者这一传统身份的话,那么曼尼的理论发展却导致了相反的结果:"通过他们的回溯性判断,人民会享有真正的主权。"①

引起我的异议的,并不仅仅是回溯性投票无法充分弥补选举决策本身所蕴含的那种有限的、二选式的以及偶然的性质,也不是曼尼对于这点的认同与他自己对大众意志存在的质疑之间有冲突。② 最成问题的,至少从一种"政治—哲学"的眼光来看,是曼尼选择打着"听众民主"的旗号来阐释大众表达性的做法。曼尼把人民描绘成听众,本应该是意指人民在当代大众民主中并不从事有效的决策,即人民的声音实际上是沉默的、遭忽视的,或者说,表现得模糊和不清晰的。这样的听众并不下决定。然而,曼尼最终还是将"作为听众的人民"这个概念同化成"自我立法的人民"这一传统的、为人所熟知且又**对立**的意象,来驱除听众民主本身所潜在蕴含的那些批判性的、引起争议的和新奇的因素。因此,在曼尼的大众民主中,人民的所作所为恰恰是其在早期民主政体中所做的那些事:人民为偏好、意见以及价值观提供了基本元素,从而为制定实质性的法律规范提供了导向。曼尼的理论在阐述观看机制的问题时充满了各种洞见,影响很大;但是在解决这个问题时,曼尼的解释是不可靠的,因为他只能以回避的方式处理观看机制的问题,即把观看的听众重新描述成一个好像拥有主权的法官。

一种真正的听众民主理论——譬如我在本书中所辩护的平民民主的目光模式,会追求与观看机制保持一致的授权规范。而且,因为正是"非参与性"定义了观看机制,所以这样的理论不会要求观看的公众去克服其观看机制并成为主动的决策者。这并不是说听众永远不能做决策,只是说,如果要主张一种忠实于观看机制的经验的民主理论的话,就不能依赖决策作为其核心特征。平民政治模式可以被视作一种更加真实的听众民主模式,因为它依赖于人民的注视,而非其言语,也因为其核心原则坦诚性旨在于规范和改革

---

① Manin, *Principles of Representative Government*, 224, 179, 183.
② Ibid., 225–226.

观看机制的经验,而非取消这种经验。总之,这里要强调的观点是,曼尼的听众民主理论可能是说明声音模式的支配性地位的一个典型案例:即便曼尼把人民称作听众,他还是在努力尝试赋权人民为一种积极的、有自主性的决策力量。

公共意见的困境

19世纪的民主理想主义者与自20世纪以来的民主研究者之间的最鲜明差异之一就表现在对于公共意见的分析上。除了极少数例外情况,19世纪的民主理论家把公共意见理解成一种简单且直接的存在体:人们普遍认为,关于大多数的主要议题,都存在着非常容易被识别的公共意见,它普遍独立于统治精英之外,并规范他们。而且它还能非常精确地传达出各种偏好。19世纪的民主的最有影响力的阐释者——包括边沁、J. S. 密尔、托克维尔、布赖斯(Bryce)以及阿克顿(Acton)——都认为,公共意见是一股非常强大的有效力量。比如,布赖斯在研究美国时就提出:"公共意见高于总统和州长们、高于议会和各州的立法者、高于习俗和巨大的党派机器,在美国,公共意见作为权力的巨大来源,像一名主人那样出现在战栗的仆人面前。"①既然公共意见确实简单有效,那么很容易就会得出这样一个结论:公共意见即人民的声音——凭借着公共声音这样一种主要机制,被排除在政府之外的普通公民集体就可以把自己的意志传达给政治精英并向其下命令。换句话说,理所当然的就是,无论公共意见是什么,都可以被解释成人民想要政府去做的;因此,如果公共意见遭到了忽视,那么人民也就遭到了忽视。

然而,在整个20世纪的进程中,公共意见的简单性和有效性均受到了质疑。在简单性方面尤其如此,因为研究公共意见的政治科学家们在今天一致认为,公共意见运作的本质不仅复杂,而且充满着不确定性。这种不确定性首先来自于这样一个事实,即19世纪观点的一个基本假设——政府会回应公共意见——现在是有巨大争议的,而且争议在过去二十年里变得越发广泛、越发强烈。② 其次是由于对特定经验证据缺乏信心。关于回应能力这一

---

① James Bryce, *The American Commonwealth* (New York: Macmillan, 1933), vol. 2, 267.
② 这方面的一个出色的概览,参见 Burstein, "Impact of Public Opinion on Public Policy."

问题，两方学者会强调需要更多的研究。① 导致无法对公共意见的性质和力量进行清晰理解的部分原因是，无论公共意见在一个民主政体中运行到何种程度，它运行起来总是要比 19 世纪理论家所设想的更迂回曲折。为公共意见的作用进行辩护的理由依赖于各种复杂的模型，而这些模型都强调公众、政治精英与媒体之间存在的相互联系，这使得任何主张公众对于政府政策进行控制的简单断言都会看起来幼稚和简化。② 尽管许多人希望未来的政治科学家能发现公共意见真正的运行机制，但是人们不妨追问，目前关于公共意见的知识中的那种含糊性和不确定性是否内在于公共意见这个概念本身之中，因为公共意见作为各种分散的偏好，并非以正式形式被表达在政府制度当中，所以它必然会总是伴随着高度的模棱两可。凯伊在半个世纪以前就提出警告，"要精确地谈论公共意见，就和要抓住圣灵无异"，而这番警告在今天看来依旧非常有用。③

在 20 世纪受到质疑的，并不仅仅是公共意见的简单性，还有它的潜力以及整体上的有效性。虽然关于回应性的争论还在延续，然而当前的无数研究已经表明，无论在公共意见与政府政策之间达成的吻合度的绝对数有多少，但是达成吻合的发展趋势是消极的，即政府对于公众的回应正变得越来越弱。逐渐地，似乎政客们选择的是不顾公共意见为何，而去追逐他们自己的政策目标；或者说，更令人不安的情况是，他们选择去通过操控公众诉求以达到他们自己的目的，却伪装成是在满足公共意见。特殊的利益群体凌驾于温和的公共意见之上的能力也被人强调，尽管有关这个问题的看法依然存在着明显的争议。④ 抛开这些精英的冷漠以及操纵不说，在过去的半个世纪里，越来越多的人开始关注阻碍公共意见得以全面表达的内在限制。例如，

---

① 比如，Page and Shapiro 在 1983 发表的一篇颇有影响的论文中，就肯定政府的回应其实有一定限度。但是他警告，在没有展开进一步的研究时，就对民主政府在政策制定时的回应能力下一个标准式的结论并不明智。Benjamin I. Page and Robert Y. Shapiro, "Effects of Public Opinion on Policy," *American Political Science Review* 77 (1983): 189。

② 比如，参看 John Zaller, *The Nature and Origins of Mass Opinion* (New York: Cambridge University Press, 1992); Jacobs and Shapiro, *Politicians Don't Pander*, 64; Key, *Public Opinion and American Democracy*。

③ Key, *Public Opinion and American Democracy*, 8.

④ William G. Domhoff, *Who Rules America: Power and Politics in the Year* 2000 (Mountain View, Calif.: Mayfield, 1998); Graham K. Wilson, *Interest Groups* (Cambridge, Mass.: Basil Blackwell, 1990); John R. Wright, *Interest Groups and Congress* (Needham Heights, Mass.: Allyn and Bacon, 1996).

第三章　克服民众权力的声音模式

大家越来越多地意识到，公共意见的影响局限在一些突出议题上，而在这些议题之外的任何议题，就相对地缺乏公众关注。① 既然政治精英扮演着定义日常议程的角色，所以在方法论和道德上就难以将真实的回应情况与对公共意见的自上而下的建构区分开来。进一步说，公共意见似乎显现为阿尔蒙德（Almond）所言的"无形式和易变的情绪"，而非清晰阐述的命题；而且，尽管当前的研究工作尝试去挽救这些情绪的理性，它们比19世纪的理想主义者所思考的公共意见还是远远缺乏可沟通性。②

首先，公共意见绝非简单之物；其次，认为公共意见能发挥政府政策的调节器作用的看法招致了诸多的质疑与担忧。这两件事使得对于把人民等同于公共意见的传统看法的质疑变得合理。既然经验上确实难以清晰定义既定情况下的公共意见，难以衡量政府对于公共意见的回应情况，而且难以理解形成公共意见时所依赖的那些复杂的相互联系——同时也因为在代议制民主中，对于公共意见甚至是否应该被政府服从这一问题上，确实存在着悠久的道德困境，所以就产生了这样一种真实的危险，即把人民等同于公共意见的任何做法都会有把民众权力变得充满临时性、被忽视性以及因此永远缺乏确定性的风险。这并不是说公共意见不重要，政治科学家不应该继续致力于去理解公共意见，或甚至不再寻找使得公共意见在当代民主中能发挥更显著作用的方式，而是说，更为明智的做法是保留"人民"（日常公民由于其日常状态所共享的集体利益）这个概念，将其用于一个比"公共意见调控政府输出"的野心更不容易受操纵、混淆和去势的政治野心上。这至少是我在辩护及发展的对民众权力的非声音的、目光的范式的平民政治论解释时所采纳的路径。

不过，在回到平民民主的目光模式之前，在这里要重点强调的是，政治科学家均否认那种以为人民与公共意见之间全无关联的看法。尽管那些仍执迷于以传统看法来解释公共意见的人可能对此还抱有一丝期望，但有趣的是——并且能体现声音模式的支配性功能的是——对公共意见在当代民众民主中所扮演角色持最怀疑态度的政治科学家们，仍旧是在这样一种假设下展开工作的，即对于人民的集体利益的定义必须基于公共意见。也就是说，那些在最大程度上颠覆了传统理解，反对把公共意见理解成一种直接且高效的

---

① Burstein, "Impact of Public Opinion on Public Policy," 30.
② Gabriel A. Almond, *The American People and Foreign Policy* (New York: Praeger, 1950), 53.

人民赋权机制的人,却依旧把公共意见理解成民主政体下人民被赋予权力的核心方式。

迄今为止或许仍可算作公共意见领域内最重要的研究作品是 V. O. 凯伊具有开创性意义的《公共意见与美国民主》。在该书中,上述矛盾倾向可以被最清晰地看到。凯伊认可质疑公共意见能扮演大众意志的"原初实体"这一角色的所有主要理由,即公共意见依赖于领导层,它仅限于小部分确实有意见的人群,以及它总是被动反应的、二选式的以及模糊不清的。① 基于这些因素的考虑,凯伊反对"过分简单的构想,比如以为公共意见就像从许多人那里渗出,并为政府的行动提供指导"。他同样也承认,存在着由政治精英所享有的那种实质性的且不可被消除的裁量权（discretion）："公共偏好的普遍性、许多人表达意见的低强度、重要的公共部门所表现出的政治敌意的低水平、把对特定政策的否决转化为选举中的报复行为时的扭曲,以及许多其他因素都表明,存在着一个广泛的回旋余地,以供具有创造能力的领导者发挥作用。"②

然而,当评价民主的道德意义时,凯伊只能再回过头去希望政府对呈现在公共意见中的大众意志做出回应,并且极为矛盾地断定这番愿望在像美国这样的大众民主中获得了实现。凯伊提出,"政府的运转从总体上来说"是"与（公民的）偏好保持一致的"。③ 凯伊对此表现出的极大自信来自于他提出的"潜伏意见"这个概念——即以被动形式存在于公民心智中但却没有在政治上被激活的意见。政客们既受到潜伏意见的约束（他们知道存在一种"宽松的共识",这是他们不敢跨越的）,同时,当他们考虑如何使他们所选择的政策让民众接受时,也会考虑潜伏意见。通过这一推理,凯伊发现人民沉默不语就是某种对于政府政策的默许。④ 然而即使如此,凯伊也意识到潜伏意见存在着根本局限,尤其是给领导者在执行特定决策以及政策时留下了太大的余地。大多数潜伏意见从来不会被唤醒,其强度非常低,因此也就不可能对政客们产生影响。而且,即便这样的意见给政治家带去了压力时,对公职人员而言,在考虑"采取什么样的行动以及留心公众中的哪一部分积极

---

① Key, *Public Opinion and American Democracy*, 284 – 285, 90 – 91, 286, 267.
② Ibid., 409 – 410, 555.
③ Ibid., 7. 凯伊提出,尽管在意见和输出之间存在着值得注意的时间间隔和断裂,"但是长期来看,多数人的目的与公共行动往往会趋向于和谐一致"（同上,553）。
④ Ibid., 32, 283.

关心者时",他们手上仍留有很大的裁量权。①

事实上,凯伊相信政府最终会回应公共意见,而这一信念既是指导其分析的信念与期望,也是从其分析中得出的结论。凯伊在他的研究中得出结论道,即便公共意见在通常情况下是模糊的或不存在的,民主依然依赖于这样一种信念,即相信公共意见很重要:"尊重公共意见是根本性的,这是一种应该以某种方式盛行起来的信念……相信公共意见至少从长期来看会影响公共行动的进程,这一信念必须普及开来。"② 最出人意料的是,凯伊不得不在他最后的分析中指出,在大众民主中,赋予公共意见以效力的是领导者自己的真诚以及接受公共意见引导的意愿。合乎伦理的领导者"在试图去明确模糊的人民意愿以及寻找技术手段以达成目的时"必然会"尽责",而且也必然会避免"算计和操纵意见"。③ 因此,人民能实现完全的自我统治,依赖于领导者而非人民:"对于被统治者的偏好会受到统治者的重视这一观点的认可,构成了大众统治的道德基础;作为一项伦理的绝对命令,它在成熟的民主政体中被转化成了权威人士及领导所一致遵从的习惯及行为模式。"④

以假定政客们愿意接受控制为前提,来规定人民对政客们的控制,显然是一个不会让人感到满意的规范性结论。之所以有这样的别扭的道德逻辑,就是因为凯伊无法抛弃声音模式:他假设"被统治者的偏好会受到统治者重视,这构成了大众统治的道德基础"。⑤ 凯伊并没有在看到困扰公共意见的众多难题时去重构及重新定义民主政府的道德意义,反而最后又回到了对于民主权力的传统解释中去,即把公共意见理解成——无论这种理解是多么的不恰当——存在于大众民主中的一种独立的、自我指导的和强有力的力量。

凯伊的道德立场——尤其是他对困扰着公共意见的理性、优先性、实在性等的揭发,并没有推翻他自己的假定前提,即人民等同于公共意见,以及民主应当被定义成一种受公共意见所实际统治的系统。在更为新近的各种语境中,这种矛盾现象不断重复出现。首先,我们可以在那些主张所谓的"**汇聚的奇迹**"的人中发现它,这些人愿意承认**个体**意见是受不稳定性、无态度以及其他问题所困扰的,但他们又同时会辩称,当意见在集体的层面上被汇

---

① Key, *Public Opinion and American Democracy*, 284.
② Ibid., 538, 547.
③ Ibid., 454–455, 412.
④ Ibid., 558, 412.
⑤ Ibid., 412.

聚起来时，其成效又是稳定且理性的，从而在各种主要政治议题上，可以被顺理成章地等同于人民的意志。① 即便我们暂且不考虑公共意见的"合理性"是有争议的，而且成功的意见汇集并不就能使其更有力量，但依然还有问题存在，因为这种路径是以明显脱离日常公民的政治经验的方式来定义人民的。也就是说，承认普通公民在大多数议题上都缺乏实质性的意见，应当已经表明，将人民重新定义为某种非意见性实体，是有其道德价值的。然而，对于"汇聚的奇迹"的宣扬者来说，这样的处境只是激发人去寻找一条道路，继续以实质性的、立法性的偏好为基础对人民概念进行建构。考虑到被接受的原则是人民应该从普通公民的日常状态来定义他们的集体利益，这样的继续重构就太没有创新性了。

第二，在研究商谈理论的学者中能够找到这样一种趋势，即批评公共意见并不会影响以公共意见来定义人民和民主。这些理论家是公共意见的最强有力的反对者，因为公共意见通常是在大众民主中发挥作用的：意见是从民意调查和民意调查式民主制中产生的。然而，尽管这些理论家反对现行的那种肤浅的、无知的、易于被操纵的公共意见，但是他们认为**商议性的意见**——在公民之间通过面对面的商议性交流所形成的意见——能合理地发挥出人民声音的代理者功能。商议后调查——只有当公民被给予了商议当前问题的机会后，才对公民意见所做的调查——可能会产生比常规的公民意见更加理性的结果（尽管对此一直有争议），但是，把人民与这般民意调查的结果联系起来的做法似乎并不明智，不仅仅是因为它有排他性的一面（进行商议的环境是非常排他性的），更重要的是因为商议后调查中有非常强烈的乌托邦幻想一面，就像在 20 世纪 30 年代发现"科学的民意调查"时所表现出来的早期兴奋一样。② 在过去，人们相信科学的民意调查令人满意地反映出了

---

① Benjamin I. Page and Robert Y. Shapiro, *The Rational Public: Fifty Years of Trends in Americans' Policy Preferences* (Chicago: University of Chicago Press, 1992).
② 1930 年代的科学派民意调查家——比如盖洛普（Gallup）——摒弃前科学式的投票，认为它不能准确反映出大众意愿，并去捍卫自己所发明的用以真实估计人民的声音的新手段；而类似地，目前主张商议的改革者则批评科学式民意调查，目的只是要推出他们自己那套用以揭晓人民真正言说的方法。比如，参见 Fishkin, *Voice of the People*, esp. chs. 3 and 5. 这并不是要去否认，商议式的民意调查，或类似的程序，在特殊环境下确实曾经发挥过积极作用。比如，参见 Mark E. Warren and Hilary Pearse eds., *Designing Deliberative Democracy: The British Columbia Citizens' Assembly* (Cambridge: Cambridge University Press, 2008).

公共意见，而未来，人们相信商议后调查将会成功地做到这一点，但夹在过去与未来之间的现阶段，却尚未完全形成——也未用制度化的方式有效建立起——能系统性阐述人民真正的声音的可靠机制。认同商议性的批评家们坚信未来会更具商议性，他们承认人民的声音总是可能无法发挥作用，并导致民众的**沉默**，但是他们并不直面这一问题。可是这种沉默需要获得倾听。

最后，过去的批评并没有顺势推进至对于公共意见在民主社会中的作用程度的批评，而是继续将民众权力等同于公共意见的权力，不管公共意见的独立性、存在性以及合理性遭受了何种质疑。这种趋势可以在人们衡量政府政策是否对于公共意见有所回应的极低标准中找到。19世纪的观察家相信，公共意见是他们所分析的正在出现的民主政体中的至高力量，而今天，在那些针对公共意见的作用而展开的分析中，即便最乐观的分析也通常会承认，公共意见的意义仅限于一小部分议题上。例如，伯恩斯坦就认为，虽然公共意见可能影响四分之三的公共议题，但是对议题的决定产生实质性影响的情况只占三分之一——然而这一结果居然被用来证明公共意见在美式民主中确实发挥着普遍的效力以及作用。① 对于这些发现，人们很容易就能想到另一种不同的解释，强调从中看出的是公共意见在当代民主中的作用已经式微，从而作为声音的人民的权力也已式微。

要清楚的是，这并不是去否认公共意见在当代大众民主中扮演着有意义的角色，即领导者敏锐地意识到公共意见，他们被迫以各种各样的方式对其做出回应，有时候公共意见帮助决定政策，所以公共意见也就意味着一种重要的手段，它使得那些政府内部的人必须考虑到那些处在政府之外的人的偏好。更确切地说，我希望提出的关键问题是：是否可以把公共意见与人民等同起来，以及假定在一个民主政体中公共意见被赋予了力量时，是否就可以断定人民也被赋予了力量？既然在大众民主中，公共意见在其衡量尺度、实在性、理性、独立性以及效力方面确实存在着诸多的困难，那么在人民与公共意见之间建立起的任何联系，都会冒着使民众权力变得过于不确定、过于复杂以及过于被回避掉。另外，当我们考虑到公共意见从来不是完全公共的，而只是反映了一小部分被衡量的人的意见，那么，似乎应当将"人民"这个集体概念保留给具备更真实的集体特征的经验，比如观众身份。

在当代大众民主中，人们普遍厌恶那些无止境地追逐并服从于公共意见

---

① Burstein, "Impact of Public Opinion on Public Policy," 36.

的政治家；有趣的是，在一种前理论的和几乎潜意识的意义上，它体现出人们不愿意将人民与公共意见等同起来。表面上，这看起来很奇怪，尤其是从传统的民主意识形态来看，因为根据传统的意识形态，正是基于公共意见能控制被选举出来的领导者，人民才得到赋权。为什么人民会担心那些对于公共意见言听计从的政客呢？对于这种现象，比较通常的解释是一种非常不民主的说法，即公众总是偏好强硬的领导者，因为这样的领导者勇于对政体的发展方向承担起个人责任，而且不去理会公共情绪的暂时波动。然而，另一个看起来也同样有道理的解释是，公众对于公共意见所表现出的犹豫意味着人们模糊地意识到传统的民主意识形态并不成立，即人民在本体论上被等同于声音，是一个错误，以及因此如果把民主唯一的关键志向视作要求政府重视并回应来自底层的一切声音的话，那么民主本身就遭到了误解。

3.5 一种替代的民众权力本体论

在这一章里，我一方面试图论证确实存在着理解人民的本性及其在大众民主中的权力的主导性模式即声音模式，另一方面也探讨了这种理解范式所存在的限制、矛盾以及对其正确性的日益增长的质疑。虽然政治科学家渐渐地意识到了这些困难，但是几乎没有人尝试以声音模式之外的方式来设想民众赋权。显然，这种不情愿在很大程度上来自于这样一种假设，即根本就没有声音模式的替代者：民众权力**必须**被解释成一种在规范、法律以及政策的实质中实现自身的表达性力量。在后续章节里，我要推翻这样一种认识，即声音范式无论有什么样的瑕疵，都是一切可靠的民主理论不可回避或不可避免的假设；我还将证明，从**目光**的意义上去理解人民的权力是可能的——事实上也是更可取的。

第四章 平民民主的概念:过去,现在,未来

> 与你的世纪同行,但是别成为它的产物。
>
> ——弗里德里希·席勒

4.1 走向一种平民民主理论

通常人们对于大众民主(mass democracy)的流行态度乃是一种怀疑与漠然的奇怪结合,这表现在大众民主迄今为止被审视过的一个理论模式——平民民主(plebiscitary democracy)——在对政治生活持有伦理信念的民主理论家那里几乎被普遍视为一种丑闻。对于这样的理论家来说,平民民主的概念成了称呼那种非商谈性的、非参与性的,受制于密谋精英的伪民主的简称。① 人们在使用这样的简称时,经常意味着"平民的"就是集权的或者具有准集权的倾向。② 在这样的理解下,"平民民主"并不是被看作一种充分发展的理论,而是被看作一种历史状况,就像一个黑洞,威胁着要吞没"真实的、"富有生命力的民主存在的形式。一个人能称自己是"平民的(民主派)",就像称自己是一个多元主义民主派或是商谈主义民主派,在大多数民主理论家看来本身就是荒谬的。所以,迄今没有任何关于平民民主的大师级理论家——能够与多元民主的达尔或是商谈民主的罗尔斯和哈贝马斯相比

---

① 对平民政治的此种解读出自于 Jürgen Habermas, *Structural Transformation of the Public Sphere*: *An Inquiry into the Category of Bourgeois Society*, trans. Thomas Burger (Cambridge, Mass.: MIT Press, 1989)。

② 基于历史上全民公决和专制、极权之间的联系,一些作者将平民政治(plebiscitary)看作"失去了自由保护的民主"的同义词。见 Richard S. Hillman, John A. Peeler, and Elsa Cardozo, *Democracy and Human Rights in Latin America* (Westport, Conn.: Praeger, 2002), 78; J. Roland Pennock, *Liberal Democracy*: *Its Merits and Prospects* (New York: Rinehart, 1950); J. L. Talmon, *The Origins of Totalitarian Democracy* (London: Secker and Warburg, 1952), 104 - 105, 203 - 207, 250 - 251。

的——著述表达平民民主的意义和重要潜能。甚至要找一本关于平民民主的专著都几乎不可能，尽管这一缺陷目前正在开始被改善。①

确实，平民民主是一种有待成熟的新兴理论。它与其说已经成为一种形式化的理论，不如说还只是某些暗示和建议。它的目前状况可以与商谈民主半个世纪前的状况加以类比：那样的时刻是在亚里士多德、伯克和密尔做出了基础性的贡献之后，但是又处于罗尔斯、哈贝马斯以及许多其他今日商谈论理论家对其进行公共理性的形式化理论阐述之前。或者，它类似于1900年左右对民主的多元主义阐述的状况，当时对于多头政治结构（polyarchic）的基本精神的分析已经由立宪者如麦迪逊和基佐所作出，但是尚未被拉斯基、杜鲁门以及尤其是达尔浓缩和提炼为政治科学概念。再换句话说吧，平民民主的目前状况是有其理论家们，但是尚未有一个理论。我们知道，马克斯·韦伯提出了十分与众不同的"平民领导者民主"的描述，是平民民主的第一位正式的理论家；他的后继者卡尔·施密特和约瑟夫·熊彼特也可以被视为平民民主论者。进一步，我们还知道，在20世纪之前的政治思想史中包含着原始平民民主贡献，最著名的是莎士比亚的罗马主题的戏剧，韦伯对此特别感兴趣。但是这些，以及其他平民民主思想的资源一直非常紊乱而不成系统。结果，我们虽然知道一位商谈论民主派或是一位多元论民主派是什么，但是我们并不知道把自己描绘成一位"平民民主派"是什么意思——这么称呼所蕴含的承诺、奋斗、喜好和厌恶究竟是什么。不过，在此我正是要捍卫和阐释：确实存在着一种平民民主派，平民民主可以被正当地看成一种充分发展的民主理论，它具备自己独特的体制可能性和道德价值，而且它在当代大众民主的环境下是一种具有特别说服力的模式。

这一章的安排是这样的：在4.2节我将考察当代政治理论家对平民民主的标准的、纯粹贬损的阐释：将平民民主理解为一种分裂型政治。在4.3节中，为了反对对平民民主之含义的这种还原论的、负面的阐释，我将回到平民民主的理论源头，并复兴对于平民民主的一种被人遗忘的、高度创新的、伦理的要素，亦即我在第一章所阐发其基本特征的人民权力的视觉模式。在

---

① 例如，可见 John P. McCormick, ed., *Confronting Mass Democracy and Industrial Technology: Political and Social Theory from Nietzsche to Habermas* (Durham, N.C.: Duke University Press, 2002); Bruce Ackerman, *The Failure of the Founding Fathers: Jefferson, Marshall, and the Rise of Presidential Democracy* (Cambridge, Mass.: Belknap Press of Harvard University Press, 2005); Theodore J. Lowi, *The End of Liberalism: The Second Republic of the United States* (New York: Norton, 1979)。卡尔·施米特当然也给出了一个平民政治民主样本，但是（我将会在第5章中论证）这个样本既不令人愉快也不严谨。

最后的 4.4 节中，我将转向两部莎士比亚的罗马主题戏剧：《科利奥兰纳斯》和《朱利乌斯·恺撒》，以便具体展示活生生的视觉模式，并证明在当代民主思想中复兴平民论的愿望背后的道德逻辑，第五章将继续论证平民民主可以作为民主思想的可行一派，辩护韦伯的平民领导者民主理论的切合性，并分析这一理论是如何为施密特和熊彼特所接受的。

4.2　对于平民民主的通常理解：一种分裂型政治

在包含了诸多政治概念的词典当中，"平民政治"（plebiscitary）居然标示一种分裂性政治，这不免让人感到有些嘲讽意味。无论如何，这个词的最为字面的含义指向 plebiscite（全民公决），而这严格地说意味着"人民的决定"。从这一词源学分析看，"平民的"政治应当指一种民众积极参与的政治，即"人民"在政治决策中发挥直接的和重大的作用。然而，尽管这一字面含义在某些领域中还持续存在，从而平民民主有时被当作直接民主的同义词，更为通常的现状是，这个词的原始定义由于某种特别的反转，"平民的"之概念日益表达了完全相反的含义：并非民众决策之政治，而是一种伪民主，其中的民众决策成了肤浅的、仅仅是形式的、虚幻的。① 当然，这一反转的一个重要原因与对平民本身的民主潜能的清醒评估有关，无论是因为它一直与集权政治滥用紧密关联，还是因为即便在自由社会中它也很容易走向非理性和被操纵。② 然而，对平民政治的反字面义的理解——这使得它指一

---

① 韦伯引进了如下这一定义模式，他将"平民领导者民主"用纯粹表面性的大众自我统治来定义："'平民政治式民主'——领导者民主（Führerdemokratie）的最为重要类型——在其真正的意义上是一种超凡魅力的统治，它将自身隐藏在这样一种合法性之中：基于被统治者的意志，并完全依靠其来维系。"Max Weber, *Economy and Society: An Outline of Interpretative Sociology*, ed. Guenther Roth and Claus Wittich（Berkeley: University of California Press, 1978）, 268. 参阅《经济与社会》，阎克文译，第 382 页。

② 在独裁统治的或者一党专政的国家中，全民公决更像是操纵和压迫的工具，而非民主意志形成的真正实践。例如，想想复兴这一政治实践的拿破仑，他以 3011007 票赞成/1562 票反对成功当选第一执政官。希特勒的纳粹政府赢得了四次主要的全民公决（而且都是以类似地不平衡性高票获胜）：1933 年退出日内瓦裁军会议（95%），1934 年合并了总统和总理的职位（90%），1936 年军事占领莱茵区（99%），1938 年吞并奥地利（99%）。近期的一些作品则提醒我们：即便在自由多元政党国家中，全民公决也有可能会走向非理性和被操控。如，David S. Broder, *Democracy Derailed: The Initiative Movement and the Power of Money*（New York: Harcourt, 2000）; Richard J. Ellis, *Democratic Delusions: The Initiative Process in America*（Lawrence: University Press of Kansas, 2002）。

种缺乏真正民众决策的堕落式民主——超出了对平民政治的任何重估。就好像是对于民众公决的民主潜能的失望被普遍化了,以至于"平民政治"表达的是一种令人失望的民主:是一种虚构的而非真实的民主,它无法提供古典民主理论家所保证的自主、平等和共同参与。这样的论战式用法确乎是参与派或是商谈派民主理论家会使用的,他们用这个概念来标示一种只知道投票和民意调查的民主的琐碎无聊,一种"遮羞布",一种缺乏公民的理性商谈和积极参与的基础的民意调查者民主。① 这种平民政治的分裂型的、反字面义的解读也被研究总统的学者所接受,他们用"平民的"一词指现代大众民主中的当代政治家所拥有的特定工具和资源,并描述这种政治家所代表的领导者身份的本质。于是,便有了"平民总统"的概念,它指的是远非被人民所选择的总统,其政策也并非自下而上地决定的,而是史无前例地摆脱了平民决策的领导者,无论这是因为行政分支的悍然自我肯定还是因为公共意见被自上而下地严重操控和安排了。②

贯穿这些平民政治之反字面意思的、负面的用法的,不仅是它们都指向伪民主实践可能绕过民众决策的真正的和严格的标准的各种方式,而且是它们都试图描述当代世界的特有的一种政治实在。确实,平民政治的最后一种

---

① 例如,可见 Bruce Ackerman and James S. Fishkin, *Deliberation Day* (New Haven, Conn.: Yale University Press, 2004), 199 – 200。
② 关于"平民政治式总统(plebiscitary president)"这一概念,可见 Theodore J. Lowi, *The Personal President: Power Invested, Promise Unfulfilled* (Ithaca, N. Y.: Cornell University Press, 1985); Stephen Skowronek, *The Politics Presidents Make: Leadership from John Adams to George Bush* (Cambridge, Mass.: Belknap Press of Harvard University Press, 1993); Colleen Shogan, "Rhetorical Moralism in the Plebiscitary Presidency: New Speech Forms and Their Ideological Entailments," *Studies in American Political Development* 17 (2003): 149 – 167; Andrew Arato, "Post – election Maxims," *Constellations* 12 (2005): 182 – 193。此外,还有一些研究使用不同的术语表达类似的过程,可见 Samuel Kernell, *Going Public: New Strategies of Presidential Leadership* (Washington, D. C.: CQ Press, 1986); Jeffrey Tulis, *The Rhetorical Presidency* (Princeton, N. J.: Princeton University Press, 1987); Richard Rose, *The Post – modern President* (Chatham, N. J.: Chatham House, 1988); Ryan J. Barilleaux, *The Post – modern Presidency: The Office after Reagan* (New York: Praeger, 1988)。关于平民政治式总统席位是否存在我赋予它的那些病态意义(例如,它代表着民众决策的中立状态或者被操控状态)公认存在着一些争议,或者(较为乐观的说法是)它单纯表示总统从大众意见那里寻求支持、而非从议会或者其他正规的政府机构寻求支持。支持前一种用法的代表人物是 Lowi(我们可以说,是他发展了平民政治式总统这个概念),而 Shogan Arato, Skowronek 和 Tulis 则更倾向于后一种用法。

用法——而且它包含了前述各种论战式用法——是当它被用来描述代议制政府的最为流行的当前阶段,并将其与更早阶段区分开来。① 当然,"平民政治"的描述有不同差异,不过,那些将其看作是代议制政府最近阶段的人大致都会强调这五个一般性特征:

第一,平民政治是通过大众传媒进行的——比如报纸、收音机、电视和互联网,而非在面对面接触的直接环境中进行的。平民政治因此特别依赖表象和对图像的培养。② 一位议会领导者面对一个空空如也的议会大厅发表讲演,通过电视为大众所接收,这种现在众所周知的场景成了平民政治的一个含义丰富的符号象征。大众传媒还能使得领导者与政客们直接与公众接触。大众传媒也使得不必通过政党和竞选舞台就直接与公众直接接触。③ 在代议制国家中,这意味着代议的处所由议会以及其他政府机构转到大众传媒上,因为正是在此才构建公共形象与赢得公众支持。在平民政治中,政治支持与其说是通过党员的增长,不如说是通过精心策划如何获得公众支持的媒体信息获得的。这样的过程加速了日常公民被从大众政治实践中排斥出去,因为参与以媒体为基础的政治市场营销需要大量的资源和组织。④

平民民主不仅涉及总统和其他政治家所拥有的资源的种类,而且涉及领导者身份的转变甚至提高。所以,平民政治的第二个特点就是政治的人格

---

① 例如,Skowronek 使用"平民政治(plebiscitary)"这个词意指资源的第四个和最新的历史阶段,通过它总统能够合法地确保权力和使用他们的领导权(*The Politics Presidents Make*, 52 – 55)。与此类似的是,曼宁所使用的"听众民主(audience democracy)"概念应当被看作是平民政治民主的同义词,他将听众民主看作是代议制政府的第三个和最为当下的阶段。Bernard Manin, *The Principles of Representative Government* (Cambridge: Cambridge University Press, 1997), ch. 6。

② 例如,见 Joe McGinniss, *The Selling of the President* 1968 (New York: Trident Press, 1969); Gene Wyckoff, *The Image Candidates* (New York: Macmillan, 1968); Dan Nimmo, *The Political Persuaders: The Techniques of Modern Electoral Campaigns* (Englewood Cliffs, N. J.: Prentice – Hall, 1970); Harold Mendelsohn and Irving Crespi, *Polls, Television, and the New Politics* (Scranton, Pa.: Chandler, 1970); Shawn W. Rosenberg, Lisa Bohan, Patrick McCafferty, and Kevin Harris, "The Image and the Vote: The Effect of Candidate Presentation on Voter Preference," *American Journal of Political Science* 30 (1986): 108 – 127。

③ Kernell, *Going Public*; Richard S. Katz and Peter Mair, "Changing Models of Party Organization and Party Democracy: The Emergence of the Cartel Party," *Party Politics* 1 (1995): 5 – 28。

④ András Körösényi, "Political Representation in Leader Democracy," *Government and Opposition* 40 (2005): 358 – 378。

化。政治的人格化源自几个因素，这包括大众传媒能够建构某种看上去存在于领导者与普通公民大众之间的直接联系。正如曼宁说的，"电视生动地凸显了候选人的个性。在某种意义上，它复活了最早形式的代议制政府所特有的那种面对面的代表关联。"当然，这里有重大的区别：日常的政治经验只不过是虚拟的面对面，而且其实存在着政治信息发布者和接受者之间的时空间距。① 政治的人格化还源于政府前所未有的复杂性以及决策场景快速地、突然地发生的紧张程度。结果，在选择领导者时更多地靠候选者表现出的人格可信性，而非靠对未来行动计划的评估，便是符合理性的了。② 于是，平民民主中的选举越来越依赖于非实质性的人格魅力，而非具体的政纲。③ 这意味着政党日益变成政客的工具，后者展示个人魅力以便赢得和维系权力。进一步，政治的人格化还可以在所谓"领导者的总统化"中看到，这个事实指的是在政府之中，某位总理或者总统个人本身成了国家内部最有权力的机构。④ 比如这样的情况：在大多数欧洲国家曾经一直从属于议会的内阁，日益承担起主要的行政任务。⑤

第三，平民政治还指当代代议制政府中的领导者的自由裁量权的增长。当然，近代代议制国家中一直存在着相当大的自由裁量权。洛克关于优先权的观念赋予了行政分支以权力，决定所有无法依照一般法律决定的特定问题。而后来的代议制政府理论家们也很少诉诸那些天真的观念，即认为代表们会成为被代表者的镜像，或者他们会受到有约束力的命令的制约。不过，平民政治中所蕴含的自由裁量权还是超出了这些早期模式所考虑到的权力限

---

① Manin, *Principles of Representative Government*, 220.
② Ibid., 221. 也可参见 Martin P. Wattenberg, *The Rise of Candidate - Centered Politics: Presidential Elections of the 1980s* (Cambridge, Mass.: Harvard University Press, 1991); Bruce Cain, John Ferejohn, and Morris Fiorina, *The Personal Vote: Constituency Service and Electoral Independence* (Cambridge, Mass.: Harvard University Press, 1987)。
③ 关于性格对选举结果所产生的影响的重要概述（并做出了重要贡献的文献），参见 Anthony King, ed., *Leaders' Personalities and the Outcomes of Democratic Elections* (Oxford: Oxford University Press, 2002)。
④ Theodore J. Lowi, "Presidential Democracy in America: Towards the Homogenized Regime," *Political Science Quarterly* 109 (1994): 401–415; Körösényi, "Political Representation in Leader Democracy," 358–359; Michael Foley, *The Rise of the British Presidency* (Manchester: Manchester University Press, 1993); Thomas Poguntke and Paul Webb, *The Presidentialization of Politics: A Comparative Study of Modern Democracies* (Oxford: Oxford University Press, 2005); Wattenberg, *Rise of Candidate - Centered Politics*.
⑤ Körösényi, "Political Representation in Leader Democracy," 358.

度。举例而言，在平民政治中，关键的并非仅仅是一种正式的、宪法规定的行政特权。而是人们日益期待——如果不是说日益接受的话——领导者具有自己的意志，不仅只是回应那些无法从一般法律中推导出来的具体案例，而且还积极地制定政策，规定议程，并做出广泛的、经常是无法变更的决定，这些包括涉及战争与外交政策的决定。① 普莱沃斯基（Przewoski）、斯多科思（Stokes）、曼宁等人就解释说，平民政治的特点之一就是领导者具有自己的目标、利益、价值，他们利用自己的任职期间做自己的事情。② 领导者的自由裁量权还被某些社会历史潮流所扩展了。比如，自从 20 世纪 70 年代以来，各种经验研究都表明我们越来越难以将选举结果解释为源自选民群体的社会经济的和文化的结构状况。③ 相关地，有关议题的投票也难以解释选民在平民政治中的表现。④ 这表明，被视为政治生活中的主要议题的那些事情本身就在变动之中，领导者有权决定去强调、去利用何种理解，并因此塑造议程。再者，自由裁量权的扩张还来源于在当代政治中，一位领导者任期当

---

① 关于这种创新型领袖的危害存在着争议。例如，在 Rosenblum 关于政党的书中，她提出了一个正面的观点：政治领导者为统治创造了政策和全面的结构。Nancy Rosenblum, "Primus Inter Pares: Political Parties and Civil Society," *Chicago - Kent Law Review* 75 (2000): 493 - 529; Rosenblum, "Political Parties as Membership Groups," *Columbia Law Review* 3 (2000): 813 - 844. 然而，另一些人则是将大众民主中领袖的这些创新性功能当作一种病态形式来理解。例如，可见 William Riker, *The Art of Political Manipulation* (New Haven, Conn.: Yale University Press, 1986); José Maria Maravall, "Accountability and Manipulation," in Adam Przeworski, Susan Stokes, and Bernard Manin, eds., *Democracy, Accountability, and Representation* (Cambridge: Cambridge University Press, 1999)。

② Adam Przeworski, Susan Stokes, and Bernard Manin, "Elections and Representation," in Przeworski, Stokes, and Manin, *Democracy, Accountability, and Representation*, 29.

③ Manin, *Principles of Representative Government*, 218; Gerald M. Pomper, *Voters' Choice: Varieties of American Electoral Behavior* (New York: Dodd, Mead, 1975); Norman H. Nie, Sidney Verba, and John R. Petrocik, *The Changing American Voter* (Cambridge, Mass.: Harvard University Press, 1976); Morris P. Fiorina, *Retrospective Voting in American National Elections* (New Haven, Conn.: Yale University Press, 1981), x.

④ 例如，可见 Scott L. Althaus, *Collective Preferences in Democratic Politics: Opinion Surveys and the Will of the People* (Cambridge: Cambridge University Press, 2003), 19: "尽管确实有着支持'某一特定议题的公众'的假说：它认为人们可能会对某些对他们非常重要的议题高度关注，却忽略其他议题；但是，研究者们更倾向于认为：当涉及政治的知识时，人们是通才而非专才"。也可见 Angus Campbell 等人的作品 [The American Voter (New York: Wiley, 1960)]，他们发现：在 16 个政策领域中，仅有 20% - 30% 的选民能够被看作是"基于议题"的投票者。

中会遇到的议题总是非常新颖和出人意料——这样飞速的历史步伐也使得选民授予领导者更多的自由。①

第四，平民政治中的领导者不仅享有自由裁量权追求自己的目的。"平民政治的"一词还意味着这样的政治：领导者塑造乃至制造公共意见和大多数人意志，而前者本来按说应该向后者负责的。尽管领导者在这方面的主动权并非绝对的，它依然是极为重要的。正如科索森义（Kososenyi）所描述的，"领导者民主"（这看来是"平民民主"的同义词）的特点就是："相互竞争的政治家企图获得更大支持的方式不是接受选民的政治偏好，而是试图操纵和制作选民偏好本身。积极的政治活动者并非选民，而是政治家。选民总是被动回应。这是因为在领导者民主的模式中，政治行动不是建立在真理之上，也不是建立在利益之上，而是建立在意见和决意之上。"② 政治家主动地去生产——或者更为讽刺地说，去操纵——公众对他们及其政策的支持。平民政治模式因此与民主的经济理论是正相反对的，后者从边沁到唐斯（Downs）都预设选民拥有一组预先存在的和完全确立的偏好与意见，只等着被传送到政治中去。③ 对于一位当权者而言，这意味着先做出决策并贯彻之，然后才在公众面前为之辩护。

最后，平民政治的这四个方面——政治沟通的媒体化，政治权力的人格化，领导者的自由裁量权，以及领导者在面对公共意见和公共意志时的创造力量——指向第五个特征，它在很大程度上可以总结平民民主的全部含义，至少是它通常被用于贬义时的含义。这也就是：人民的声音——无论是其作为大多数人选举决定的官方表达，还是其作为公共意见的非正式作用——都成了肤浅的和很大程度上虚幻的。④ 在平民政治中，人民说出自己的声音并从而自主地表达自己的价值、偏好和意见的能力被严重损害了。这个特征比

---

① 曼宁认为政府的复杂性使得自由裁量权的出现是合理的："候选人做出具体的承诺变得越来越困难了：这些平台变得笨重不灵和难以理解"（Manin, *Principles of Representative Government*, 220）。
② Körösényi, "Political Representation in Leader Democracy," 364.
③ 正如曼宁描述的平民政治民主削弱民主经济理论的方式："在市场比喻中唯一有效的因素就是：选择的发起者是行动者，他们明确地并且相对地独立于那些最后做出选择的人"（*Principles of Representative Government*, 226）。
④ 除了这些对于民众声音的真实性或者有效性的担忧之外，还有一个问题是：从下而来的任何声音并非人民的声音，仅仅是由某些地方产生的一些声音片段；例如，从大多数投票人那里产生的声音片段。

第四章 平民民主的概念：过去，现在，未来

别的所有特征都有力地解释了为何民主理论家如此顽固地将平民民主仅仅视为政治理论中的一个丑闻，以及因此为何平民政治的概念在那些相信对政治生活的伦理理解的民主理论家那里被基本忽视的事实。就解释人民的声音在当代大众民主中是如何被有效抑制而言，平民政治观似乎对日常公民的政治经验无话可说，民主就其词源学而言是应该在为作为大众的日常公民的服务中获得自己最为深刻的和根本性的目的的。

不过，在我看来，彻底丢弃平民民主的概念是一个错误。仅就一个事实而言，我刚才描述的五个方面具有一种无法否认的描述上的重要性。无论我们是否喜欢它，平民政治状况是我们的政治的标志性状况。人们总是情不自禁地沉溺于发源于古典过去的民主理想，而且这从某种程度上说也是不可避免的；那个时代的人们对于民主具有其他时代所无法比拟的直接经验，但是今日民主派还是有责任以反映了塑造民主的近代复兴的特殊环境的术语体系来对待民主。而这意味着克服对公元前5世纪雅典或者公元18世纪费城的偶像崇拜，并且在看待民主时特别重视全然例外的、如果说是成问题的技术的、社会的环境，这些环境主导了20世纪以来的民主实践。在一个理想世界中，平民政治的背景条件就不会存在。但是既然现在这些条件存在着，那么民主理论的阐发就必须考虑在这些条件下能够成立。

当然，如果平民民主所能够提供的就是对当代政治现实的一个更真实描述，那么也未必要推荐这样的民主。缺乏对政治理想的规划的描述是无视这一事实：民主指的恰恰就是一种被广泛地认为道德上优越于其竞争对手的体制，是向政治生活中注入了道德理想的体制。不过，我希望辩护的核心论证乃是：内蕴于平民民主传统之中——尚埋藏于平民政治论的文献源头和理论源头中——的，乃是一种伦理要素。这一伦理要素并不否认我刚刚描述的五个特征，但是它确乎提供了某种方式，可以在这些特征中构建一种民主进步主义。在最为一般性的层面上，这一伦理贡献在于将民主建立在人民的眼睛的基础上，这与民主必须最终诉诸人民的声音的广为流行的假设是完全对立的。如果加以正确理解的话，则平民民主并非仅仅是对人民的声音的一个负面的批评，而是一个将民众力量从声音维度转移到目光维度的正面理论。这表明，平民民主被视为仅仅只是对当代政治如何有效抹杀人民之声音的现象的社会学解释，是一个误解。事实上它还是一种包含了一种非声音的、视觉类的民主的政治哲学。

4.3 平民民主的民众权力的目光模式

为了发现和阐发平民政治论的这个伦理维度，有必要超出当代政治科学家所采用的对平民民主的纯粹贬义的理解，回到这个概念的起源。这意味着重新考察原创性的而且依然最为重要的平民民主理论家，马克斯·韦伯，以及他的后继者卡尔·施密特和约瑟夫·熊彼特。这还意味着考察过去一直到20世纪之前的某些预见到今日平民政治论的关键性文本，其中最重要的是莎士比亚的罗马主题戏剧（它们影响了韦伯）以及本杰明·贡斯当关于公共质询的学说。这些不同的人物和片段之所以能被称为对平民民主理论的贡献，是因为它们反映了我刚刚讨论过的那些对平民政治论的堕落的、分裂的含义的许多说法。它们对于大众民主中的民众决策的含义与范围深为疑虑。它们也挑战了选举和公共意见能在多大程度上使得领导者负责任或是对大众意志负责。故而，它们承认领导者身份——及一批精选的、拥有极大的创造性决策裁量权的政治精英——是现代民主生活无法避免的一个特征。然而，人们很少注意到，它们同时也指出了一条发展视觉维度的民主的道路。在这一章以及本书余下的各个章节中，我将为当代民主研究重新找回这些重要的、尽管经常被污蔑的民主思想家的被忽视的洞见。不过，重新寻回的工作也不是没有限度的。必须承认，尽管韦伯和其他人必须被视为复兴对平民民主的阐释的教导和灵感的关键来源，他们的民主理论的不完整性、不精确性和偶然出现的误导性都表明，对平民民主的伦理观念的重新发现并非仅仅就是对他们的学说的简单重述，而必须最终将其分析作为建材加以依靠，并构建一个更为全面的和理论上更为精确的规范性贡献。

这一方法论同时既依靠平民民主的哲学的和文学的开创者们，又旨在超出他们。在这样的方法论的基础上，就可以说平民民主包含了一种伦理要素，因为它对现代大众代议制民主中的民众权力的性质提供了一种全新的解释。平民民主可以被理解为是民众权力的传统的和依旧是主导的声音模式的一个激进的替代可能，我在前一章对声音模式做过分析，它有三个组成要素：民众权力的对象是法律，民众权力的器具是人民的决定，民众赋权的关键性理想是自主。平民民主的视觉模式则可以视为对此三个要素的每一个都反对。

第一，就民众权力的对象而言，传统的、声音的范式认为民众权力的最终体现是一组规定了社会存在条件的实质性法规,而视觉范式却将被观看的领导者看作是民众赋权得以发挥效力的最终媒介。也就是说,根据平民政治模式,民众权力视为自己的对象的,与其说是决策的内容,不如说是决策者的公共生活。比如,将民主定义为精英对权力的"竞争性争夺"的熊彼特就认为,将人民引入一个国家的政治体系之中,影响的不是法律,而是那些掌权者的经验:即他们必然会经常性地受制于内在于民主选举过程中的风险、不确定性和受到攻击伤害。① 同样地,韦伯并不把大众民主中的"人民"理解为选举人群体,而是理解为一个超凡魅力团体(即他们的公共关注和承认乃是任何宣称具有超凡魅力权威的个人所必不可少的伴随),人民的有限力量最终并不在于立法之实质当中,而是内在于领导者的个性和举止当中,尤其是在于领导者具有的那些超凡魅力品性的程度之中。一个平民民主理论,基于韦伯和熊彼特的洞见之上,将发展在平民政治模式下的民众权力的这种人格锚着点观念。我认为,一位现代平民政治派在判断民主化程度时,根据的不是政府决策在多大程度上反映了选民的输入,而是政治家以及其他决策者的公共生活的人格状况(他们的公共出场的性质)在多大程度上受到人民的规训,并在某种意义上受到了人民的控制。

  民众权力以被观看的领导者为对象,而非以成文法为对象,这一事实提示了民众权力的声音的与目光的模式对峙的第二个维度。通常来说,从声音范式理解,民众赋权的器官是人民的决定:无论是以选择当选领导者或是表达领导者必须关切的人民偏好、意见和价值,还是在选举或公共意见中做出领导者必须在行动中遵循的判断。换句话说,传统的观点是:如果人民的声音得到赋权,则人民就得到了赋权,而其声音是通过决策之行动得到赋权的。在目光模式中,并非人民的声音而是其视觉成了民众赋权的位置之所在。故而,人民之决定代表了一种被赋权的声音,而人民的凝视则代表了一种被赋权的视觉。如果说决定表明了一种有约束力的、明确的、命令式的、清晰的和权威式的声音形式,那么凝视则表明了能够审查、检验、监督、审计的那种视觉。虽然人民体验着各种形式的视觉经历,但是只有在被赋权的视觉形式中,即当人民可以观察少数人而不被其所观察,他们所看到的不是事先策划好的或排练过的而是某种真正的审视时,才是凝视。权力的目光式表达是政治科学和民主研究一直未能充分研究或承认的。但是,正是那些像

---

① Joseph Schumpeter, *Capitalism, Socialism, and Democracy* (New York: Harper and Brothers, 1942), 269, 271, 282, 283, 287, 290.

莎士比亚的罗马主题戏剧等贡献，在这方面有长处——我在4.4节会详细阐述，因为它们探究了大众观看的赋权的和未赋权的形式的区别。同样，韦伯的意义也在这里，让我们想想他那些具有极高原创性的民主学说——平民政治领导者民主学说，这虽然不够完善，但是可能是从凝视的角度对"人民"进行理论考察的第一个尝试。正如我在下一章会阐明的，在韦伯对圣经先知所面对的古代超凡魅力社群的分析中，在韦伯将这一古代模式应用到他对现代大众民主的理论研究中，不难发现这样的结论："人民"尽管受到各种各样的剥夺和欺辱，但是受益于一种赋权性观看，因为它可以审视那些否则在高度紧张的公共危机时刻的特殊情况下会获得绝对权力的领导者。放到一起看，莎士比亚和韦伯（以及其他追随他们的平民政治派思想者）挑战了被视为毫无差别的观众身份的经验，政治科学家经常对此种经验进行一种简单全面的道德评价。存在着各种形式的观众身份：有的代表着观看者被赋权，有的则不是。这一事实虽然非常径直而简明，却并未影响民主理论。民主理论缺的正是这种赋权形式的观看或者"凝视"的观念。对民主的平民政治阐释旨在改正这一缺陷。

目光模式的这两个特征——它将民众权力的对象放在领导者身上而非法律中，它赋予人们的视觉而非声音以权能——指向了第三个区别：这将与对民主的平民政治式阐释中的关键理想有关。在民众权力的声音模式中，这一原则是人民对立法手段的控制，或"自主"（autonomy），即人民参与到制定实质性的规范和塑造公共生活的条件之中。而在目光模式中，这一理想被最为一般地规定为人民对"公共出场的条件的控制"。换句话说，指导从平民政治角度出发的民主改革的理想，会指出民众赋权将产生什么，以及什么将产生民众赋权；而这一理想是：人民，而非其领导者，控制着领导者在公共舞台上露面的诸种条件。人民对公共出场条件的控制要求领导者不得隐藏自己，躲避公众的观看，而是被迫在经常性的、常规性的公共出场中展现在人民的面前。不过，领导者只是公开露面还不够。进一步的要求是：人民要控制领导者露面的场景条件。众所周知，领导者在大多数时候都是自己控制着他们的公开出场的条件的。他们决定了他们出场的时间、地点和长度。他们还控制了事件的效果，因为这些活动都被事先规划、演练或者仔细操控过了。人民如果拥有公共出场的手段，就意味着打破领导者对他们自己的公共形象制造的控制。我们在源自大众民主的那些稀少但是至关重要的体制性实践中，可以看到"对公开出场条件的大众控制"的迹象：新闻发布会，领导者竞选辩论，公共质询，以及英国的质问时间的传统实践。

第四章 平民民主的概念:过去,现在,未来

不过,正如这些例证所表明的,人民对公共出场的控制是一种负面式的理想,它的实现并非指人民对领导者出场的确切条件的实际指导(这会是不可能的,因为人民对于任何特定的公开出场所需采取的形式并无统一的正确看法,也缺乏有效手段令领导者执行),而是指领导者不得控制这些条件。我将这一负面性理想称为"坦诚性"(candor),意思主要不是指"真诚"这一心理学规范,而是首要地指领导者不得控制其公开出场的条件这一体制性规范。任何观察当代大众政治的人都不难发现,坦诚性是一个稀缺商品。不过,坦诚性是一个例外而非常规,这一事实完全无损于它作为关键性理想的地位——它表达了民主改革应当采取的方向,提出了进步能量应当投入的那个目标。

坦诚性理想是平民民主的一个伟大的、从未阐释的伦理承诺。虽然韦伯并没有直接地、专题地讨论它,但是在他的理论中,这是领导者产生超凡魅力权威的任何努力所必不可少的条件。① 当然,启发了韦伯理论的现代人物,英国的格拉斯顿(Gladstone)以及美国的约翰逊(Andrew Johnson),都是创新性的人物,恰恰是因为他们都自觉遵循史无前例的坦诚性之形式。熊彼特关于竞争的非经济式观念(由于选举挑战而导致的领导者的常规化生存竞争),尽管不幸未能被其充分发展,可以被视为民主要求那些掌权者必须遵循的坦诚性条件的规范。而且,坦诚性还可以说是影响了 20 世纪之前的平民政治论的先驱的一种承诺,无论是贡斯当建议推广公共质询以便使政治领导者在无法预测的高风险条件下面对公众,还是我即将探讨的莎士比亚的罗马剧对科利奥兰纳斯的共和式坦诚性与恺撒的帝国式坦诚性的区分。

这些,就是平民民主发展中至关重要的三个主要转变。它们影响了对平民民主作为一种民主思想的正当范式的重新启用。它们还会塑造我即将讨论的从各种角色中复兴的东西,以及在他们的思想中该批评什么,抵制什么。在下一章讨论平民民主的正式理论家之前,我们先从莎士比亚开始是合适

---

① 圣经中的先知们(韦伯超凡魅力型权威的原型)在公共场合出现的境况条件是:无法操控,行为不可预测,置身于争议、危险甚至身体折磨之中。Max Weber, *Ancient Judaism*, trans. H. H. Gerth and Don Martindale (Glencoe, Ill.: Free Press, 1952), 267 - 296。类似地,韦伯论证说,将现代民主政治家(超凡魅力的、先知的遗产的继承者)与其他类型的政治精英们(如君主们和官僚们)区分开来的正是:愿意并且有能力以坦诚的形式在公开场合出现。例如,可见 Max Weber, "Parliament and Government in Germany," in Peter Lassman and Ronald Speirs, eds., *Political Writings* (Cambridge: Cambridge University Press, 1994), 218 - 219。

的。对于莎士比亚的两部罗马剧——《科利奥兰纳斯》与《朱利乌斯·恺撒》——的比较,不仅能以出众的洞见和清晰的方式揭示目光民主的这三个方面,而且能对某种道德承诺提供一个精彩的、尽管还是初级的提示,这一承诺证明从民众赋权的声音模式转向目光模式的合理性。

4.4 莎士比亚笔下的"坦诚者":科利奥兰纳斯还是恺撒

选择莎士比亚的戏剧绝非偶然随意的。如果平民民主(作为一种与直接民主和传统的代议制民主都不同的民主)在20世纪才受到理论家的正式讨论(而且还仅仅是部分的、不充分的阐释),那么对平民政治状况,尤其是民众权力的一种平民政治式概念的戏剧化表现,则由来已久了。莎士比亚的罗马主题的戏剧很可能是20世纪之前对平民政治的最为富于启发的记叙。《科利奥兰纳斯》尤其引人注目,因为它对民主展示了一种非传统式的描述,即一种并非建基于公众自主的价值之上的民主的描述。韦伯非常熟悉《科利奥兰纳斯》。[1] 这毫不奇怪,因为这部戏剧表现了平民民主的核心含义:对民众权力的重新诠释,使其不再首要地与人民的宣称、表达和决定统治公共生活的法律规范的声音能力相关联,而是诉诸赋权人民使其观众身份变得强有力。如果我们同意文学并非完全是虚构,而是经常能够以更为清晰和直接的方式表达物质的和伦理的现实,那么莎士比亚就对平民民主的伦理要素提供了或许是最佳的导论。

因为这些理由,莎士比亚的两部罗马主题的戏剧即《朱利乌斯·恺撒》和《科利奥兰纳斯》非常值得我们的考察。正如许多评论家都看到的,这两部戏剧共同表现了对罗马人民的政治腐败的研究,追溯了从公元前5世纪那个相对未腐败的状况(《科利奥兰纳斯》的场景)到《朱利乌斯·恺撒》中的几乎完全腐败的状况的堕落过程。[2] 这一评论当然是正确的,而且反映了

---

[1] Max Weber, *Briefe*, 1909-1910, ed. Rainer Lepsius and Wolfgang J. Mommsen (Tübingen: Mohr, 1994), 576-578.

[2] 例如,可见 Allan Bloom, *Shakespeare's Politics* (New York: Basic Books, 1964), 75-112; Dennis Bathory, "With Himself at War: Shakespeare's Roman Hero and the Republican Tradition," in Joseph Alulis and Victoria Sullivan, eds., *Shakespeare's Political Pageant: Essays in Literature and Politics* (Lanham, Md.: Rowman and Littlefield, 1996); Anne Barton, "Livy, Machiavelli, and Shakespeare's Coriolanus," in Catherine M. S. Alexander, ed., *Shakespeare and Politics* (Cambridge: Cambridge University Press, 2004), 67-90。

讨论罗马政治的历史学家们（从撒路斯特到马基雅维利）的解释，他们对罗马的衰落做出了类似的判断。不过，很少有人注意到莎士比亚所叙述的这个政治腐败史并非是在民众权力的声音模式下而是在其目光模式下发生的。不管怎样，在这两部戏剧中，人民都不具有决定法律的决策权，更别说对规范和政策表达实质性意见的决策权了。所以，在两部戏剧中，我们都看到了对人民的声音的清晰的贬低，如果说不是污蔑的话。一个不断地贯穿两部戏剧的比喻乃是人民的差劲气息（bad breath），这象征着人民缺乏连贯而自主地发言的能力。① 在《朱利乌斯·恺撒》中，人民被描述为懒惰的（I. i. 32 - 55）、口齿不清的、"结结巴巴的"（I. i. 62），表达自己时只能通过胡乱喊叫而非立法者那种微妙而清晰的演讲；而且更重要的是，人民摇摆不定，无望地受制于民众煽动者的大胆操纵（III. iii. 4 - 38）。但是，这也正是《科利奥兰纳斯》中的状况，那里的人民也是内在地不可靠和多变的，被描述为是"多头的众民"（II. iii. 16 - 17），所以科利奥兰纳斯抨击它说："你是每分钟都在改变心意"（I. i. 181）。这样的人民无法指导自己，于是就倾向于无动于衷和不下判断。所以科利奥兰纳斯指责人民既不喜欢和平也不喜欢战争（I. i. 166 - 170）。于是，在这两部戏剧中，我们所见到的都是人民极少做出决定，做出的也非常肤浅。事实上，很难说人民做出过任何真正的选择。莎士比亚解构了人民的意向性，于是，比如实际上很难说在《恺撒》中人民是赞成还是不赞成推举恺撒为帝王，或者说在恺撒死后是否人民更偏好布鲁图还是安东尼。在《科利奥兰纳斯》中，人民是否真的决定推举科利奥兰纳斯当执政，以及后来人民是否真的投票剥夺他的权力，也都同样是模糊不清的。自主地表达利益或洞见的大众意志几乎不存在了，因为人民激烈地从一个立场摆动到另外一个立场，而且因为在这样的摆动背后的动机并非源于人民本身的内在决定或是慎重思虑，而是来自政治家或者密谋的民众煽动者的外部唆使。② 莎士比亚建议道，任何寻找人民的真实意见的努力，一开始就找错了方向，因为这一努力建基于对人民的存在的本性的本体论错误。人民

---

① William Shakespeare, *Julius Caesar*, ed. David Daniell（London: Arden, 1998）, I. ii. 245, 248; Shakespeare, *Coriolanus*, ed. Philip Brockbank（London: Arden, 1996）, I. i. 59; II. i. 233; III. iii. 120 - 121.

② 在《科利奥兰纳斯》中，人民无能于作为决策性的和表达性的力量，这一状况通过一位公民的自相矛盾的话语得到了完美的讲述。在人民是否能够决定科利奥兰纳斯成为执政官这个问题上，他观察到："我们自己拥有力量去达成这件事，但是这种力量是我们无力获得的。"（*Coriolanus*, II. ii. 164 - 165））

所采取的形式并不是有待实现于法律和政策之中的实质性的意见、价值和利益；人民最清晰地表达和体验自己权力的形式毋宁说是通过视觉器官，以及一个视觉领域对在其中出现的人提出的那些潜在的关键要求。

正是从这一视觉维度看，罗马人的政治堕落的故事在这些戏剧中展开。在表达堕落状态之前的人民的《科利奥兰纳斯》中，我们可以看到对一种运作良好的关键性的目光型政治的显著记叙。在该剧的核心阶段，科利奥兰纳斯犹豫地做出了非常不舒服的决定：在一个他所蔑视的公众面前出场，并因而让自己受到其探究、观察和侮辱。科利奥兰纳斯在两个场景下出现到人民的面前：首先，作为他被选为执政官的过程的一部分，然后，作为他丧失了官职和被流放的危机的一部分。科利奥兰纳斯对这些出场的极度讨厌不仅反映了贵族对收集人民支持的轻视，而且反映了人民作为一个群体观众有能力构成一种规训的、目光性的力量，它对那些被迫在其面前出场的人具有真实的和潜在的批判效力。确实，我所描述的一种平民民主理论所依靠的民众权力的目光模式的所有三个方面，都以戏剧方式在《科利奥兰纳斯》中栩栩如生地展现了出来。

首先，如果要问在《科利奥兰纳斯》中什么是民众权力的对象，很清楚，这不是法律（统治罗马政体的法规、决定和政策），而是领导者本身——在此就是科利奥兰纳斯。当科利奥兰纳斯的母亲为自己的儿子赢得和保持执政官头衔而焦虑，并催促儿子去面对聚拢起来的人民"去吧，去被统治"（III. ii. 90）时，她便是意识到了一种大众统治类型，它与决策性的、和制定法律的表达性的能力毫无关系，而是通过对个体人格的监督实现自己。科利奥兰纳斯所不得不接受的行为约束——他感到必须公开出场并承受作为其后果的展示自身，正是该剧之中的民主的标志和标度。民主的发生之处被重新置于科利奥兰纳斯本人的人格中。

其次，民众赋权得以进行的器官并非与人民的声音（做出决定）的赋权有关，而是与人民的视觉的赋权有关，即表现为一种凝视。当科利奥兰纳斯出现在平民面前时，是以某位已经当选执政官的人的形象出现的。人民并不需要决定什么。不过，如果说决定谁当选执政官这一内容并非人民所能控制的，但是依然存在着一个规范：作为这样的提拔的条件之一就是科利奥兰纳斯必须在人民面前出场。即便人民对自己到底要什么必然思考不清，而且没有效率，所有人还是一致同意这一要求：科利奥兰纳斯应当来到他们中间，"所有人都同意/急切地要看到他"（II. i. 210 – 211）。尤其是，科利奥兰纳斯必须"出现在市场上……［并且］身披谦卑之袍"（II. i. 230 – 233）。正如这一诗句中所暗示的,重要的是科利奥兰纳斯在公开露面时必须穿着"谦卑之袍"(II. iii. 41)——这在拉丁语中就是 candidatus,一种白色的袍子,象征着科利奥兰纳斯献身于公开、诚实和坦白。被称作他的"谦卑草衣"(II. iii. 153, 219)的 candidatus 被剧中的角色反复提到,作为科利奥兰纳斯的公共出场的关键特征之一。科利奥兰纳斯对于官职的坦诚(candidacy)于是关联的就不是收集投票,而是他在公众面前的露面——莎士比亚将这一公众精彩地称作"充满崇敬的暴徒"。在该剧的道德图景中,人民由于其人数身份的力量而在一个共和国中所获得的,并非是某种被倾听和做决定的特别能力,而是能够监督、审视或是考察其领导者的一种特别机会。尽管前者是后者的条件——因为如果没有选举的形式,则科利奥兰纳斯完全不必出现到公众面前;该剧所传递的清晰信息依然是:投票机制的有效权力并不在于它所表达的决定,而是它所要求的公开出场。

第三,正如 candidatus 一词的词源学和符号学含义所证实的,《科利奥兰纳斯》当中的民众统治的关键性理想并非民众自主或民众自治之理想,而是坦诚性之理想。这一坦诚有几个要素。它首先意味着科利奥兰纳斯要在人民面前表示谦卑,即他的公共露面既不能带着皇家气势,也不能成为他在普通公民面前摆出一副主子模样的机会。正如一位普通公民所说的,科利奥兰纳斯晋升为执政官的条件就是"他和善地要求之"(II. iii. 75)。再者,科利奥兰纳斯坦诚还意味着他在公众当中受到盘问和质询。还有一个要求就是,他必须展示他的伤疤——这既有字面上的意义(科利奥兰纳斯展示了他在战场上受的伤),也有比喻的意思(科利奥兰纳斯暴露自己并让自己冒着在公众面前受伤的危险)。这一要求正是科利奥兰纳斯最为抵触的,但是他最终还是对此让步了。所有这一切意味着科利奥兰纳斯完全不能控制自己的公开露面。尽管公民们在观看科利奥兰纳斯时并非主动地指导他的公开出场,他们至少知道自己在观察一个不能操控自己的公共表演的人。科利奥兰纳斯的坦诚因而便涉及不可预测性和戏剧性。谁也不知道在与公众相遇时会发生什么——人们将询问和要求科利奥兰纳斯什么以及他会怎么回应,这也部分地解释了这样的场景具有很强的戏剧性。

与此相反,《朱利乌斯·恺撒》是一部关于一个堕落的共和国在面对"恺撒的精灵"时是如何濒临崩溃的,在这部戏剧中,民众权力的目光维度本身几乎被取消。虽然恺撒的权力的一个条件是他愿意不断在公众面前出现,这些出场都被恺撒及其党羽所控制和操纵。它们的格调或是乏味不堪,或是豪华表演式的。① 当然，我们在其中还是遇到了民众权力的平民政治理论的一个显著符号：在描述恺撒在卢伯克节（Lupercal）上的出场时，莎士比亚对恺撒的癫痫病的历史事实给出了重新解释，赋予了它一种政治的、哲学的含义。并非癫痫病，而是人民自己的"臭味"（I. ii. 245）和"恶劣气息"（I. ii. 248）被说成了恺撒在公开舞台上昏倒的原因。这样，领导者的政治权力的提升便与领导者的被贬抑关联了起来——这是韦伯在其对超凡魅力统治的分析中所看到的联系。恺撒可以说是强化了在决策权的上升和在公众凝视面前丢脸跌倒之间的关联，因为他在昏倒之前解开了自己的紧身上衣，宣称如果人们认为他企图结束共和体制并想当帝王的话，就可以上来砍他的喉咙。② 所以，尽管人民制定法律和做出实质性决定的能力受到了贬低（因为人民摇摆不定、易受影响，并显然顺服于少数寡头），但是剧中还是提示人民对于那些领导者的自身人格确实发挥了某种调控性作用。不过，这一提示更多地还是一种潜在的假设，而非有效的现实，因为恺撒对自己公开出场的各种条件保持着几乎完全的控制。

对科利奥兰纳斯和恺撒的比较，也能帮助更为精确地确定将体制化的坦诚性置于其心理对应物之上的逻辑。如果坦诚是一种心理上的事情，即要求领导者更为诚实、真诚和正直，那就很难说这两个人哪一个更为坦诚。就科利奥兰纳斯而言，问题并不简单地是他公开出场时的内心状态——他究竟在想什么，他对人民的恳请是否是真心的——是无法完全确证的，不过事实上有明显迹象表明，科利奥兰纳斯在公共露面中试图骗人和不诚实。无论如何，我们被告知科利奥兰纳斯"傲慢地"（II. iii. 152）并轻蔑地（II. iii. 219）穿着他的 *candidatus*；再者，科利奥兰纳斯私下里说过，他在公共露面时会欺骗并"伪装出某个广受欢迎的人的那种魅惑力"（（II. iii. 100 - 101）。③ 与此不同，恺撒在用喉咙面对匕首以及昏倒在公众面前时，确实显得是表现谦卑。还有，该剧当中也看不出恺撒不相信自己对民众所说的话或是他对民众的爱在任何意义上是不真实的。

如果严格地用心理学那种真诚与诚实的标准来衡量坦诚，那就可能判断说恺撒而非科利奥兰纳斯更为坦诚，并因此从平民政治角度看，更为充分地是民主的。如果要避免这一令人难以接受的结论，那么就要从体制的角度来

---

① 例如，可见 *Julius Caesar*, I. ii. 286。
② 同上，I. ii. 216 - 286。
③ 见 *Coriolanus*, III. ii. 130 - 145。

定义"坦诚性"。不管他本人想要或是确实表达了自己的态度，不可否认科利奥兰纳斯必须在他几乎无法像恺撒那样加以控制的条件下出现在公众面前。就恺撒而言，谦卑的姿态——包括引颈对刀——全都是他自己施加的。恺撒没有面对任何质询、探问或是听从其他人对其公开出场的指导。与恺撒非常耽溺于公共场合中出头露面相反，科利奥兰纳斯对此则极为反感，这不应当全然从个人性格的角度加以解释，而是来自这样的事实：科利奥兰纳斯在公开场合的露面总是充满了敌意和挑战的人际互动。科利奥兰纳斯无法证明自己在公共出场中，心中充满温和与歉疚之情，尽管这意味着某种贵族对人民的蔑视，但它也标示出公众凝视具有某种规训力量——它能够令科利奥兰纳斯不敢做出任何政治企图去用伪装的谦虚欺骗人民。① 科利奥兰纳斯抱怨说他在人民面前的出场相当于受到碾磨（III. ii. 103）。所有这一切都表明，即便我们不能确定科利奥兰纳斯本人是否比恺撒更为坦诚，我们可以肯定科利奥兰纳斯的**出场**确实更是如此。

除了演示平民政治对于民众权力的目光模式的中心特征——将民众权力的对象定位在领导者身上，将民众权力的器官等同于公众的凝视，以及将坦诚性当作民众权力的关键性理想——之外，莎士比亚的《科利奥兰纳斯》还提到了目光范式所能获得的具体的政治利益。当然，这些利益中的一些是与声音范式所获得的利益重合的。在一定程度上，坦诚性可以帮助促进传统的目标比如商谈和透明。而且就民众民主中的选举政治是旨在挑选出具有某些特定个性的领导者而言，坦诚性是一个有益的价值，因为它承诺使得选举过程更有可能检测和展示候选人的品格。无论如何，正是作为他的坦诚出场的结果，科利奥兰纳斯对民众的蔑视才显露出来，而且他被解除了官职。不过，《科利奥兰纳斯》最终并非关于这些众所周知的、以声音为基础的民主过程的，人民据说是通过这些过程让他们的统治者有效代表他们。相反，正如我所论证的，所有政治代表的观念在该剧中都受到瓦解，因为有可能成为这种代表的主体的民众意志的观念都彻底被解构了：它过于多变，过于受到精英们的控制，并且从许多方面看根本就不存在。使得《科利奥兰纳斯》成为对平民民主理论的一个珍贵贡献的，是它戏剧化地展现了坦诚如何能成为一种独立于任何对政治代表的诉诸而发挥作用的价值。坦诚并不要求公民们对政府该干什么具有偏好。它也不像代表论理想那样依赖有关代表究竟在什

---

① 有观点认为：人民潜在地拥有一种特殊的能力去分辨虚假的出场露面，参见 *Coriolanus*, II. ii, 156。

么时候真的实现的那些复杂的和有争议的标准。坦诚是简单的、直接的并且明显是可量度的。对于那些对自己究竟希望政府做什么并无清晰意见的公民们，或者对于那些怀疑政府有能力倾听自下而上的声音的人，或是对那些根本就不明白政治代表在任何具体情况下到底要求什么的人，坦诚性提供了另外一种可供选择的标度，可以据以评估政府的民主化进程。

《科利奥兰纳斯》不仅生动阐述了平民政治的这一理论特征，即坦诚性的中心理想超出了代表之范式思维，而且还进一步描绘了三种更为具体的政治好处。它们中第一种就是"富有事件性"之好。科利奥兰纳斯的坦诚的公共出场是该剧的戏剧性核心部分，这不是偶然的，因为这些出场就是为了描述历史中的个体在压力和紧张状况下的自发的与未准备的表现的吸引力。相反，恺撒的不坦诚的公开讲演，就不那么有意思了：它们只是被转述介绍而没有被生动描写。这样的戏剧安排上的特征表明的是一种政治观念：坦诚性能向政治生活中注入"富有事件性"。构成了伪事件特征的言行分离，会受到坦诚出场的抵制。科利奥兰纳斯对欺骗宣传、空洞奉承和故作姿态的企图都被他不得控制他的公开露面的规范所推翻了。科利奥兰纳斯对坦诚的服从以及由此产生的富有事件性的一个结果就是他被迫进行比恺撒更强烈的自我展示。确实，尽管平民民主立基于体制性的坦诚（令领导者处于他们无法控制的公共处境之中）而非心理学坦诚（领导者的真诚心）之上，这一优先考虑并不意味着不关心在政治领导者那里产生真诚的自我坦诚性的瞬间。也就是说，即便心理学意义上的坦诚需要从属于更为可靠的和可辨识的体制性坦诚的标准，我们还是有理由期望当后者得到保障后，前者也会出现。在某种意义上，科利奥兰纳斯比恺撒要更为真诚得多：他无法充当人民的忠诚仆人的事实正是通过他的公开出场而被揭示的，并正因为此，他对人民的贵族式敌意也就令人一目了然了。[①] 相反，恺撒一直保持着他著名的滑头和难猜的风格，他是莎士比亚以主角为剧名的戏剧中唯一一位在第三幕就死去的主角。坦诚政治将行为与言辞联系起来，并因此促使行动说话的角色更好地展示自己。

其次，平民民主的一个比较黑暗的、但也是相当重要的方面就是：那些按说权力很大的领导者被投入非同寻常的风险条件下，很可能被质询，被暴露，并潜在地有可能被羞辱。平民民主的道德逻辑乃是：等级权力其实不能

---

① 例如，见 *Coriolanus*, II. iii. 156–214。

像传统的民主意识形态所假设的那样从政治生活中被去除掉；然而，那些掌握了巨大的、非对称的政治权威的领导者还是可以补偿这一绝非具有充分正当性的失衡：即承受批评式公共出场的后果。在莎士比亚的《科利奥兰纳斯》的共和国世界中，等级体系不可避免会出现。政治精英的权力绝没有被民众集会所消除或是合理化。决定谁担任执政官，以及更为关键地，决定应当做什么——无论是与沃尔西人（Volcians）作战还是寻求和平，如何对付粮食短缺，等等，都是人民所鞭长莫及的。然而，剧中同时也十分清晰地表达了这一道德原则：拥有这些决策权威的少数当选者必须通过在人民面前被"碾磨"来补偿公众。所以，民主派长期以来对于削弱任意权力的期望——或是通过大众的自我立法（因为人民据说不能对自己专断横行），或是如在更新近的理论中那样通过商谈过程将意志转变为理性——并没有被平民政治所完全遗忘，而只是受到了不同的解读。平民政治派接受这一点：总是存在着一些个体，他们拥有大得不成比例的能力去做出历史性决定并创造性地决定公共议程的实质内容，但是平民政治派正是希求令这些个体受制于严厉的、强烈的、极度扩展的监督。于是，对于平民政治派，任意权力的被削弱，并不是靠彻底将其从世界上消除掉——这是更为完善的自主和商谈理性之理想所认为的，而是靠在权力拥有者身上施加新的公共负担，至少可以作为平衡其过分巨大和从未具有充分正当性的权威的资源。

最后，平民民主的另一个好处乃是复兴了民主理论当中一个日益有争议和边缘化的实体："人民"。无论人民在《科利奥兰纳斯》中作为一个决策实体是如何被剥夺了权力，它的存在是毫无疑问的。它是剧中的一个关键演员。事实上，它的相对缺乏权力只是使得它的存在更为明显了。这是由于这一悖论：破坏了大众的政府参与的同一批平民政治条件使得人民——没有任何官职和在公共生活的管理中没有任何直接权位的普通公民大众——显得特别夺目。因为平民民主强调政治精英的首创性、自由裁量权和实实在在的权力，它同时也承认巨大的非领导者的其他人——人民——作为一种集体实体。

我在第一章已经讨论过民主理论有一个倾向，即避免直接地和严格地运用"人民"概念，这个主题我在第七章还会再讨论。现代民主思想无法谈论人民，这是一个严重的缺点。"人民"是一个独一无二的关键性和解放性观念，它承诺概念化那些就其日常性角度而言的对日常公民有益的东西。《科利奥兰纳斯》之所以引人注目，以及一般来说平民民主之所以引人注目，就是因为它不仅坚持人民的存在，而且它从视觉而非声音的角度出发对人民进行目光式理解，从而提供了一种途径，既能够将人民带回到舞台中央，又不必陷入可能阻止其复活的那些通常的理智和道德的困难。人民如果被理解为一种目光的而非声音的力量，就可以实现为那些领导者在公众面前出现时的条件：特别是，实现为这样的要求：领导者的出场不得由他们自己所安排和规划，而是要充满自发性时刻，从而让观看的公众感到自己的观看同时也是监督。进一步，当人民被这样理解时——即作为集体而言并非统治者的大众，人民就失去了任何专制意味，因为与那些被提升到正式决策权威职位上的少数人相比，人民正是被描述为沉默的和不作决定的。同时，因为对人民的目光式理解并不与选举之类例外时刻相关联，而是与日常政治中常见的领导者的公共露面相关联，平民民主便能带来一种承诺：让民众赋权成为一种普通公民在其普通的、日常的生活中就能体验和实现的事情。因为这些理由，人民的集体化概念便通过一种平民政治视角被复活了，而且是有意义的、安全的、批评性的、更为包容的。平民政治的世界是领导者被坦诚之约束所规约的世界，在这样的世界中，人民被诉诸为要求领导者接受不被自己控制的公共出场的条件的正当性证明，在这样的世界中，人民会敏锐地感受到自己具有比今天所享有的更真实的实在性。目前，作为人民的一员其实毫无意义——多元论者甚至干脆否认人民的存在；然而，在一个秩序良好的平民政治政体中，一位普通公民可以将自己认同于人民，视自己为人民的一员。这种身份意识至少意味着同样多的——而且很可能更多于——参与市民社会中那些诸多组织的身份意识，今天的政治科学家对于后者是极为熟悉的。

《科利奥兰纳斯》记录了目光范式的这四个好处——它独立于复杂的和有争议的代表式范式，它的富于事件性，它令领导者接受负担以补偿他们从未得到充分正当性证明的权威，它将人民作为一种有意义的政治概念重新引入——并从而证明了完全有可能将政治形象制造与民主观点区分开来。平民民主并不对政治景观本身表达敌意，它提出一个坦诚性之原则，作为评估和改革政治形象的可行基础。

第五章 马克斯·韦伯对民众权力的重塑及其成问题的遗产

> 视觉的卫生、目光的健康是缓慢渗透的。
>
> ——László Moholy‑Nagy

5.1 大众民主的独特性

虽然当代民主与早期民主政体在各个方面都是不同的：人口繁多，领土广大，行政官僚体制复杂，而且或许更重要的是由于大众传播技术所带来的间接的、代表式的和被动式的政治经验；但是，小规模民主和大众民主（mass democracy）的区别对于民主**理想**的研究究竟有何意义，尚未得到足够的关注。一方面，习俗智慧还是坚持麦迪逊的观点，即民主的规模不会严重改变自我治理之可能性；或者，如果有什么不同的话，那就是大规模民主可以更强化和巩固小规模民主所实现的民众自治（popular self‑rule）。另一方面，批评这一习俗智慧并坚持大众民主的独特品性的最为重要的尝试，却又总是陷入如下窠臼之中：或者把大众民主说成是失败的典范，无法实现小规模民主的那种民众自治；或者用纯粹描述性术语说它是一种没有理想或道德追求的政体，并因此完全不适合指导或推动民主的发展过程。①与这两种趋势

---

① 在20世纪初，如 Vilfredo Pareto, Gaetano Mosca 和 Roberto Michels 这样的精英政治理论家都强调代议制体系中寡头结构的持续存在。参看 Eva Etzioni‑Halevy, ed., *Classes and Elites in Democracy and Democratization* (New York: Garland, 1997), 47‑62, 243‑250。在这一代人之后，Lionel Robbins 证明了：关于基数效用的人际比较是不可能的，这似乎否决了边沁的努力，即汇聚不同的效用函数进而科学地计算共同利益。Robbins, "Interpersonal Comparisons of Utility: A Comment," *Economic Journal* 43 (1938): 635‑641。在20世纪的后半叶，社会选择理论［尤其是阿罗不可能性定理、麦凯维

相反，韦伯的**平民政治式领导者民主**（plebiscitary leader democracy）理论——以及（在次要程度上）该理论的两个最重要的继承人卡尔·施密特和熊彼特——却论证道，大众民主应当被视为一种独特的体制，它包含着公民身份、民众权力以及民主化的评判性标准的独特可能性。

作为大众民主论的开创性理论家，韦伯提供了将平民政治论作为一种新型的规范性视野加以复兴的最为卓有成效的道路，在这一新视野中，人们可以理解当代大众民主——尤其是，充斥着观众身份问题的那种政治。韦伯对民主的阐述经常被视为不利于他想由此达到的**目的**：产生超凡魅力领导者。不过，人们通常没有意识到的是，韦伯的平民政治论的创新性还在于指出了"人民"在领导者培养的过程中所发挥的作用。尤其是，从韦伯的阐释看，人民对超凡魅力的产生的贡献并非主要通过声音的机制（即通过选举的方式选择或者赞同超凡魅力的领导者），而是通过人民的**凝视**所蕴含的规训力量——这是一种目光式要求：未来的领导者必须在公开场合露面，必须以可以吸引人民关注的方式表现自己，并且理想地说，承受公开出场那种风险与不可预测性。

我在本章中的任务是探究蕴含在韦伯对于民主的为人所忽视和过于边缘化的阐释中的民众权力之目光式模型。5.2 到 5.5 节试图重建韦伯的民主理论。我将论证在韦伯对超凡魅力领导者身份的关切的背后，隐藏着一种对民众权力的目光式理解，以及与此相关，蕴含着我一再用以描述民众权力的平民政治模式的三重转换，即，民众权力的对象（从法律到领导者的）转换，民众权力的器具（从决策到凝视）的转换，以及民众权力的评判性理想（从

（McKelvey）混沌定理〕以及瑞克（Riker）在政治科学中对这些理论的运用，正是在质疑投票机制具有理性地汇聚个人偏好以形成有意义的、非独断性集体偏好的能力。比如，参看 William Riker, *Liberalism against Populism*: *A Confrontation between the Theory of Democracy and the Theory of Social Choice* (San Francisco: Freeman, 1982)。最后，在过去的六十年里，政治行为的研究者证明了：只有一小部分公民会采取那种与民主生活的古典概念相关联的积极政治行动。关键性的战后研究显示，公民行为与传统的对民主式行为方式的期盼是不一致的，比如 Bernard R. Berelson, Paul F. Lazarsfeld, and William N. McPhee, *Voting*: *A Study of Opinion Formation in a Presidential Campaign* (Chicago: University of Chicago Press, 1954); Angus Campbell et al., *The American Voter* (New York: Wiley, 1960); and Philip Converse, "The Nature of Belief Systems in Mass Publics," in David Apter, ed., *Ideology and Discontent* (London: Free Press of Glencoe, 1964), 206 - 261。这些研究成果有助于挑战用"大众自我统治"所理解的简单化的民主观的正确性，但是由于过于负面而成问题。它们的规范性意义大多在于对众所熟知的理想的解构，而非在于阐述一种新理想。

自主到坦诚性）的转换。在重新肯定了韦伯对民主研究的创新性贡献之后，最后的 5.6 和 5.7 两节将讨论为什么这一贡献在 20 世纪余下来的时间里面几乎被人遗忘。虽然导致这一结果有许许多多的原因，但是我将论证韦伯的平民政治论的两位最有影响力的继承人——熊彼特和施密特——毫无必要地让新生的平民政治论传统染上了令人不快的色彩。

5.2 韦伯的平民领导者民主理论为何无人问津，为何应受关注

虽然韦伯去世已经将近一个世纪了，他对政治科学的贡献依然还在发挥深远的影响，甚至创造了一个新的学科。韦伯将国家作为合法暴力的垄断者，他对三种正当性统治形式（传统的，司法-理性的，超凡魅力的）的区分，他用信念伦理和责任伦理的区分对职业政治家的分析，以及他将现代性诊断为一种基于科层体制和工具理性的无限扩展而来的去魅过程，这些只不过是韦伯式概念的最有名的例子，它们继续启发和刺激着当代政治科学的研究进展。

不过，尽管韦伯与现代政治科学的全面相关性是无可置疑的，但是他对民主的当代研究和追求是否有具体贡献，却并非十分明确。问题并非简单是：如许多学者所指出的那样，韦伯关于民主的著述缺乏一个合格的民主理论应当具备的清晰性和体系性结构。[①] 其实，对将韦伯视为一位民主理论家这一严肃看法造成最大阻碍的乃是：他在他的社会学的和党派性的文字中对民主的描述——平民政治式领导者民主——通常不被看作真正的民主理论，而是（正相反）被视为对民主基本精神的敌视，因为民主是唯一承诺赋予民众权力的体制。

韦伯用"领导者民主"（Führerdemokratie）一词指的是这样一种形式的民主：它的正当性并不在于它能够实现传统的民主价值，比如包容性，平等，大众自我立法，或者是对公民们理智与道德能力的培养，而在于它能够造成超凡魅力型领导者，这些人能够为现代工业化民族国家提供强大的、独

[①] 比如参看 Wolfgang J. Mommsen, *The Political and Social Theory of Max Weber* (Cambridge, UK: Polity Press, 1989), 31; Robert Tucker, "The Theory of Charismatic Leadership," *Daedalus* 97 (1968): 753; Peter Breiner, *Max Weber and Democratic Politics* (New York: Cornell University Press, 1996).

立的和创造性的指导。对于韦伯来说,"超凡魅力"是一种社会学专门术语。它标识的是等级权力关系（Herrschaft）正当性证明的三种基础之一。与其他两种基础（传统的和法治的权威）不同,超凡魅力型权威建基于个人品性能激发信任和信心的那种奇妙力量,通常这是为了某种更高的目标或者使命服务的。从其纯粹形式来看,超凡魅力是一种完全个人性的品格,它罕见稀少且不同寻常,会随着其拥有者的去世或者失去特别能力而消失。正如韦伯所说的,它是"个人人格的某种品性,正是由于这种品性,他被看作超凡出众的,拥有超自然的、超人的或者至少是特别罕见的能力或品性。这些品性是普通人无法企及的,而且被看作有着神圣起源的或是典范性的,相关的个体正是靠拥有它们而被看作一位'领袖'"。① 韦伯在耶稣的"尽管你们听说……但是我要告诉你们……"以及路德的"这就是我的立场,我必须这么做"等话语中找到了纯粹超凡魅力的经典陈述,既表达了超凡魅力权威的个体化基础,也显示出其作为新规范和价值创造者的革命性功能。重要的是,韦伯认为民主机制会培养的超凡魅力领袖并不属于这种纯粹类型的。超凡魅力的纯粹拥有者——比如摩西、耶稣和穆罕默德这样的宗教创始者,圣经中的先知,通过神秘力量为民治病的巫师,以及伯里克利、恺撒和拿破仑那样的政治天才——在世界史中其实是罕见的,而且在一个现代大众社会的高度理性化、世俗化和去魅的境况条件中很难重新出现;然而,韦伯相信20世纪的大众民主提供了一种制造领袖身份的方式。这种领袖身份尽管不是纯粹超凡魅力式的,然而却带有某些超凡魅力特征,并可以被调整纳入现代政治图景的常规特征中。

　　民主化究竟是怎么产生准－超凡魅力领导者的？首先,大众民主中的最高官职,比如议会制国家中的总理、魏玛共和国的帝国总统（Reich Presidents）、美国的总统,本身都被罩上了某种光环——韦伯称之为"职位性超凡魅力（office charisma）",意思是任何担当这样的官职的人都会被视为具有超出官职本身法律功能的特殊权威。此外,大众选举会再造纯粹超凡魅力的古代形式所特有的欢呼时刻,即追随超凡魅力领导者的大众确证他或她的特殊美德的时刻。但是,这两者都无法充分揭示民主化为何有助于准－超凡魅力领导者的出现。民主领导者的超凡魅力不会完全是去个性化的,并非任何

---

① Max Weber, *Economy and Society: An Outline of Interpretative Sociology*, ed. Guenther Roth and Claus Wittich (Berkeley: University of California Press, 1978), 241。译者注：译文参看《经济与社会》中译本, 阎克文译, 351 页。

担任最高官职的人自身就会是具有超凡魅力的人。韦伯所期望的是，民主的机制——比如普选、大众政党以及经常性选举——有可能会在那些寻求大众支持的人身上**训练**和**培养**出超凡魅力品性。尤其是，民主化将使那些能够赢得民众追随的**政治家**获得权力；与之相对的是，官僚们靠专门技术、寡头们靠巨大财富或是贵族与君主们靠血缘等宣称统治正当性。韦伯认为，大众民主中成功政治家的典型特点是他们拥有以下三种品性，它们类似于纯粹超凡魅力领导者的品性。

第一，他们在**斗争**上是专家：他们的权力大都依靠他们在竞争中击败对手的本事，而非依靠专业知识或者继承的权利。就像纯粹超凡魅力拥有者一样，现代的、民主的政治家所拥有的权威来自他自身所彰显的力量，这是在与对手和敌人的持续不断的竞争中得到验证的。① 第二，通过人民的支持，民选的领导者将拥有一种独立的权威基础，由此出发为国家的**新价值、新方向**作出阐释和辩护——尤其是那些超越了单纯技术性效率的国家目标和期望，并且（从而）与那些"要求**新义务**"的（正如韦伯解释的）纯粹超凡魅力的拥有者类似。② 第三，民主选举出的领导者会对其决定负起**个人责任**。官僚们可以拒绝承担责任——他们或是归之于上级的指示，或是归之于非个人化的专门技能的要求，然而大众民主中的成功政治家做出的决策不仅是公开的，而且与他/她的个人判断无法分离。这样的情景类似于古代的巫师、先知和军阀的境况条件——作为超凡魅力的纯粹拥有者，他们的命运与他们所领导的事业的成功密不可分。③

如果说对准-超凡魅力政治人物的期望定义了"平民政治式领导者民主"中的"领导者"一面，那么，韦伯用"平民政治式"一词希望表达的，首先就是这样一种民主政治，在其中，领导者直接由人民选举产生，而非间接地由一个议会或者从政党名单中选出。因此，比如，研究韦伯的学者们通

---

① 正如韦伯所解释的，"纯粹超凡魅力所知道的'正当性证明'仅仅是从个人力量中产生的，即那种会不断被证明的正当性"。Max Weber, "The Sociology of Charismatic Authority," in H. H. Gerth and C. Wright Mills, eds., *From Max Weber: Essays in Sociology* (New York: Oxford University Press, 1946), 248。
② Weber, *Economy and Society*, 243. 参看《经济与社会》, 354 页。
③ 正如韦伯对超凡魅力领导者所描述的："如果领导者长期得不到证明和成功；如果他看上去被他的神抛弃，失去了神秘的或者英雄式的力量；至关重要的是，如果他的领导权不能给他的追随者带来好处，他的超凡魅力权威就有可能消失。这就是君权神授（Gottesgnadentum）的真实含义"。（同上，242）参看《经济与社会》353 页。

常会说到韦伯思想中的一个转变,即从议会阶段(当他希望领导者由议会中对手竞争的方式产生之时)转变为平民政治论阶段(当他认为大众选举乃是产生超凡魅力领导者的最有效手段之时)。但是,如果将平民政治论的意义仅仅限制为领袖直选,那就错了。韦伯还指另外一层意义,即,平民政治中的大众决策是表面的、形式的,和(因此)虚幻性的。① 平民政治论的政治的最为极端的例子是:没有竞争对手的唯一一个统治者通过全民公决的方式使他/她的统治或改革合法化——比如拿破仑叔侄都使用过的全民公决,不过,韦伯并不认为人民决策的肤浅性必然会由于多添加一些选择项而消除。首先,(在某种程度上)大众民主的选举竞争**并非为**实质性问题而交战,而是为了情绪性的和非实质性的诉求而交战,所以,结果很难说是表达了关于政体应当如何治理的明确意义。② 其次,大众民主的平民政治特征还隐含在这一事实中:在韦伯看来,选举胜利通常指明的是,并非人民意志在特定方向上的彰显,而是成功政治家及他/她的政党机器的优异首创精神。在平民政治论的境况条件下,"并非政治上被动的'平民'产生领导者,而是政治领导者召集他的追随者并通过'煽动民众'而赢得平民的支持。即便在最民主的国家中也是如此。"③ 在此,重要的是要指出:韦伯对平民政治式领导者民主的辩护是诉诸高度含混的术语"自我选举的平民领导者"(selbstgewählten Vertrauensmann der Massen),这个词要么表达人民有选举其领导者的权利,要么(与韦伯对平民政治民主的阐述明显更为符合),表达领导者是某个自我选举的人:这样的人与官僚或贵族不同,乃是通过自己的规划、首创精神、努力以及领导与指导政治机器的能力赢得官职的。④

照此定义,平民政治论的韦伯式观念与传统的代议制民主几无相同之处(后者认为人民对于塑造公共生活的实质性决策有着间接的但却强有力的控

---

① 故而,正如我在第一章中提到的,韦伯将平民政治式领导者民主说成在人民自我统治这一纯粹表面性因素的隐藏之下:"平民政治式民主——最重要的"领袖民主[Führerdemokratie]"类型——在其真实含义上其实是一种超凡魅力统治,它将自己隐藏在另外一种合法性形式之下——即源于被统治者的意志并且完全依靠它才得以维系"(同上,268-269)。《经济与社会》382 页。
② 同上,1129-1130.《经济与社会》1282。
③ Max Weber, "Parliament and Government in Germany," in Peter Lassman and Ronald Speirs, eds., *Political Writings* (Cambridge: Cambridge University Press, 1994), 228。《经济与社会》1626。
④ Max Weber, "The President of the Reich," in Lassman and Speirs, *Political Writings*, 304-305.

第五章 马克斯·韦伯对民众权力的重塑及其成问题的遗产　　161

制），而且与罗马平民政治民主也不一样（后者通过经常性的全民公决而使人民直接参与到立法之中）。① 然而，韦伯对**平民政治论**的描述确实十分接近于后来的民主理论家的看法，对于这些人来说，这个词是虚假的或者虚幻的民主制的简称，在这样的政体中，大众领导者及其政治机器的宣传与宏大景观损害了来自广大公民的商谈和真正参与式的贡献。② 确实，（韦伯意义上的）大众民主政治的一个后果是：领导者不受其选民们对其行为的限制，或者至少比19世纪以来的民主理想主义者所认为的限制要少得多。一位平民政治领导者追求他自己的实质性议程，而非人民的议程，并因此拥有异乎寻常巨大的独立决策权威。平民政治领导者"感到自己只对自己负责，而且，只要自己能成功赢得［人民的］信任，他就会按照自己的判断行事，因此也就不会像一位当选官员那样行事，即不会遵从作为当选官员主人的选举人公开表达的或假定的意志。"③ 虽然韦伯不认为民主领导者会完全不负责任，但是他认为人民并不是这一制约的来源。④ 主流的民主理论认为选举（与公共意见一道）是人民（在不同程度上）控制与指导实际担任官职的代表们的关键措施，但是在韦伯的平民政治论模式中，公共意见与选举都被视为成功领袖所造成的结果，而非其原因与正当性证明。

将"领导者"与"平民政治论"两个元素放到一起看，那么，韦伯的"平民政治式领导者民主"概念便是一种聚焦于超凡魅力领导者的培养的民主理论，这些领导者在完成自己的政治任务时，只是表面上注意到那些在形

---

① 韦伯对平民政治式领导者民主的提议中确实包括了全民投票和罢免，不过他认为这些方式发挥的作用并不大，因为它们很少发生，而且总是趋向于非理性。比如参看 Weber, "Parliament and Government in Germany," 226–227。
② 对平民政治论的这种理解的一个经典阐述，可以参看 Jürgen Habermas, *Structural Transformation of the Public Sphere: An Inquiry into the Category of Bourgeois Society*, trans. Thomas Burger (Cambridge, Mass.: MIT Press, 1989), 66–67, 201, 207, 217–218. 也可以参看 Bruce Ackerman and James Fishkin, "Deliberation Day," *Journal of Political Philosophy* 10 (2002): 151; Anthony G. Wilhelm, *Democracy in the Digital Age: Challenges to Political Life in Cyberspace* (New York: Routledge, 2000), 45; John C. Ranney, "Do the Polls Serve Democracy?" *Public Opinion Quarterly* 10 (1946): 350。
③ Max Weber, *Wirtschaft und Gesellschaft: Grundriss der Verstehenden Soziologie*, ed. Johannes Winckelmann (Tübingen: Mohr, 1956), 558。
④ 毋宁说，议会、独立司法机构、行政科层体制以及接受基本人权的政治文化，将提供这样的约束。

式上选举了他们的广大民众的价值、关切和意见。① 毫不奇怪,(如此构思的)这个理论没有引起当代民主理论家足够的注意,而且受到了几乎所有韦伯研究者的批评。最为刻薄的批评说韦伯的民主理论是一种原始集权主义,实际上有助于德国国家社会主义的出现。② 如果说这样的批评(因为种种理由)是过分的和不公平的,那么更可理解的是如下这种常见的抱怨:平民政治式领导者民主虽然不一定必然是法西斯的或反自由的,但是它实在不是一种民主理论。人们可以在许多评论者那里反复发现这一反驳意见:韦伯的政治理论缺乏对民众权力的正面阐述,尤其是,它将民主表现为这样一种模式,在其中,人民没有任何能力参与那些支配公共生活行为的规范、法律和政策的表述与批准。③ 比山姆(Beetham)(他对韦伯的研究仍然是最为权威的)的如下话语概括了通常看法:"这一民主阐述的独特之处乃是,……它根本就没有提及民主的**价值**,更别说认为它们值得追求了。"尽管韦伯支持民主的基本机制,比如独立议会和领导者的直选,但是他的政府理论"不能被称为一种**民主**理论,因为他在证明这样的政府制度形式时并不诉诸公认的民主价值,比如增进人民对统治者试图制定的政策的影响。"所以,比山姆这么说韦伯:"他所说的强大领导者通过——一种完全非民主的——民主制

---

① 韦伯有时支持民主化是为了一些地方性的、偶然的原因——比如,如果拒绝了投票或是普遍投票权,那么对第一次世界大战中战斗和牺牲的德国公民大众是不恰当的和不明智的,而由此产生的大众政党将会削弱普鲁士贵族制的政治权力,后者在德国的领导权为韦伯所眷视。不过,位于韦伯对平民政治式领导者民主的合法性证明的核心之处的是这一期望:这样的政体可以产生具有力量、远见及责任感的超凡魅力领导者。比如参看 Weber, *Economy and Society*, 1449–1453; Weber, "The President of the Reich," 304; Max Weber, "Politics as a Vocation," in Gerth and Mills, *From Max Weber*, 113–114。

② 比如参看 Kurt Becker, "Der Römische Cäsar mit Christi Seele": *Max Weber's Charisma-Konzept* (Frankfurt am Main: P. Lang, 1988)。不过,正如许多评论家指出的,这样的关联相当不公平。韦伯先于法西斯的崛起。他宣称自己是一位自由主义者。比如参看他给 Lujo Bretano 的信(February 20, 1893), in Eduard Baumgarten, ed., *Max Weber: Werk und Person* (Tübingen: Mohr, 1964), 85。韦伯还论证说"如果认为现今的我们(即便是我们当中最保守的人)可以不依靠'人权'时代之后取得的这些成就来生活,那就是自欺欺人了"。Max Weber, *Gesammelte Politische Schriften*, ed. Johannes Winckelmann (Tübingen: Mohr, 1971), 312; 引用和翻译者为 Karl Loewenstein, *Max Weber's Political Ideas in the Perspective of Our Time* (Amherst: University of Massachusetts Press, 1966), 23。

③ 参看 Georg Lukács, *Die Zerstörung der Vernunft* (Berlin: Aufbau-Verlag, 1954), 488; Mommsen, *Max Weber and German Politics*, 395。

第五章 马克斯·韦伯对民众权力的重塑及其成问题的遗产

概念获得合法性证明"。①

与这种普遍流行的并且不屑一顾的看法不同，我认为我们应该将韦伯的平民政治式领导者民主理解为不是旨在抛弃民众权力而是旨在对之进行重塑。这一普遍流行看法——平民政治式领导者民主没有对民众权力进行正面阐释——只有在为人熟知的**民众权力的声音范式**之下才有意义：这种范式假设民众权力指的是这样一种权威性能力——对公共生活的规范和境况条件进行自我立法，或者至少指的是政治领导者应当做出某种决策以表达实质性意见、价值与偏好。如果民众权力要按照这种声音的、立法的模式来理解，那么韦伯的"平民政治式领导者民主"作为真正的民主理论当然不够格，因为它明显贬低了人民表达意见、制定法规以及（简而言之）参与关乎国家前途的实质性决策的能力。

不过，有三个理由将平民政治式领导者民主作为挑战这一声音范式的、并且（进而）指出了在现代、大众代议制民主的境况条件下重新考虑民众权力概念的可能性。第一，韦伯让人们注意到与较早的小规模民主不同的20世纪大众民主的道德独特性，他论证说，大众民主"具有不同的义务并（因此）拥有其他的文化可能性"。② 虽然韦伯明显认为这些新义务和可能性的一部分与领导者形象相关，并且与能够在全球舞台上从事世界－历史性活动的强大民族国家的出现相关，但是他的表述——用"真正民主的守护神"和"民主的大宪章"这样的**流行**术语描述他的关于平民政治式领导者民主的提议——表明了人民与韦伯所思考的政治伦理重建发生了关联。③ 第二，即便韦伯所支持的民主化只是作为选出具有超凡魅力品性的领导者的手段，但是在这种姿态中所蕴含的民众权力的工具性指明了一种真实的——虽然未展开和非正统的——人民概念。也就是说，如果"人民"是一个完全无用的角色，韦伯就没有理由支持将大众（至少在形式上）引入政治生活的那些机制了。④ 真

---

① David Beetham, *Max Weber and the Theory of Modern Politics* (London: Allen and Unwin, 1974), 112, 101–102, 239.
② Max Weber, "Between Two Laws," in Lassman and Speirs, eds., *Political Writings*, 75.
③ Weber, "The President of the Reich," 308.
④ 在其生活的最后十年里，韦伯坚决支持各种民主机制，比如普选、民主选举的和自由的议会、国家行政领导者的直选。他偶尔也会作为政治倡议者写作，此时他就会强有力地论证这些制度对德国在伦理上和实用上的必要性。还有，韦伯也参与了魏玛宪法的起草，它制度化了战后德国的民主；而且韦伯自己也参与了民主党，并且几乎在议会中担当它的代表。

正需要的乃是去理解平民政治式领导者民主中的民众权力的本质，而非因为它违背了对应当状况的"通常"理解就主张这样的权力不存在。

最后，事实上最为重要的是，如果将韦伯所设定的平民政治式领导者民主的目标——**超凡魅力**领袖的产生——视为与民众权力完全对立的东西，那就错了。那些将韦伯作为民主理论家的批评者都未意识到：韦伯在思考民主时所关注的超凡魅力并非如人们通常所认为的那样是一个严格个人化或人格化的品性，（事实上）它是一种**关系性**概念，它指的是超凡魅力领导者和**超凡魅力共同体**之间互动的一种模式，领导者必须在共同体面前出现，并且超凡魅力只能通过共同体得到检验和生产。① 与其他形式的权威不同，超凡魅力型权威取决于大众追随者的赢得和维系，他们（至少）观看和接受具有超凡魅力的个人。韦伯拒斥了一个超凡魅力个体却没有追随者这种可能性，将之视为在社会学上无意义的。因此，当韦伯思考个人的超凡魅力时，获得人民认可的能力就是一个评判性标准："如果［领导者的］使命没有被那些他感到自己被指派去领导的人所承认，那么他声称拥有超凡魅力的自我主张就会失败。如果他们承认了他，他就是他们的主人——只要他知道如何通过'证明'自身来维系这一承认"。② 超凡魅力型权威的这一必要条件——依赖于人民（或超凡魅力共同体）对领袖的**承认**——表明：在超凡魅力概念内部毕竟蕴含了一种民众权力规范。当然，任何试图具体说出这究竟是何种权力的努力，立即会面对这样一个反驳：韦伯总是主张，大众对超凡魅力领导者支持的仅仅是形式的和虚幻的本质——这一事实似乎抹杀了大众承认这一标准的关键意义。毕竟，正如我们已经说过的，与其说人民**选择**超凡魅力领导者，倒不如说承认他/她。宗教创始人和圣经先知之所以会有纯粹型超凡魅力，这是因为超凡魅力的现象学是这样发挥作用的：它会给予大量日常观看者以某种惊奇的和魔幻的印象——因此这本身就已经值得他们关注了。所

---

① 不过，林德霍姆（Lindholm）确实看重超凡魅力的这一关系性方面："与物理性特征不同，超凡魅力仅仅出现在与其他欠缺超凡魅力的人的互动之中。换句话说，即便超凡魅力被视为内在于某个个体的，一个人无法与世隔绝地展示这一品性。只有在与那些受这种魅力影响的人的互动中，这种魅力才会显现出来。超凡魅力首先是一种**关系**，一种领导者与追随者的内在自我之间的相互融合……因此，对超凡魅力的理解不仅蕴含了对超凡魅力者的品格的研究，以及对某些易受超凡魅力影响的特殊个体的心性的研究，而且也要分析领导者和追随者在团体中进行互动的动力机制。Charles Lindholm, *Charisma* (Cambridge, Mass.: Blackwell, 1990), 7。

② Weber, "Sociology of Charismatic Authority," 246.

以，韦伯在写到纯粹超凡魅力的拥有者时说："他并不是用选举的方式从[超凡魅力共同体的]意志中获得自己的权利。情况恰恰相反：对于那些超凡魅力拥有者对之发表演说宣传其使命的人来说，他们有**责任**承认他是具有超凡魅力领袖。"① 平民政治式领导者民主中的现代民主领导者之所以是制造出来的超凡魅力，是因为人民的承认虽然是构成性的、而非仅仅反映了领导者的超凡魅力权威，但依然不是一种自主选择——这倒不是因为大众对领导者的支持是一种责任，而是因为通过这种支持而取得的平民政治的状况恰恰意味着：领导者取得选举的成功并非基于真正的人民判断之上，而是（正相反）源自宣传和政治机器的有效运作。②

不过，超凡魅力共同体对于超凡魅力领导者的承认并不仅仅（或是主要地）采取这种实际展示支持的积极形式。韦伯区分了承认的积极形式和消极形式，后者的特点并非对某些选择或决定的声音性表达，而是一种以观众的方式出现的被动接受性。③ 正是这种承认的消极形式——观众对出现在公共舞台上的个人的**关注**——才是构成领导者的超凡魅力权威的最重要的构成性因素，而且是人民（超凡魅力共同体）对领导者行使现实权力的关键机制。大众承认的必要条件并非超凡魅力领导者必须倾听和服从大众**声音**的要求，而是他们要在公共凝视下出场、经历和承受。正如韦伯在他对圣经先知的纯粹型超凡魅力和在平民政治式领导者民主中民主领导者的制造型超凡魅力的分析中所指明的，以及正如我在本章接下来的篇幅中将详细阐述的，个别领导者的超凡魅力资质依赖于其**维系观众**的能力。它有三个方面的含义：在领导者指引下使观众生活繁荣；做一切能够获胜和保持观众关注的事情；以及最为关键的，忍受公众凝视的监督——即在没有讲稿和排演的情况下坦诚地出现在公众面前。如果这三方面的含义的第一条提示的是一种关于民众权力的熟悉的、声音式的、立法式的本体论（人民被理解为拥有实质性需求者，而领导者努力在政府政策的立法输出中实现这些需求）的话，那么后两点指向的是一种全新的民众权力概念，它**不是要达成某些立法和政策结果**，而是

---

① Weber, "Sociology of Charismatic Authority," 246-247。亦可参见 Weber, *Economy and Society*, 242。
② 所以，即便韦伯在民主方向上讨论超凡魅力的常规化时，依然大体上将超凡魅力与选举放在对立面上。如果人民参与到真正反映其意志的选举中，那么超凡魅力成分就会丧失，而我们讨论的那种权威就会接近于法治-理性型权威（*Economy and Society*, 218, 267, 293）。
③ Weber, "Sociology of Charismatic Authority," 249.

在控制那些大权在握的领导者在人民之眼的注视下出场的境况条件中，实现人民的目光型力量。

总之，尽管韦伯有时会用高度理想主义的词语描述大众民主，他终究还是支持将人民引入政治的那些政治机制；他的超凡魅力观表明了一种建基于超凡魅力团体的目光式权力之上的新型民众权力观——这些都表明，平民政治式领导者民主并非破坏**任何**民众权力的公认观念，而是超出**特殊**的、传统的民众权力范型（声音的、立法的范型），走向一种超凡魅力共同体（而非）超凡魅力领袖得到赋权的那种对民众权力的全新诠释。换句话说，我将论证，韦伯的民主理论邀请我们重新思考大众民主的境况条件下民众权力的本质。

提出这一主张——即将韦伯解释为一位重塑民众权力的意义的理论家，我并非是要否认韦伯对民主的首要兴趣是领袖而非人民。不过，我想要提出的是，韦伯将民主作为超凡魅力-生产的体制这一新颖理解中所暗含的是一个同样新颖的民众赋权的理论，尽管它在韦伯的著述中并未得到充分发展，但它依然是其思想中一个有价值的和富于创造力的因素，使得韦伯可以对今天的民主进步改革者产生有益影响。所以，下面将要阐述的，既可以说是我自己对韦伯著作中基本上处于隐藏状态的伦理种子的发展，也可以说是对韦伯关于大众民主的意义的明晰论证的一个呈现。

为了领会韦伯的平民政治式领导者民主理论中所蕴含的创新型民众权力概念，我将不仅从其自身的角度讨论这一理论，而且与我在第三章中所讨论的传统的、至今仍占主导地位的声音模式作比较。平民政治型领导者民主可以用三个与此模式（声音模式）相对的**转变**来加以理解：即民主中赋予民众权力的**对象**、**器具**和**评判性理想**的转变。

5.3 民众权力的对象发生了转变：从法律到领导者

民主理论的惯常进路（正如我在第三章中详细论述的）是：认为领导者的选举（日常公民集体拥有的一种决策时刻）可以转换为对政府法律和政策的内容的决定，然而，韦伯并不认为普选、大众选举、公众意见能够赋予人民至高无上的权力去（即便是间接地）决定公共生活的规则和境况条件。然而，如果说韦伯对人民能力的不信任（他并不认为人民能够有效地影响实质性法律和政策）让他看起来像是一个所谓的精英理论家［如帕累托（Pareto），莫思卡（Mosca）和米歇尔斯（Michels）等人，他们不认为未被选举的多数人能够控制政治精英的决策］的话，那么韦伯与这些精英理论家的不同之处在于，他仍然主张民众权力能够在大众民主中发挥重要的作用：虽然它并不能决定决策的内容，但是它能够决定被授权做出政治决策的精英们的**性格**。民众权力的对象是领导者，而非法律。

对于韦伯来说，人民无法对政治体的法律、政策以及整体方向产生严肃的影响，这是大众民主无法逃避的社会学事实。首先，作为科层制的研究者的韦伯强烈地意识到：现代的、工业化的、行政管理的国家的复杂性意味着许多规则只能够由受过专门训练的专业官僚来决定，而不能够由形成意见和意志的民主进程来决定。① 再者，韦伯主张：在快速变化和发展的现代背景之下——突然发生的经济危机、不可预见的战争和冲突、需要立即回应的内部不稳定、需要管控的新技术的崛起——政治决策将总要面对众多新的和意想不到的问题，而对于这种境况条件来说，不可能有预先存在的人民意志。并且，韦伯认为，选举（就其自身而言）所能提供的选择毕竟太过罕见，其所提供的那些将当选之人的决策与（作为基础的）选民的价值、偏好和意见联系起来的选择，也太有限，且极为肤浅。② 那些更积极的问责机制因为很少会被用到（例如，罢免）或者因为太容易被操纵和非理性化（例如，全民投票），而无法为大众提供真正的自我立法机制。③ 此外，在韦伯看来，大多数普通公民都是被动的、没有明确的政治承诺，因而倾向于接受政治精英们所规定的议程和讨论问题的框架。④ 大众政党的崛起只会加深人民与立法决策的鸿沟，因为政党政治迫使政治活跃分子明白：他们的头等大事是要为他们工作的政党机器服务，而非参与到自由和独立的决策之中。⑤

---

① 例如，可见 Weber, "Parliament and Government in Germany," 225 – 226 中所述："在一个大众国家中，纯粹平民政治式民主的独特手段——即，全民直选和公民复决，以及（尤其是）在官员罢免问题上进行的全民复决——完全不适用于选择**专门化**官员或者评判他们的表现的任务……选举专门化官员与选举政治领导者是截然不同的**两码事**。"《经济与社会》1624 – 1625。
② Weber, *Economy and Society*, 1128.
③ Ibid.,
④ 参看 Weber, "Politics as a Vocation," 83 – 84。
⑤ 因此，韦伯主张："在今天的任何一个地方，甚至包括英国，都不可能是议会本身在统治和决策。大量的代表只能作为唯一领导者或者（组成政府的）少数领导者的追随者来发挥作用，而只要这些领导者获得成功，他们就会盲目地追随。**这也应当如此**。"（Weber, *Economy and Society*, 1414；亦可参看 289 – 292, 1128）中译本 1583。

正因为这些原因,韦伯并没有跟从民主理论的主流观点去主张选举(与公众意见)是评判性机制,人民通过它们控制并且指导实际任职的代表们。在韦伯的模式中,人民并没有控制候选人的立法权力。① 鉴于这些观点和分析,很容易将韦伯看作一位精英理论家(与帕累托、莫思卡、米歇尔斯一样),这些精英理论家将所有的政体区分为两部分:掌握决策权力的得到良好组织的少数派精英,和没有任何真正政治权力的未经组织的大众。但是,对于这些精英理论家来说,这一区分的必然性导致了两个主张——民主是虚幻的而非真实的,② 以及人民注定无法从政治生活中获得任何形式的赋权③。对于韦伯来说,他的政治社会学的微妙之处和他对魏玛提出的民主进步论,会让他不同意上述结论。

韦伯区分了三种完全不同的精英——贵族、官僚和政治家,而且他希望在现代社会的境况条件中寻找到三者之间关系的切实可行的平衡。尽管韦伯是有活力的贵族制(例如19世纪之前在英国和德国的那种贵族制)的仰慕者,但是他认为:到了20世纪,真正贵族制已经不再可能,这一状况在德国尤为明显,因为那些依靠传统来获得权威性的德国领导者在第一次世界大战中表现得不负责任和笨拙无能。并且,尽管韦伯认识到科层制是一种强有力的行政管理机制并且是现代政治的本质的和长期的特征,但是他确信:这种制度已经超出了其合适的边界并将其霸权强加给现代国家。因此,韦伯转向将**政治家**作为一种能够承担责任并且能够驯服过于膨胀的科层制机器的精

---

① 参看 Weber, *Wirtschaft und Gesellschaft*, 558。
② 例如,参见米歇尔斯的文章"iron law of oligarchy",特别是他的如下主张:正是大众政党积极追求民主,反而产生了增强等级政治结构的组织。Robert Michels, *Political Parties: A Sociological Study of Oligarchical Tendencies of Modern Democracy* (Gloucester, Mass.: P. Smith, 1978), viii. 同样,莫思卡(特别是在他的早期作品中)对民主的独特性表达了贬低:"在其他政府形式中发生的事情——即,得到良好组织的少数人将其意志强加给未经组织的多数人——也在代议制系统中发生并达到了极致,虽然表面上看起来正相反。"Gaetano Mosca, *The Ruling Class*, trans. Hannah D. Kahn (New York: McGraw-Hill, 1967), 154. 帕累托也最小化了民主制度所造成的差异,并且因此将现代民主与它本应当替代的封建秩序相关联:"'民主的'国家可以被定义为一种(主要是经济上的)封建主义,并且,在这种制度中统治的主要工具是对政治跟随者的操纵,中世纪的军事上的资本主义则体现在臣属地位上"。Vilfredo Pareto, *Mind and Society: A Treatise on General Sociology* (New York: Dover, 1935), 1422-1432, 1568-1592。
③ 尤其是对于莫思卡和帕累托来说,存在着一种关于自然精英类型的观念,凭借其拥有更多更优秀的天赋和政治专门知识,他们垄断了所有权力并且把数量巨大的非精英当成工具。例如,可见 Mosca, Ruling Class, 50。

英。在优秀政治领袖的率领下,科层制将会被用于追求国家性的计划、非经济的实质性价值和更高的目标。

正是这一分析,不但使韦伯没有启用过于简单的精英与民众二分法,而且让他主张一种与大众民主持续相关的(尽管非正统的)民众权力观念。① 韦伯想说的是:政府形式对他来说并非关键性问题;他会支持能够生产出他所期望培养的那种政治家的任何一种政治制度。② 但是,事实是:除了民主制度之外,韦伯从未思考过其他方法来生产超凡魅力领袖型的政治家。将更广泛的民众引入政治生活中——通过选举、普遍的投票权和大众政党——是赋权和培养那些能够将超凡魅力因素注入现代大众社会的政治家的唯一可能方式。

因此,精英理论家认为因为人民并没有立法权力,所以是没有被赋予权力的,而韦伯则认识到:人民拥有能够生产出超凡魅力领袖型民主政治家的工具性的(却又不可或缺的)权力。这意味着韦伯主张民众权力可以作为大众民主中的一种现实力量——只是其作用的场地发生了转变:它不再在法律领域中实现自身(如传统民主意识形态所认为的那样),而是以被赋权去统治的精英们的品格为对象。民主政体生产出了这样一种领导者——准超凡魅力型的领导者,而其他类型的政体则生产出了其他版本的领导者。换句话说,韦伯的重要建议是:大众民主的人民主要起到的作用是规训和决定那些掌权之人的个性特质,而不是发出声音和指定哪些利益、意见和价值应当在政府决策这一出口中得到代表。

5.4 民众权力的器具发生了转变:从决策到注视

将民众权力的对象重新定位在领导者而非法律上,是异乎寻常的,但是在政治理论中并非完全没有先例。有一条重要的共和思想传统[历经亚里士

---

① 因此,韦伯批评米歇尔斯道:"在你的著作中,'统治'这个**概念**并没有得到清晰阐释。你对(它)的分析太过简单了"。引自 Lawrence Scaff, *Fleeing the Iron Cage*: *Culture, Politics, and Modernity in the Thought of Max Weber* (Berkeley: University of California Press, 1989), 155。
② 因此,韦伯在一封私人信件中写道:"政府的形式对我来说都一样,只要政治家能够统治国家而不是像威廉二世这类半吊子的人瞎混就可以了……就我而言,政府的形式是像其他机器一样,是纯技术性的东西。" Letter to Ehrenberg, July 16, 1917; trans. Mommsen, *Max Weber and German Politics*, 396。

多德、马基雅维利、奎恰迪尼（Guicciardini）、哈林顿（Harrington）、孟德斯鸠］强调人民的独特判断能力，特别是对个人是否具有潜在领导者的优点的判断能力。① 在这一传统中，将人民包含在政体中的一个好处是：更多有真才实学的领导者会被选择。此外，孟德斯鸠相信人民对领袖的判断，但是与此同时，他对人民的立法能力则十分轻蔑。我们可以发现孟德斯鸠对民众权力的理解大致类似于韦伯，他将民众权力作为规训领袖而非决定法律的力量。② 然而，这种历史联系的弱点需要被充分认识。最为重要的是，人民生产典范性领袖所依赖的机制有着至关重要的不同。对于共和主义理论家来说，正是人民的集体**判断**——人民的声音以自主**选择**谁应当领导的方式表达自身——影响了领袖的选择。按照这一传统，人民（作为集体的人民）对领导者的优点有**洞察力**。按照马基雅维利的说法："想要深入了解人民的本质，那么他需要成为君主；而想要深入了解君主的本质，那么他需要作为人民的一员。"③

相比之下，韦伯对于大众民主的分析继续削弱了以声音机制（或者与此类似的观念：商议性判断、选择、表达性或洞察力）为形式的民众权力概念。韦伯挑战了传统民主的人民清晰表达能力之原则：即人民可以使用选举、公众意见以及其他方式对特定政治决策表达出一致的和清晰的看法。与这一传统观点有所不同，韦伯不仅怀疑人民的偏好、意见和价值是否能够左右政府领导者的决策，而且质疑所有将人民理解为"清晰表达的意见"的看法。这也就是说，韦伯反对那古老的格言——人民的声音就是神的声音（vox populi, vox dei），不仅因为他认识到：在大众民主中，人民的权力并非

---

① Francesco Guicciardini, "*Del modo dieleggere gli uffici nel Consiglio Grande*," in Dialogo e Discoursi del Reggimento di Firenze (Bari: G. Laterza, 1932), 178 – 179; James Harrington, *The Prerogative of Popular Government*, in J. G. A. Pocock, ed., *The Political Works of James Harrington* (Cambridge: Cambridge University Press, 1977), 477; Harrington, *Oceania*, in Pocock, *Political Works of James Harrington*, 172; Montesquieu, *The Spirit of the Laws*, trans. Anne M. Cohler, Basia Carolyn Miller, and Harold Samuel Stone (Cambridge: Cambridge University Press, 1989), 2.2; 12.

② Montesquieu, *Spirit of the Laws*, 11.6; 160: "大多数古代的共和国有一个重大的缺陷：人民有权力对行动做出决议，而决议需要一些技巧，这些东西完全超出了人民的能力。**除了选择他们的代表，人民不应该进入政府**；这完全在他们的能力所及之内"（强调之处为本书作者所加）。参看《论法的精神》中译本，张雁深译，北京：商务印书馆，1995 年，159 页，译文有改动。

③ Niccolò Machiavelli, *The Prince*, trans. Harvey C. Mansfield (Chicago: University of Chicago Press, 1998), 4。参看《君主论》中译本，潘汉典译，北京：商务印书馆，1986 年，第 2 页，译文有改动。

第五章　马克斯·韦伯对民众权力的重塑及其成问题的遗产　　171

神圣的（而是在很多方面要服从政治精英和他们所控制的组织的政治决策），而且还因为他挑战了民众权力的声音本体论的适用性，这种声音本体论将可能存在的民众权力定义为一种表现性力量，在关于什么应当做和谁应当统治的实质性决策中实现自身。我们已经看到：选民在现代的、大众代议式民主社会中定期做的一个决策——对领袖的选择——被韦伯所解构，他认为它缺乏主动性、自主性，并非真实的选择。这是以激进的方式体现了拒绝用意志来设想某种权力的一般方式，即将其设想为一种表达性声音，召唤在具体事务和问题上采取特定的行动。① 这并非单纯因为选民很少能够参与到正式的决策之中，所以不宜将民众权力以决策的形式进行解读，而是因为选民实际上所做的那些决策通常在表达性上受到高度限制。二选性结构使大众决策机制的作用十分有限，以及这些决策的程序条件通常是从上而下规定的，这两者（对于韦伯来说）意味着：如果将人民决策的偶然展现看成真的表明人民声音是一种表达性的和自治的主体，那就错了。② 正是这些困难让韦伯提出了一个一般性悖论，即人民本应用来表达其决策的那些机制——召回、选举、全民复决——在实行中却强化了相对于大众选民的普通公民的境况条件，巩固了组织良好的政治团体（如利益团体和大众政党）的更大影响。或者，如韦伯所说的："让代表从属于选民意志的所有努力从长远看来都只能产生一种结果：它们增强了政党组织（而非选民）的优势地位，因为只有政党组织能够动员人民。灵活多变的议会机器的实用利益与代表们和党务工作者的权力利益在如下这一点上不谋而合：它们都倾向于将代表看作选民的

---

① 因此，在一封经常被引用的致米歇尔斯的信中，韦伯打消了他对于人民意志如何以某种方式被重新发现的疑虑："噢！你还要面对多少辞呈啊！类似'民意'、人民的真正意志这样的观念对我来说在很多年前已经不存在了；它们是虚构出来的东西。" Letter to Michels, August 4, 1908; trans. Mommsen, *Max Weber and German Politics*, 395。

② 韦伯对民众权力的声音本体论的批判的关键之处在于：他主张，人民表达的大多数例子——例如偶尔的公民复决和罢免——将会局限于一个二选式（同意-反对）的、限制他们的表达性、合理性和有用性的结构。见 Weber, "Parliament and Government in Germany," 226-227; Weber, *Economy and Society*, 1455。如果说韦伯对民众权力的声音本体论的总体批判并没有得到他去世后一个世纪中大多政治科学家的认同，那么韦伯对于公民复决的怀疑实际上被许多现代的观察者反复重提，包括那些致力于人民自治这一观念的政治科学家。例如，可见 David S. Broder, *Democracy Derailed: The Initiative Campaign and the Power of Money* (New York: Harcourt, 2000); Richard J. Ellis, *Democratic Delusions: The Initiative Process in America* (Lawrence: University Press of Kansas, 2002)。

'主人'而非仆从"。①

韦伯对民众权力的声音本体论的驳斥引出了在平民政治式领导者民主中民众权力的机制这个根本性问题。如果人民对于超凡魅力型领导者的产生是必不可少的,但是却无法通过表达性的选举决策来为这一进程有所贡献,那么人民的工具性权力怎么生成超凡魅力的领袖呢?如果不是通过作为选民在选举日的选择的话,那么将人民引入平民政治之中、让其成为生成超凡魅力领袖所不可或缺的资源,意义又在哪里?

对韦伯在民主制度中制造超凡魅力的理论进行进一步考察之后,答案浮现了出来:人民通过**公共凝视**的规训性权力,而非通过公共声音的表达性、决策性、命令式权力来对超凡魅力型权威的生产做出贡献。在诉诸"公共凝视的规训性力量"时,我想要表达的是大致类似于福柯的观念:规训性权力作为一种目光式力量,它的主要功能是去训练和塑造个体,而非做出决策或征税或领导军队。按照福柯的说法,规训性权力通过主体的"强制性可见(compulsory visibility)"来发挥作用。通过类似于等级式观察(hierarchical observation)(在其中,观察者隐藏起来不让监视对象发现)和检审(在其中,在观察的同时还对对象进行探索和实验)这样的机制,规训性凝视甚至并没有强迫就形成了一种特殊的性格类型——在福柯的例子中,即现代工业社会的驯顺和生产性的劳动者。而且,并非通过言语式的命令,而是通过目光式的要求和强迫,就达成了这种性格形成:"规训的发挥作用以一种借助于观察而实施强制的机制为前提;在这样的机制体系中,造成观看的技术带来了权力的效果;反之,强制性手段则让被强制者变得清晰可见。"②

尽管两者并不一致,但是韦伯的平民政治式领导者民主的民众权力的功能,在某些方面确实类似于福柯的规训性权力概念。③ 韦伯反复强调:民主

---

① Weber, *Economy and Society*, 1128. 中译本 1280 – 1281。
② Michel Foucault, *Discipline and Punish*: *The Birth of the Prison*, trans. Alan Sheridan (New York: Pantheon, 1977), 170 – 171, 187. 参看《规训与惩罚》中译本,刘北成、杨远婴译,北京:生活·读书·新知三联书店,1999 年,第 194 页。
③ 然而,有两个主要的差异。第一,福柯将国家理解为规训性权力的**观察者**,而在韦伯的模式中,国家——或至少是拥有巨大权力的作为个体的政治领导者与官员——是**被观察的**。对于韦伯来说,人民——不是医生、教师或者监狱长——用规训性凝视进行监视和调查。Thomas Mathiesen 探讨了这种不同的规训进程,即在肯定福柯自己强调的是少数人观看多数人的能力的同时,辅之以多数人观看少数人的能力。Thomas Mathiesen, "The Viewer Society: Michel Foucault's 'Panopticon' Revisited," *Theoretical Criminology* 1 (1997): 215 – 234。第二,如果对于福柯来说,规训性凝视产生了驯顺,那么在韦伯的例子中,人民的凝视则产生了截然不同的、几乎完全对立的个人特性——超凡魅力。

第五章 马克斯·韦伯对民众权力的重塑及其成问题的遗产

化主要是通过领袖的训练——个人特征的实际塑造和培养——来生成超凡魅力型权威,而非选择已经胜任的候选人,或者设置一个职位(例如总统职位),其光环会自动赋予担任这个职位的人以超凡魅力身份。① 此外,如果我们再次考虑一下韦伯期望在大众民主中由政治家实现的三种独特的超凡魅力特征——通过斗争来不断证明优点、对新规则和价值的创造性阐释以及个人负责,我们就会发现:人民对生成这些品质的贡献并非通过决策的声音进程,而是恰恰在于其作为大众观众集体地观看和倾听出现在公共舞台上的政治候选人。

第一,正如之前所说的,平民政治式民主领导者是某个能够在斗争中持续不断地自我证明的人。但是,人民如何对这种斗争教育做出贡献?当然,作为选票——在选举竞赛中获胜的奖项——的持有者,人民是让权力竞赛在大众民主中得以可能的条件。然而,如果用投票来理解人民的特殊贡献,那就大错特错了。韦伯最初中意议会系统,但却在后来表示反对。在议会系统中,议员们为了**议会中**最高席位的竞争是超凡魅力型领袖的训练场地。毕竟,议会系统的特点是:希望当领导的人为了投票和其他声音式支持而斗争。在他生命的最后几年,韦伯之所以反对这一议会系统,是因为感到它并不足以检测和训练未来的领导者。于是,他转而提出平民政治式领导者民主的主张,在其中,政治家直接竞争以获得平民选民的支持。让这场争取人民支持的竞赛变成为一场真正的斗争,并因此比竞争议会支持对领袖更有教育意义的东西,并非竞赛的终极目标(在两个例子中,未来领导者的目标是一样的:获得大多数选票),而是赢得人民支持这一驱动力势必伴随着大规模的选战工作。这并不仅仅是一个单纯范围上的差异(在平民政治式民主中,成功的领导者所需要的选票数目要远远超过议会民主中需要获得的几百张

---

① 现代民主政治领袖的超凡魅力的确切本质——以及(特别是)与其他例行化超凡魅力形式的关系——是韦伯的超凡魅力理论最为复杂的特征之一。一方面,经过民主选举的领导者的超凡魅力并非纯粹的,而是制造的。另一方面,与其他制造出来的超凡魅力形式(它们完全将超凡魅力从个人身上转换到他/她所供职的职位之上)不同的是,民主领导者的超凡魅力仍然与个人品质和特点相关。韦伯用一种系统化的方法来处理不同形式的例行化超凡魅力,在大众民主中,民主领导者身上的超凡魅力型权威的生产方式的典型并非职位型超凡魅力,而是**超凡魅力的教育**。虽然真正的超凡魅力并不能够以理性的或者经验的教授方式进行教导,但是它能够被唤醒或检测:"超凡魅力的教育的真正目的是重复再生和发展超凡魅力的品性,并且检测、确证和选择合格的人选"(Weber, *Economy and Society*, 1143;另外可以参看249)。中译本1298页。

票），而是类型上的差异。为了在选举日动员选民，政治领导者及其领导下的竞选组织首要的需求就是获得并维持大众的关注。在平民政治式选举宣传活动中的拉票、宣传、集会等绝大多数政治活动都是要努力去赢得人民的注意力的被动式认可，如果没有这样的认可，则获得选民的明确支持的主动认可是不可能的。在议会中，成员对即将到来的选举保持注意力是理所当然之事。因此，选举斗争——从而妥协和讨价还价——能够按照相当理性的和透明的利益来进行。但是，当大众选民的支持还不确定之时，就必须有先为赢得人民的被动注意力的斗争。韦伯关于民众权力的目光式、规训性概念表明：他并不将选举日——这是现代民主中声音和决策大规模发生的一个正式时刻——看作选举进程的关键性事件。事实上，认为竞选活动优先于选举投票，这是韦伯后期政治思想发展的一个核心。实际选举的结果中的选民正式支持，仅仅是政治竞赛的前提，政治竞赛本身是超凡魅力的真正发生之地。不是实际的选举，而是竞选之前为了获得大众注意和支持的选举宣传**活动**（在选举日之前以及在获得胜利之后对这些事情的主动维持），对领导者的超凡魅力权威的塑造和确证贡献最大。需要强调的是：在选举宣传活动进程中，人民**不**是通过发出声音做贡献，而是通过作为政治事件、募捐、辩论等等的沉默的和被动的观众做出贡献。

第二，在大众民主中，超凡魅力型领导者是阐述并捍卫某个超越了单纯行政性事务的高级目标的人，这样的目标包括世界－历史性使命、捍卫文化以及实质性正义。超凡魅力的领导者将会把激情元素注入政治之中，但是同时会让这激情得到驯服——通过内在平衡以及看到使命实现的实际欲望。①两种元素——激情和节制——将会由如下规范得到促进：成功的政治家需要经常在公开场合出现。一方面，获得和维持人民的注意力，将会激励大众民主中的成功政治家去详细阐述和追求超越单纯行政效率的国家性计划，并因此能够激发更高的目标——老布什贴切地将其称为"愿景（the vision thing）"。另一方面，在大众当中露面会面对不可预测性和压力：平民可能不只对领导者的胜利欢呼庆祝，而且会挑战和证明领导者价值的基础。这意味着：只有有着适度自我控制、沉着冷静和敏锐洞察力的个体才有可能胜任领

---

① 韦伯写道："政治家的决定性心理品质是：他有着用内在专注力和冷静面对压在身上的现实工作的能力。因此，他对事物和人都保持距离"（Weber, "Politics as a Vocation," 115）。译者注：中译本参看《学术与政治》，钱永祥等译，桂林：广西师范大学出版社，2004 年，252 页。

第五章　马克斯·韦伯对民众权力的重塑及其成问题的遗产　　175

袖这个位置。

最后，人民能够迫使大众民主中的政治家承担**责任**。这不是指要求他们决策符合人民自己的偏好和意见，而是指通过将领导者置于前所未有的监视之下，使其不可能否认其行为以及不承认牵扯进入的事件。诚然，韦伯支持那些让政治领导者能够被议会或民众罢免的政策。但是，他并不认为这会是一种常见的程序。然而，应当被常规化的是：那些由于不断被观看而负责任的领导者的兴起。领导者不能够像科层制官僚那样躲藏在模糊的等级制度和不透明的技术知识之中。他们也不能将自身隐藏在君主或者贵族那传统的华丽仪式背后。与这些类型不同，在大众民主中的政治家将会感觉他自身处于严密的监视之下。实际上，人民的凝视创造了一个舞台——这个舞台是一个机制，领导者通过它既得到了提升［被赋予了代表人民说话的权力，或者（至少）直接对人民说话的权力］，却又会受到这种公开出场的境况条件的限制。虽然韦伯知道领导者做出他们自己的决策——并指导政府和从上而下地影响政治议程，但是他还是呼求政府的行政应当受到严格的公共监视（Verwaltungsöffentlichkeit）和检审（Verwaltungskontrolle）。人民的最为独特的和重要的角色并非做决定，而是参与到对政府的不断观察中去（die ständige Verfolgung）。① 正如韦伯期望领导者去领导——在为政治体提供创造性的和独立的指导这个意义上，他也期望跟随者去跟随——在不断地试图弄清楚政治领导者和高级官员的行为这个意义上。尽管民众自主和监督领导的价值并不是相互排斥的，但是韦伯强调两者不同的方面，以及（特别是）为何大众民主更能够满足后者而非前者。

在这每一个方面——斗争的专家、新义务的阐释者以及责任感，人民都通过其目光（而非声音）为超凡魅力的领袖的教育做出了贡献。然而，即使这是正确的，可是如何能够将这一进程当作赋予民众权力的特征呢？韦伯将人民的眼睛看作一种能够生产某种类型领袖的工具，但是这一点本身并不能使如下判断成立：人民依靠其观看者身份而被赋予了权力。然而，韦伯在讨论大众的凝视时，所思考的并不是随便任何种类的观众经验。正如我下面所要讨论的，韦伯认为民主政治家不能控制其公开出场的境况条件。相反，他们应当受到坦诚性这一境况条件的检验。因此，在平民政治式领导者民主中，普通公民不仅将其观看者身份作为塑造超凡魅力领袖的一种工具；而且

---

① Weber, *Economy and Society*, 1456.

他们是某种特权形式的观看的领受者：对在困难和竞争的境况条件下登上公共舞台的领导者进行真实的观察和检审。这样，人民的凝视并不仅仅是工具性的，而是赋予民众权力的器具。

5.5　民众权力的评判性理想发生了转变：从自治到坦诚性

平民政治式领导者民主是否包含了某些评判性的标准——依照它们，那些生活在民主国家当中的理想主义民主派能够继续推动国家在道德上和政治上的发展？一旦自由民主制的基本制度特征如普选权、选举权和平民政党等等已经达成，韦伯是否为民主进步留下任何余地？从对韦伯的超凡魅力理论的分析中可以看到：韦伯反对这些问题的传统答案——人民在民主制中实现了自治，以及民主政体当中的民主进步论因此被定义为设法让民主制度更好地对选民的需求、利益和偏好做出回应。而韦伯对超凡魅力权威的实际案例研究提出了一个新的评判性理想：领导者在公共舞台上出现时的**坦诚性**（即他们不能够控制其公开出场的境况条件）。

韦伯对**现代**平民政治式民主理论所做的最重要贡献就是关于坦诚性的建议。超凡魅力领导者与超凡魅力共同体之间的关系可以从这两方之一出发进行分析。韦伯更倾向于从领导者本身分析，并且检审领导权所包含、所代表的评判性理想；然而，翻转这一优先性并从超凡魅力共同体的视角出发探究超凡魅力权威，也是可行的。正如之前所说的，相对于领导者本人来说，超凡魅力共同体对超凡魅力合法性的生成是同等重要的。如果说领导者的目标是确证自己拥有超凡魅力，那么韦伯提出，超凡魅力共同体所关心的则是：任何确证过程都要通过未来领导者的坦诚出场来实现。因此，让坦诚性变得如此重要的因素并非单纯是：它是韦伯式超凡魅力权威模式中一个根本的、却又未充分发展的特征，而是，与超凡魅力本身不同，坦诚性确实可以被视为适合今天的一种民主理想。也就是说，虽然希望得到强大的和独立的领袖将政治伦理限制到选择出来的少数人身上，但是"领导者应当坦诚"这一主张在一个（否则）完全精英主义的框架中又恢复了某些民众性要素。

在讨论坦诚性在韦伯的超凡魅力领袖的分析中所发挥的评判性作用之前，先要弄清楚为什么韦伯反对民众**自治**这一传统民主理想的现代适用性。民众自治的理想就是：法律的受众也可以将自身理解为法律的作者；韦伯也反对从此生发出来的相关理想：民主制度能够给予普通公民政治参与的机

第五章　马克斯·韦伯对民众权力的重塑及其成问题的遗产

会，从而充分发展他们的道德和理智能力。韦伯并不确定自治这个理想是否能够在小型的、面对面的、直接的民主社会中达成。然而，可以确定的是：韦伯对于现代大众代议制民主社会的分析，明确拒斥了作为传统理想的作者身份的现实相关性。如果说代议制民主理论家的主流倾向是：主张在代议制民主和直接民主之间有着**根本性的道德连续性**，从而主张"自治的人民"的相同基本理想可以在两者中达成；那么，韦伯则采取了相对立的视角并主张：直接民主中的作者身份并不能够照搬到大众民主的境况中。麦迪逊认为国家的大小并不会威胁到自治的能力，反而有可能促进这一能力，而韦伯则针锋相对地提出：大规模的国家，特别是那些深陷地缘政治中的国家，不得不放弃人民自治的理想，"任何作为权力国家（Machtstaat）组织起来的数量上'巨大的'国家都会发现：正是由于这些特征，其所面对的任务与诸如瑞士、丹麦、荷兰或者挪威这些国家的任务完全不同"。韦伯认为："单纯的资产阶级式公民德性（Bürgertugenden）和真正的民主……从未在任何巨大的权力国家中实现。"① 韦伯也批评了公民教育这一理想——在民主的和共和的思想中流行的那种传统期望：政治能够为普通公民提供理智和道德发展的方法。② 与这一理想正相反，韦伯分析了大众民主，其特征是：在得到良好组织的少数人和未经组织的多数人之间存在着无法克服的权力等级；政治修辞指向情绪而非实质性问题；选举只不过能够提供一种偶然的和表面的人民控制形式；以及平民政党依赖于预先选定好的政治纲领和候选人名单，而非让普通人民参与到辩论中。这些分析让他提出了如下主张：大众民主助长了"大众在理智上的无产阶级化"。③ 那么，现代大众民主（特别是那些规模巨大的国家）并不寻求人民自治和公民教育，而是如之前提到的，有着"不同

---

① Weber, "Between Two Laws," 76.
② 虽然韦伯在他的就职演讲中确实提到了对资产阶级的政治教育，但是资产阶级仍然是一个与大众普通公民相区别的阶级（Weber, "The Nation State and Economic Policy," in Lassman and Speirs, *Political Writings*, 1-28）。此外，韦伯用一种日益精英化的方式发展了政治教育观念，它日益指对少数挑选出来的领导者（而非对整个阶级或者群体）进行政治权力的教育。参看 Stephen P. Turner and Regis A. Factor, *Max Weber and the Dispute over Reason and Value: A Study in Philosophy, Ethics, and Politics* (London: Routledge and Kegan Paul, 1984), 87-89。
③ 在《政治作为一种志业》中，韦伯提到了大众的精神的无产阶级化（geistige Proletarisierung）和灵魂的无产阶级化（seelische Proletarisierung）（Weber, *From Max Weber*, 113, 125; Weber, *Gesammelte Politische Schriften*, 532, 545）。

的义务并因此拥有其他的文化可能性"。①

但是，这些不同的义务和可能性是什么呢？在评论者中常见这么一种答案，它强调韦伯对于"国家权力"理想的支持：权力国家放弃了人民自治，但是能够在全球舞台上获得世界－历史性影响。虽然国家力量这一理想确实能够在韦伯的作品中找到［而且就蕴含在权力国家（Machtstaat）这个名字中］，但是这很难说是民主价值。它并没有体现一个评判性标准，可以据此衡量一个国家比另一个国家拥有更多还是更少的民主；或者说，一个已经拥有了民主制度的国家凭靠着它才有可能寻找到在民主方向上的进一步发展。②那么，需要指出的问题就是：如果不是靠自治，是否还能找到一个评判性的民主理想与韦伯对"人民"的理解相一致？韦伯将人民理解为政治精英的大众观看者——一个凭借其凝视而非声音来规训这些精英的观看者。

考虑到在平民政治式领导者民主中，政治权力是在作为个体的领导者那里实现的（即作为对象的），因此任何评判性理想都将与领袖的品性相关，并且试图去规定领导者在公开场合面对人民的方式。当然，政治理论从不习惯于认定政治观看者身份拥有比在台上出现的行动者更为积极的力量。从柏拉图的洞穴隐喻，到卢梭对于剧场效应的批判，再到哈贝马斯对于现代景观政治的反对，在政治理论中有着一种强烈的厌恶情绪，将观众理解为负面的（如果不是被操纵的和被统治的）实体。然而，从韦伯对于超凡魅力权威的分析中得到的最为重要的建议就是，**视觉**并非没有评判性作用：不仅因为被迫在人民面前出现确实能够规训领导者（训练和培养超凡魅力的品性），而且也因为在这些公共出现中暗含着一条评判性标准。这就是**坦诚性**标准，它定义的是这样一个最为一般性的标准：领导者在公共场合露面的境况条件不能够置于领导者本人的控制之下。

超凡魅力型权威的基本特征是超凡魅力的领导者在公共场合露面。与官僚和贵族不同，大众民主中的准超凡魅力型政治家必须经常并且直接与人民

---

① Weber, "Between Two Laws," 75.
② 此外，在提出平民政治式领导者民主的建议之前，韦伯坚决支持拥有世界－历史权力的民族国家理想——这种理想带来了德国在第一次世界大战中的战败。正如比瑟姆（Beetham）指出的那样："韦伯对于平民政治类型领袖的强烈主张是在德国战败之后提出的，此时韦伯认识到，对于他的国家来说，世界－历史的角色已经不再可能了。"（Beetham, *Max Weber and the Theory of Modern Politics*, 237）事实上，韦伯认为：魏玛的宪法必须以"对帝国梦想的明确放弃"为前提（Weber, *Gesammelte Politische Schriften*, 443）。

第五章　马克斯·韦伯对民众权力的重塑及其成问题的遗产　　179

接触——或者在人群之中出现或者通过大众媒体亮相。超凡魅力型权力不能够被隐藏。但是，在当众露面的基本要求中，可以确认一个评判性标准——通过它来判断这种当众露面的相对品质。毕竟，并非所有大众民主领导者的当众露面都在道德上具有同等价值。其中一些更为**真实**和**坦诚**——不是在任何无法证实的形而上学意义上，而是在领导者不能够控制他/她露面的境况条件这种意义上。具体而言，在大众民主中，那些竞选官职和高级官职的候选人都应当是坦诚的：也就是说，他们在公开场合的露面不是自我-制造的，而是（正相反）带有一定风险；比如，候选人在某个露面过程中有可能被驳斥、被反对甚至被羞辱。这种对风险的开放性可以采取公众对领导者进行前所未有的视觉和听觉的监视的形式。在大多数情况下，它采取了对攻击的开放性这一形式。无论哪一种情况，不能控制公开出场的境况条件意味着对公开羞辱的开放性。此外，坦诚性与仅仅的透明性不同，它让人不时看到有些瞬间，在其中某些值得纪念的（因为自发的和未预先编排）事件用不同于通常政治表现模式的形式以及领导者自身无法完全控制的方式，将政治领导者展现在公众面前。换句话来说，坦诚性往往会让政治家做出一些值得观看的当下表演，正是因为它们并非编排好的，或者排练过、被控制的。

在韦伯对于超凡魅力权威的分析中，如果人们检审在超凡魅力领导者与超凡魅力共同体之间关系的动力学，那么他们会发现坦诚性（在我上文所描绘的意义上）是未来的超凡魅力领导者与大量观众的关系的一个必然特征。这一点可以在韦伯对于先知的纯粹超凡魅力的分析中得到清晰的展现，先知不仅是韦伯的超凡魅力权威的理想型，而且是得到了韦伯最持久思考关注的一种超凡魅力形象。①

首先，先知的公开露面的特点是高度的自发性。这并非单纯因为在古代世界中没有现代传播交流技术，使得任何公开露面都不可能被完全控制或者计划。毋宁说，正如韦伯再三阐明的，自发性因素对先知的言说这种形式来

---

① 不仅因为先知是纯粹超凡魅力的三种类型之一（另外两种是煽动民众的政治家和巫师），而且因为先知也分享了另外两种类型的元素，故而，先知可以被称为最主要的类型。这样，先知除了作为宗教拯救的报信者的角色之外，还像煽动民众的政治家一样，成为"在公开场合对其观众发表演说"的**演说者**，并且必须有能力去赢得大量观众。Max Weber, *Ancient Judaism*, trans. H. H. Gerth and Don Martindale (Glencoe, Ill.: Free Press, 1952), 268。就像巫师一样，先知也有义务展现奇迹。那么，在这三种类型之中，先知这一模型得到了韦伯最大的关注，就不稀奇了。因此在试图去理解超凡魅力领导者和超凡魅力共同体之间的双向权力动力机制时，先知这一模型最有作用。

说是内在本质性的。先知是出神激狂的（ecstatic）个体，不是在自我控制之下，而是狂乱忘我的："先知依靠自己——即，在自发性灵感的影响之下——在市场上对公众说话或者在城门口对长老们说话。"因此，韦伯反思道："不受僧侣的或者身份的传统所限制，也不受任何自我控制——无论是禁欲苦行的或者沉思默想的——的节制，先知将他那火热的激情释放出来，并且甘愿经验人心的所有深渊……毫无疑问的是：这些出神激狂的状态最初被认为是先知的超凡魅力的重要确证，并因此后来即便是未被说到，人们也期望可以看到其较为轻微的形式。"① 此外，需要指出的是，出神激狂（以及由之引发的自发性）与超凡魅力之间的联系不只为先知所独有，对很多其他类型的纯粹超凡魅力的承担者，也可以做出类似的阐释。②

在先知的自发性——以及一般来说，他们的**坦诚性**——背后起到担保作用的，并不仅仅是预言所特有的出神激狂的心理状态，而且是超凡魅力领导者与超凡魅力共同体之间关系的某种结构性特征。最重要的是，坦诚性通过如下事实得到保证：先知并不能控制他/她的公开出场的境况条件——至少不能完全控制。先知必须**容忍**他们所吸引和维系的观众。他们的公开露面的特点是不断地受到探问和检验，如此一来，他们不断地面临着被羞辱的危险：

> 先知的猛烈进攻受到了公众同等猛烈的回应……先知们的生命和荣誉总是处于危险之中，而对立党派也虎视眈眈想要通过强力、欺骗和嘲笑，通过反-魔法和（特别是）反-预言来毁灭他们……先知们受到了个人攻击和侮辱嘲笑，并且我们时常会听到暴力冲突发生……在大街上，先知的敌人们与他们交战、羞辱他们、并打他们耳光。③

像这样的一些段落说明了：纯粹型超凡魅力权威之所以根本上是**不稳定的**，并非仅仅因为超凡魅力依赖于罕见个体，这些人在世上出现的可能性非常渺茫，而且因为即便当超凡魅力出现时，它也要与反对和漠不关心这两个

---

① Max Weber, *Ancient Judaism*, trans. H. H. Gerth and Don Martindale (Glencoe, Ill.: Free Press, 1952), 269, 273, 286; 也可参看 271。参看《古犹太教》中译本，广西师范大学出版社，349–350 页、365 页。
② 例如，在战斗之前，通过超凡魅力来统治的古代勇士之王通常要进入狂热激情的状态中。韦伯也提到"作为纯粹超凡魅力类型的巫师不得不经历（作为进入出神状态之手段的）癫痫发作的过程"（Weber, *Economy and Society*, 242）。
③ Weber, *Ancient Judaism*, 272–273. 参看中译本 349–350。

孪生敌人做斗争以继续存活下去。换句话来说,即便当先知获得成功之时,他们也会受到挑战和羞辱。事实上,从作为典范的先知那里浮现出来的超凡魅力的一个最显著特征就是:超凡魅力者与被喜爱或者受欢迎远非一回事。① 超凡魅力的获得者总是会遭受人身攻击、暴露和困窘:

> 超凡魅力者总是会受到大量倾听者的误解和仇恨,从未感觉到自己得到了他们的支持和保护,就如早期基督教使团中的使徒作为一群志同道合者那样……事实上,孤独的激情为先知的情绪蒙上了阴影……被放逐的先知走上前来并提高声音向大众讲道,他习惯性地认为自己面对这样的人群:他们受到了恶魔的引诱去作恶……无论如何,先知觉得自己站在不共戴天的死敌面前,或者面对着那些他的神打算使之遭受可怕不幸的人们。他自己的亲族也仇恨他……他在恐惧和害怕的注视下回到自己家的孤独中,总是不被喜爱、经常被嘲笑、被威胁、被唾弃、被扇耳光……与早期基督教中灵(pneuma)的拥有者不同,先知获得出神激狂状态或者他听见耶稣声音的能力并不能为他招来大批听众。毋宁说,预言的超凡魅力完全是一个负担——总是被经验为一种折磨。②

那么,这就是超凡魅力权威的显著特点:领导者在面对自己所支配的大量听众时,总是同时被提升又被挑战。换句话来说,如果将先知所承受的重担看成与其超凡魅力相对立、相反对的,那就错了;毋宁说,正是对于此种公共危险的承受,使人有资格宣称拥有超凡魅力权威。例如,路德的名言"这就是我的立场,我必须这么做"(这话在韦伯看来是超凡魅力的典范)发生在危及路德生命安全的公开审判中。同样,伯里克利(韦伯经常将他作为纯粹超凡魅力的持有者而提及)功绩卓著,但并不必然受欢迎。他不得不容忍流言蜚语,以及最亲密的朋友和同盟者被起诉。超凡魅力领导者的出神

---

① 例如,可见 Tucker, "Theory of Charismatic Leadership", 736:"领导者可能既具有超凡魅力,又在具体问题上受到争议……因此,我们不应该将超凡魅力型权威-关系设想为:必然有着对领导者的观点自动默认的跟随者,或者必然排除了偶尔或者在某个问题上与领导者有意见不一致的可能性。"
② Weber, *Ancient Judaism*, 292–294. 参看中译本 372–373 页。与此相关的是,按照韦伯的说法,先知耶利米将其预言的天赋经验为一种"可怕的命运",以及(更一般地)韦伯提到先知"总是处在紧张和压迫性沉思的状态中"(同上, 287, 291;参看 Jer. 17:16)。

激狂（exaltation）不仅与他/她的扬扬得意（exultation）状态不同，而且通常在与这种扬扬得意状态相对立中发展。

除了要冒着被盘问甚至被羞辱这样的持续不断的风险之外，古代先知的另一个典型特征是：他们提供了某些例外的和超出日常的**时刻**。在某种程度上，这些时刻的重要性通过如下事实得到确证：（正如韦伯所解释的）纯粹超凡魅力只有在巨大痛苦的时代中发生，即它表现为对异乎寻常的危机的回应。① 同样，如下说法也是正确的：纯粹超凡魅力的拥有者（特别是古代先知们）通过**奇迹**（miracles）来证明自身。我们不应当将奇迹仅仅放在宗教意义上来理解，将之作为超自然事件的产物，而是要从字面上理解 miraculum：值得惊讶或者凝视之事。让先知们变得非同寻常的东西并不只是他们让公众凝视，而是他们倾向于用一种高度异乎寻常的和令人惊奇的方式表现自己。事实上，他们获得和维持公众的注意力的条件是他们的不可思议性。我已经提到了先知所特有的出神激狂状态。但是，先知还有其他形式的"奇异"行为：

> 先知进行着奇怪的行动，这些行动被认为是预兆。以西结，像个小孩子一样，拿着砖块和铁盘玩起了攻城游戏。耶利米当众打碎瓦瓶、埋藏腰带、把发霉变坏的腰带重新挖出来、颈项套着轭到处走。还有些先知带着铁号角到处走；或者像以赛亚一样长期赤身裸体。还有像撒加利亚那样的，自残身体；还有像以西结那样的，吃不洁净的食物。②

当然，这些是景观，并且毫无疑问（在某些例子中）经过了周密的预先谋划，但是它们与如下情况截然不同：封建君主在大量聚集的奴才面前出现时所表现出的虚夸华丽（pomp），当今大多数民主理论家倾向于认为大众民主政治也具有这样的典型特征。对于想成为超凡魅力先知的人来说，暴露与自我暴露不可分割，而后者会羞辱而非称颂领导者；不过，这使得他/她的公开露面变得值得观看。

考虑到坦诚性对于纯粹超凡魅力的根本重要性，那么，它对于在平民政治式领导者民主中的民主政治家的被制造的超凡魅力有什么作用呢？如果人民（或者超凡魅力的共同体）与其说是强迫先知具有坦诚性，不如说是对其做出回应；那么在现代平民政治式领导者民主的境况条件下，公众凝视的一

---

① 例如，可见 Weber, "Sociology of Charismatic Authority", 245, 249。
② Weber, *Ancient Judaism*, 286–287. 中译本365页。

第五章 马克斯·韦伯对民众权力的重塑及其成问题的遗产　　183

个关键性作用就是创造出合适的情景，在其中候选人被迫保持坦诚性。确实，韦伯认为在大众民主中政治家会去煽动民众——通过感情和宣传的操纵性使用来大量吸引人民的注意。但是，重要的是，韦伯区分了好的和坏的大众煽动。在最基本的层面上，这一区分指的是：煽动民众是在宪政系统内组织的——在其中，积极的个人和群体可以通过选举（而非暴力）来参与，议会和法庭可以保持自由和独立并且能够制约煽动民众者，还是采取了"街头政治"形式，即依赖于暴动、虚假的议会、恐吓和对合法对手的拒斥。① 然而，除此之外，韦伯也将他所称赞的大众民主中政治家的民众煽动的特点与日益被官僚、君主和其他高级官员所使用的民众煽动区分开来。韦伯认为，煽动的手段在各个地方兴起并且**所有的**政治人物都已经开始参与到有意识的公共关系活动中："用他们自己的方式，现代君主也开始走上了煽动之路。他们使用演说、电报、所有能够激发感情的装置，以增强他们的影响力"。在第一次世界大战中，德国海军的指挥官们将他们在策略上的冲突公之于众，希望借此赢得人民的支持。② 尽管民主政治家显然对这种实践并不陌生，但是让政治家的煽动民众类型与众不同的是：观众和领导者之间的关系是**动态的**（dynamic）即相互作用的，而非单向操纵的。政治家格莱斯顿——他在1885 - 1886 年推行的自治运动是韦伯的平民政治式领导者民主的原型——标志着与英国政治传统的决裂，这不仅在于他的吁求绕过了议会而直接向人民发表演说，而且因为他的公共演说是对那些经常打断和诘问他的人民平民的即兴演说。③ 同样，在美国，安德鲁·约翰逊那纷扰不断的总统生涯——常因民众煽动性因素而被批评，也被视为 20 世纪大众民主的先驱者——的革新之处不仅在于他做了大量的公共演讲（林肯也这么做过），而且他的演讲是在能够威胁而非巩固他的高级地位的互动场合做出的。④ 图利斯（Tulis）

---

① Weber, "Parliament and Government in Germany," 218 - 222, 228 - 232.
② 同上，220。中译本《经济与社会》，1619 - 1620。
③ 据说，"格雷斯顿先生从不写演讲稿，而那些他的最为成功的演讲是在辩论正酣时做出的，必然毫无准备"。转引自 Henry Hardwicke, *History of Oratory and Orators: A Study of the Influence of Oratory upon Politics and Literature* (New York: Putnam's, 1896), 289; 也可见 John Morley, *The Life of William Ewart Gladstone* (London: Macmillan, 1903)。
④ 在公众诉求中，约翰逊否认自己是为了自己的尊严。Eric L. McKitrick, *Andrew Johnson and Reconstruction* (Chicago: University of Chicago Press, 1960), 438; Jeffrey Tulis, *The Rhetorical Presidency* (Princeton, N. J.: Princeton University Press, 1987), 90; Lloyd Paul Stryker, *Andrew Johnson* (New York: Macmillan, 1929), 341 - 372; and James E. Sefton, *Andrew Johnson and the Uses of Constitutional Power* (Boston: Little, Brown 1980), 140。

将约翰逊式的煽动描述为"与激烈质问者的互动,效果显著的即兴讲话所特有的勃勃生机……约翰逊越来越依靠观众互动所产生的新颖性,而非不同的论证"。① 值得注意的是,对约翰逊的弹劾指控中有一条是对于修辞不得体的指控:"将美国总统这一高级职位置于被蔑视、被嘲笑和被羞辱的地位,引起了所有好公民的公愤"。②

当韦伯将"煽动的技艺"作为大众民主中唯一能够规训超凡魅力领导者的方法加以称颂时,他心中所想的正是这种动态的民众煽动。③ 民主政治家的公共吁求与众不同之处在于它是为了获得公众注意力而斗争,而且是获得公众注意力**之前**的斗争。议会领导者可能斗争,但不公之于众(在议会闭门的委员会议上斗争),而君主可能寻求没有斗争的公开出场(在对人民单向的和绝缘的昭告中),但是,只有大众民主的政治家需要例行地参加**公共斗争**,即以风险、不确定性和潜在挑战为特点的公开露面。正如韦伯所解释的,"那些获得公共权力的**政治家**——特别是政党领导者——遭受着敌人和竞争对手在新闻媒体上进行的刺耳批评,他完全明白:他崛起过程中所暗藏的所有动机和手段都会冷酷地暴露在反对他的斗争中"。④ 同时体验公共出场和斗争,这是让民主政治家的煽动与其他煽动相区别的东西,并且必然使它有益于超凡魅力品质的产生。民主政治家在这一赋予他们权力的舞台上得到训练,经受考验。这一事实表明,在超凡魅力概念中隐含着一个民主的理想:寻求获得超凡魅力权威地位——或任何形式的民众支持——的领导者应当服从公开出场的坦诚形式。

那么,韦伯并非依赖于单一的煽动定义。存在着韦伯所赞赏的煽动的独特民主形式,它不仅是安全有序的,并且也是以政治家在公共场合的坦诚出现为特征的。⑤ 因此,毫不奇怪的是:在韦伯的平民政治式领导者民主的提

---

① Tulis, *Rhetorical Presidency*, 88, 90.
② U. S. Senate, *Proceedings in the Trial of Andrew Johnson* (Washington, D. C., 1869), 5 – 6.
③ 例如,可见 Weber, *Economy and Society*, 1450:"对于国家领袖这一苦差事来说,最为关键性的一点就是:只有这种人做好了准备能够在政治斗争的过程中被挑选出来,因为政治的本质就是斗争——概莫能外。一般来说,碰巧发生的事实是:那些拥有备受诟病的'煽动的技艺'的人要比在办公室工作的职员更好地完成这一准备,而这转而又为有效的行政提供了极其优秀的培训。当然,政治煽动可能导致惊人的滥用。"中译本,1619。
④ Weber, "Parliament and Government in Germany," 218 – 219. 参看中译本《经济与社会》,1618。
⑤ 因此,韦伯论证说民主与煽动相辅相成(同上,220)。

议中,有一个对尽量扩大**公共质询**能力的吁求,要求领导者在高强度调查的境况下受到公众的凝视。作为魏玛宪法的设计师,韦伯想要让公共质询的权力不只局限在议会多数派那里,于是他提出建议:德国议会五分之一的人同意就足以启动调查。他提议说,这种调查的公报应当全文公布,在无线电(更不用说电视和网络了)全面发展之前的时代中,这已经是最大限度地公开出场了。他甚至试图将质询权扩大到地方政府中去,如果地方议会五分之一的议员提出了调查的申请,或者十分之一的本地投票者发起动议,那么就可以成立一个国家调查委员会。① 这些提议试图极大增加领导者在坦诚性的境况条件下出现在公共舞台上的频率。它们反映出韦伯所暗含的建议是:在大众民主中,民众权力主要是一种目光型力量,而非声音型力量。

韦伯认为平民政治式民主是一种景观政治,但他并非在通常贬损的意义上使用"平民政治"这个词。虽然平民政治当然也有编造的和纯粹操纵性的公开露面时刻,但是它也会有坦诚性的时刻——动态煽动的时刻,此时,领导者在相对自发性和竞争性的境况条件下被迫出现在公众的凝视前。古代先知的纯粹超凡魅力出现在痛苦这一预先存在的境况条件中,而现代的、民主式制造型超凡魅力权威可以说是通过将领导者置于公共斗争的特殊境况条件中来催生痛苦。② 如果说纯粹超凡魅力一般是在对非常态境况条件——例如战争、瘟疫或者饥荒——的回应中出现,那么大众民主可以通过生产和传播"遭受对抗、虐待甚至羞辱的强大个体"的形象来让自己超越日常状态。这就是民主制造式超凡魅力的"奇迹"——不是展现一些有魔力的行动,而是强迫那些否则沉默的或操纵的强大精英们保持坦诚性。

但是,这种对于民主的不同寻常的阐释一直未受人注意。坦诚性原则及其所标志的对民众权力的重塑,一直处于政治理论的边缘,很少受到分析和欣赏。在今日民主理论的研究者中,平民政治论并不被认为是一种切实可行的民主模型。造成这样结果的原因当然部分地要归结于:韦伯并未能充分发展在他的平民政治领导者民主理论中所蕴含的赋予民众权力的新思考。但是,另一部分原因则不得不归咎于两位最有影响力的韦伯后继者:卡尔·施

---

① 见 Mommsen, *Max Weber and German Politics*, 361; 也可见 360 – 370。
② 艾伯巴赫(Aberbach)的如下观察指向了此种认识,"是否危机创造了超凡魅力?或者,超凡魅力激发了危机是否也正确呢?……超凡魅力和危机是动态的、内在关联的力量,彼此喂养并彼此操纵"。David Aberbach, *Charisma in Politics, Religion, and the Media: Private Trauma, Public Ideals* (New York: New York University Press, 1996), 5, 7。

米特和约瑟夫·熊彼特。尽管这两位思想家对民主的进一步思考都明确受到了韦伯那影响深远的洞察力的启发，但是两人都没有继续发展居于韦伯式进路核心的目光性。施米特认识到民众权力声音模式在可行性上有许多弱点。然而，他断言领导者与被领导者秩序良好的民主制社会和谐一致，于是，施米特最终又回到了民众权力的声音模式的理解——而且是一种危险的和非自由主义的理解。另一方面，熊彼特对于声音进程的尖锐批评导致了这样一种理论，它几乎否认了民众权力的效能：熊彼特并没有推荐可以替代自治的另一种评判性理想（如坦诚性）。如此，施米特将韦伯的平民政治论转变为声音性的（而这似乎是韦伯的平民政治论所要拒斥的），而熊彼特则将平民政治理论传统导向纯粹负面性的方向。虽然这两种理论都还有补救的余地，但是其困难之多解释了为什么韦伯对于民众权力的重塑并没有为20世纪有道德意识的民主理论家所采纳。

5.6　卡尔·施米特对于民众声音的未完成批判

和韦伯一样，卡尔·施密特将自己认定为平民政治民主的支持者。然而，韦伯在理智上和个人上究竟对施米特造成了多大的影响，是一个在学术上引起激辩的话题。鉴于施米特在20世纪30年代与纳粹政体的合作关系，这场激辩很难说是针对着一个中性的学术问题，而是导致了对韦伯以及施米特的整体性判断。① 在民主理论的特定维度中，这两位思想家之间的联系看起来是很复杂的。尽管出于有些不同的原因，施米特跟随韦伯提出了如下主张：将20世纪的大范围的、自由主义的代议制民主——施米特称之为"议会制立法国家（parliamentary legislative state）"——理解为对人民声音的实现，是毫无意义的。和韦伯一样，施米特主张：出自议会的法律不能够被看作人民的意志，并且，因此人民自治并没有在现代国家的常规功能发现中得到实现。但是，正如我已经证明了的，如果说韦伯对于民众声音的批判导致他放弃了民众权力的声音范式，并且用一个非声音的、目光式的坦诚性

---

① 例如，哈贝马斯在20世纪60年代提出："如果我们要在此刻对韦伯做出评判，那么我们决不能忽略这一事实：卡尔·施米特是韦伯的'合法的学生（legitimate pupil）'。"引自 Otto Stammered., *Max Weber and Sociology Today*, trans. Kathleen Morris（Oxford：Blackwell, 1971），66。然而，正如我在之前所建议的，任何关于韦伯与国家社会主义合谋的影射都是误导。

第五章　马克斯·韦伯对民众权力的重塑及其成问题的遗产

理想来重新定义民主的道德承诺的话，那么，施米特的大众民主政治论仍然停留在其所批判的声音模式的限度之内，并且（转而）试图去复兴由一位权威型领导者所中介的人民声音。因此，尽管韦伯和施米特都批判了自由主义大众民主国家实现人民自治的能力，但是他们对于超越19世纪理想主义之后继续前进的远景，却有着不同的并且在很大程度上是相对立的看法。

施米特尤其敌视议会制立法国家从理性那里获取其合法规范这一人民观念。因此，他反对任何关于法律间接满足了假定的人民主权（作为合理行动者**想要这样的法律**）的主张。施米特批判通常归因于议会制国家的各种合理性。据说这样的合理性内在于议会厅的商议性对话中，这样的对话将分散的观点收集整合成为一个商议性的整体。而针对这一信念，施米特曝光了现代议会远未达到商议性理想并仅仅充当经济和特定利益的代表的各种方式。针对有人认为这样的合理性源于理性程序和对法律本质的形式化限制（如一般性和普遍性），施米特主张：这些标准对于产生实质性结果来说影响甚微，并且其实只会削弱国家对抗潜在敌人的能力，因为这些敌人将会被法律囊括在内并获得尊重。①

如果现代议会不能够通过包含理性来代表人民，那么它也不能通过形成集体性的民众意志来代表人民。从施米特早期的作品开始，施米特就不认为议会的法令成果可以说成是反映了一致的立法意志，更不用说一致的人民意志了。② 施米特对欧洲式议会选举提出了批评，这种（按照比例从政党名单上汇聚投票的）议会选举方式已经造成了双重的削弱：选举竞赛失去了明确的和实质性的决策，并因此让人民整体的形成变得不可能。③ 此外，和韦伯

---

① Carl Schmitt, *The Crisis of Parliamentary Democracy*, trans. Ellen Kennedy (Cambridge, Mass.: MIT Press, 1985), 33 – 50. 关于施米特对于议会国家合理性的批判的概述，见 William Scheuerman, *Carl Schmitt*: *The End of Law* (Lanham, Md.: Rowman and Littlefield, 1999), chs. 1 – 6; Ellen Kennedy, *Constitutional Failure*: *Carl Schmitt in Weimar* (Durham, N.C.: Duke University Press, 2004), 135 – 137。
② Carl Schmitt, "Juristische Fiktionen," *Deutsche Juristen – Zeitung* 18, no. 2 (1913): 805.
③ 例如，可见施米特的如下悲叹：魏玛投票程序既不被理解为选举（对特定领袖的真正选举，而非在预先设定好的一组党派名单上盖橡皮图章），也不能理解为全民投票（对特定行动过程的批准）。Carl Schmitt, *Legality and Legitimacy*, trans. Jeffrey Seitzer (Durham, N.C.: Duke University Press, 2004), 89 – 90。亦可看Schmitt, *Constitutional Theory*, trans. Jeffrey Seitzer (Durham, N.C.: Duke University Press, 2008), 273, 274; Kennedy, *Constitutional Failure*, 140 – 148。

一样,施米特认为:一种类似的功能主义感染了议会中的决策,在议会中政党和利益群体之间的竞争和谈判阻碍了统一性、真正的领袖和对于事业的明确奉献。① 议会可以产生出对人民意志的暂时性表达,这是一个令施米特感到空洞的和不合逻辑的命题。

当然,施米特对于在宪政国家中阻碍人民达成自治的障碍有自己独特的理解。与韦伯不同,施米特认为:宪政本身——特别是代议制政府、三权分立和自由权——阻碍了人民意志的出现。② 施米特尤其关注如下问题:法律规范(即便据说得到人民批准)在实际应用中依然存在严重的不确定性,并因此依赖于司法的、科层制的和行政部门的裁量。但是,在施米特对于现代自由主义国家诊断的整体结构上(以及许多特定细节上),施米特都与韦伯的观点一致:人民并不是政府背后的政府——人民不是公共生活的标准和境况条件的间接作者。因此,19 世纪民主理想主义者曾经主张或者简单地认定"人民"基本上等同于国家的立法器具,而对于施米特来说(和韦伯一样),人民本质的一个关键性特征就是:人民被剥夺了在政府机构中正式实现自己的可能。施米特将人民用负面术语进行定义,他写道:"人民在其本质上持续作为一种未经组织的和未成形的实体存在。"③

然而,韦伯揭穿了自由主义议会制国家自诩体现了民众意志的主张,使他彻底怀疑这种意志的存在;而施米特却走向了另一个方向。施米特对于议会制政府代表人民意志的能力做出了无情的批判,但是这并没有让他对这种意志的存在感到绝望,或者说他并没有对人民能够将他们的声音反映在良好组织的国家的实质性法律和法令中感到绝望。④ 他从未怀疑,人民(虽然未经组织和未成形)从一套民族的、种族的、宗教的或者其他的标准看,本质上是一体(同质,Artgleichheit)的。事实上,对于施米特来说,政治共同体的同质性——统一体、自我认同以及(最重要的)内在一致的自觉**意志**——

---

① Schmitt, *Legality and Legitimacy*, 27, 28, 30, 56.
② 例如,可见 Schmitt, *Constitutional Theory*, 289, 292, 303; Schmitt, *Legality and Legitimacy*, 42; Kennedy, *Constitutional Failure*, 123 – 125。
③ Schmitt, *Constitutional Theory*, 271; also see Carl Schmitt, *Volksentscheid und Volksbegehren; ein Beitrag zur Auslegung der Weimarer Verfassung und zur Lehr von der unmittelbaren Demokratie* (Berlin: W. de Gruyter, 1927), 33 – 34.
④ 例如,可见,Schmitt, *Legality and Legitimacy*, 24, 61; 也可见 Schmitt, *Constitutional Theory*, 301, 在那里施米特提及"人民的法律敏感性"。

正是"民主"的含义。①

人民作为一个自我同一的、同质的、意向性的实体被排除在自由主义宪政国家的日常运作之外，但是这并不意味着这一实体并不存在。正相反，施米特认为：人民可以被认为是立宪时刻的作者。② 此外，他主张：在欢呼（acclamation）的时刻，人民得到了完美的实现——作为集体的民众（或者其中的绝大部分）聚集在一起对某些人、计划或者事业做出直接的并且自发的支持之时。③ 这一对人民的纯粹在场的诉诸、对由于出现在集体的和公共的欢呼中而成为真正实体的人民的诉诸，是施米特所特有的。与韦伯不同，施米特将他的民主理论定向为对人民声音的重新发现和重新设定，并与各种阻碍和反对的力量作斗争。这条道路的关键是如下准则："参与的直接性有着不同的程度和范围"。④ 纯粹类型的欢呼完全远离了议会制立法国家，并且几乎不可能成为任何现代国家的常规部分。⑤ 然而，恰当实施的公民投票

---

① 例如，可见 Schmitt, *Constitutional Theory*, 255（参看《宪法学说》中译本，刘锋译，上海：上海人民出版社，2005 年，239 页）："民主是一种符合同一性原则的国家形式（特别是，将人民具体地表现为政治统一体的自我同一性）。"也可同上，264（《宪法学说》，251 页）："**民主的定义**。民主（既作为一种国家形式，也作为政府形式或者立法形式）是统治者与被统治者、治理者与被治理者、命令者与服从者的同一性……这个定义是从作为民主制的必要前提的实质性平等中产生出来的。它排除了如下这种可能性：在民主国家内部，统治者与被统治者，治理者与被治理者之间的区分表现为或者产生了**质**的差异。在民主制中，统治或者治理不是基于不平等之上，因此，不是基于那些统治者或者治理者的优秀之上，也不是基于那些统治者在品质上高于被统治者这一事实之上。他们必须在民主平等和同质性上保持实质性一致。因此，当一个人在统治或者治理之时，他不会因此脱离人民的一般同一性和同质性而突出出来……在这方面，值得注意的是：在代表与被代表之间的区别并没有得到考量，因为被代表者并不是那些统治者，而是作为整体的政治统一体。"关于 Artgleichheit（同质性）原则以及被断定为自我同一性的政治共同体的其它重要论述，见同上，239，247，259，262，263。实质性平等的概念在施米特的如下主张中起到了关键性作用：权威式平民政治政体不是僭主式的，因为领导者和被领导者有着同样的基本自我认同［例如，可见 Schmitt, *Staat, Bewegung, Volk: Die Dreigliederung der Politischen Einheit* (Hamburg: Hanseatische Verlagsanstalt, 1933), 42, 45, 46；也可见 Kennedy, *Constitutional Failure*, 128 – 130］。

② Schmitt, *Volksentscheid und Volksbegehren*, 3; Schmitt, *Constitutional Theory*, 130, 239; Kennedy, *Constitutional Failure*, 126.

③ 例如，可见 Schmitt, *Constitutional Theory*, 272; Schmitt, *Volksentscheid und Volksbegehren*, 34。

④ Schmitt, *Constitutional Theory*, 286.

⑤ Ibid., 273："当代资产阶级民主制立宪政体对于真正的民众集会和欢呼是完全陌生的"。

能够近似于人民的纯粹欢呼式在场。① 特别的是，施米特构想了这样一种状况，在其中权威领袖可以向人民提出问题。施米特所描述和支持的公民复决是公开地（而非秘密地）进行投票的，没有来自反对党的有意义的争论，并且经由一个完全自上而下决定的提问-答辩过程。②

在施米特的平民政治理论中令人吃惊的东西——这也是使他有别于诉诸权威全民公投的合法化功能的纳粹合作者的——是施米特对于公民公投自身的结构性限制直言不讳。就像韦伯一样，施米特承认，通过公民公投直接诉诸人民的任何方式都将会受到大众声音的结构局限性的限制：只有"是-否"两种回答、稀少性以及（最重要的）对被问到的问题的依赖性。③ 事实上，施米特甚至说："那些提出问题的人能够通过提出问题的方式来控制实质性结果。"④ 照此一来，甚至在他的最为极权主义的作品中，施米特也一直将人民定义为国家中的**非政治角色**，仅仅只是在肯定那些由权威领导者构建的和提交的问题。⑤ 这一点可以把施米特与那些将国家社会主义完全说成是人民主权的纳粹理论家区分开来，但是这一点也把他与韦伯区分开来，因为对于韦伯来说，全民公投的各种限制使其成为一种非理性机制，只有在迫不得已的困境中才能启用。⑥ 施密特只有通过重申他的基本假设：民主政治共同体具有实质同质性，来解决这一明显的冲突：尽管他承认人民（与领导

---

① 全民表决产生的公众意见是现代的欢呼形式，这一主张可以参见 Schmitt, *Constitutional Theory*, 275, 287, 302；也可见 George Schwab, *The Challenge of the Exception: An Introduction to the Political Ideas of Carl Schmitt between 1921 and 1936* (New York: Greenwood Press, 1970), 64。

② Schmitt, *Legality and Legitimacy*, 90; Schmitt, *Staat, Bewegung, Volk*, 42. 施米特主张人民意见的更为纯净和更为真实的形式将会通过（与议会相对立的）权威领导者管理下的公民投票产生。(*Legality and Legitimacy*, 61-62)

③ Schmitt, *Volksentscheid und Volksbegehren*, 35-37; Schmitt, *Constitutional Theory*, 302-304; Schmitt, *Legality and Legitimacy*, 90.

④ Schmitt, *Constitutional Theory*, 304；也可见 269 页："答案的价值完全取决于提出问题的方式"。

⑤ 例如，可见 Schmitt, *Staat, Bewegung, Volk*, 12：人民是"（国家的）非政治部分，在政治决策的保护和影响下不断注视"。

⑥ 将政体用一种尤为粗俗的人民主权形式进行阐释的纳粹理论家有 Reinhard Höhn, *Rechtsgemeinschaft und Volksgemeinschaft* (Hamburg: Hanseatische Verlagsanstalt, 1935), 79; Otto Koellreutter, *Grundriss der Allgemeinen Staatslehr* (Tübingen: Mohr, 1933), 164; Gottfried Neesse, *Partei und Staat* (Hamburg: Hanseatische Verlagsanstalt, 1936), 21. 也可见 Schwab, *Challenge of the Exception*, 112。

者相比）的被动性，但是他仍然认为全民公投不仅可以作为人民意志的真正表达，而且是比现代国家所有其他方式更优越的一种表达。这种同质性意味着：领导者和人民享有实质性平等，它本身就决定了某些行动。按照施米特的说法，民主的同质性需要"同质性人民（既包括统治者也包括被统治者）的认同。它拒斥其他国家形式中统治者和被统治者之间的差异性……就政治存在的整体和每一个细节来说，民主制预先假定了人民的存在，其成员们是彼此相似的并且有意愿成为政治存在的"。① 此种系统对领导者的正直寄予厚望：领导者不仅必须与人民的实质同一性保持一致，而且（此外）领导者必须"用正确的方式提出正确的问题，并且不会滥用存在于提出问题之中的巨大权力"。② 施米特似乎认为：提出的问题会同时代表对某个议题的全民公投与对领导者（以及他的/她的提问题的权威）的欢呼——现实的纳粹全民公投也试图达成这两重结果。③ 但是，很明显施米特将终极限制加在领导者身上，这不是指让他们对公众保持积极回应和负责的制度性投票过程中，而是指一种高度可疑的、模糊的、不真实的、并且一点都不吸引人的假设——在领导者与被领导者、（以及更一般地）在民主政治共同体的所有成员之间存在着实质同质性。④

施米特的平民政治民主理论是否可以确定地被描述为国家社会主义，这在许多方面都还是有问题的。从逻辑的立场来看，存在着许多挥之不去的担忧：例如，为什么通过权威型领导者对人民提出的问题，被看作比通过议会提出的问题更为本真和合法？更进一步来说，如果领导者已经与人民意见是一体的，为什么还要去问问题呢？然而，从哲学的角度来看，对于施米特的最大批评在于：他妨碍了韦伯对民众权力的重塑中最有希望的特征的发展。这并不仅仅是由于如许多评论家正确指出的那样，韦伯希望他所描绘的那种平民政治的动态模式在有着独立议会和司法的民主国家中出现。更深一

---

① Schmitt, *Constitutional Theory*, 264；亦参 266（《宪法学说》，254 页）："一个民主国家决不能够允许如下事情发生：在统治者和被统治者之间的不可避免的**实际**差异成了质的不同，并且将统治者与那些被统治者分离开来。"

② Schmitt, *Legality and Legitimacy*, 90. 也可见同上书 69 页，在此处施米特将领导者称为"异常状况的特殊专员"。

③ Carl J. Friedrich and Zbigniew K. Brzezinski, *Totalitarian Dictatorship and Autocracy*（Cambridge, Mass.：Harvard University Press, 1965），163 – 165.

④ 见 Schmitt, *Staat, Bewegung, Volk*, 42, 45, 46。

层地，正如我所论证的，韦伯认为平民政治政体的动态模式中，发生于人民和领导者*之间*，所以，当领导者被限制之时，就是人民实现自己赋权之日。与之形成对比的是，在施米特的模式中，领导者成为不受挑战的权威，他们提出问题并且从人民那里获取立法的意志。韦伯的平民政治理论对于公民投票持矛盾性的怀疑态度，而施米特则让这种制度成为他考量的核心。因此，韦伯通过超越以声音为形式的传统人民观念来重塑民众权力，而施米特则回到了这种熟悉的声音本体论。尽管施米特似乎接受了如下事实：与之前民主理论家所认为的相比，人民的声音更为沉默无言并且更为负面，但是这个声音尽管有着诸多限制和不完善，仍然是赋予民众权力的关键维度，并且（奇怪地）是威权主义国家合法性的唯一形式。

然而，在一小部分上，少量的韦伯遗产仍然存留于施米特的平民政治论中。施米特将领导者想象为不断地在人民面前出现，提出问题并且接受欢呼。虽然施米特仅只关注这一进程的声音方面——将领导者作为人民声音的助产士，但是一个经常出现在大量观众面前的公共领导者的舞步明显是与韦伯的理论相联系的。然而，施米特并没有观察到的是：这一目光的进程本身就包含着其自身的规范性与评判性潜能，它能够在民主理论内部形成一个崭新的、安全的、有责任感的平民民主理论式新选项。

5.7 熊彼特的平民政治论

如果说施米特对于平民政治论的思考将永远由于权威主义倾向而被质疑，那么奥地利的经济学家并流亡美国的约瑟夫·熊彼特在他的著作《资本主义、社会主义与民主》（1942）中，走出了一条将大众民主理念发扬光大的新路子。熊彼特在该著作中详细论述的民主理论是平民政治传统中最广为人知的。它不仅在很大程度上受到了韦伯的启发，而且也启发了更多近期平民政治的研究成果。[①] 熊彼特所思考的核心问题是一种根本性的区分——他

[①] 对于熊彼特与韦伯联系的较为详细的讨论，见 Jürgen Osterhammel, "Varieties of Social Economics: Joseph A. Schumpeter and Max Weber," in Wolfgang Mommsen, ed., *Max Weber and His Contemporaries* (London: German Historical Institute, 1987); Mommsen, *Max Weber and German Politics*, 406; Scheuerman, *Carl Schmitt*, ch. 7; Tamsin Shaw, "Max Weber on Democracy: Can the People Have Political Power in Modern States?" *Constellations* 15 (2008): 38。

区分了当代大众民主的两种不同阐释路径。一方面是古典学说，它将民主用"人民自治"（通过选举和公共意见进行人民的自我立法）的术语进行理解。熊彼特认为：虽然在对民主国家真正发生的东西进行细致的分析之后，将确凿无疑地否证这一古典学说，但是这一学说无论在政治科学内部还是外部，仍然是对民主进行理论阐释的主导性方式。为了纠正这种在理论和实践上的分离，熊彼特提出了他称之为"**竞争性领袖**（competitive leadership）"的替代方案，按照这种说法，"民主方法就是为了达成政治决策的制度安排，在其中，个体通过争取人民投票的竞争性斗争来获得决策的权力"。作为竞争性领袖的民主对古典学说无疑是双重敌视的。它不仅将民主简单定义为一种对领袖进行选择的方法而非一种道德理想，而且它也不再主张人民拥有充当自己所遵循的法律和标准的作者的能力。正如韦伯一样，熊彼特对于民主的思考不再将法律作为其对象，而是首先将一切与影响领导者的特定境况条件相关联：他们必须通过竞争性斗争获得其权力，并且他们知道自己必须再一次面对这种斗争。民主的对象从法律转变为领袖，以及熊彼特对于在现代大众民主境况条件中人民自我立法能力的批判，都说明了他是韦伯的平民政治论的后继者。

熊彼特的竞争性领袖模式在社会科学家中拥有相当大的影响——据说它可以作为一个价值中立的民主定义，用来判定哪一个国家符合民主的资格，它是社会选择理论的先驱，以及（尽管不准确）是民主的经济模型的灵感来源，[①] 但是，熊彼特的理论受到了那些采纳政治生活研究的伦理进路的民主理论家的广泛批判和**拒斥**。阻碍对熊彼特的思考做出宽容理解的一个最大的障碍就是：他在他自己的竞争性领袖与所谓的古典学说之间做出的对比。特别是，批评者反对如下观点：古典学说只不过是一个神话。他们认为，熊彼特用了一个过于严苛的方式对据说是古典理想的人民自治进行描述，使得古

[①] 唐斯（Downs）对熊彼特赞誉有加："熊彼特对于民主的深刻分析是我们整个研究的灵感来源和基础，我们对他表示由衷的感谢。"Anthony Downs, *An Economic Theory of Democracy*（New York：Harper, 1967），29 n. 11. 这一赞誉其实并不恰当，因为（如我所解释的那样）熊彼特的思考其实削弱了人民作为有着外在需求的消费者这一定义。

典学说显得不过是一个"稻草人"。①

熊彼特确实容易招来这种对其完全拒斥的解读。他将古典学说定义为如下主张:"民主方法是某种达成政治决策的制度安排,它通过个体的选举让人民自身决定争议,这些被选的个体聚集在一起以便于施行人民的意志。"②虽然这一简要定义看似合情合理或者至少是无害的,但是熊彼特用了富有争议的方式来阐释他对于古典学说的解说,结果引发了熟知政治思想史的民主理论家们几近全面的拒斥。首先,熊彼特将古典学说与共同善的过度夸张的形而上学观念联系在一起:即共同善被看作某种独立于并优先于政治过程的东西,并且,定义共同善的人民意志被看作有着单一的、统一的声音的集体实体。批判者则提出了如下有说服力的主张:熊彼特所认定的古典学说的支持者(卢梭、边沁和密尔父子)甚至并不持有这种共同善的观念,并且,这一观念对于致力于人民自治理想的民主观也不是必不可少的。③ 第二,熊彼特认为与古典学说相关联的人类本质观——公民带着对政体中大多数政治争

---

① 比如,普拉门纳兹(Plamenatz)可能是最为严苛的和不宽容的批评者,他针对熊彼特对古典学说的思考写道:这是"无知的和不恰当的,仅仅因为它得到了严肃对待而值得讨论。并不能确定他在攻击谁,甚至也不能确定他把什么信念归于他们"。John Plamenatz, *Democracy and Illusion: An Examination of Certain Aspects of Modern Democratic Theory* (London: Longman, 1973), 96. 也可见 John Medearis, *Schumpeter's Two Theories of Democracy* (Cambridge, Mass.: Harvard University Press, 2001), 129; Carole Pateman, *Participation and Democratic Theory* (Cambridge: Cambridge University Press, 1970), 17; David Held, *Models of Democracy* (Stanford, Calif.: Stanford University Press, 1987), 178 – 179; C. B. Macpherson, *The Life and Times of Liberal Democracy* (Oxford: Oxford University Press, 1977), 85; David Miller, "The Competitive Model of Democracy," in Graeme Duncan, ed., *Democratic Theory and Practice* (Cambridge: Cambridge University Press, 1983), 137; Emilio Santoro, "Democratic Theory and Individual Autonomy: An Interpretation of Schumpeter's Doctrine of Autonomy," *European Journal of Political Research* 23 (1993): 122 – 123。
② Joseph Schumpeter, *Capitalism, Socialism, and Democracy* (New York: Harper and Brothers, 1942), 250. 《资本主义、社会主义与民主》中译本,吴良健译,北京:商务印书馆,370 页。
③ 例如,密尔写道:古典学说是由"启蒙理性主义、功利主义和卢梭式观念三部分不可或缺地构成的"(Miller, "Competitive Model of Democracy," 137)。"稻草人"指控不仅源于熊彼特对于作者们的松散讨论,而且源于他拒斥了大多数政治研究者都会同意的东西,即当不存在公认的共同善概念时,政治进程有能力形成一个暂时性的共同善概念。然而,熊彼特认为:如果之前不存在共同善概念,民主进程的结果就"不仅缺乏合理性的统一性,而且缺乏合理性的约束力"(Schumpeter, *Capitalism, Socialism, and Democracy*, 253)。中译本 374 页。

议的完全成形的、合理性的意见进入政治——一直被视为非现实的，并且完全无视如下民主理论这一悠久传统：即认为民主是一个活跃辩论的场所，在其中，意见通过公民之间的相互作用而得以形成并转换。① 最后，熊彼特因为提出了如下建议而受到责备：在"传统的"理论家看来，民主的唯一正当理由就是其实现人民自治的能力，如此就忽略了一条重要的理论路向：看到民主对公民的教育和发展作用，知道这是民主制度和实践的一个附加的（即便不是主要的）理由。②

我认为，熊彼特对于这些指控无力辩驳。而且就此而言，人们需要看到：熊彼特对于古典学说的思考不仅伤害了民主思想的严肃历史，而且伤害了平民政治式民主理论的合理性和可行性。由于他主张平民政治式民主的竞争对手是（如某位批评者所描述的）"关于人类本质之信仰的不切实际的形而上学和脱离现实的信条"，熊彼特便给出了一个虚假的印象：呼吁平民政治式民主只不过是呼吁节制和极简主义，即呼吁大家摆脱荒谬的主张。③ 换句话说，熊彼特严重伤害了他试图勾勒的平民政治式民主理论，因为他将其说成是一种更为严苛的认识论，而不是一套新的积极理想。

但是，这一失败并非全面性的。尽管熊彼特对于古典学说的勾勒确实包含着高度争议性的主张：关于共同善的形而上学、对人类本质的过高要求、关于人们支持民主制度的理由的过分限制，但是，熊彼特对于古典学说的思考还有第四个方面，它确实指向发展一种平民政治式民主的规范性概念的方向。这个方面与代议制民主制中的人民的本质相关，特别是与**民众权力的声音本体论**的问题相关。

如果我们重温一下熊彼特对于古典学说的总结——"民主方法是某种达成政治决策的制度安排，它通过个体的选举让人民自身决定争议，这些被选出的个体聚集在一起以便于施行人民的意志"，其中的核心主张（与那些让他受到指责的别的主张无关）是：人民自己通过个体的选举来决定争议。④ 在熊彼特看来，古典学说并不是将人民的权力理解为领袖的选择者这一最明显的功能形式，而是将人民的力量设想为形成实质性政治决策的力量，但实

---

① Medearis, *Schumpeter's Two Theories of Democracy*, 130 – 131.
② Pateman, *Participation and Democratic Theory*, 17 – 21; Medearis, *Schumpeter's Two Theories of Democracy*, 131 – 133.
③ Medearis, *Schumpeter's Two Theories of Democracy*, 129, 133.
④ Schumpeter, *Capitalism, Socialism, and Democracy*, 250.

际上决策是那些掌管政府职位的被挑选出来的少数人提出、辩论和通过的。如果说熊彼特的意思指的是人民决定了代议制民主中的每一项政策和每一项立法，或者如果说他指的是代议制民主总是服从人民，那么我们就歪曲了熊彼特对古典学说的解读中的这一因素。毋宁说，熊彼特在此描述的和他想要批判的是民众权力的声音模式——按照此种模式，民众权力（如果它存在的话）可以理解为一种立法的力量：即"服从人民"的根本意义是立法的输出必须与人民关于政体应当如何治理的意见、偏好和价值相一致。熊彼特对于民众权力的声音模式的批判不能被指控为反对的只是一个"稻草人"。正如我在第三章中所证明的，声音模式正是统一地规定了"传统的"或者"古典的"民主理论的东西。因此，如下说法并不奇怪：虽然关于民众权力本体论的这种争议并不是那些批判熊彼特对于古典学说的理解的民主理论家们通常会提出的，但是那些承认本体论论证的人更容易看到这个方面，而非熊彼特思想的其他方面。①

熊彼特尤其反对民众权力的声音本体论的哪个方面呢？按照熊彼特的说法，一个问题是：普通公民一般不会拥有明确的偏好和合理构造的观点，而这些东西在熊彼特看来对于把选民不仅看作领袖的选择者，而且同时看作法律、规范和价值的立法者来说是必需的。熊彼特认为：当普通公民超越了私人的和短期的关心转而去思考影响一般公众的政治问题时，就会发生一个重要的转变。熊彼特将这种转变描述为"减弱的实在感（reduced sense of reality）"。这种说法的含义之一是如下高度争议的主张：当公民们转向政治事务时，他们会变得缺乏能力，即他们在处理公共问题时欠缺那种在处理私人事务时所特有的责任感。但是熊彼特还澄清道：减弱的实在感所指的并不单单是能力的减弱，而且是"有效意志的缺失"。但是，这不仅指公民们在形成他们的公共的意见（与私人的意见相对）时，是欠缺小心和审慎的；而且指当普通公民参与政治时，他们对于该支持还是反对某种行动，更难以像处理私人事务时那样有着明确的观念。熊彼特是这样描述意志的缺失的："当然，人们有着自己的话语、有着自己的愿望、白日梦和抱怨；特别是，人们有着自己喜欢的和不喜欢的东西。但是，通常来说，这些并不等同于我们所说的

---

① Bernard Manin, *The Principles of Representative Government* (Cambridge: Cambridge University Press, 1997), 161 – 162, 225 – 226. Also see Gerry Mackie, "Schumpeter's Leadership Democracy", *Political Theory* 37 (2009): 141.

'意志'——有目的、负责任的行动的心理对应物。"① 政治从外面接近公民。政治事件和信息几乎总是在参与其中的个体之先就存在。熊彼特的理论基于如下洞见：不能认为普通公民是有意识应对他们遇到的事件和争议的。不仅选举被错误地认为在对一些政策进程进行立法，而且领袖的选择（熊彼特将此理解为选民权力的真正功能）也被错误地设想为是人民有意图地和自主地**选择**自己爱戴的领导者的机制，而非被设想为一个政治精英间的竞争性过程，在这个过程中，人民的角色是作为被赢取的奖励，而非作为被服从的最高统治者。② 因此，熊彼特对于民众权力的声音范式的批判并不局限于对此种声音模式（即认为某种权力实现于法律中）的民众权力的**对象**提出挑战，而且进一步对人民行使其权力的**器具**（作为通过选择行动让其力量得到展现的**决策性**实体）提出了怀疑。③

普通公民的"减弱的实在感"这种说法并不单纯是对于能力的断言，而且断言普通公民参与政治现象的意识程度并不高，但是，这种说法仍然是存在高度争议的，并且会受到基于近期的公民行为合理性研究所提出的众多反对。许多研究结果表明：公民并不需要明确成形的观点，就能做出确实推进他们自身利益的决策。例如，他们可以依赖于可信任的政治精英的提示并遵循本能做出常常有益于达成目标的反应。然而这一反面论证并不能够完全回应熊彼特的批判——因为他想要质疑的正是基本利益感的存在，而不仅仅是实现利益的能力；不过，认识到熊彼特对于民众权力的声音本体论还提出了第二种完全不同的批判，是非常重要的。不仅投票者通常并不用事先想好的关于政策的意见来介入政治，而且（**即便他们确实这么做了**），投票制度也并不能够提供充分表达意见的情境。即便假设一个假定的状况，在其中普通公民在代议制民主中关于大多数议题确实拥有着清晰的和在先的意见，民众

---

① Schumpeter, *Capitalism, Socialism, and Democracy*, 261. 中译本，385 页。
② 熊彼特赞同地引述了一位政治家的如下说法："商人不了解的是，正如他们在经营石油，我在经营选票。"（同上，285）这种对于选举权力的非决策性阐释——其所强调的是选举的过程和经验对于领导者的影响，而非所达成的最终决策——与韦伯的平民政治式领导者民主理论类似，并且正是大众民主政治论的核心。
③ 当然，可以想象一个对民众权力的声音本体论只进行部分性的批判的例子，即仅只挑战民众权力的立法性**对象**，却不对决策性**器具**提出怀疑。例如，性格政治学模型就认为投票者和选举更关心领导者的性格而非政策的决定，这可以看作这种对于声音模型的部分性批判。性格政治学模型对于现代民主政治影响的批评性概述，见 Anthony King, ed., *Leaders' Personalities and the Outcomes of Democratic Elections* (Oxford: Oxford University Press, 2002)。

权力的声音本体论也并不必然会由此出现:"即便个体公民的意见和欲望是充分明确的,并且,即便每一个按照它们行动的人都有着理想的合理性和随机应变性,但是这也并不能够推论出:用那些个体意志为原始材料通过这个过程所生产出的政治决策,可以令人信服地被称为人民的意志。"① 其中的部分原因现在已经逐渐为受到熊彼特启发的社会选择理论所熟悉,即存在着许多政治问题——特别是那些既与等级无关,也无法简化为是 - 非二选解答的问题,对于这些问题来说,很难将个体的偏好汇聚成为一个有意义的并且非武断的(更不用说非操纵的了)集体性结果。但是,熊彼特此处的论证也指向某种更为基本性的情况:即大众选民在其能够说什么这个问题上是高度受限的。普通公民很难有机会参与到立法决策之中。即便假设有着完全合理性的投票汇聚程序,间歇性的领袖选举(这是少有的、经常是二选的、并且选项通常已定)也很难将选民中的基本立法偏好传达出来。

熊彼特将这两种对于民众权力的声音本体论的批判——公民一般不会拥有明确的观点;以及即便公民拥有观点,选举进程并非是足以表现它们的器具——紧密关联起来。事实上,正是立法制定决策的有限范围,部分地解释了普通公民的减弱的意志。正如熊彼特所说的:"对于沉思国家事务的个体公民来说,这种(立法的)意志并没有发展的空间也没有任务可干。他是一个不可行的委员会——整个国家的委员会——的成员,这就是为什么他更努力于精通桥牌游戏,而非精通政治问题。"② 因此,熊彼特可以被解读为预见了近期作品中的政治观点,(如 Zaller 的观点)即将大部分大众选民缺乏明确意见与缺乏适合于拥有它们的语境联系起来。③

通过提出这些主张——普通公民参与政治的特征是削弱的意志;以及加在平民选民表达立法偏好这种能力上的制度局限——熊彼特明确了如下观点:他对于古典学说的批判(除了那些不太有力的看法之外)也是对于"人民"的批判,特别是,对于民众权力的声音模式的批判。熊彼特反对如下主张:人民(作为一个集体的普通公民大众)是一个**决策性**实体,通过选择潜在法律、规范和政策(作为政府的输出)来实现其权力。因此,熊彼特

---

① Schumpeter, *Capitalism, Socialism, and Democracy*, 254. 中译本,376 页。
② 同上,261。中译本,385 页。
③ John Zaller, *The Nature and Origins of Mass Opinion* (New York: Cambridge University Press, 1992), 74 - 76.

否认民主的经济概念（有人将他与此种经济概念联系起来①）。经济模型将公民（以及更为一般的"人民"）看作消费者，他们为了最大化自己预先存在的价值、利益、意见和偏好去选择候选人，而熊彼特挑战了这种经济概念，因为他论证将人民作为立法需求的一个外部来源是不正确的。通过提出这样的挑战，熊彼特也作为民主思想的历史学家做出了持久的贡献。尽管他的理论有着其他众所周知的弱点，但是熊彼特的如下主张在本质上无疑是正确的：民主的传统思考将人民主要作为表现性的和决策性的实体来理解，因为（正如我所说的）事实上在现代民主理论中有着根深蒂固的和广泛的将人民这样理解的倾向。

然而，即便熊彼特所做出的批判是正确的，仍然会遇到另一种重要的反驳：他的思想是一条死路。似乎这才是熊彼特理论的真正弱点，虽然并非必然的弱点。换句话来说，如果熊彼特是民主古典学说的激烈批判者，那么他在为古典学说提供一个替代物上却毫无建树。的确，**竞争**这个理想（熊彼特将之与他对于民主的思考联系起来）潜在地可以成为民主制和民主化的新理论的基础——假定竞争**不是**作为一种与"自治"这个传统价值相一致的经济的理想（政治家和政党之间的竞争最能够实现选民的政策利益），而是作为一种存在论的境况条件：即领导者经历并且忍受风险、不确定以及不得不面对挑战和争论的不可预测性。按照后面这种解释，人民对于政治的影响主要是作为一种引发-风险的力量（如此一来，比如说，选举就叫以被理解为将不确定性和不稳定因素施加给领导者，而非为其统治的合法性背书）；由此得出的结果之一就是，人民的赋权意味着尽可能多让领导者受到公共争议——并非只在选举日。但是，对于竞争的这一理解——以及更一般来说，熊彼特对于民主的正面贡献的理解——并没有被人们所把握。一方面，由于他提出了简洁重大的命题：民主无非是领袖选举的一种方法（因此并非最大化某些条件为民众赋权的道德理想），熊彼特自己妨碍了对其理论的这种理解。② 而当他居然论证说除了选举日之外，人民不应增加领导者身上的风险

---

① 例如，米勒（David Miller）将熊彼特和唐斯看作同一种经济模型的支持者（Miller, "Competitive Model of Democracy"）；另一个例子，可见 Amy Gutmann and Dennis Thompson, *Why Deliberative Democracy?* (Princeton, N. J.: Princeton University Press, 2004), 14。

② Schumpeter, *Capitalism, Socialism, and Democracy*, 242。当然，即便真的能够将事实与价值区分开，对民主的非规范性思考仍然不可能作为一种完全客观性的描述，因为"民主"的含义之一正是指这样一种政体：它被广泛地理解为在道德上优越于其对手，并且将道德理想注入政治生活之中。

时，他便进一步妨碍了这种理解。① 另一方面，受到熊彼特启发而使用竞争概念并用作进步式民主政治之基础的那些人，又倾向于对竞争做出常见的、经济的解读（竞争能够有效地提供给人民他们所需要的东西）——这一解读将人民假定为准立法性力量，并因此完全抛弃了熊彼特的观点：他并不将人民设想为在大众政治社会中的外部需求的一个来源。②

那么，熊彼特就像是施米特的镜像。如果说施米特实际上是通过求助于人民意志观念来发展平民政治论，那么熊彼特的理论则受困于相反的问题：他的理论所强调的主张是如此负面——似乎只是主张人民在立法、声音意义上的自治的不可能性——以至于我们很难看出熊彼特的进路到底支持何种正向的理想或者价值。尽管如坦诚性这样的理想在熊彼特的竞争观念中潜藏着，但是他并未发展这一理想。

诚然，施米特和熊彼特并不能够完全承担没能使韦伯的目光范式站住脚的责任。部分责任要归咎于韦伯本人，他从未将自己对于平民政治领导者民主的反思整合一体。然而，即便他们的贡献并不完善，相当片面，这些早期的平民政治论的理论家仍然指明了平民政治民主的潜在伦理可能性：用目光模式重塑民众权力，并从而将传统民主的自治理想替换为崭新的坦诚性理想。在重新发现了这一被遗忘的平民政治传统之后，我在最后两章中将进一步发展它，并展现出它如何可以被应用到现今民主之中。

---

① Schumpeter, *Capitalism, Socialism, and Democracy*, 295。
② 例如，明确汲取了熊彼特的思考的夏皮罗（Ian Shapiro）就试图最大化当代民主中的竞争，不过目的是为"消费者主权（consumer sovereignty）"服务。为了让政治制度更好地为选民的基本的、客观的利益服务，他喜欢那些让政治竞赛更具竞争性的机制——例如扩大反托拉斯立法以使得选举不再是双寡头式的。Shapiro 说目标是"增强严重衰弱的民主参与者的声音"。夏皮罗所忽视的东西是：竞争这种方式有可能在选民的潜在偏好、意见，或者已确立利益的缺席的状况下约束和节制领导者。鉴于夏皮罗对于竞争的消费式、经济式理解，毫不奇怪，只有基于政策的政治——而非性格政治（即，将领导者个体置于公开出场的严峻条件下），在其竞争论中（以及更一般地，在其民主论中）才是合法的："竞争是让政治家向投票者负责的引擎，但是如果要让它运转良好，他们必须愿意为了政策而非性格进行竞争。" Ian Shapiro, *The State of Democratic Theory* (Princeton, N. J.: Princeton University Press, 2003), 58, 74-76。

第六章　把坦诚性放在首位：
平民政治论与坦诚政治

> 一定要搞确定。给我亲眼所见的证据。
>
> ——莎士比亚：《奥赛罗》

6.1　平民政治的实践应用

当坦诚性——领导者不得控制其公共出场时的条件——成为平民政治式民主论的核心的关键标准时，会发生怎样的重大事情呢？我已经提示了坦诚性的某些方面。坦诚性是一种不同寻常的政治价值，因为它依托的是人民的视觉能力而非声音能力。故而，它是适应被统治的公民的关键性理想，这样的公民是政治的观看者而非决策者，而且与我们更熟悉的"公民统治者"形象不同，事实上反映了普通公民在当代大众民主中的日常政治体验。然而，尽管我们已经知道了这些一般性的特征，还是需要进一步讨论与坦诚性政治的实践运用的一些主题。最为重要的是这一问题：对坦诚性的承诺是如何产生一种与民主进步论的现存模式不同的民主政治的。具体而言，坦诚性是如何区别于这三种不同的、传统的民主价值的：商谈，参与，透明。因为这些传统的民主理想的支持者在一定程度上也会认可坦诚性（并发现坦诚性至少部分地蕴含于他们所选择的原则之中），所以有必要问：以坦诚性为首要原则——以坦诚性而非商谈、参与或透明为首要的民主理想——如何会引领平民民主派支持一种无法还原为商谈派、参与派和透明派所早已赞同的版本的新的民主概念的。在本章之中，我将讨论这个问题，并证明对坦诚性政治的平民政治式承诺是如何塑造出一种改革民主体制的新视角的。6.2 节到 6.5 节将探讨以坦诚性作为民主改革中的首要价值会产生何种后果，这一探讨通过分析当代大众民主的三种实践来展开：领导者竞选时的相互辩论，对领导者的公共质询，新闻发布会。6.6节则通过概括以坦诚性为首要原则的逻辑来总结整个论证。

6.2　坦诚性的含义：它为何不可还原为参与、商谈和透明

无论民主理论内部在视角上有何种多样性和分歧，可以有把握地说，很少会有民主理论家赞同缺乏自发性和真诚性的、事先安排好和演练过的公共表现。换句话说，大多数人都有这样的直觉：在其他条件不变的情况下，坦诚性是一个好事。这倒不是说这一直觉已经被民主理论内部的几大统治性的视角所明确主张——因为对坦诚性的珍视通常而言并未被人意识到和观察到，而是说，只要对众所熟悉的民主理想稍加考察，便能发现它们与坦诚性之新型理想有着密切的关联。如果我们审视一下三种这类传统的民主价值——商谈、参与和透明，便能看到它们以明显的方式与坦诚性相联系。

所以，比如以商谈为例，在大多数对商谈民主的论述中，坦诚性都作为一个重要方面隐含其中，以区分一个旨在相互理解的谈话和那些较为低级的社会合作形式，后者立足于共享的经济利益或是仅仅策略性的操控。很难想象一个真正的对话不包括诚实之个人规范和这样的体制性规范：参与者不得操控谈话的条件，而是必须放弃操控，必须倾听他人的诉求，让与自己对话者影响和改变自己的说法，以及一般而言投身于结果难料的过程之中。① 在商谈和坦诚性之间的这一关联可以在英国禁止在议会中宣读准备好的演说词的做法中看到。虽然说这一禁令的理由通常被理解为是为了最大化议会讨论的商谈性，这一规定也显示了商谈和坦诚性之间的紧密的、尽管未受到理论总结的联系。②

同样，坦诚性不仅内蕴于对商谈的大多数论述中，而且它还与参与论的目标有着重要的关联。虽然参与论者从定义上说就几乎全是反对仅仅观众身

---

① 关于坦诚性（或者真诚）对商谈民主之重要性的一个评判性概述，请参见 Elizabeth Markovits, "The Trouble with Being Earnest: Deliberative Democracy and the Sincerity Norm," *Journal of Political Philosophy* 14 (2006): 249-269，特别应注意注12。
② 有的观点认为，可以将英国议会禁止预先准备好的演说这一做法，看作对于商谈（而非也是对于坦诚性）的承诺。见 Robert E. Goodin, "Democratic Deliberation Within," *Philosophy and Public Affairs* 29 (Winter 2000): 91。

份的政治,做一名观众还是经常被视为通往更为充分的参与式公民生活的一个步骤。① 所以,既然坦诚性的公共表现更值得被观看——而且事实上更容易被观看到,坦诚性可以被视为迈出了追求参与式政治的一个重要的——尽管可以说是初步的——一步。更为深刻地说,当坦诚性揭示了常被隐瞒的公共政治败坏时,可以讲是实际上激发了最为积极的公民参与的形式。政治历史上充满了许多这样的案例,即领导者的坦诚性出场——尤其是那些表达了他们的临场发挥的言行的时刻——鼓舞了公民积极行动和参与的复兴。水门事件的录音带对这一现象提供了一个重要的例证。一个更为新近的例子是2006年的匈牙利总理吉尔桑尼(Ferenc Gyurcsany),他被录音到在对他的政党的一个闭门聚会谈话中承认:"显然我们在整个一年半、两年以来(对国家)说了谎话",而且更有甚者,他的政府"早上、傍晚、夜里"都在说谎以便赢得再次当选。后来这段录音被播放出去,引发了匈牙利公民行动的复兴,导致了成千上万的普通公民投身示威、抗议和共同聚会。②

最后,对透明的坚持也会相当地认同坦诚性。可以推断,领导者的公共出场的条件越是坦诚,则他们越有可能向公民们贡献有价值的知识和精确的信息。对于领导者控制他们自己公共形象的官样文章政治的主要批评之一就是:这样的政治从提供有关事宜的有用信息上看,是令人不安地空洞无物的。③ 体制性坦诚性所特有的遭遇类型和生动的互动更有可能帮助——或至少不会伤害——那些令政府行为走向透明并因而更负责任和积极回应的努力。

这些在坦诚性一方与商谈、参与及透明一方之间的关联,有助于解释为何人们直觉地感到坦诚性是一件好事情。不过,正如理解坦诚性与熟知的民主理想之间的关联是重要的一样,我们也有必要领会坦诚性自己的独特品

---

① 例如,参见 W. Russell Neuman, *The Paradox of Mass Politics: Knowledge and Opinion in the American Electorate* (Cambridge, Mass.: Harvard University Press, 1986); Lester W. Milbrath, *Political Participation: How and Why Do People Get Involved in Politics?* (Chicago: Rand McNally, 1965), 16–17, 22, 39。

② Kate Connolly, "Hungarian Leader Defies Resignation Calls Despite Second Night of Protests," *Daily Telegraph*, September 20, 2006, news section, 14. 我们也可以用一种更正向的方式设想:显示出非同寻常高贵或者英勇品质的坦诚性也会激发更多的公民投身到政治行动中。感谢 Nancy Rosenblum 在这个观点上对我的启发。

③ 例如,可见 Jürgen Habermas, *Structural Transformation of the Public Sphere: An Inquiry into the Category of Bourgeois Society*, trans. Thomas Burger (Cambridge, Mass.: MIT Press, 1989),第6–7章。

性,即为什么对坦诚性的坚持不可以还原为这三种传统愿景。我们在用一些实际中的例子详细阐述这一不可还原性之前,应该首先概要地说明一下为什么坦诚性是与众不同的。

坦诚性与商谈不同,因为坦诚性并非一定旨在寻找对于共同利益相关的事务的集体理解。进而言之,虽然商谈通常需要某种坦诚性之要素,坦诚性却可以在没有商谈的情况下出现。在非商谈性的竞争场景中,会出现双方都未控制的来回对话,但是同时这里面并没有多少合作、交互尊重或者达成理解的愿望。① 另一个不同是:坦诚性通常发生在公共场面的处境中,而这被有些商谈论者看作内在地就排斥商谈的处境。商谈民主论者总是离开少数人(在大众民主中拥有巨大的、不成比例的权力的领导者)的大场面政治,转而关注在低级别的立法者和普通公民中间的更多商谈的潜在可能性;然而平民政治论的坦诚性价值与这一倾向不同,恰恰运用在那些国家中最为有权势的决策者在公共舞台的出场上。

同样地,坦诚性与参与也绝非一回事。就坦诚性适用于领导者在公共舞台上公开亮相的条件而言,它就脱离了不那么著名的公民们的小规模政治行为。那些严肃看待这些行动的力量并希望扩展之的参与政治论者对于领导者的公开亮相之论题就不得不含糊其词了。平民政治论者所感兴趣的三个实践领域——诸如我在本章所分析的三个场景:领导者竞选辩论,公开质询,新闻发布会——无疑会让许多参与民主派感到对于民主的追求实在无关宏旨,因为它们无助于最大化普通公民的政治声音及其追求积极政治生活的能力。然而正是在这里,在这民主的所谓边缘地带,在涉及限制领导者对自己公共出场的控制而非涉及促进大众的立法权能的场景中,一位平民政治论者找到了民主进步改革的最有希望的场景。

如果说坦诚性无法还原为商谈和参与是不难理解的,那么坦诚性与透明性之间的区别就不那么明显了。二者的区别是:透明性是非人格性的,涉及的是事实、信息和知识——这都是那些决策者希望了解的事情。如果一个人被描写为"是透明的",那只是就其与某些特定的公共议题或问题的关联而言。一个政治事件自身并非透明的。然而坦诚性,尤其是当它从体制角度定

---

① 非商谈性对话(发生在不想要达成共识的敌人之间的对话)的概念通常不为商谈论民主派所认可,他们认为对话就是要达成共同看法、或者协作地处理冲突。然而,在下面这本书中有对冲突型对话的认可,见 Susan Bickford, *The Dissonance of Democracy*: *Listening*, *Conflict*, *Citizenship* (Ithaca, N. Y.: Cornell University Press, 1996),特别是 16 – 19 页。

义的时候，指的是一位领导者的公共露面的条件不被其本人所控制的程度。对于坦诚性而言，人格要素是关键性的——因为恰好是这个个体与其公共出场的关系决定了坦诚性的程度。所以，如果说透明性追求的是真理的话，那么坦诚性追求的是自发性和富于事件性，这虽然与真理的追求有关，但还是不能说是同一个东西。

总而言之，可以说坦诚性是一种同时大量地分享了我们所广为熟悉的参与、商谈和透明的民主价值的理想，同时又无法还原为其中的任何一个。所以，将坦诚性放在首位，可以导出一种独一无二的民主进步论。为了阐释这一独特性，下面我将讨论三种实践性范例：领导者竞选辩论，对领导者的公共质询，新闻发布会，由此看出将坦诚性放在首位会使得我们在理解和追求民主的方式上发生怎样的实质性变化。

6.3 领导者竞选辩论

从平民政治论和坦诚性政治的角度看，领导者在电视上的辩论——比如美国政治中的总统竞选辩论——乃是一种特别重要的政治机制。这些辩论是非常适合坦诚性所依靠的评判性理想的处所。在这些辩论中，候选人不得控制他们公共表现的条件，或者至少比通常情况下更少控制。所以，在这些辩论中隐含了内在的风险成分。由于现场电视直播可以向有时是几亿观众播出，参与者身上承受了异乎寻常的压力，他们知道一个小小的出错就会导致重大的后果。① 使得这些辩论风险重重的一个原因就是它们本质上就充满了冲突，如果不是说充满了战斗的话。对于一位候选人来说，这些辩论很可能构成了四年来他所经历到的最强有力的攻击。② 候选人必须应付对手的批评，以及来自提问者的潜在的困难质询。再者，坦诚性的意义之一就是要产生特别的场景，以某种非同寻常的（因为没有设计和演练过）方式向公众展示领导者和候选人。这些辩论正是要干这事，产生许许多多的难以忘怀的政

---

① 最高法院是这样描述总统辩论的："选战过程中绝大多数美国公众将注意力聚焦在选举上的唯一一个场合。"*Arkansas Education Television Commission v. Forbes*, 118 Sup. Ct. 1633, 1640 (1998).

② Alan Schroeder, *Presidential Debates: Forty Years of High-Risk TV* (New York: Columbia University Press, 2000), 45–46, 95.

治时刻。① 作为压下了巨大赌注的、在海量现场观众面前展开的竞争性事件,这些辩论是向当代民主生活中注入坦诚性的精彩场合。

不过,尽管这些辩论有着作为在竞选政治中产生坦诚性的潜在特别能力,很明显这些辩论的坦诚性程度还可以不断改善。一位平民政治论的改革者可以发现候选人对辩论保持实质性控制的许多方式。举例来说,在美国,并不存在必须举行辩论的法律明文规定。所以,在 1964 年、1968 年和 1972 年,没有举行任何辩论。而且,尽管 1976 年以来辩论的举行基本上成了体制化的活动,诸如辩论的次数和结构这样的关键性问题却日益落入候选人自己(或是他们所代表的党派)的手中,而非由具有独立权力与权威的中立机构来掌握。事实上,对坦诚性的充分实现造成最大阻碍的(以及可能严重影响了坦诚性在近些年来的衰退趋势的)便是,自从 1988 年以来,辩论的举行就一直操控在两党制的总统辩论委员会(CPD)的手中,它关心的是两位主要候选人的利益。② 在 CPD 的管理下,两党之间从不公开的谅解备忘录决定了辩论的每个方面,挑选互相认可的仲裁人和讨论小组成员,讲台的细致设计与结构,以及最为重要的辩论的流程形式。③ 正如一位评论者所说的,这些辩论具有"小步舞那种仔细谨慎的自发性"。④

候选人对辩论的操控安排之所以是成问题的,不仅是因为它违背了坦诚性的抽象原则(领导者不得控制其公开出场时的条件),而且在于这样的安排的显著后果就是候选人串通起来限制这些辩论本身的坦诚性。从平民政治论的角度看,最为坦诚的流程格式就是让候选人直接相互辩论,向对方提出

---

① Robert G. Meadow, "Televised Campaign Debates as Whistle – Stop Speeches," in William C. Adams, ed., *Television Coverage of the 1980 Presidential Campaign* (Norwood, N. J.: Ablex, 1983), 91:辩论"为观看者提供了一个观看'历史'的机会,无论这指的是这个事件本身是历史性的,或者指的是候选人可能说错了话、磕磕绊绊,或者总之表现得不像一个合格的总统"。关于总统辩论中那些令人记忆深刻的时刻的概述,见 Schroeder, *Presidential Debates*, 39 – 40。

② George Farah, *No Debate*: *How the Republican and Democratic Parties Secretly Control the Presidential Debates* (New York: Seven Stories, 2004), 7, 10, 及文中各处。CPD 在候选人的控制之下,这一事实也可以从多尔(Bob Dole)在 1996 年总统竞选时的竞选主席里德(Scott Reed)的如下话语中看到:"委员会会做你告诉他们要做的事情"(引自同上书,10)。

③ 见 Sidney Kraus, *Televised Presidential Debates and Public Policy* (Mahwah, N. J.: Erlbaum, 2000), 43, 142; Farah, *No Debate*。

④ Lou Cannon, *Reagan* (New York: Putnam, 1982), 297。

第六章 把坦诚性放在首位：平民政治论与坦诚政治

质询问题，相互审查，每一方都要求另一方对所说的话负责。这一格式会给候选人施加最大的压力。它会引发最具有冲突性的竞争。它能产生最大的风险。而且这样格式的结构是最难以预测和控制的。但是候选人串通起来一再抵制这一格式。① 在1960年，候选人拒绝电视网对交互质询的建议。在1976年，面对候选人对相互辩论的类似拒绝，三位在最终辩论中担任小组讨论成员的记者密谋使得候选人在广播中相互冲突，迫使他们违背自己的意志相互质询。小组成员的这个计划后来因为技术差错而未能实现。② 在1980年的辩论中，辩论的无党派发起者"妇女投票人联盟"施加了强大的压力，于是候选人一开始时不得不同意相互质询，但是在最后一分钟的谈判中还是取消了这一规定。在1984年，最终同意了交互质询，但是结果却并没有发生。③ 自从1984年以来，辩论的格式一直是由两党之间谅解备忘录所决定的。这些共识不仅禁止候选人对候选人的质询，而且还趋向于禁止其他有助于坦诚性的格式，比如讨论小组成员及仲裁人随后的提问，延长的回应时间以及更长的辩论。在2008年，确实从官方允许了交互质询，但是双方候选人都没有选择启用它。尽管有某种辩论比完全没有辩论，要对民主更有益，现存的格式——在推行坦诚性上的深刻限制——的缺陷还是使许多批评者质疑这些辩论的正当性。④

所以，在辩论上存在着这样的含混性：一方面，它们属于民主政治中最坦诚性的事件；另一方面，它们离坦诚性理想还差得很远。候选人在三个意义上操控着辩论格式，他们用这一操控对辩论所取得的坦诚性施加结构性限制；他们通过CPD隐藏这一操控。CPD是一个两党制的（而不是非党派性的）机制，旨在服务于两位候选人的利益，而非服务于作为一个目光实体的人民的利益。

平民政治论者会推动辩论中出现更多的坦诚性，这是不难理解的。需要解释的是，这一立场如何使得平民政治论与民主理论中的其他视角区别开

---

① 克劳斯（Kraus）报道说："候选人不愿意进行相互质询。既要冒着被视为故意纠缠对手的危险，也可能会留下总统受到攻击的印象，这两个原因使得候选人不愿意进行短兵相接的辩论。"(Televised Presidential Debates and Public Policy, 42)
② Farah, No Debate, 85–86; Schroeder, Presidential Debates, 131.
③ Farah, No Debate, 86.
④ 例如，可见 Daniel Boorstin, The Image: A Guide to Pseudo-events in America (New York: Harper and Row, 1964), 41; Kraus, Televised Presidential Debates and Public Policy, 147; Schroeder, Presidential Debates, 22–23。

来。因为辩论中坦诚性的缺乏也是其他的主流民主理想——商谈、参与和透明——的支持者会承认和批评的。比如，参与论者就会赞同更多的坦诚辩论，只要它们被证明能更好地在广大人民当中产生对政治的兴趣，或是向那些已经对政治有兴趣的人民提供做出合理选举决策所需要的信息。相似地，一位商谈民主派也会愿意看到候选人之间真实的对话，并因此会赞同平民政治派认为有助于坦诚性的许多体制结构。平民政治派所反对的舞台表演和串通合谋也可能会被商谈民主派所拒绝，因为这无助于理性对话的出现。① 最后，对透明性感兴趣的民主派会将坦诚性的辩论看作更有可能向公众提供人民有效统治所必需的那些信息。目前的做法——这使得候选人可以规避问题——阻碍了人民发现真理和确定责任的能力。②

正如我已经论证的，一个平民政治派对于总统竞选辩论的态度不仅要求更多的坦诚性，而且将坦诚性放在首位，也就是说，放在其他为人熟知的民主理想的前面。将坦诚性放在首位会导致一些将其他理想放在首位所不会带来的实践差异。

比如考察一下从参与民主派的角度所了解的辩论。虽然参与论者承认辩论有可能在广大公民当中产生对政治的兴趣和积极参与，但是参与论者与平民政治论者对于这一制度的理解有两个区别。一个就是强调或者相关性的问题。从参与论者的角度看——事实上从大多数民主理论的角度看，辩论作为一种政治形式，内在就有限度，因为普通公民都被限制在观众的位置上。根据这一主导性的视角，辩论与选举日相比就苍白无力了，选举日被许多人更为看重，正是因为选举人摆脱了自己日常的观众身份并通过一个罕见的决策时刻表达自己。一旦选举日被确证为典型的最高级民主事件，政治科学家就不由自主地感到辩论只是平淡的、边缘化的和肤浅的。③ 然而，对于平民政治派来说，辩论是目前组织起来的选举过程的高潮时刻。让我们想想平民民

---

① 正如法拉（Farah）对于商谈派地位的如下总结，这毕竟是大多数针对辩论所作批评的一个重要方面："学者、批评家、公民领袖和记者认为：允许跟进的提问、增加回应的时间、禁止候选人选择仲裁者、强迫候选人之间进行交互质询，以及混合使用以上安排，将会极大地提升辩论对话的品质。"（Farah, *No Debate*, 90）

② 例如，克劳斯认为，提升真实性是（而且应当是）辩论的理想方向（*Televised Presidential Debates and Public Policy*, 31）。

③ 最具代表性的是政治学家泡珀金（Samuel Popkin）的如下说法："辩论之于选举如同条约之于战争。它们只是让在战场上已经达成的结果生效。"引自 Ronald Brownstein, "Pressure Is on Bush for First Debate," *Los Angeles Times*, October 11, 1992, news section, A1。

第六章　把坦诚性放在首位：平民政治论与坦诚政治　　209

主的奠基性理论家韦伯，他建议在选战与投票之间重新梳理其优先性，以便使得选战不再是为了选举投票，而是让投票服务于选战。平民政治论者将这一逻辑运用于辩论中。对于平民政治论者来说，辩论并非首要地是获得一个信息更充分的投票选战的工具。相反，它们被视为具有内在意义。确实，从政治景象的立场看，辩论是民主过程中最为稀少和最为高尚的事件。① 其次，而且无疑是最为重要的，平民政治论者与参与论者的不同还在于如何看待辩论应当首要地采取何种格式的关键问题上。参与论者会赞同包括人民以直接的和声音的方式参加的辩论结构，比如普通公民可以向候选人问问题的市政厅格式。由于政治文化中普遍流行的参与论气氛，毫不奇怪1992年的第一次市政厅辩论被称作"人民的辩论"。从平民政治论的角度看，这种把人民等同为市政厅听众（即参与在市政厅格式中的那些提问题的、利益涉入的、关注议题本身的个人群体）的做法是成问题的，这不仅是因为有理由怀疑听众们有多大的代表性，更为关键性的是因为对于民众权力的这种声音化的模式思考会阻碍目光式改革思路和对坦诚性的承诺。② 正如我们已经说过的，最为令平民政治论者满意的格式是候选人之间的直接交锋，因为这一格式能最佳地达到冲突、自发和压力，从而挣脱候选人本人对辩论的控制。然而，这一格式必然要依靠听众以及其他人民声音的代言人（比如讨论小组成员和仲裁人）的沉默。平民政治模式将"人民"等同于"候选人必须相互交锋"的抽象要求，因此它就与传统的、更为投身的民主模式不同了，后者将人民视为表达对实质性议题和政策的意见与决定的一种声音式存在。故而，这就是一个选择是用声音的还是目光的本体论对人民进行概念把握，将会在如何理解民主改革上带来真实可见的差异的例子。

其次，就商谈论而言，我们也可以指出它与平民民主视角的不同。对于商谈论民主派来说，辩论是政治对手进入商谈对话的一个机会：以合作的、相互尊重的、真诚的精神讨论各种议题——或者至少是倾听竞争者的相反立场的观点。③ 虽然平民政治论者会期待辩论有助于而非干扰候选人之间的商

---

① 施罗德（Schroeder）的如下说法表达了类似的观点："在电视景观之中，唯有辩论带着公民德性的光环。"（Schroeder, *Presidential Debates*, 206；也可见 Farah, *No Debate*, 1）
② 关于市政厅听众的非代表品质，见 Schroeder, *Presidential Debates*, 146。
③ 关于倾听作为商谈的一个更为现实的、而非旨在达成一致目标的相关论述，见 Bickford, *Dissonance of Democracy*。关于商谈可以作为一个处理分歧、而非达成一致的概念，见 Amy Gutmann and Dennis Thompson, *Democracy and Disagreement*（Cambridge, Mass.：Belknap Press of Harvard University Press, 1996）。

谈沟通，从商谈对话的角度理解辩论，从平民政治论的角度看还是误导性的。商谈典型地发生于同意一道去做出决策的平等人之间，而非发生在拥有超常权力谋取胜利的个人当中。但是，在一场总统辩论当中，从任何意义上都不能说候选人是在合作的、互相尊重和体谅的条件下一道工作。目标并非获得对共同利益的理解，——或甚至是细致描述令共同体内部对立的分歧，而是使用任何看来最有助于选战获胜的手段去压倒他人。[1] 这样的竞争有可能发生在理性对话的层次上：说话者具有最为清晰的观念和最能说服人的政策，对当下的议题有最佳的把握。在这样的情况中，赢得辩论或许可以说是接近于在商谈对话中做一位优秀的参与者。但是没有理由认为这一标准将会或者曾经在事实上指导辩论中的对手们。相反，辩论者们竞争的可能是谁显得更为"像一位总统"，或是最为放松，或是最为机智，或是被对手的行为最为伤害的。也就是说，辩论更加是一种形象塑造的策略性过程，而非达成关于政策和议题的一致意见的商谈过程。具有商谈论色彩的评论家之所以质疑辩论，正是因为它们无法达到实质性的讨论，而且充满争战和表演性。比如，从1960年的第一次总统竞选辩论的电视转播以来，亨利·斯蒂尔·康马杰（Commager）就反对广播，因为这种形式让"巧言如簧、回避实质、教条独断、戏剧化表演"压倒了"政治讨论中的真诚、合乎法理、清醒、诚实"。这个感觉后来一直被较为晚近的评论家所重复。[2] 然而，平民政治派却更关心辩论的激烈竞争性而非所竞争的议题。最为重要的是领导者不得控制这一事件，而非要求他们对某一特定议题或政策进行全神贯注的讨论。

最后，平民政治派与透明坚持者在辩论上的区别也需要被强调。那些对透明性感兴趣的人将辩论理解为一种提供关于政府的真实信息的手段。从这个模式看，候选人理想地说应该告知选举人各种议题的信息，并且尽量讲清楚如果自己当选则将计划做什么事情。平民政治派在有限的意义上也期待辩论能产生精确信息之副产品，即观看者在看了一场辩论之后很有可能对各种

---

[1] 因此，在对辩论的本质进行思考时，总统候选人蒙代尔（Walter Mondale）这么主张道：辩论与商谈性对话毫无相似之处。毋宁说，辩论存在于"人们记忆尤深的这个环境中：战斗。这不是发表演说，而是真正的战争"（Walter Mondale, interview by Kevin Sauter, March 31, 1999; cited in Schroeder, *Presidential Debates*, 202）。

[2] Henry Steele Commager, "Washington Would Have Lost a TV Debate," *New York Times Magazine*, October 30, 1960, VI – 13. 也可见 Boorstin, *The Image*, 43 – 44; Harvey Wheeler, "The Great Debates," in Earl Mazo et al., eds., *The Great Debates* (Santa Barbara, Calif.: Center for the Study of Democratic Institutions, 1962), 15.

议题和选举决策更为心中有数——而非被欺骗和更糊涂了。然而，对于平民政治派来说，一场辩论的目的不是信息的真实和准确，而是竞争与坦诚性。换句话说，在辩论中传递出来的与其说是关于政策、议题和选举纲领的那些非个人性的信息，不如说是候选人本身的个人品格。评论者对于辩论中究竟显露出了何种个人品格的解释是不同的，他们用了诸如姿态、面部表情真诚、态势、表演性、反应迅速、有准备或是组织性等概念。① 无论这一对品格的检验是如何规定的，最本质的要点乃是：平民政治派把辩论理解为是在展现人格，而非展现议题。一个较少地对候选人施加压力而较多地关注获得信息的格式——比如候选人被掌握信息的记者所质询——或许更有助于获得透明，但是并不一定是最坦诚的格式。

总而言之，可以说平民政治视角对于总统竞选辩论研究提供了两个东西。一方面，一个平民政治改革者清晰地知道这些辩论的合适格式是什么：领导者相互交锋。另一方面，平民政治派比常人更为看重辩论的意义。辩论并非选举性的，即与作为一种声音的、立法的实体的人民没有什么关系，但是它们还是可以向作为一种观众的人民提供某种有价值的和令人满意的东西。辩论与公民-观众的联系通常被视为一个缺点，但是在平民政治派看来，正是这个方面使得它们有价值。确实，可以说辩论——作为一种领导者以相对的坦诚性出现在大群听众面前的体制性结构——一般而言是平民政治进步论的原型。

6.4 调查与审讯

作为为一种平民政治论的进步主义奠基的体制性价值，坦诚性指的是尽量增加领导者的公共出场不得被自己完全控制的场景——这样的场景就容易发生风险和公共对抗，从而可能向政治生活提供某种现场时间感（momentousness）。公共质询，即对领导者的调查、审讯和可能的惩罚，是坦诚性的展开处所的一个主要范例。与总统竞选辩论一样，对领导者和高官的公共质询是一种几乎不会被人反对的实践。存在着一个广泛的共识：没有人在一个组织良好的自由民主社会中是高于法律之上的，而且必须有惩罚违法的领导者的机制。有关公共质询的问题并非它们是否应当存在，而是它们应当怎样

---

① 见 Schroeder, *Presidential Debates*, 202, 205, 210, 211。

安排和组织。

平民政治论之所以寻求最大化公共质询，是将其作为一个更一般的努力的一部分：增多领导者在不被领导者所控制的条件下暴露在公共凝视面前的机会。我在第五章讨论过韦伯对魏玛宪法的建议，这是那种能够满足平民政治的政策的范例。韦伯建议说，只要议会中很小比例的少数人，百分之二十的人，就足以发起一场公共调查。而且他论证反对将这一权利限制在国家立法机构中，并建议将其延伸到地方议会，甚至仅仅构成了地方选举人的百分之十的群体的请愿也可以发起公共调查。① 这样的制度，后来最终没有在魏玛宪法中实现，本来能有效地降低调查领导者的限制。所以，虽然韦伯对公众表达了自己为公共生活的规范与条件立法的能力极度怀疑，他确实认为实质性地扩展公众观看和监视的能力是完全可能的和值得去做的。

韦伯所建议的，事实上是将发声（或立法）的权利这一方，与观看的权利的另一方，明确地划分开来。政治理论中的通常倾向是将这两种权利等同起来，从而将同样的权力标准运用到二者身上。换句话说，通常的程序是让有权立法和批准法律的议会大多数同时也控制何时调查领导者并向其施加充满竞争与风险的特殊公开出场形式。比如，在美国，大家公认立法机构的多数派控制所有的委员会，从而控制所有的调查。② 当然，其他自由民主派主张某种不同的规则，有的也在一定程度上区分监视权和立法权。③

布鲁斯·阿克曼在最近一部关于紧急关头的权力的著作中，打算将监督与立法区分开来，他建议"各反对党的成员应当在监督委员会中确保得到大多数席位。少数派控制意味着监督委员会将不会成为行政权的走狗，而是社会的看家狗"。④ 阿克曼将这个建议限制在紧急情况，比如发生了恐怖分子攻击之后。阿克曼的逻辑是：紧急局面不可避免地会赋予行政分支超出常规

---

① 见 Wolfgang Mommsen, *Max Weber and German Politics*, 1890 – 1920, trans. Michael Steinberg (Chicago: University of Chicago Press, 1984), 361; also see 360 – 370。
② 存在着一个不合此规范的例外情况：负责调查伦理行为的众议院委员会是两党成员共同组成的，每一个党派都有同等的代表席位。见 House Rule V (a) (3) (A)。在参议院中，平等是通过习俗惯例来维系的。
③ 德国的传统是执政党仅只能够是监督委员会的少数派。而对于英国来说，即便国会下院赋予多数派相当大的权力，政府给予少数派十个左右的席位也是很常见的事。Bruce Ackerman, *Before the Next Attack: Preserving Civil Liberties in an Age of Terrorism* (New Haven, Conn.: Yale University Press, 2006), 85, 190.
④ 同上，85.

第六章　把坦诚性放在首位：平民政治论与坦诚政治

法律的权力，并从而危及公民自由，这也是务实的和可以理解的；但是，正是因为这样的权力是例外的和危险的，就要求议会对行政权进行更为强化的监督。平民政治论者将这一思路的逻辑扩展到日常民主政治上，将紧急局势普遍化，包括日常政治经验。阿克曼的建议隐含了一种常规局面，此时领导者或多数党的政治合法性保护自己不被强化的监督所控制，平民民主派则因为无法确定政治体系的充分合法性（不能确定它是否真的建基于大众意志的毫无分歧的表达之上），坚持赋予少数派甚至在一个所谓正常局面下启动调查的权力，并因此强化了对领导者和高官的监督的程度。

平民政治论的建议就像韦伯的或是阿克曼建议的一个扩展版本，它带来了某些有待处理的困难。降低公共质询的门槛的一个后果就是官员和政治家会不断被召唤到公众面前，承受内在地充满敌意的调查。这一处境与把调查当作服务于一种目的（尤其是纠正不义或过犯）的手段的正统观点是冲突的。换句话说，通常的假设是政治调查和审讯应当被限制在固定的和相对客观的标准上，即起诉罪行。在像美国这样的国家中，由于历史上发生过诸如麦卡锡审讯之类的反自由的调查，人们尤其难以接受那些超出对纠正犯罪与不义有明显必要的调查活动。然而，平民政治论尽量增加调查活动的吁求却会使它们扩展越出这一有限的范围。也就是说，会有许许多多的调查和公共审讯，其中却很少有具体的犯错行为，或是即便有人提出有这样的行为，也还是很有争议的。于是，平民政治论者就必须解释为何调查的最大化是有道理的。推广超出（并且无关乎）纠正错误所必需的调查行动，或许会引发它可能对社会施加毫无必要的危险和不稳定性的指责。此时，平民政治论派如何为自己辩护？

提议最大化超出改正真正的伤害与过犯所必需的最低限度的调查与审讯，这通常会让人感到担忧，而这一担忧很可能被传统民主的价值即商谈、参与和透明的支持者所重申。就商谈而言，不仅公共调查的机制经常敌视商谈的精神——它涉及的是敌对而非合作，策略与操控而非沟通行为，立足于个人而非立足于议题，而且这类调查搞多了还会使人们的注意力与时间都离开那些更为商谈性的场景。相似地，参与论者会怀疑搞审查，因为它使人们的注意力从人民的"真正"事务——为公共生活的条件自我立法——转移开来。根据这一逻辑，审查与调查的风险是通过对某些个人的重要性的过分强调和对日常行动的平凡但却本质性的贡献的忽视而"满足并愚弄"人民。从透明论的角度看，虽然这些审查或许潜在地能够对政府作为提供相关的信息，但是它们绝非达成这一目的的最有效手段。著名的审讯，诸如对沃伦·

黑斯廷斯（Warren Hastings）、安德鲁·约翰逊（Andrew Johnson）、比尔·克林顿的弹劾，对于增加公民行动所需要的信息并没有做出什么值得一提的贡献。对领导者的调查与审讯与其说是产生信息的过程，远不如说是让领导者在公共舞台上暴露肝胆（当然是比喻意义上的）的一个机会。

本杰明·贡斯当，19世纪早期的法国自由主义理论家，提出过一个非常有用的蓝图，建议如何规划扩展公共质询，并描述了这些质询应该服从的原则。虽然贡斯当对公共质询有许多态度——这使得他对这一主题的最终态度难以为人所知，① 他在其充满启发的著作《适宜于所有代议制政府的政治原则》中的提议，展示了可以被视为有关公共调查和审讯的原初性平民政治派理论。贡斯当表达了平民政治论的基本洞见：公共质询的根本宗旨并不在于它的防护性的、纠错性的功能（即使违法者得到正义惩罚），而在于有能力令政治和领导者的行为更为公开化，并因此服从于公共目光的要求。比如，贡斯当写道，对于部长们的公共调查满足了两个不同的目的：不仅只是"剥夺有罪部长们的权力的纠错性功能"，而且通过代表们的警惕观察、他们辩论的公开化以及用以分析所有行政部门活动的媒体自由活动，而"在国家中保持质询精神的活跃"的特定政治功能，这是一种对捍卫国家宪法的习惯性的兴趣，对公共事务的不断参与，总之是一种生动活泼的政治生活意识。②

贡斯当的意义不仅在于他承认了"质询精神"和警惕观察无法还原为纠错之目标——他认为调查对于民主的帮助可以满足和提升政治观察者的地位，而且在于他还仔细通盘考虑了质询活动的结构方式的所有后果，如果这些质询的目的不限于惩罚罪犯，而是还希望能向人民提供值得观看的政治事件的话。贡斯当最为重要的贡献是他的这一洞见：任何对于扩展公共质询的吁求都必须同时坚持，这样的质询必须不是按照罪犯审讯的模式，而是作为一个完全政治性的过程来进行。换句话说，对调查的最大化所要求的是发展一种新型的调查格式，它对自己与刑事法庭格式的差别有着充分的自觉。这一全然是政治性的公共调查将由四个原则指导。

---

① 见 Mary S. Hartman, "Benjamin Constant and the Question of Ministerial Responsibility in France, 1814–1815," *Journal of European Studies* 6 (1976): 249: "对这样一位观点明确的作家和英国体制的狂热崇拜者来说，贡斯当似乎是蓄意地模糊他对于内阁责任的分析。"

② Benjamin Constant, *Principles of Politics Applicable to All Representative Governments*, in *Political Writings*, ed. Biancamaria Fontana (Cambridge: Cambridge University Press, 1988), 239.

第六章 把坦诚性放在首位：平民政治论与坦诚政治 215

首先，贡斯当严格区分了普通公民和领导者（政治家，部长，或者高官），并论证质询只限于针对后者。这一要求从一开始就排除了对普通公民进行过分的和毫无根据的国家审讯的那种麦卡锡主义恐怖。普通公民不够被公共质询的资格，不过如贡斯当所观察到的，他们"服从其他的程序，受其他的法官的审讯"，这也就是说，他们的审讯遵循正当程序的常规要求，并且出现在一个远非全国公共出场的公共场合中。① 然而，领导者"与社会订立了完全不同的契约。他们为了获得荣耀、权力或财富而自愿接受了庞大复杂的功能，构成了一个紧密的、难以观察的统一体"。② 贡斯当所描述的专门的政治形式的公开调查和审讯是特别适用于这些精英人物的。

其次，将政治调查和审讯与刑讯模式区分开来还意味着不执行针对普通公民的日常法律中的那种常见规定：经受调查或审讯的领导者只服从已知的、成文的法律。一方面，撤销对政治审讯的先前法规的要求确实有纠错作用。贡斯当论证说，领导者常犯的政治恶行的一个特点就是不容易被具体法律覆盖或是归结为一个法律所适用的单一罪行。③ 领导者能够制造先前法律还没有预见到的"大恶"；而且，领导者的犯罪通常并没有伤害某个具体个人，所以个人通常缺少动机发起公民行动。④ 因为这些理由，最好是以一般性的方式审讯领导者，而不是局限于使用某个具体的条规。⑤ 另一方面，将政治审讯与法律分离开来还有助于平民政治论最大化调查的数量的宗旨的实现。对领导者提出控诉和起诉的人不必限制于诉诸先前存在的法规，而是可以有很大的空间规定所起诉的罪行的性质。所以，将调查过程与司法模式分离开来，势必会导致增加公共质询和调查的数量。

再次，可以推知，具有这种特殊的政治色彩的公共质询完全有可能有某种随意性的成分，尤其是与普通的司法审讯相比较时，因为后者最为关键的特征就是精确地规定和起诉罪行。贡斯当承认这一随意性成分是不可避免的后果，如果赋予进行调查的议会以规定过失和纠正方式的自由裁量权的话。但是，他也论证说这当中的潜在破坏性可以被控制。贡斯当论证道，缓解质

---

① Benjamin Constant, *Principles of Politics Applicable to All Representative Governments*, in *Political Writings*, ed. Biancamaria Fontana (Cambridge: Cambridge University Press, 1988), 241.
② Ibid., 240.
③ Ibid., 235, 240.
④ Ibid., 230.
⑤ Ibid., 240.

询的随意性成分的一个关键,并非是限制起诉的能力,而是提升它并使其公开化。"不过脑子的呐喊,毫无根据的指控,自己就会逐渐消失;它们会损耗自己的可信性,并最终因为判断和减弱它们的意见的效果而消失殆尽。它们只是在专制集权或是缺乏宪政制约的大众煽动体制中才具有危险性。"① 作为一种缓解审讯调查过程的潜在滥用可能的方式,贡斯当还提议道,有权决定这些案例的机构必须与大众意见隔离开来,能够自由地追随自己的成员的良知;他建议说英国上议院可以作为一个潜在的范型。这就强调了对人民观看能力的扩展应该与其审讯与决定的能力区分开来。这些审查应当公开给所有人观看,但是应当由少数精英来主持。贡斯当诉求作为对扩展调查权的主要正当性证明的公共"参与",因此具有一种纯粹的观看性质。它并不要求对后果的实际控制。无论如何,在这样提议时,贡斯当所思考的是这样一种场景:在起诉的数量和最终定罪的数量之间将有巨大的差异:"由于这样的安排,部长们将会经常受到指责,有时还被指控,但是很少被定罪,并几乎从不受惩罚。"② 如果从刑事审讯的标准视角看,这显得缺乏效率,受到了过多的缺乏根据的指控的干扰。但是,如果调查审讯的要害就是调查审讯自身——即让领导者面对公众的凝视,而非就有罪性达成最终决定或结论——则这么做就是有意义的了。

最后,贡斯当意识到,如果调查和审讯的目的除了旨在定罪之外,也是为了满足公众的观看权利,那么它们对被指控者的处理结果就必须是比较温和的。③ 贡斯当在这方面的具体提议包括坚决反对诸如流放和坐牢这样的"侮辱性惩罚",并鼓励犯罪的人得到王室或是某种其他权力的赦免,并尽量延迟判决,期望选举政治本身可能解除犯罪者的权力。④ 贡斯当还坚持说,

---

① Benjamin Constant, *Principles of Politics Applicable to All Representative Governments*, in *Political Writings*, ed. Biancamaria Fontana (Cambridge: Cambridge University Press, 1988), 233.
② Ibid., 239.
③ Ibid., 239:"在责任的实践应用方面要保持温和的态度,这一点不过是我所有理论所建基原则的必然的和公正的结论。我已经说明了,责任永远也不可能避免一定程度的专横。"中译者注:参看《古代人的自由与现代人的自由》,阎克文等译,上海:上海人民出版社,2005 年,第 123 页。
④ 同上,235 - 240。

第六章 把坦诚性放在首位:平民政治论与坦诚政治

来自审查小组的宽宏大量还应该辅之以来自公共意见的非正式法庭的宽宏大量。① 于是,尽管指控可以经常举行,但是惩罚要少,而且通常不应该太严厉。当然,从标准的司法审讯模式看,这样的建议似乎是不知所云。说到底,干吗要费那么大工夫搞审讯调查,如果许多指控都是错的,而且如果那些确实被定罪的人并没有受到实质性的惩罚的话。贡斯当知道这一明显的困惑,但是他一再强调审讯调查的目的早已超越了是否有罪的问题:"问题并非如在通常情景中那样去确保无辜者不会遭到威胁,以及罪犯不会逃脱惩罚……。关键的要点是部长们的行为完全服从仔细严苛的调查。"② 贡斯当事实上重新安排了调查与定罪之间的优先排序,从而使定罪服务于调查,而非相反。③ 宽宏大量显然源自这一重新安排优先秩序,这既是因为有关罪行的最终问题被边缘化了,也是因为过于严苛的惩罚会让调查小组对于进行调查和审讯过分感到犹豫。

环绕克林顿总统弹劾案的调查和审讯提供了一个有益的例子,有助于澄清平民政治论者对于公共质询的独特视角。通常的视角会认为克林顿调查过程的整个事件是令人遗憾的,或是因为克林顿犯下了他被指控的错误(并因此玷污了总统职位和国家),或是因为克林顿的过失不应受到他所受到的对待,以至于整个国家毫无必要地分散了对真正公共事务的注意力。在后一群人当中,一个常见的批评是说这场弹劾并非源自任何真正的伤害,而是由政治动机所推动的:整个审讯的驱动原因事实上是克林顿的政敌的敌意,而非克林顿的实际过犯所带来的伤害。平民政治论不同意这两种看法,不认为克林顿审讯是一个不幸的事件,而认为是平民民主的积极活动的一个有价值

---

① Benjamin Constant, *Principles of Politics Applicable to All Representative Governments*, in *Political Writings*, ed. Biancamaria Fontana (Cambridge: Cambridge University Press, 1988), 239。
② 同上审讯的目标不要局限为定罪,这一想法也有着认识论的基础:贡斯当承认"在这种性质的问题上,有罪与无罪很少是截然分明的"(同上, 239)。中译本《古代人的自由与现代人的自由》,第 123 页。
③ 这样,贡斯当可以引用那些被告无罪释放或者仅只受到轻微惩处的著名判例(例如,黑斯廷斯、梅尔维尔或者威尔克斯的迫害者们等)作为证据,以证明调查的目标不是纠正恶行、而是生动地展现那些遭受敌意攻击的领导者。例如:"梅尔维尔子爵并没有被判罪,我并不想探究他是否清白。但是,这个一生老谋深算的人物,尽管机敏却依然受到了弹劾、虽然有很多人脉却受到了指控,这个人的例子提醒了那些有着相同经历的人们:公正无私才有价值,正直才会受到保护。"(同上, 240)中译者注:参看《古代人的自由与现代人的自由》,第 124 页。

的、尽管有缺陷的例子。无论如何，询问程序涉及坦诚性的两个场景——克林顿在对琼斯（Paula Jones）的性骚扰案件中的宣誓作证，他在对其行为的独立委员会调查中的大陪审团作证，还要加上第三个、半坦诚性的交锋，即克林顿、或更为可能地是他的律师们，用文字的方式回答国会提出的81个问题。这并不是说平民政治派毫无疑义地认可克林顿审讯，因为事实上还有许多可以批评的地方。但是，通常的批评都是指责克林顿本人或是指控的政治性，而平民政治论者却论证说，这次调查与审讯的问题是它们还不够政治性——遵循贡斯当和他的公共质询理论就能得出，它们还是错误地建基于罪犯审讯的模式之上了。关键的要点并非是描述性的（即事实上，对克林顿的指控从财政错误行为到性骚扰到作伪证到妨碍司法的不断演进，表明了克林顿的过错是政治的而非刑事的），而是规范性的：对总统的审讯如果从一开始就毫不羞愧地宣布是政治的审讯，那么将会更好地和更有效地安排进行了。作为一个政治审讯，一个有价值的平民政治论的目标——令总统进入一个批评性的公共出场之中，那就应该更快地完成（用不着六年的调查），这样也就不会如此大规模地转移对其他公共事务的关注度。更有甚者，在国家经受了如此之多的不确定性和不稳定之后终于达成的宽大处理，其实本该在一开始就加以确立的。最后，而且可能是最为重要的是，作为一次政治审讯，克林顿对质询的回答本来应该更为公开（应当是在公开场合现场直播，而非是审讯中的录音证词），更为不拘泥于刑事审讯的程序规则。我提出这些建议，并不意味着我认为它们在当时场景下能够实现。虽然独立委员会办公室确实承诺根据贡斯当推荐的方式监督政治审讯，但是迄今为止这一机构的倾向是更多地以刑事犯罪公诉人的身份出现，而非作为一个完全政治性质的调查者。

于是，总体而言，坦诚性之平民政治对尽可能多地调查公共领导者的要求可以通过两种方式来进行：既通过将立法权和调查权分离开来（后者只要建基于较低门槛的同意即可），也通过反对这类调查模仿刑事犯罪审讯的模式。这种对调查的最大化的建议可能会使那些关心政府效率的人感到忧虑，因为很可能看上去太多的调查和审讯会干扰必要的政府行政。在对这一忧虑的回应中，有三点值得强调。第一，将这样的审讯规定为是政治的而非刑事的过程，有助于使其后果得以软化。正如贡斯当所了解的，审讯自身就是一种惩罚，而且此外还可以称为一种公正中立的纠错：将领导者放在批评性的公开场合中让公民-观众观看。因为后果不是那么严重，这些调查审讯对于国家治理工作的干扰就应该不会像它们现在这样大。第二，调查和审讯的政治性还会使得它们时间更短，间断更多，并从而不会对政府事务构成一个长期的干扰。一旦它们不再按照旨在定罪和惩罚的刑事程序的模式进行，它们就不会有司法过程所特有的那种漫长、复杂和程序微妙展开。最后，需要承认的是，在当代政治中已经存在着大量并无实际政府功能的政治行为，即大众民主中盛行的各种宏大景观，比如发表演讲，拍照的机会，声效以及其他被领导者用来制造忠诚和支持的迹象的仪式。正是作为对这类政治表演的替代与改进，公共质询的价值——以及总统辩论和新闻发布会的价值——能较为容易受到人们的认可。一位平民政治论者并不是想用非政府的、坦诚性的程序取代商谈的和立法的程序，而是想在建立能够辨明如何使现有表演变得多少更为民主化的评判性标准的基础上，提升这个早就充满各种表演的政治。作为这一评判性标准的坦诚性，发挥的正是所亟须的作用：为民主理论提供一种手段，来评估一个政治形象或表现是不是民主的。

6.5 总统新闻发布会

正如竞选辩论和公共审讯一样，总统新闻发布会也被平民政治论者视为一种思考民主进步的路径的有利处所。新闻发布会是相对坦诚性得到保障的少有时刻，此时领导者要在无法被其完全控制的条件下出现在公众面前。随着收音机以及尤其是电视的到来，新闻发布会的坦诚性一面得到了极大的强化。在美国，有关新闻发布会录音的专家在杜鲁门时代首先出现在电台上；在艾森豪威尔时代，其录像更上了电视，还伴以完整版的字幕；在肯尼迪时代则实现了现场直播。随着新闻发布会被广播，早期对这种形式的公共出场的约束，诸如记者可以直接引用哪些话的限制，对实际发言的官方记录的改写，以及对谁可以观看发布会的限制等，都被克服了。[1] 最为重要的是，由于对新闻发布会的电视直播，领导者被迫进入一种他们无法充分管理的充满风险、双向互动的处境之中。不过，尽管新闻发布会具有鲜活生动的、内在地无法预测的性质，它们还是一直缺乏一位追求坦诚性政治的平民政治论的改革者所要求的东西。即便实现呈交书面问题的做法被富兰克林·罗斯福正式放弃，总统及其新闻顾问还是不断寻求其他的策略来限制和反对这种事件的潜在自发性。诸如培植提问者和写好回应的做法，用限制出席白宫活动等

---

[1] Carolyn D. Smith, *The Presidential Press Conference: A Critical Approach* (New York: Praeger, 1990), 116; W. Dale Nelson, *Who Speaks for the President? The White House Press Secretary from Cleveland to Clinton* (Syracuse, N. Y.: Syracuse University Press, 1998), 42, 51.

措施惩罚不合作的记者，以及试图用短暂的和不播放的突然露面满足媒体，等等，都是领导者保持对新闻发布会的控制的一些手段。① 在更为基本的水平上，确保控制的关键是这一事实：是否举行新闻发布会的决定完全在于总统的自由裁量权手中，它的布置、长度和议程也同样是自上而下地决定的，而且记者几乎没有机会跟上和听明白面对他们的领导者（更别说去质询他了）。② 故而，尽管新闻发布会确实比大众民主中的政治精英的其他形式的公开露面要更为坦诚，很明显还是有些方式可以进一步改进它的坦诚性程度。

在一定程度上，平民政治论的改革吁求也得到了来自其他领域的类似回应。自从20世纪70年代起，不同的研究一直都在推荐更为经常地、更加制度化地举行新闻发布会——通常是每月一次——并论证建立一种增加提问题记者的人数的格式。③ 这些建议都是平民政治论者当然会同意的。但是平民政治论者走得更远。新闻发布会的经常化和正规化还不够，它们还应当更少地受控于政府行政分支的掌握。这一关切并非旨在启发先前的研究。④ 这一区别指向了另外一个区别。早期研究一般都会号召改变格式，以便减弱新闻发布会的戏剧性方面，即使得它较少地关乎某个人或是某个领导者的品格。⑤ 比如，法国人就区分了一场总统新闻发布会可能具有的三个主要目的：一个非正式的目的即为公众收集精确的事实和知识，一个使政府对其作为负

---

① Nelson, *Who Speaks for the President*? 155 – 56; Smith, *Presidential Press Conference*, 39; Helen Thomas, *Watchdogs of Democracy? The Waning Washington Press Corps and How It Has Failed the Public* (New York: Scribner, 2006), 62.
② Nelson, *Who Speaks for the President*? 73, 226; Smith, *Presidential Press Conference*, 71, 114.
③ Commission on Presidential Press Conferences0*Report of the Commission on Presidential Press Conference* (Washington, D. C.: University Press of America, 1981); Marvin Kalb and Frederick Mayer, eds., *Reviving the Presidential News Conference: Report of the Harvard Commission on the Presidential News Conference* (Cambridge, Mass.: Harvard University, Kennedy School of Government, Joan Shorenstein Barone Center on the Press, Politics, and Public Policy, 1988); also see Smith, *Presidential Press Conference*, xviii.
④ 引用一个例子为证，1981年负责总统新闻发布会的委员会主要关注一些实际的考虑，例如让发布会彬彬有礼，为此让总统全权控制谁会被允许提问——因此，这就预设了，并且事实上进一步增强了总统对于自己公共场合露面的境况条件的控制（Commission on Presidential Press Conferences, *Report*, 8）。
⑤ Kalb and Mayer, *Report of the Harvard Commission*, 52 – 54; Smith, *Presidential Press Conference*, xviii.

第六章　把坦诚性放在首位：平民政治论与坦诚政治　　221

起责任的制衡功能，以及最后，作为"一种评估总统个人品格的手段"，这是通过创造出一种场景来帮助观看"总统是否能立足站稳而不失风度地思考"。法国人说这第三个方面——它很明显类似于新闻发布会注入坦诚性的能力——是"最假模假式"了，因为它与决定实质性的问题和政治议题没有直接关联。① 但是，正是这第三个方面，即要求领导者出现在不能控制的场景中以便增加其风险和自发反应性，使得平民政治论者对于总统新闻发布会发生了特别兴趣。

为了理解这一对坦诚性的承诺是如何导致了对总统新闻发布会的意义的独特评估的，我们不妨再一次将平民政治论的视角与三种传统的民主价值——商谈，参与和透明——的支持者应当采取的视角加以比较。

总统新闻发布会这种活动很难在商谈民主论的体系中得到理论处理。尽管大多数当代商谈民主派都赞同经常举办的总统新闻发布会可能带来的公共出场和负责性，但是新闻发布会并不是旨在对公共利益进行商谈的各方中获得一致理解的一种合作性尝试。② 它也不是一种旨在获得对分歧与其他对共识的阻碍的更清晰的认识与宽容的有序努力。参与新闻发布会的人并非平等的、拥有主权的共同立法者，而是分裂为对抗性的两方：一方是拥有异乎寻常的决策权威的权力拥有者，一方是相对无权的问题提问者。从平民政治论角度看，使新闻发布会充满压力的（推动该事件的坦诚性的）正是其中的对抗性维度，而从商谈民主论的角度看新闻发布会，则恰恰应该回避这个维度或者至少是缓减之。③

参与论民主派质疑新闻发布会的意义。事实上，新闻发布会这事之所以被视为不值得重视，正是源自参与论的假设："真正的"民主化意味着扩展人民的声音——它对公共生活的法律法规的控制，而非对公共凝视的任何扩展或强化。平民民主论者不同意对新闻发布会的这一排斥。尽管新闻发布会在民主政治应当如何运作的一幅完美图景中大约没有任何意义，在今日实际进行的大众民主当中，总统新闻发布会还是具有特别的重要性，这既是因为

---

① Blaire A. French, *The Presidential Press Conference* (Washington, D. C.: University Press of America, 1982), 33.
② 例如，Gutmann and Thompson（在其书 *Democracy and Disagreement* 中）围绕着公共出场（publicity）和责任性（accountability）这两个标准阐释了他们版本的商谈民主。
③ 因此，1981 年总统新闻发布会的委员会提议取消对抗性的、"如马戏团般氛围的"正式新闻发布会，让总统在公共视线之外、在更为有利于商谈性讨论的地点与新闻记者进行非正式会面（Commission on Presidential Press Conferences, *Report*, 8, 9）。

它有能力提供政治观众值得观看的东西,也是因为它能把权力持有者拖入一个批评性暴露的非常处境之中。

最后,对透明的承诺明显会赞赏新闻发布会,只要它们能成为向公众提供关于主要议题和政府政策的精确而充分的信息的措施。不过,尽管平民政治论者也分享对新闻发布会产生信息的功能的这种赞赏,他们还要求比"透明"更多的东西。从平民政治论角度看,最重要的事情并不仅仅是新闻发布会提供信息的价值,而是它们作为坦诚性之机制可以将领导者置于他们无法完全控制的公共出场条件之下。换句话说,如果说透明之价值仅仅关注新闻发布会产生的信息的话,那么平民政治论者就敏锐地盯着在公共舞台上受质询的领导者的独特个人经验。

这一区分的后果可以通过考察总统新闻秘书这个角色而看出,这个角色与大众传媒和现代总统制的发展一道出现。① 从透明论的角度看,重要的仅仅是:任何向公众发言的人(无论是总统还是新闻秘书)都必须诚实和正直。传输精确的信息是最为关键的事情。历史上那些巨骗时刻,比如发生在水门事件中的欺骗,被视为背叛了民主所要求的那种政治沟通;但是一般说来,只要新闻秘书保持真诚与正直,那么这个机制就没有任何问题——甚至可以说值得大加赞美。可是,从平民政治论的角度看,应该反对新闻秘书,这绝非仅仅是担忧他所提供的信息是否准确。相反,平民政治论者认为新闻秘书这个职位内在地就不对,尤其是当新闻秘书日益多地比他所代表的领导者频频露面。② 新闻秘书是领导者对坦诚性的抵制的机制化体现——这种方式可以使领导职位与占据它的个人分离开来,从而不必暴露个人就实现公共出场。当然,新闻秘书的存在有实际理由,即便只是作为行政管理机构与报道它的众多记者之间的联络官。但是新闻秘书超出这些秘书职能的角色扩展——出现了秘书公开代表总统发言的正式的新闻发布会——就与平民政治论所了解的民主精神相抵触了。平民政治论者承认并在某种意义上接受这一事实:普通公民通常不会对政府决策的实质或是一个国家在特定环境中的方向的决定做出什么贡献;但是平民政治论者确实坚持:普通公民至少要能观

---

① 在美国,正式出任这一职位的人是罗斯福总统任职期间的厄雷(Stephen T. Early)。但事实上,最早在这个职位工作上的人可以追溯到克利夫兰总统第二个任期时的考泰尔由(George Bruce Cortelyou)。(Nelson, *Who Speaks for the President*? 12 – 23)
② 从20世纪90年代起,新闻秘书就主持电视新闻发布会,有时候甚至一天两场。见同上,245 – 256。

看那些做决定的人——而且是以真正的（即坦诚性的）方式经常观看他们。新闻秘书会对坦诚性施加双重否认。一方面，新闻秘书保护领导者免于一种无法被领导者自己完全控制的公共出场形式（即，在电视直播中接受众多记者的提问）。结果，是新闻秘书而非领导者要服从坦诚性了。这意味着，从平民政治论的视角看，新闻秘书是一个虚假地满足了公众对在压力之下活生生地生活的领导者的观看权的替罪羊。另一方面，因为新闻秘书并不是作为自己说话，而是作为被代表的领导者的观点、态度和政策向媒体发言，坦诚性也受到了侵蚀。新闻秘书从来都不会对所说的话负起责任，因为他总是可以宣称对于领导者在某个具体问题上的看法并无所知，而且更一般地讲，其发言总是传达某位他人的心态、决定和意见。通过将总统的公共发言和总统这个人分离开来，新闻秘书就（预先）排除了这两种成分（所说的话和说话的人）受到坦诚性公共出场的充分有力批评的可能性。

于是，坚持透明性理念的人只关心所说的内容（必须是及时提供的和真实的），而平民政治论者还总是关心是谁在说。进一步，虽然透明性是平民政治论者能够认可的一个目标，平民政治论者在评估民主的进步水平时的更重要指标不是政治沟通的内容，而是它在传输中所采取的形式。从平民政治论的立场看，无论新闻秘书产生的信息的质量或完全程度如何，新闻秘书本身是成问题的，因为这种机制安排阻碍了对领导者本人的观看和监督。新闻秘书是一位训练有素的职业专家，其专职就是减低坦诚性。平民政治论者论证说，那些拥有大的不成比例的决策权的人不应该避开无权的公众。或者，用较为平和的口气说，民主化的程度正是体现在这一规避之处——无论它是被穿透了、削弱了还是被允许扩展。

所以，在批评新闻秘书职位当中，平民政治论者不仅提出了某些批评性的期望（令领导者处于坦诚性条件之下），而且辨认出通常不为人知的某些民主化障碍。

6.6 辩论，质询，新闻发布会：作为一般平民政治论改革的范例

在本章当中，我已经论证了平民政治论对坦诚性的坚持与参与论、商谈论和透明论事实上都不一样。虽然坦诚性与这三种传统视角共享某些东西，但是我已经指出了坦诚性还是相当不同的、无法还原为它们的。坦诚性表明了对民主改革的一种独特的视角，这与这一事实是一致的：坦诚性是一种特

别地适合处于日常状态中的日常公民的政治理想。即，坦诚性作为一种理想，回应的是这一事实：公民们首要的是观众而非决策者。相比之下，其他三种民主价值却预设公民们为公民－统治者：某种首先是个决策者的人。他们提升日常公民的尊严的方式是假设这样的公民为自主的，拥有重要的权力塑造管理公共生活的法规条件。然而，换个角度看，这三种传统价值也贬低了对民主日常经验的尊重，因为它们阻碍了民主被日常公民在日常生活历程中真实遭遇到的路径。在它们的核心，这三种价值聚焦于公民作为选举者的功能。其思路是这样的：既然普通公民有权利投票，那么他们在做决定（并因此商谈）时，就必须遵循正确的决策程序，他们必须努力将其作为投票者的政治活动扩展到其他领域中（因此就是参与），而且他们必须依据可以获得的最好的和最合适的信息行动和决定（因此需要透明）。但是，必须承认的是，投票对于普通公民来说是最稀少和最不常见的民主生活瞬间。它很难描述大众民主中的普通政治经验。选举日或许不是像卢梭所认为的那样是公民自由的唯一一天，但是这确实是大多数公民以传统民主意识形态所预设的方式行动的唯一的日子。在其他的日子里，民主公民的通常政治经验的特点与其说是决定，不如说是沉默，与其说是积极行动，不如说是观看，与其说是平等，不如说是等级。

民主改革的平民政治论视角之所以有价值，正是因为它反对首先看重投票的具体行为以及普通公民作为决策者的一般概念。平民政治论者不仅注意到每个公民的投票的力量是微薄的，而且注意到投票决不能涵括日常政治经验。大多数公民在大多数时间中都不是决策者。坦诚性是一个回应这种非决策者的、理论描述很少触及的政治阶级的利益与需求的价值。平民政治论的坦诚性政治并不像大多数民主理论家那样集中关注阐释、扩展或是理性地训练投票以及据说是人民表达自己声音的能力，而是首先把普通公民看作政治的观看者，而非作者或是演员。这意味着平民政治论的理论描述不必悬搁对民主理论中的各主要学派所特有的那个夸大的、非批评性的假设的怀疑，即当代大众民主为普通公民提供了自我立法的充足的机会。

总统竞选辩论，公共审讯，以及新闻发布会等通常不会被视为民主化的首要场合。相反，诸如选举中的投票，立法院内外的商谈，抗议示威，以及其他的**声音**形式的政治经验，才更容易得到民主理论家的关注讨论。采取平民政治论的视角意味着，对于从民主角度出发确定何为政治上有意义的事情，要重新调整自己的看法了。令领导者处于坦诚性的非常规处境之中的过程，对于一个传统的民主观来说可能是无足轻重的事情，但是对于平民政治论者来说就是至关重要的了，因为他对民主的理论阐述立足于被统治的公民的视角，这一公民首要的是政治的观众而非决策者。一场在正规时间之外附加交互质询的总统竞选辩论，或者对一位重要政治家或高官的公开审讯，或对总理或总统施加真实压力的新闻发布会现场直播，或许无助于普通公民的自主性（并未导向公民们可以宣称是自己所立之法律或决定），但是它们完全可以帮助政治形象的完善化——提升从观众角度出发的"被观看性"。

这并不是说平民政治论者会对领导者竞选辩论、公共审讯和新闻发布会感到充分满意。至少我指出过这一点：这些活动的现存组织方式远远没有达到一位平民政治论者理想上希望实现的那一类坦诚性。不过，此外我们还是要说，即便它们按照平民政治论的批评加以完美改善之后，这些活动也并不就是平民政治的完成，而仅仅是其开端。换句话说，虽然平民政治论者认识到辩论、审讯和新闻会的重要性，但是也认识到这些实践就其自身而言还是有限的，所以它们最好被理解为是一个平民政治改革的一般性蓝图，即提示平民政治论者希望拓展的那类政治机制和经验，而非平民政治论规划的最后完成。

第七章 目光中的民众权力

> 反对我的论证总是源自巴黎,或是伦敦,或是世上某个小角落,而我则努力从世界本身获取我的论证。
>
> ——让-雅克·卢梭

7.1 预先回答我的批评者们

我在本书中所提出的论证有一个反讽之处:那些最可能读到它的人也会是最没有可能接受其结论的人。虽然我是为普通公民的政治观众意义上的日常能力写作的,但是本书的可能读者却是相对精英的公民,具有高于平均水平的政治效能意识,对于政府应当立法的政策拥有异乎寻常详细而富足的意见。对于这样的读者,我所辩护的坦诚性原则作为平民政治论的民主制目光模式的中心,就可能显得只有一定程度上的意义和正确性,但是不具有我所赋予它的那种高度重要性。这样的读者很难从声音的和参与的价值之外的角度理解公民身份,而本书一直要反对的,正是这些角度在民主理论中几乎毫无阻挡的统治。这样的读者会问:难道当代民主不是为普通公民提供了无法比拟的机会对公共生活行为作出有意义的决定?一个人怎么能忽视声音式政治机制,比如投票、抗议、运动、出版以及其他发声的权利?而且,即便有意义的参与难以获得,当代政治岂不是面对着许多真实的议题——比如关于战争与和平的议题、经济正义、健康保险、环境、科技、宗教——而它们的解决是每个负责任的公民的首要关注?一个像坦诚性那样的非决策式的理想,它规定着领导者的出场样式而非他们最终选择做什么,怎么可能在面对如此紧迫的问题和关注时占据优先地位呢?简而言之,一个坚持要充分运用大众民主条件下一切参与机会的负责任的公民怎么可能不把平民政治论的坦诚性价值看作偶然的、附带的呢？

这些问题表达的关切都是合乎情理的；它们实际上要求我们在结论的一章中说明：我所辩护的平民政治论伦理学与传统的参与式公民身份的规范如何相协调。不过，进行这样的协调是有相当复杂性的。之所以如此，是因为我认为，将一个单一的公民身份类型普遍化为唯一的形式，并从而得出结论说唯有一种伦理学适用于所有场合下的所有公民，是一个错误的观点。正如投票人与占据高官职位的少数精英所处的伦理维度是不同的，人们也能够在众多的非官员平民当中区分出不同类型的公民经验。如果记住这样的考虑，则我认为，如何应用平民政治论的坦诚性伦理学的问题，需要服从三种不同的逻辑：一个是提供，一个是补充，还有一个是代替；这取决于涉及谁是公民和公民具有何种目的的具体场景。

至少，人们应当看到平民政治论的坦诚性原则可以为这样的场景**提供**一种伦理视角——这种场景曾被认为不存在伦理性，即观众之场景。公民－观众没有很高的政治权能意识，注定观看政治而非参与进去；平民政治论向他们提供的伦理框架会尊重而非试图抹杀其观众性中的公民经验。观众身份完全可以是一个自由选择的结果（选择不积极参与政治活动），也可能是多年习惯成自然，也可能源自对这一事实的清醒自觉：自己的声音在决定最为政治性的问题时乏善可陈。无论观众身份现象的心理动机是什么，政治社会学几乎毫无争议地承认，对于政治的观看式参与 这样的参与的特点不是欲求实现某个特殊的意见、决定或者实质性的利益——刻画出了大多数公民大多数时间中与政治互动的方式，也刻画出了相当数量的，或许甚至是大多数的人在像美国这样的低投票率的民主国家中在所有时间与政治互动的方式。因此，平民政治论对于那些经常被民主理论所忽视的公民们特别有价值：这些人是不去投票的，没有意识形态热诚的，不参加任何党派的，也不是公民社会自愿者组织的成员。这些公民虽然不是参与者，但是至少对政治进程有最低限度的察觉。他们也还拥有政治生活——这样的生活也应当被任何负责任的民主理论所承认和尊重。平民政治论的坦诚性原则就为他们宣布了一个政治理想。平民政治论的主要价值之一正是在于它为这个被忘记的大多数公民提供了一种伦理学。

然而，对于参与式的公民来说，事情就完全不同了。这种公民可以被称作党派人士，他们对于政府在一系列事务上应该怎么做具有清晰的看法，经常参加投票，参加后援会群体，并一般来说试图让自己的声音被听到。对于这样的公民，平民政治论模式可以用对坦诚性理想的珍视来**补充**传统的声音式和参与式的价值。无论如何，坦诚性并非一个有争议的价值。正如我所论证过的，坦诚性与透明和商谈这样的传统性的、声音式的价值在很大范围上是重叠的，因而可以期待坦诚性至少在一定程度上会促进它们。因此，坦诚性也可以作为一个有益的替代品，用来决定这些更为熟悉的关切何时已经达成了。确实，商谈和透明（以及它们二者所承诺的"代表"）在一个具体事例中究竟实现到了何种程度，是非常难以量度的；更难决定的是一个人的声音在多大程度上被政府所听到了。相反，坦诚性的优点是，要决定它在一个给定的情景中有多大程度的实现，是相对简单的事情。

除了对坦诚性的关切与参与式民主身份相关的那些价值相连接的这些方式之外，坦诚性还以提醒公民们更广泛的诸多关切的方式，补充党派式伦理视角。政治并不仅仅就是让某些法案得以通过。它同时也总是关乎对一批拥有不成比例巨大的、从未得到充分正当性证明的权威的政治家的赋权问题。坦诚性之所以有用，是因为它试图把握这组第二位的关切：并非有待立法的政策，而是被赋权立法的领导者。至少在一定程度上，平民政治论可以扩展党派式政治的伦理视野，纳入对领导者主导的关系的新的看重，以及尤其对领导者在公共舞台的出场进行民主化。

当然，这一补充只能走到这么远。党派式政治永远都不会将坦诚性当作它贯彻民主时的首要关切。这不仅仅是因为，正如上一章所详细阐述的，在某些事例中如果让坦诚性处于首要地位会与对商谈、透明与公民参与等的最大化相冲突，而且更为深刻地，因为党派式政治会坚持特定的法律、领导者、政纲和意识形态，而这会遮掩平民政治论的非实质性原则——领导者无论代表哪一方利益，都必须服从他们所不得控制的公开露面原则。党派式政治所希望得到的首要目标就是获胜：一个具体事业被追随，一个特定法律被通过，一个令人尊重的领导者当选，以及一般地，一批确定的政策统辖公共生活的行为。这并不是否认党派式政治家在制定政治目标时，会经常考虑超出他或她自己党派的更广泛的利益，也不是否认这样的目标不会由于与代表其他利益的党派对话和互动而被改变。关键之处其实在于：党派身份的现象学——对有关一个政府应当制定何种法律和政策的实质性政治目标的顽固坚持——必然会边缘化对坦诚性的关切。党派政治因为关心的是获胜，就必然将领导者的公开露面——甚至领导者身份本身——当成是实现实质性后果的工具，这些实质目标才是唤起对政治拥护的初始动机。即便是不愿意参与政治营销和操纵的肮脏过程的党派政治家也会宣称道：按照坦诚性原则公开露面的要求和组织，在与面对任何当代国家的"真实"议题与问题的解决相比时,都是微不足道的苍白事宜。

只有一个例外,我所辩护的平民政治论视角并不看低党派政治对参与的关注。当然,任何共和国都依赖那些积极公民的活力,他们努力立法,解决问题,并与那些在他们看来观点错误、有害或是应当加以反对的人进行竞争。尽管关于法律和政策的实质性决定一直是大多数公民难以参与其中的,民主机制的一个值得赞美的特征依然是,组织良好、资金充分并得到献身的人总是比其他政体中的公民要有更多机会得到倾听和塑造政策。我的论证并非旨在劝说党派政治家放弃其政治活动。不过我确实坚持一个重要的区别:党派政治论其实是在利用民主,而不是为民主本身服务。党派政治者的实质性议程不应混同于人民的要求,或者扩展地说,不应混同于民众主权的实现。在某些特殊的事例中,比如关系到人道主义权利时,我们可以有把握地说一个人所寻求通过的政策并非只是为了他自己或是他的群体,而是为了人民。但是构成了当代民主中绝大多数政治争论的议题——税收、外交、公共健康、宗教事务、环境、经济动机,以及有限资源的分配——并不能得到纯粹理性的或普遍性的解决。这意味着那些在一场政治竞争中获胜的和失败的两方,都可以宣称他们那一方衷心代表了人民的利益。这样的场面是每位研究政治的人都十分熟悉的。而这应当证明了这一智慧:不是到这种或那种政策、决定或候选人当选中去寻找人民的利益,而是将其定位为一组条件,这些条件调控着与人民分离的人——决定如何使用政府权力、并因而比人民更有权的人——如何在公共生活中组织其行为举止。参与派可以参与,而且必须参与。但是他们所服务的利益绝非那么普遍,绝非人民的利益。

正是在此,作为一种探究什么是为民主自身服务、什么是人民拥有主权和进行统治的理论,我所辩护的平民政治论伦理学提出了其最为极端的异议,它用全新的、目光式的坦诚性原则**取代**了众所熟悉的作为自我立法的主权观。这一替代逻辑最先和最首要适用的,不是先前缺乏政治伦理学的观众,也不是寻求选举和立法上获胜的党派式活动家,而是那些仅仅希望人民自身进行统治的民主派。我已经反驳了那种宿命意识,即假设如果民众主权要存在的话就必须被解释为其实就是自我立法的那种决策权。事实上,目光式民主模式要质疑的正是这种将主权与自主决策合为一体的做法。在其作为基础的、原初性的含义上,民众主权仅仅意味着人民统治。但是如何定义"人民"以及它的统治的本性是什么,却不是那么一目了然的,而且当然并没有被"人民主权"的概念本身所预先决定下来。因此,我一直坚持的乃是能够在通常的——而且确实几乎是普遍流行的——用自我立法定义的民众主权观之外和之上，找到一种截然不同的对民众主权的全新理解。

但是为什么要这么做？为什么要克服民众主权的自我立法式理解？我在本书中反复强调的就是，智性上的诚实和进步主义的意识都要求深刻质疑任何将民众主权理解为自我立法的做法。当代大众民主中实施集体权威的现存方式——无论是选举还是公共意见——都远远没有达到它们所保证的那种集体性。一个真正集体的过程应当诉诸日常生活中的日常公民。但是，选举很少举行，所以只能以极为稀少和例外的方式为普通公民赋权。它们几乎无关于普通公民对构成日常政治生活的政治事件的那种被动式经验——这些事件从普通公民的角度看，会影响但是不会包括并因此会加强而非减低他们对实际决策场景的疏远距离感。更有甚者，即便一个人拒绝这一判断并坚持说集体经验可以而且应当是例外性的，还是有更为麻烦的问题，即选举很少能采集自下而上的真实声音（对于政治的清晰明确的决定），而是通常仅仅记录了对于领导者的二元化裁量。这一裁量并不属于"人民"，而是仅仅属于多数人——或许甚至只是属于少数人，如果考虑到许多人不投票的话。虽然民主社会中所有公民都享有在选举中发出声音的集体权利，但是对这一选举权的实际运用却并不导向对"人民"（集体）的一种真正意识。当人民以竞争性选举的形式发声时，人民集体就被消融解散了，因此也就不再作为人民而发挥功能了。就公共意见而言，我们在第三章中论证的内容应该再次重申，即承诺对大众声音做出更为细致微妙和更为全面地反映的大众意见，不仅没有反映日常政治经验总是特有的那种缺乏清晰意见和偏好，而且还有待证明自己是对某个时刻的政治议程的片段议题与政策的有效调控者。这些判断并不是要否认：民主政策当然经常会受制于大多数人的意志，组织良好的团体能成功地竞争与合作而获得分享政府的决策权力，以及由于这些因素，当代大众民主中的权力趋向是多元化的，并在一定程度上是自我制约的。我所要反对的，乃是把这些本来可以说是政府过程的值得表扬的特征描述为是"民众主权"的作为。"人民"并不选举候选人，选举人才选举候选人。同理，人民并不制定法规和政策，只有少数积极的、组织良好的公民们才参与这个过程。正如达尔的著名判断所说的：在现代民主当中，少数人在统治。在这些考虑的基础上，我一直坚持一个真正集体的经验必须是常规的而非例外的，分享的而非局部的——而这意味着它是被动的而非主动的，观看的而非决策的。①

平民政治论者要求我们在呼唤"人民"时，意思要更为精准。其他学派也有人提出类似的要求，比如多元主义者长期以来就试图在民主理论中消除"人民"和"民众主权"这类概念，因为它们明显缺乏精准性。商谈论民主派也倾向于这么做，将其理论聚焦于面对面的对话实践，而非选举或是大众政治的其他机制，并从而绕过启用作为一个集体实体的"人民"之不精确的观念。而且，肯定有无数的诚实负责的政治记者，当听到政客和时事评论员不加区分地提到"人民"来证明自己的纲领和诉求的正当性时就会皱起眉头。不过，这些其他的视角可以通过根本不谈人民来保持言说人民时的精确性，我所辩护的平民政治论视角却拒绝丢弃如此基本的民主概念，比如"人民"和"民众主权"。平民政治论者坚持存在着人民这样的东西——而且这一实体应该在反对泛滥的多元主义时加以保持，并实际上应当加以复兴。这样的集体应该统治——应当将自己的利益灌输到政治体系中，这样的观念被平民政治论者作为民主的核心精神加以保持和高扬。但是，我所认可的平民政治论视角对"统治"概念的解释与其通常用法是不同的。它不是用人民制定法规的能力来理解的。它并非被描述为人民所做的、说的或者完成的某种东西，就好像人民除了人数多之外就像一位主权君主似的。于是，平民政治论的统治观与任何大众意志的观念就切断了。平民政治论者并不对统治采取某种拟人化的概念，而是将民众主权理解为是"某种原则在统治"，尤其是坦诚性的原则。这就是说，平民政治论者认为，只要领导者和其他高官都被迫在他们无法控制的条件下出现在公共场合中，人民就实现自己的主权了。

这种将主权重新概念化为原则之统治的做法，当然与主权的通常直觉是相抵触的，后者假设主权必须追溯到某种人格化的声音机制：无论是以人民的偏好、判断、选举决定的形式，还是以某种其他种类的意图表达。不过，重要的是注意到：用一个原则来理论规定民众主权，在近来的民主理论中也并非完全是反常的做法。部分地这样做的人包括有影响的法国学者勒福尔（Claude Lefort）和更近的罗桑瓦龙（Pierre Rosanvallon），他们都论证道，严

---

① 正如本书第一章就已经承认的，在大众民主社会中，目光式力量的动力机制（尽管与声音式力量不同）仍然来自于声音式的选举实践：没有选举失败的风险，政治家完全不会感受到要在公众面前出现的压力，更不用说在坦诚性的境况条件下出现了。但是，坦诚性需要选举实践，这并不意味着对于坦诚性的承诺无法与传统声音模式所关心的东西（如自治和代表）相区别。

格说来，人民是一个空位，并且，因而就从未被自诩以人民的名义发言的政府所充分代表过。① 勒福尔和罗桑瓦龙从来都没有放弃这一假设，即人民的主权尚有待在政府立法当中实现，无论这可能是多么徒劳；不过他们都意识到一个原则，一个反对专制集权的原则：政府永远也不能毫无问题地代表人民说话，因此，政府的正当性总是暂时性的，有条件的，可疑的。不过，这个原则是有限的，因为它会让民众主权成为一种自我反驳的和悖论性的实践：人民从来都无法让自己的声音被政府代表，但是又从不停止要求这一代表，以便作为它的主权性的一个条件。用原则统治对民众主权进行理论阐述的一个更有希望的例子是哈贝马斯。尤其是在他的后期著作中，哈贝马斯反驳对主权的具身化理解（即认为人民根据一种统一的意志进行自我立法），因为现代社会的复杂性和多元性使得这样的观念几乎不可能成立了。② 不过，哈贝马斯并没有抛弃民众主权的观念，而是提议将其重新定义为某种程序性的原则，即商谈程序要最大程度地主导决策过程。在其最为极端的表达中，哈贝马斯所重新理解的民众主权观完全成了"无名的"和"无主体的"，于是一位坚持民众主权的公民就不会追随这个或那个实质性的目标，而是仅仅最大化商谈性的决策程序："从程序的术语解读，民众主权的观念指的是一种语境，它既能促进对一个法律共同体的自我组织，又不是在任何意义上由公民的意志所控制的。"③ 换句话说，哈贝马斯的建议会是，在任何给定的情景中，人民主权并非实现于决策的内容之中，而是在于决策过程

---

① Claude Lefort, *The Political Forms of Modern Society* (Cambridge, Mass.: MIT Press, 1986), 302 – 306; Pierre Rosanvallon, *Democracy Past and Future* (New York: Columbia University Press, 2006), 79 – 114.

② 例如，可见 Jürgen Habermas, "Further Reflections on the Public Sphere," in Craig Calhoun, ed., *Habermas and the Public Sphere* (Cambridge, Mass.: MIT Press, 1992), 439, 440, 443; Habermas, *Between Facts and Norms: Contributions to a Discourse Theory of Law and Democracy*, trans. William Rehg (Cambridge, Mass.: MIT Press, 1996), 468。

③ Jürgen Habermas, "Three Normative Models of Democracy," in Seyla Benhabib, ed., *Democracy and Difference: Contesting the Boundaries of the Political* (Princeton, N. J.: Princeton University Press, 1996), 30. 亦参 Habermas, *Between Facts and Norms*, 489："一旦从实践理性中移除主体概念，合乎理性的集体意志形成这一逐步进展的制度化过程就不再能够作为一种有目的的行动、作为一种最崇高的生产进程了……这项计划的唯一实质性目标是合乎理性的集体意志形成这一渐进提升的制度化过程，这是一个不能预先判断参与者的具体目标的过程。"（中译者注：参看《在事实与规范之间》中译本，童世骏译，北京：生活·读书·新知三联书店，2003 年，第 649 页）。亦参 Habermas, "Further Reflections on the Public Sphere," 451。

在多大程度上符合商谈论的原则：公平，包容，文明有礼，合乎情理，等等。但是，对民众主权的这一原则化构想从未完全摆脱它最初想要反对的人格化观念。一方面，哈贝马斯有时转向一种具身化的民众主权观，将民众主权定位在公民社会中商谈地获得的意见的内容中。① 另一方面，哈贝马斯的理性主义意味着这些商谈过程的终极承诺是：它们所产生的结果尽管是可错的和有条件的，但还是享有被认定的正确性，因为它表明了所有公民只要参与了商谈就一定会同意的东西。② 所以，如同勒福尔和罗桑瓦龙一样，哈贝马斯从原则的角度来重新理解民众主权的努力还是部分的和不完全的。

立足于对民众赋权的目光式模式之上，我所阐述和辩护的平民民主理论旨在更为精细地和明确地用"原则之统治"的术语解释民众主权。一位平民政治论者的看法是，只要在一个政治事件的场景中，坦诚性统治着公共出场，则人民在此就具有主权，即人民可以实现其集体利益。民众主权于是从被决定的内容中抽身，转身到决策者在公共舞台露面的条件当中。这一变动尊重了勒福尔和罗桑瓦龙的论证——人民作为对政府决策的正当性给予者乃是一个空位，但是又不局限于这一论证。对民众主权的召唤总是在政府反映人民声音的共同期待和这一情况永远不可能实现的不幸承认之间摇摆，平民政治论摆脱了这个两难困境，将主权重新安置到目光的平台上，在此它就可以具有一个稳定的、有效的——而非空洞的——意义。用坦诚性的原则来定义民众主权同样也具有哈贝马斯的期望，即对于主权提出一个非主体的、无

---

① 例如，可见 Habermas, "Further Reflections on the Public Sphere," 452："这种主权转变为一股相互交汇的洪流，以公共对话的力量为形式涌现出来，这些对话揭示了关于所有社会的话题、诠释各种不同的价值、有助于解决难题、产生好的理由并戳穿坏的理由。"基于这样的一些段落，一些批评家将哈贝马斯的无主体的和匿名的人民主权观念单纯诠释为主体间进程可以导致主权意志的内容，并因此与特定公民或者群体的意志相区别，而非将之诠释为一种更为激进的主张：将人民主权构想为某种并非-意志的、并非-决断性的力量。例如，可见 James Bohman, *Public Deliberation: Pluralism, Complexity, and Democracy* (Cambridge, Mass.: MIT Press, 1996), 178。当哈贝马斯将主权概念重设为与民众自我立法这一传统规范一致时，他印证了这种解读："这并不是要否弃（一般人）对于人民主权观念的直觉，而是要将其诠释为主体间的形式。"(Habermas, "Three Normative Models of Democracy," 29)

② 当然，哈贝马斯和他的批评者们都将他解读为自治这一传统理想的支持者：法律的受众同时将自己理解为法律的作者。例如，可见 Habermas, *Between Facts and Norms*, 120; Lasse Thomassen, *Deconstructing Habermas* (New York: Routledge, 2008), 44–46; Martin Morris, *Rethinking the Communicative Turn: Adorno, Habermas, and the Problem of Communicative Freedom* (Albany: State University of New York Press, 2001), 80。

名的和非具身性的解读。不过，哈贝马斯的商谈论原则未能达到这些目标，因为它承诺一个调整过的自我立法形式。而平民政治论的坦诚性原则是完全超出了代议和自主这类内在地蕴含了主体（而且是思辨性主体）的纲领。确实，从平民政治论的角度所解释的民众主权与公民的偏好与意见没有什么关系——事实上它甚至在独立于这些东西的时候也存在。这倒不是说坚持这样的民众主权目标的公民们对这一目标不可能有所贡献（既然他们可以寻求那些令领导者无法控制自己公开出场的条件的各种改革），而是说这些贡献必须与公民们自己关于政策、候选人和意识形态议程的实质性观点充分地分离开来。

　　有些人无疑会说，如果抛弃了对民众主权的自我立法式理解，平民政治民主的理论势必既是惨淡的又是灰暗的。他们会反对说，通过坦诚性原则控制公开出场的手段无法代替人民为自己的生活创立法律的目标，人民通过这样的主创活动获得政治生活所能给予的最高目标即自主性自由（autonomous freedom）。但是，如果说用坦诚性来重新定义民众主权是惨淡灰暗的话，那么就必须先真正地相信"人民自我立法"之理想。对我的论证有重大启发的一个关键性事实一直就是："自我立法的人民"的形象基本上已经从当代政治研究中消失了，要么，这是因为"人民"之观念被指责为含混的、不严谨的、虚构的或是（作为投票人）倾向于非理性和受专制者操控；要么，即便有人——比如记者或者流行文化——还提及"人民"，它也指的是在选举日投票和回应民意调查的选民，这种用法就在三重意义上远离了日常公民：它提到的是选举这种罕见稀少的时刻而非政治的日常的、沉默的经验；它假设了公民是赢得选举的大多数人的一部分而非失败的少数人；它预设公民会认同实质性的意见与决定，尽管事实上公民对大多数具体议题没有任何清晰或稳定的偏好。所以，政治理论中的倾向是或者认为"人民"是虚构的和危险的从而消解这个概念，或者使用它时远离日常政治经验以至于无法有意义地涵括所有公民。

　　既然人民之概念——作为所有公民归属的一种集体的、涵括广泛的实体，无法还原为构成它的个体的聚集——目前在当代民主思想中不是一个非常重要的形象，平民政治民主论用坦诚性重新定义民众主权就并非在贬低人民直接统治的历史期望，而是在复兴这一理想。如果理解为一种目光的而非声音的实体，则"人民"可以重新被看作一种单一的和统一的集体。大多数公民其实并不使用他们的政治声音，而且即便他们使用之，比如在选举中，也不存在着一种统一的声音，而是多样与分裂的；然而，政治观众的目光经验却既是普遍存在的又是普遍包容的。这并不是说所有的公民同时观看同样的政治事件——虽然有的政治活动比如总统选举辩论接近这样的状态,平民政治论者可能也希望增多这样的活动——而只是说完全可以合乎情理地用所有公民都具有的从其观众身份出发的利益来考虑"人民的利益"。两位公民或许在观看两个不同的政治事件,但是他们依然因为以下事实而关联着:他们是通过他们的眼睛而非他们的声音与政治发生关系的,于是,他们的政治经验的现象学便受到了等级、非决定以及经常的无偏好的影响。正是这种所有政治观众共享的政治经验,以及在观众身份之上建立一种政治理想(坦诚性)的可能性——而非关于所观看的事物的内容的统一性或单一性的任何假设,被平民政治论者借以将人民重新定义为一种目光式存在。

在使得人民之集体概念更为真实的同时,平民政治论对主权的重新定义也使得人民概念具有更大的相关性了。如果说选举必须每过几年才举行一次,那么政治形象可是不断在四处传播。所以,一种调控这样的意象的政治原则比如坦诚性,就不仅适用于例外场合,而是延伸到日常政治生活的常规运作之中。那么,平民政治论者在将人民的利益与坦诚性的利益关联起来时,就承诺了让日常生活中的公民可以总是看到人民的存在之证据,而且通过控制公共出场的手段,不断看到人民的利益被输入到公共生活中的证据。更有甚者,不仅以坦诚性原则加以定义的人民影响将成为常规的和显然的,而且还会更容易被量度和评估。一个人能够远远更为确定、精确地知道领导者是否在无法自我控制的条件下露面,而非领导者是否在实施所谓"人民的意志"。将人民主权定义为是对公共出场的条件的控制,有助于克服损害;自我立法式主权观的神秘主义和深刻的无法证实性,至少是当这些观念在现代大众代议民主制中发挥作用时。最后,当"人民"被目光式地规定时,就不会有暴民煽动或专制滥用之危险。恶意的民众煽动者或独裁者很难宣称自己得到了人民的支持,因为从平民政治论角度理解,人民并不给予支持(即声音),而是提供目光。平民政治论者于是欢迎对政治修辞术的清洗净化:领导者不能通过诉诸人民作为其政策或决定的同意者,来利用人民的名义谋私利,而是必须能立足于自身——而非立足于一种幻觉式的大众意志。用坦诚性原则来定义民众主权于是使得人民的概念和民众主权的理想变得真实、相关、可以量度和更为安全。这样的结果绝非悲观主义的。让我再次重复:我所辩护的平民政治论伦理学并不否认某些个人和群体可以通过积极运用政治过程造成相当变化。我要说的乃是:民众主权的观念应当留给人民之眼,并通过人民之眼加以复兴。

既然平民政治论的坦诚性原则可以通过三种不同的方式贡献于公民的伦理视野——提供，补充，替代，那么我的论证就不应该被简单地指责为全然不负责任了。为普通公民的日常生活提供一种伦理框架——这是民主理论迄今未做的事情，这么做怎么能说"不负责任"呢？复兴人民和民众主权这样的观念，当然也不是不负责任吧。不过我在为自己辩护时，并非要对我自己的论证加以盲目顽固坚持。或许在控制公共出场条件之外还有改革前进和赋予公民－观众以权力的其他方式。而且，或许这一控制的性质可以用与坦诚性原则不同的方式加以规定。我的希望不是一次性彻底决定民主的道德含义，而是恰恰相反：使得民主的含义问题重新被人严肃关切，让政治原则的重新构建再次成为一个本质性的任务。对民主的安逸自满，无论是在理论上还是实践中，都是对民主极为不利的。任何相信民主理论已经完成、政治概念史已经在此终结的做法，只会标志着民主的能量的耗尽，而这些能量本质上应当是不断进步和批判性的。民主是典型的历史性政府形式，因为它看来是世界历史上的花朵，而且也同样因为它坚持总是还有新的历史有待开创。有些人或许会反对我对民主的未来的具体提议。但是如果这些提议旨在纠正的智性的和道德的危机本身被承认是危机，并证明对民主理想的根本性重新思考是正确的，那么，本书即便不能充当结论，也可以作为一个开端。

参考文献

Aberbach, David. *Charisma in Politics, Religion, and the Media: Private Trauma, Public Ideals*. New York: New York University Press, 1996.

Achen, Christopher H. "Mass Political Attitudes and the Survey Response." *American Political Science Review* 69 (1975): 1218–1231.

Ackerman, Bruce. *Before the Next Attack: Preserving Civil Liberties in an Age of Terrorism*. New Haven, Conn.: Yale University Press, 2006.

——. *The Failure of the Founding Fathers: Jefferson, Marshall, and the Rise of Presidential Democracy*. Cambridge, Mass.: Belknap Press of Harvard University Press, 2005.

——. *We the People*. 2 vols. Cambridge, Mass.: Belknap Press of Harvard University, 1991, 1998.

Ackerman, Bruce, and James S. Fishkin. "Deliberation Day." *Journal of Political Philosophy* 10 (2002): 129–152.

——. *Deliberation Day*. New Haven, Conn.: Yale University Press, 2004.

Adams, Charles Francis, Jr. "The Protection of the Ballot in National Elections." *Journal of Social Science* 1 (1869): 91–111.

Alexander, Catherine M. S., ed. *Shakespeare and Politics*. Cambridge: Cambridge University Press, 2004.

Alford, C. Fred. "The 'Iron Law of Oligarchy' in the Athenian Polis and Today." *Canadian Journal of Political Science* 1985 (1985): 295–312.

Almond, Gabriel A. *The American People and Foreign Policy*. New York: Praeger, 1950.

Althaus, Scott L. *Collective Preferences in Democratic Politics: Opinion Surveys and the Will of the People*. Cambridge: Cambridge University Press, 2003.

Alulis, Joseph, and Victoria Sullivan, eds. *Shakespeare's Political Pageant: Essays in Literature and Politics*. Lanham, Md.: Rowman and Littlefield, 1996.

Ankersmit, F. R. *Aesthetic Politics: Political Philosophy beyond Fact and Value*. Stanford, Calif.: Stanford University Press, 1996.

Apel, Karl-Otto. *The Response of Discourse Ethics to the Moral Challenge of the Human Situation as Such and Especially Today*. Leuven: Peters, 2001.

Arato, Andrew. "Post-election Maxims." *Constellations* 12 (2005): 182-193.

Arendt, Hannah. *Between Past and Future: Eight Exercises in Political Thought*. New York: Penguin, 1977.

——. *The Human Condition*. Chicago: University of Chicago Press, 1958.

Aristotle. *The Politics and the Constitution of Athens*. Translated by Stephen Everson. Cambridge: Cambridge University Press, 1996.

Arrow, Kenneth. *Social Choice and Individual Values*. New Haven, Conn.: Yale University Press, 1973.

Bachrach, Peter. *The Theory of Democratic Elitism: A Critique*. Boston: Little, Brown, 1967.

Barber, Benjamin. *Strong Democracy: Participatory Politics for a New Age*. Berkeley: University of California Press, 1984.

Barilleaux, Ryan J. *The Post-modern Presidency: The Office after Reagan*. New York: Praeger, 1988.

Baker, Ed. "Campaign Expenditures and Free Speech." *Harvard Civil Rights-Civil Liberties Law Review* 33 (Winter 1998): 1-56.

Bartels, Larry M. *Unequal Democracy: The Political Economy of the New Gilded Age*. Princeton, N. J.: Princeton University Press, 2008.

Bathory, Dennis. "With Himself at War: Shakespeare's Roman Hero and the Republican Tradition." In *Shakespeare's Political Pageant: Essays in Literature and Politics*, edited by Joseph Alulis and Victoria Sullivan. Lanham, Md.: Rowman and Littlefi eld, 1996.

Becker, Kurt. *"Der Rische Car mit Christi Seele": Max Webers Charisma-Konzept*. Frankfurt am Main: P. Lang, 1988.

Beetham, David. *Max Weber and the Theory of Modern Politics*. London: Allen and Unwin, 1974.

Bentham, Jeremy. *Constitutional Code*. Edited by F. Rosen and J. H. Burns. Oxford: Clarendon Press, 1983.

———. *First Principles Preparatory to a Constitutional Code*. Edited by Philip Schofield. Oxford: Clarendon Press, 1989.

———. *An Introduction to the Principles of Morals and Legislation*. Edited by J. H. Burns and H. L. A. Hart. London: Athlone, 1970.

———. "Of Publicity." *Public Culture* 6 (1994): 579–595.

———. *Securities against Misrule and Other Constitutional Writings for Tripol and Greece*. Edited by Philip Schofield. Oxford: Clarendon Press, 1990.

———. *The Works of Jeremy Bentham*. Edited by John Bowring. New York: Russell and Russell, 1962.

Berelson, Bernard R., Paul F. Lazarsfeld, and William N. McPhee. *Voting: A Study of Opinion Formation in a Presidential Campaign*. Chicago: University of Chicago Press, 1954.

Bernstein, Richard. *Philosophical Profiles: Essays in a Pragmatic Mode*. Cambridge, UK: Polity Press, 1986.

Bickford, Susan. *The Dissonance of Democracy: Listening, Conflict, Citizenship*. Ithaca, N. Y.: Cornell University Press, 1996.

Black, Anthony. "Society and the Individual from the Middle Ages to Rousseau: Philosophy, Jurisprudence, and Constitutional Theory." *History of Political Thought* 1 (1980): 145–166.

Bloom, Allan. *Shakespeare's Politics*. New York: Basic Books, 1964.

Bobbio, Norberto. *The Future of Democracy: A Defence of the Rules of the Game*. Translated by Roger Griffen. Minneapolis: University of Minneapolis Press, 1987.

Bohman, James. *Public Deliberation: Pluralism, Complexity, and Democracy*. Cambridge, Mass.: MIT Press, 1996.

Bohman, James, and William Rehg. *Deliberative Democracy: Essays on Reason and Politics*. Cambridge, Mass.: MIT Press, 1997.

Boorstin, Daniel. *The Image: A Guide to Pseudo–events in America*. New York: Harper and Row, 1964.

Bourdieu, Pierre. *Language and Symbolic Power*. Translated by Gino Raymond and Matthew Adamson. Cambridge, UK: Polity Press, 1991.

Breiner, Peter. *Max Weber and Democratic Politics*. New York: Cornell University

Press, 1996.

Broder, David S. *Democracy Derailed: The Initiative Movement and the Power of Money*. New York: Harcourt, 2000.

Brownstein, Ronald. "Pressure Is on Bush for First Debate." *Los Angeles Times*, October 11, 1992, news section, A1.

Bryce, James. *The American Commonwealth*. Vol. 2. New York: Macmillan, 1933.

Buisine, Alain. *Laideurs de Sartre*. Lille: Presses Universitaires de Lille, 1986.

Burstein, Paul. "The Impact of Public Opinion on Public Policy: A Review and Agenda." *Political Research Quarterly* 56 (2003): 29 –40.

Cain, Bruce, John Ferejohn, and Morris Fiorina. *The Personal Vote: Constituency Service and Electoral Independence*. Cambridge, Mass.: Harvard University Press, 1987.

Campbell, Angus, et al. *The American Voter*. New York: Wiley, 1960.

Cannon, Lou. *Reagan*. New York: Putnam, 1982.

Canovan, Margaret. *The People*. Cambridge, UK: Polity Press, 2005.

Cappon, Lester J., ed. *The Adams – Jefferson Letters: The Complete Correspondence*. Chapel Hill: University of North Carolina Press, 1987.

Commager, Henry Steele. "Washington Would Have Lost a TV Debate." *New York Times Magazine*, October 30, 1960, VI –13.

Commission on Presidential Press Conferences. *Report of the Commission on Presidential Press Conference*. Washington, D. C.: University Press of America, 1981.

Connolly, Kate. "Hungarian Leader Defi es Resignation Calls Despite Second Night of Protests." *Daily Telegraph*, September 20, 2006, news section, 14.

Constant, Benjamin. *Political Writings*. Edited by Biancamaria Fontana. Cambridge: Cambridge University Press, 1988.

Converse, Philip. "Comments on Davis's 'Changeable Weather in a Cooling Climate atop the Liberal Plateau.' " *Public Opinion Quarterly* 56 (1992): 308 –309.

——. "The Nature of Belief Systems in Mass Publics." In *Ideology and Discontent*, edited by David Apter. London: Free Press of Glencoe, 1964.

——. "Public Opinion and Voting Behavior." In *Handbook of Political Science*, edited by Fred I. Greenstein and Nelson W. Polsby. Reading, Mass.: Addison –Wesley, 1975.

Craig, F. W. S. *British Electoral Facts*, 1932 – 1987 . Brookfi eld: Gower, 1989.

Creed, Barbara. *The Monstrous – Feminine: Film, Feminism, Psychoanalysis* . London: Routledge, 1993.

Cutler, Fred. "Jeremy Bentham and the Public Opinion Tribunal. " *Public Opinion Quarterly* 63 (1999): 321 – 346.

Dahl, Robert. *A Preface to Democratic Theory*. Chicago: University of Chicago Press, 1956.

——. *A Preface to Economic Democracy*. Berkeley: University of California Press, 1985.

——. *Who Governs? Democracy and Power in an American City*. New Haven, Conn. : Yale University Press, 1961.

Dean, Gillian, and Thomas Moran. "Measuring Mass Political Attitudes: Change and Uncertainty. " *Political Methodology* 4 (1977): 383 – 424.

Debord, Guy. *Society of the Spectacle* . Translated by Donald Nicholson. New York: Zone, 1994.

Derathé, Robert. *Jean – Jacques Rousseau et la science politique de son temps*. Paris: J. Vrin, 1970.

Didion, Joan. *Political Fictions*. New York: Knopf, 2001.

Domhoff, William G. *Who Rules America: Power and Politics in the Year* 2000. Mountain View, Calif. : Mayfield, 1998.

Downs, Anthony. *An Economic Theory of Democracy*. New York: Harper, 1967.

Eden, Robert. *Political Leadership and Nihilism: A Study of Weber and Nietzsche*. Tampa: University Presses of Florida, 1983.

Eliot, T. S. *The Family Reunion* . Orlando, Fla. : Harvest Books, 1964.

Elkins, James. "The End of the Theory of the Gaze. " Unpublished manuscript, available online at jameselkins. com/Texts/visualculturegaze. pdf .

Ellis, Richard J. *Democratic Delusions: The Initiative Process in America*. Lawrence: University Press of Kansas, 2002.

Erikson, Robert. "The SRC Panel Data and Mass Political Attitudes. " *British Journal of Political Science* 9 (1979): 89 – 114.

Estlund, David. "Beyond Fairness and Deliberation: The Epistemic Dimension of Democratic Authority. " In *Deliberative Democracy*, edited by James Bohman and William Rehg. Cambridge, Mass. : MIT Press, 1997.

Etzioni – Halevy, Eva, ed. *Classes and Elites in Democracy and Democratization.* New York: Garland, 1997.

Fan, David P. *Predictions of Public Opinion from the Mass Media.* New York: Greenwood Press, 1988.

Farah, George. *No Debates: How the Republican and Democratic Parties Secretly Control the Presidential Debate.* New York: Seven Stories, 2004.

Fearon, James. "Deliberation as Discussion." In *Deliberative Democracy*, edited by Jon Elster. Cambridge: Cambridge University Press, 1998.

The Federalist. Edited by Jacob E. Cooke. Hanover, N. H. : Wesleyan University Press, 1961.

John Ferejohn, "Incumbent Performance and Electoral Control." *Public Choice* 50 (1986): 5 – 25.

Filmer, Robert. *Patriarcha and Other Political Writings.* Edited by Peter Laslett. Oxford: Basil Blackwell, 1949.

Finley, M. I. *Democracy Ancient and Modern.* New Brunswick, N. J. : Rutgers University Press, 1973.

Fiorina, Morris P. *Retrospective Voting in American National Elections.* New Haven, Conn. : Yale University Press, 1981.

Fishkin, James. *The Voice of the People: Public Opinion and Democracy.* New Haven, Conn. : Yale University Press, 1995.

Flint, Henry M., ed. *Life of Stephen A. Douglas.* Philadelphia: Keystone, 1890.

Foley, Michael. *The Rise of the British Presidency.* Manchester: Manchester University Press, 1993.

Foucault, Michel. *Discipline and Punish: The Birth of the Prison.* Translated by Alan Sheridan. New York: Pantheon, 1977.

French, Blaire A. *The Presidential Press Conference.* Washington, D. C. : University Press of America, 1982.

Freud, Sigmund. "Medusa's Head." In *The Standard Edition of the Complete Psychological Works of Sigmund Freud*, vol. 18, edited by James Strachey. London: Hogarth Press, 1953.

——. "On Narcissism: An Introduction." In *The Standard Edition of the Complete Psychological Works of Sigmund Freud*, vol. 14, edited by James Strachey. London: Hogarth Press, 1953.

Friedrich, Carl J., and Zbigniew K. Brzezinski. *Totalitarian Dictatorship and Autocracy*. Cambridge, Mass.: Harvard University Press, 1965.

Fukuyama, Francis. *The End of History and the Last Man*. New York: Free Press, 1992.

Gilens, Martin. "Inequality and Democratic Responsiveness." *Public Opinion Quarterly* 69 (2005): 778–796.

Goodin, Robert E. "Democratic Deliberation Within." *Philosophy and Public Affairs* 29 (Winter 2000): 81–109.

Gravel, Pierre Bettez. *The Malevolent Eye: An Essay on the Evil Eye, Fertility, and the Concept of Mana*. New York: P. Lang, 1995.

Grazia, Alfred de. "Representation: Theory." In *International Encyclopedia of the Social Sciences*, vol. 13, edited by David L. Sills. New York: Macmillan, 1968.

Griffen, John D., and Brian Newman. "Are Voters Better Represented?" *Journal of Politics* 67 (2005): 1206–1227.

Grimke, Frederick. *The Nature and Tendency of Free Institutions*. Cambridge, Mass.: Belknap Press of Harvard University Press, 1968.

Guicciardini, Francesco. *Del modo di eleggere gli uffici nel Consiglio Grande*. In *Dialogo e Discoursi del Reggimento di Firenze*. Bari: G. Laterza, 1932

Guinier, Lani. *The Tyranny of the Majority: Fundamental Fairness in Representative Democracy*. New York: Free Press, 1994.

Guizot, Franis. *Histoire des origins du gouvernement représentatif en Europe*. Paris: Didier, 1851.

Gutmann, Amy. *Democratic Education*. Princeton, N. J.: Princeton University Press, 1987.

Gutmann, Amy, and Dennis Thompson. *Democracy and Disagreement*. Cambridge, Mass.: Belknap Press of Harvard University Press, 1996.

———. *Why Deliberative Democracy?* Princeton, N. J.: Princeton University Press, 2004.

Habermas, Jürgen. *Between Facts and Norms: Contributions to a Discourse Theory of Law and Democracy*. Translated by William Rehg. Cambridge, Mass.: MIT Press, 1996.

———. "Further Reflections on the Public Sphere." In *Habermas and the Public*

Sphere, edited by Craig Calhoun. Cambridge, Mass.: MIT Press, 1992.

——. "Popular Sovereignty as Procedure." In *Between Facts and Norms: Contributions to a Discourse Theory of Law and Democracy*, translated by William Rehg. Cambridge, Mass.: MIT Press, 1996.

——. *Structural Transformation of the Public Sphere: An Inquiry into the Category of Bourgeois Society*. Translated by Thomas Burger. Cambridge, Mass.: MIT Press, 1989.

——. "Three Normative Models of Democracy." In *Democracy and Difference: Contesting the Boundaries of the Political*, edited by Seyla Benhabib. Princeton, N. J.: Princeton University Press, 1996.

Haltom, William. "Liberal – Conservative Continua: A Comparison of Measures." *Western Political Quarterly* 43 (1990): 387 – 401.

Hamilton, Alexander. *The Papers of Alexander Hamilton*. Edited by Jacob E. Cooke. New York: Columbia University Press, 1961.

Hansen, Mogens Herman. *The Athenian Democracy in the Age of Demosthenes*. Translated by J. A. Crook. Oxford: Blackwell, 1991.

Hardt, Michael, and Antonio Negri. *Multitude: War and Democracy in the Age of Empire*. New York: The Penguin Press, 2004.

Hardwicke, Henry. *History of Oratory and Orators: A Study of the Influence of Oratory upon Politics and Literature*. New York: Putnam's, 1896.

Harrington, James. *The Political Works of James Harrington*. Edited by J. G. A. Pocock. Cambridge: Cambridge University Press, 1977.

Hartman, Mary S. "Benjamin Constant and the Question of Ministerial Responsibility in France, 1814 – 1815." *Journal of European Studies* 6 (1976): 248 – 261.

Held, David. *Models of Democracy*, 3rd edition. Stanford, Calif.: Stanford University Press, 2006.

Hill, Christopher. "The Many – Headed Monster in Late Tudor and Early Stuart Political Thinking." In *From the Renaissance to the Counter – Reformation: Essays in Honor of Garrett Mattingly*, edited by Charles H. Carter. New York: Random House, 1965.

Hillman, Richard S., John A. Peeler, and Elsa Cardozo. *Democracy and Human Rights in Latin America*. Westport, Conn.: Praeger, 2002.

Hobbes, Thomas. *On the Citizen* . Translated by Richard Tuck. New York: Cambridge University Press, 1998.

Han, Reinhard. *Rechtsgemeinschaft und Volksgemeinschaft* . Hamburg: Hanseatische Verlagsanstalt, 1935.

Holmes, David L. *Faiths of the Founding Father* . Oxford: Oxford University Press, 2006.

Huntington, Samuel. "The United States. " In *The Crisis of Democracy*, edited by Michael Crozier, Samuel Huntington, and Joji Watanuki. New York: New York University Press, 1975.

Hyman, Herbert H. , and Paul B. Sheatsley. "Some Reasons Why Information Campaigns Fail. " *Public Opinion Quarterly* 11 (1947): 412 – 423.

Iyengar, Shanto. "Shortcuts to Political Knowledge: Selective Attention and the Accessibility Bias. " In *Information and Democratic Processes*, edited by John Ferejohn and James Kuklinski. Urbana: University of Illinois Press, 1990.

Iyengar Shanto, and Donald Kinder. *News That Matters: Television and American Public Opinion.* Chicago: University of Chicago Press, 1987.

Jacobs, Lawrence R. , and Robert Y. Shapiro. *Politicians Don't Pander: Political Manipulation and the Loss of Democratic Responsiveness.* Chicago: University of Chicago Press, 2000.

——. "Studying Substantive Democracy: Public Opinion, Institutions, and Policymaking. " *PS: Political Science and Politics* 27 (1994): 9 – 16.

James, Michael. "Public Interest and Majority Rule in Bentham's Democratic Theory. " *Political Theory* 9 (1981): 49 – 64.

Jay, Martin. *Downcast Eyes: The Denigration of Vision in the Twentieth Century.* Berkeley: University of California Press, 1993.

Jefferson, Thomas. *The Writings of Thomas Jefferson.* Edited by Andrew A. Lipscomb. Washington, D. C. : Thomas Jefferson Memorial Association, 1903.

Kagay, Michael R. , and Greg A. Caldeira. " 'I Like the Looks of His Face': Elements of Electoral Choice, 1952 – 1972. " presented at the annual meeting of the American Political Science Association, San Francisco, California, September 2 – 5, 1975.

Kalb, Marvin, and Frederick Mayer, eds. *Reviving the Presidential News Conference: Report of the Harvard Commission on the Presidential News Conference.*

Cambridge, Mass.: Harvard University, Kennedy School of Government, Joan Shorenstein Barone Center on the Press, Politics, and Public Policy, 1988.

Kant, Immanuel. *Critique of Pure Reason*. Edited and translated by Paul Guyer and Allen W. Wood. Cambridge: Cambridge University Press, 1997.

——. *Political Writings*. Edited by Hans Reiss and translated by H. B. Nisbet. Cambridge: Cambridge University Press, 1991.

Katz, Richard S., and Peter Mair. "Changing Models of Party Organization and Party Democracy: The Emergence of the Cartel Party." *Party Politics* 1 (January 1995): 5–28.

Kennedy, Ellen. *Constitutional Failure: Carl Schmitt in Weimar*. Durham, N. C.: Duke University Press, 2004.

Kernell, Samuel. *Going Public: New Strategies of Presidential Leadership*. Washington, D. C.: CQ Press, 1986.

Key, V. O. *Public Opinion and American Democracy*. New York: Knopf, 1961.

——. *The Responsible Electorate: Rationality in Presidential Voting, 1936–1960*. Cambridge, Mass.: Belknap Press of Harvard University Press, 1966.

Keyssar, Alexander. *The Right to Vote: The Contested History of Democracy in the United States*. New York: Basic Books, 2000.

Kinder, Donald, and Lynn Sanders. "Mimicking Political Debate with Survey Questions: The Case of White Opinion of Affirmative Action for Blacks." *Social Cognition* 8 (1990): 73–103.

Kinder, Donald, and David Sears. "Public Opinion and Political Action." In *Handbook of Social Psychology*, edited by Gardner Lindzey and Elliot Aronson. New York: Random House, 1985.

King, Anthony, ed. *Leaders' Personalities and the Outcomes of Democratic Elections*. Oxford: Oxford University Press, 2002.

Koellreutter, Otto. *Grundriss der Allgemeinen Staatslehr*. Tübingen: Mohr, 1933.

Kanyi, András. "Political Representation in Leader Democracy." *Government and Opposition* 40 (2005): 358–378.

Kraus, Sidney. *Televised Presidential Debates and Public Policy*. Mahwah, N. J.: Erlbaum, 2000.

Lacan, Jacques. *Four Fundamental Concepts of Psychoanalysis*. Translated by Alan Sheridan. New York: Norton, 1998.

LaPalombara, Joseph. *Democracy Italian Style*. New Haven, Conn.: Yale University Press, 1987.

Lefort, Claude. *Democracy and Political Theory*. Translated by David Macey. Minneapolis: University of Minnesota Press, 1988.

——. *The Political Forms of Modern Society*. Cambridge, Mass.: MIT Press, 1986.

Levendusky, Matthew. *The Partisan Sort: How Liberals Became Democrats and Conservatives Became Republicans*. Chicago: University of Chicago Press, 2009.

Levitin, Teresa E., and Warren E. Miller. "Ideological Interpretations of Presidential Elections." *American Political Science Review* 73 (1979): 751 – 771.

Linder, Usher F. *Reminiscences of the Early Bench and Bar of Illinois*. Chicago: Chicago Legal News, 1879.

Lindholm, Charles. *Charisma*. Cambridge, Mass.: Blackwell, 1990.

Locke, John. *The Political Writings of John Locke*. Edited by David Wootton. New York: Mentor, 1993.

——. *The Two Treatises of Government*. Edited by Peter Laslett. Cambridge: Cambridge University Press, 1988.

Loewenstein, Karl. *Max Weber's Political Ideas in the Perspective of Our Time*. Amherst: University of Massachusetts Press, 1966.

Lombardo, Emanuela. "The Participation of Civil Society in the European Constitution – Making Process." In *The Making of the European Constitution*, edited by Justus Scholau et al. New York: Palgrave, 2006.

Lowi, Theodore J. *The End of Liberalism: The Second Republic of the United States*. New York: Norton, 1979.

——. *The Personal President: Power Invested, Promise Unfulfilled*. Ithaca, N. Y.: Cornell University Press, 1985.

——. "Presidential Democracy in America: Towards the Homogenized Regime." *Political Science Quarterly* 109 (1994): 401 – 415.

Lukács, Georg. *Die Zerstung der Vernunft*. Berlin: Aufbau – Verlag, 1954.

Lupia, Arthur. "Short – cuts versus Encyclopedias: Information and Voting Behavior in California Insurance Reform Elections." *American Political Science Review* 88 (1994): 63 – 76.

Lyotard, Jean Franis. *The Postmodern Condition: A Report on Knowledge*. Translated by Geoff Bennington and Brian Massumi. Minneapolis: University of Minnesota Press, 1984.

Machiavelli, Niccolò. *Discourses on Livy*. Translated by Harvey C. Mansfi eld and Nathan Tarcov. Chicago: University of Chicago Press, 1998.

———. *The Prince*. Translated by Harvey C. Mansfi eld. Chicago: University of Chicago Press, 1998.

Mackie, Gerry. *Democracy Defended* . Cambridge: Cambridge University Press, 2003.

———. "Schumpeter's Leadership Democracy." *Political Theory* 38 (2009): 128 – 153.

Macpherson, C. B. *The Life and Times of Liberal Democracy*. Oxford: Oxford University Press, 1977.

Manin, Bernard. *The Principles of Representative Government*. Cambridge: Cambridge University Press, 1997.

Mansfi eld, Harvey C. *Machiavelli's Virtue*. Chicago: University of Chicago Press, 1996.

Maravall, José Maria. "Accountability and Manipulation." In *Democracy, Accountability, and Representation*, edited by Adam Przeworski, Susan Stokes, and Bernard Manin. Cambridge: Cambridge University Press, 1999.

Margolis, Michael. "From Confusion to Confusion: Issues and the American Voter (1956 – 1972)." *American Political Science Review* 71 (1977): 31 – 43.

Markovits, Elizabeth. "The Trouble with Being Earnest: Deliberative Democracy and the Sincerity Norm." *Journal of Political Philosophy* 14 (2006): 249 – 269.

Masters, Roger. *The Political Philosophy of Rousseau*. Princeton, N. J. : Princeton University Press, 1968.

Mathiesen, Thomas. "The Viewer Society: Michel Foucault's ' Panopticon' Revisited." *Theoretical Criminology* 1 (1997): 215 – 234.

McCormick, John P. , ed. *Confronting Mass Democracy and Industrial Technology: Political and Social Theory from Nietzsche to Habermas*. Durham, N. C. : Duke University Press, 2002.

McFarland, Andrew S. *Neopluralism: The Evolution of Political Process Theory*. Lawrence: University Press of Kansas, 2004.

McGinniss, Joe. *The Selling of the President* 1968. New York: Trident Press, 1969.

McKitrick, Eric L. *Andrew Johnson and Reconstruction*. Chicago: University of Chicago Press, 1960.

Meadow, Robert G. "Televised Campaign Debates as Whistle – Stop Speeches." In *Television Coverage of the* 1980 *Presidential Campaign*, edited by William C. Adams. Norwood, N. J.: Ablex, 1983.

Medearis, John. *Joseph Schumpeter's Two Theories of Democracy*. Cambridge, Mass.: Harvard University Press, 2001.

Mendelsohn, Harold, and Irving Crespi. *Polls, Television, and the New Politics*. Scranton, Pa.: Chandler, 1970.

Michels, Robert. *Political Parties: A Sociological Study of Oligarchical the Tendencies of Modern Democracy*. Gloucester, Mass.: P. Smith, 1978.

Milbrath, Lester W. *Political Participation: How and Why Do People Get Involved in Politics?* Chicago: Rand McNally, 1965.

Mill, James. *Essay on Government*. In *Utilitarian Logic and Politics: James Mill's "Essay on Government," Macaulay's Critique, and the Ensuing Debate*, edited by Jack Lively and John Rees. Oxford: Clarendon Press, 1978.

Mill, John Stuart. *Collected Works of John Stuart Mill*. Toronto: University of Toronto Press, 1963.

——. *Considerations on Representative Government*. In *John Stuart Mill: On Liberty and Other Essays*, edited by John Gray. Oxford: Oxford University Press, 1998.

——. *On Liberty*. In *John Stuart Mill: On Liberty and Other Essays*, edited by John Gray. Oxford: Oxford University Press, 1998.

Miller, David. "The Competitive Model of Democracy." In *Democratic Theory and Practice*, edited by Graeme Duncan. Cambridge: Cambridge University Press, 1983.

Mills, C. Wright. *The Power Elite*. New York: Oxford University Press, 1956.

Mommsen, Wolfgang J. *Max Weber and German Politics*, 1890 – 1920. Translated by Michael Steinberg. Chicago: University of Chicago Press, 1984.

——, ed. *Max Weber and His Contemporaries*. London: German Historical Institute, 1987.

——. *The Political and Social Theory of Max Weber*. Cambridge, UK: Polity Press, 1989.

Montag, Warren. *Bodies, Masses, Power: Spinoza and His Contemporaries*. London: Verso, 1999.

Montesquieu. *The Spirit of the Laws*. Translated by Anne M. Cohler, Basia Carolyn

Miller, and Harold Samuel Stone. Cambridge: Cambridge University Press, 1989.
Morgan, Edmund S. *Inventing the People: The Rise of Popular Sovereignty in England and America.* New York: Norton, 1988.
Morley, John. *The Life of William Ewart Gladstone.* London: Macmillan, 1903.
Morris, Martin. *Rethinking the Communicative Turn: Adorno, Habermas, and the Problem of Communicative Freedom.* Albany: State University of New York Press, 2001.
Morstein-Marx, Robert. *Mass Oratory and Political Power in the Late Roman Republic.* Cambridge: Cambridge University Press, 2004.
Mosca, Gaetano. *The Ruling Class.* Translated by Hannah D. Kahn. New York: McGraw-Hill, 1967.
Mulvey, Laura. "Visual Pleasure and Narrative Cinema." *Screen* 16 (Autumn 1975): 6-18.
Munro, William B. "Intelligence Test for Voters." *Forum* 80 (1928): 823-830.
Neesse, Gottfried. *Partei und Staat*. Hamburg: Hanseatische Verlagsanstalt, 1936.
Nelson, W. Dale. *Who Speaks for the President? The White House Press Secretary from Cleveland to Clinton.* Syracuse, N.Y.: Syracuse University Press, 1998.
Neuman, W. Russell. *The Paradox of Mass Politics: Knowledge and Opinion in the American Electorate.* Cambridge, Mass.: Harvard University Press, 1986.
Nie, Norman H., Sidney Verba, and John R. Petrocik. *The Changing American Voter.* Cambridge, Mass.: Harvard University Press, 1976.
Nimmo, Dan. *The Political Persuaders: The Techniques of Modern Electoral Campaigns.* Englewood Cliffs, N.J.: Prentice-Hall, 1970.
Ober, Josiah. *The Athenian Revolution: Essays on Ancient Greek Democracy and Political Theory.* Princeton, N.J.: Princeton University Press, 1996.
Olin, Margaret. "Gaze." In *Critical Terms for Art History*, edited by Robert S. Nelson and Richard Schiff. Chicago: University of Chicago Press, 1996.
Osterhammel, Jürgen. "Varieties of Social Economics: Joseph A. Schumpeter and Max Weber." In *Max Weber and His Contemporaries*, edited by Wolfgang Mommsen. London: German Historical Institute, 1987.
Owen, Frank. *Peron: His Rise and Fal*. London: Cresset Press, 1957.
Page, Benjamin I., and Robert Y. Shapiro. "Effects of Public Opinion on Policy." *American Political Science Review* 77 (1983): 175-190. ——. *The Ra-*

tional Public: *Fifty Years of Trends in Americans' Policy Preferences*. Chicago: University of Chicago Press, 1992.

Paine, Thomas. *Common Sense*. London: Penguin, 1982.

Pappi, Franz Urban. "Political Behavior: Reasoning Voters and Multi – party Systems." In *The New Handbook of Political Science*, edited by Robert Goodin and Hans – Dieter Klingemann. Oxford: Oxford University Press, 1996.

Pareto, Vilfredo. *Mind and Society: A Treatise on General Sociology*. New York: Dover, 1935.

Parkman, Francis. "The Failure of Universal Suffrage." *North American Review* 127 (July – August 1878): 1 – 20.

Pateman, Carole. *Participation and Democratic Theory*. Cambridge: Cambridge University Press, 1970.

Pennock, J. Roland. *Liberal Democracy: Its Merits and Prospects*. New York: Rinehart, 1950.

Pettit, Philip. "Rawls's Political Ontology." *Politics, Philosophy, and Economics* 4 (2005): 157 – 174.

Plamenatz, John. *Democracy and Illusion: An Examination of Certain Aspects of Modern Democratic Theory*. London: Longman, 1973.

Pocock, J. G. A. *The Machiavellian Moment*. Princeton, N. J.: Princeton University Press, 1975.

Poguntke, Thomas, and Paul Webb. *The Presidentialization of Politics: A Comparative Study of Modern Democracies* . Oxford: Oxford University Press, 2005.

Pomper, Gerald M. *Voters' Choice: Varieties of American Electoral Behavior*. New York: Dodd, Mead, 1975.

Popkin, Samuel. *The Reasoning Voter: Communication and Persuasion in Presidential Campaigns*. Chicago: University of Chicago Press, 1991.

Postema, Gerald. "Interests, Universal and Particular: Bentham's Utilitarian Theory of Value." *Utilitas* 18 (2006): 109 – 133.

Postman, Neil. *Amusing Ourselves to Death*. New York: Viking, 1985.

Przeworski, Adam. *Democracy and the Market*. Cambridge: Cambridge University Press, 1991.

Przeworski, Adam, Susan Stokes, and Bernard Manin, eds. *Democracy, Accountability, and Representation*. Cambridge: Cambridge University Press, 1999.

Putnam, Robert D. "Tuning In, Tuning Out: The Strange Disappearance of Social Capital in America." *PS: Political Science and Politics* 28 (1995): 664 – 683.

Ranney, John C. "Do the Polls Serve Democracy?" *Public Opinion Quarterly* 10 (1946): 349 – 360.

Rawls, John. *Political Liberalism*. New York: Columbia University Press, 1996.

Riker, William. *The Art of Political Manipulation*. New Haven, Conn.: Yale University Press, 1986.

——. *Liberalism against Populism: A Confrontation between the Theory of Democracy and the Theory of Social Choice*. San Francisco: Freeman, 1982.

Robbins, Lionel. "Interpersonal Comparisons of Utility: A Comment." *Economic Journal* 43 (1938): 635 – 641.

Rosanvallon, Pierre. *Democracy Past and Future*. New York: Columbia University Press, 2006.

Rose, Richard. *The Post – modern President*. Chatham, N. J.: Chatham House, 1988.

Rosenau, Pauline Marie. *Post – modernism and the Social Sciences*. Princeton, N. J.: Princeton University Press, 1992.

Rosenberg, Shawn W., Lisa Bohan, Patrick McCafferty, and Kevin Harris. "The Image and the Vote: The Effect of Candidate Presentation on Voter Preference." *American Journal of Political Science* 30 (1986): 108 – 127.

Rosenblum, Nancy L. *Bentham's Theory of the Modern State*. Cambridge, Mass.: Harvard University Press, 1978.

——. *Membership and Morals: The Personal Uses of Pluralism in America*. Princeton, N. J.: Princeton University Press, 1998.

——. *On the Side of the Angels: An Appreciation of Parties and Partisanship*. Princeton, N. J.: Princeton University Press, 2008.

——. "Political Parties as Membership Groups." *Columbia Law Review* 3 (2000): 813 – 844.

——. "Primus Inter Pares: Political Parties and Civil Society." *Chicago – Kent Law Review* 75 (2000): 493 – 529.

Rousseau, Jean – Jacques. *The Social Contract*. Translated by Maurice Cranston. London: Penguin, 1968.

Santoro, Emilio. "Democratic Theory and Individual Autonomy: An Interpretation of Schumpeter's Doctrine of Autonomy." *European Journal of Political Research* 23 (1993): 121–143.

Sartre, Jean-Paul. *Being and Nothingness: An Essay on Phenomenological Ontology*. Translated by Hazel E. Barnes. New York: Philosophical Library, 1956.

——. *Black Orpheus*. Translated by S. W. Allen. Paris: Présence Africaine, 1963.

Sato, Masayuki. *The Confucian Quest for Order: The Origin and Formation of the Political Thought of Xun Zi*. Leiden: Brill, 2003.

Scaff, Lawrence. *Fleeing the Iron Cage: Culture, Politics, and Modernity in the Thought of Max Weber*. Berkeley: University of California Press, 1989.

Scheuerman, William. *Carl Schmitt: The End of Law*. Lanham, Md.: Rowman and Littlefield, 1999.

Schiffer, Adam J. "I'm Not *That* Liberal: Explaining Conservative Democratic Alignment." *Political Behavior* 22 (2000): 293–310.

Schlozman, Kay. "Citizen Participation in America: What Do We Know? Why Do We Care?" In *Political Science: State of the Discipline*, edited by Ira Katznelson and Helen V. Milner. New York: Norton, 2002.

Schmitt, Carl. *The Concept of the Political*. Translated by George Schwab. Chicago: University of Chicago Press, 1996.

——. *Constitutional Theory*. Translated by Jeffrey Seitzer. Durham, N. C.: Duke University Press, 2008.

——. *The Crisis of Parliamentary Democracy*. Translated by Ellen Kennedy. Cambridge, Mass.: MIT Press, 1985.

——. "Juristische Fiktionen," *Deutsche Juristen-Zeitung* 18, no. 2 (1913): 804–816.

——. *Legality and Legitimacy*. Translated by Jeffrey Seitzer. Durham, N. C.: Duke University Press, 2004.

——. *Staat, Bewegung, Volk: Die Dreigliederung der Politischen Einheit*. Hamburg: Hanseatische Verlagsanstalt, 1933.

——. *Volksentscheid und Volksbegehren; ein Beitrag zur Auslegung der Weimarer Verfassung und zur Lehr von der unmittelbaren Demokratie*. Berlin: W. de Gruyter, 1927.

Schroeder, Alan. *Presidential Debates: Forty Years of High-Risk TV*. New York:

Columbia University Press, 2000.

Schroeder, Ralph, ed. *Max Weber, Democracy, and Modernization*. New York: St. Martin's Press, 1998.

Schumpeter, Joseph. *Capitalism, Socialism, and Democracy*. New York: Harper and Brothers, 1942.

Schwab, George. *The Challenge of the Exception: An Introduction to the Political Ideas of Carl Schmitt between 1921 and 1936*. New York: Greenwood Press, 1970.

Sefton, James E. *Andrew Johnson and the Uses of Constitutional Power*. Boston: Little, Brown, 1980.

Shakespeare, William. *Coriolanus*. Edited by Philip Brockbank. London: Arden, 1996.

——. *Julius Caesar*. Edited by David Daniell. London: Arden, 1998.

Shapiro, Ian. *The State of Democratic Theory*. Princeton, N.J.: Princeton University Press, 2003.

Shaw, Tamsin. "Max Weber on Democracy: Can the People Have Political Power in Modern States?" *Constellations* 15 (2008): 38–45.

Shepsle, Kenneth. *Analyzing Politics: Rationality, Behavior, and Institutions*. New York: Norton, 1997.

Shogan, Colleen. "Rhetorical Moralism in the Plebiscitary Presidency: New Speech Forms and Their Ideological Entailments." *Studies in American Political Development* 17 (2003): 149–167.

Siebers, Tobin. *The Mirror of Medusa*. Berkeley: University of California Press, 1983.

Sieyès, Emmanuel Joseph. *Political Writings*. Edited by Michael Sonenscher. Indianapolis: Hackett, 2003.

Skocpol, Theda. *Diminished Democracy: From Membership to Management in American Civic Life*. Norman: University of Oklahoma Press, 2003.

Skowronek, Stephen. *The Politics Presidents Make: Leadership from John Adams to George Bush*. Cambridge, Mass.: Belknap Press of Harvard University Press, 1993.

Smith, Carolyn D. *The Presidential Press Conference: A Critical Approach*. New York: Praeger, 1990.

Smith, Rogers M. *Stories of Peoplehood: The Politics and Morals of Political Membership.* New York: Cambridge University Press, 2003.

Smith, Tom W. "Non-attitudes: A Review and Evaluation." In *Surveying Subjective Phenomena*, edited by Charles Turner and Elizabeth Martin. New York: Russell Sage Foundation, 1984.

Sniderman, Paul M., Richard A. Brody, and Philip. E. Tetlock. *Reasoning and Choice: Explorations in Political Psychology.* Cambridge: Cambridge University Press, 1991.

Stammer, Otto, ed. *Max Weber and Sociology Today.* Translated by Kathleen Morris. Oxford: Blackwell, 1971.

Stern, J. P. *Hitler: The Führer and the People.* Berkeley: University of California Press, 1975.

Stimson, James A. *Public Opinion in America: Moods, Cycles, and Swings.* Boulder, Colo.: Westview, 1991.

Stimson, James A., Michael B. MacKuen, and Robert S. Erikson. "Dynamic Representation." *American Political Science Review* 89 (1995): 543-565.

Stryker, Lloyd Paul. *Andrew Johnson.* New York: Macmillan, 1929.

Talmon, J. L. *The Origins of Totalitarian Democracy.* London: Secker and Warburg, 1952.

Thomas, Helen. *Watchdogs of Democracy? The Waning Washington Press Corps and How It Has Failed the Public.* New York: Scribner, 2006.

Thomassen, Lasse. *Deconstructing Habermas.* New York: Routledge, 2008.

Thompson, Dennis F. *John Stuart Mill and Representative Government.* Princeton, N. J.: Princeton University Press, 1976.

Tocqueville, Alexis de. *Democracy in America.* Edited by J. P. Mayer and translated by George Lawrence. New York: Harper Perennial, 1988.

Tourangeau, Roger, and Kenneth Rasinksi. "Cognitive Processes Underlying Context Effects in Attitude Measurement." *Psychological Bulletin* 103 (1988): 299-314.

Truman, David B. *The Governmental Process: Political Interests and Public Opinion.* New York: Knopf, 1951.

Tucker, Robert. "The Theory of Charismatic Leadership." *Daedalus* 97 (1968): 731-756.

Tulis, Jeffrey. *The Rhetorical Presidency*. Princeton, N. J.: Princeton University Press, 1987.

Turner, Stephen P., and Regis A. Factor. *Max Weber and the Dispute over Reason and Value: A Study in Philosophy, Ethics, and Politics*. London: Routledge and Kegan Paul, 1984.

Urbinati, Nadia. *Mill on Democracy: From the Athenian Polis to Representative Government*. Chicago: University of Chicago Press, 2002.

U. S. Senate. *Proceedings in the Trial of Andrew Johnson*. Washington, D. C., 1869.

Verba, Sidney. "The Citizen as Respondent: Sample Surveys and American Democracy." *American Political Science Review* 90 (1996): 1–7.

Verba, Sidney, and Norman H. Nie. *Participation in America: Political Democracy and Social Equality*. New York: Harper and Row, 1972.

Verba, Sidney, Norman H. Nie, and Jae-On Kim. *Participation and Political Equality: A Seven-Nation Comparison*. Cambridge: Cambridge University Press, 1978.

Verba, Sidney, Kay Lehman Schlozman, and Henry E. Brady. *Voice and Equality: Civic Voluntarism in America*. Cambridge, Mass.: Harvard University Press, 1995.

Virno, Paolo. *A Grammar of the Multitude*. Cambridge, Mass.: Semiotext(e), 2004.

Warren, Mark, and Hilary Pearse, eds. *Designing Deliberative Democracy: The British Columbia Citizens' Assembly*. Cambridge: Cambridge University Press, 2008.

Wattenberg, Martin P. *The Rise of Candidate-Centered Politics: Presidential Elections of the 1980s*. Cambridge, Mass.: Harvard University Press, 1991.

Weber, Max. *Ancient Judaism*. Translated by H. H. Gerth and Don Martindale. Glencoe, Ill.: Free Press, 1952.

——. *Briefe, 1909–1910*. Edited by M. Rainer Lepsius and Wolfgang J. Mommsen. Tübingen: Mohr, 1994.

——. *Economy and Society: An Outline of Interpretative Sociology*. Edited by Guenther Roth and Claus Wittich. Berkeley: University of California Press, 1978.

——. *From Max Weber: Essays in Sociology*. Edited by H. H. Gerth and C.

Wright Mills. New York: Oxford University Press, 1946.

——. *Gesammelte Politische Schriften* . Edited by Johannes Winckelmann. Tübingen: Mohr, 1971.

——. *Max Weber: Werk und Person* . Edited by Eduard Baumgarten. Tübingen: Mohr, 1964.

——. *Political Writings* . Edited by Peter Lassman and Ronald Speirs. Cambridge: Cambridge University Press, 1994.

——. *Wirtschaft und Gesellschaft: Grundriss der Verstehenden Soziologie*. Edited by Johannes Winckelmann. Tübingen: Mohr, 1956.

Weibe, Robert. *Self – Rule: A Cultural History of American Democracy*. Chicago: University of Chicago Press, 1995.

Wheeler, Harvey. "The Great Debates." In *The Great Debates*, edited by Earl Mazo et al. Santa Barbara, Calif. : Center for the Study of Democratic Institutions, 1962.

Wilhelm, Anthony G. *Democracy in the Digital Age: Challenges to Political Life in Cyberspace*. New York: Routledge, 2000.

Wilson, Graham K. *Interest Groups*. Cambridge, Mass. : Basil Blackwell, 1990.

Wilson, Timothy D. , and Sara D. Hodges. "Attitudes as Temporary Constructions." In *The Construction of Social Judgments* , edited by Leonard Martin and Abraham Tesser. Hillsdale, N. J. : Erlbaum, 1992.

Wittman, Donald A. *The Myth of Democratic Failure*. Chicago: University of Chicago Press, 1995.

Wolin, Sheldon. "Fugitive Democracy." In *Democracy and Difference: Contesting the Boundaries of the Political* , edited by Seyla Benhabib. Princeton, N. J. : Princeton University Press, 1996.

Wood, Gordon S. *The Radicalism of the American Revolution*. New York: Knopf, 1992.

Wootton, David, ed. *Divine Right and Democracy: An Anthology of Political Writing in Stuart England*. New York: Penguin, 1986.

Wright, John R. *Interest Groups and Congress*. Needham Heights, Mass. : Allyn and Bacon, 1996.

Wyckoff, Gene. *The Image Candidates*. New York: Macmillan, 1968.

Young, Iris Marion. *Inclusion and Democracy*. Oxford: Oxford University

Press, 2000.

Zaller, John. *The Nature and Origins of Mass Opinion*. New York: Cambridge University Press, 1992.

——. "Political Awareness, Elite Opinion Leadership, and the Mass Survey Response." *Social Cognition* 8 (1990): 125 – 153.

图书在版编目（CIP）数据

人民之眼：观众时代的民主/（美）杰弗瑞·爱德华·格林（Jeffrey Edward Green）著；孙仲，陶力行，张鑫焱译. --北京：华夏出版社，2018.1

书名原文：The eyes of the people

ISBN 978-7-5080-9347-5

Ⅰ.①人… Ⅱ.①杰… ②孙… ③陶… ④张… Ⅲ.①民主－研究 Ⅳ.①D082

中国版本图书馆 CIP 数据核字（2017）第 267362 号

Copyright© 2010 by Oxford University Press,Inc.

"THE EYES OF THE PEOPLE: DEMOCRACY IN AN AGE OF SPECTATORSHIP, FIRST EDITION" was originally published in English in 2010. This translation is published by arrangement with Oxford University Press.

版权所有　翻印必究

北京市版权局著作权合同登记号：图字 01-2015-5537 号

人民之眼：观众时代的民主

作　者	［美］杰弗瑞·爱德华·格林
译　者	孙　仲　陶力行　张鑫焱
责任编辑	罗　庆

出版发行	华夏出版社
经　销	新华书店
印　装	三河市万龙印装有限公司
版　次	2018 年 1 月北京第 1 版 2018 年 4 月北京第 1 次印刷
开　本	670×970　1/16 开
印　张	17.75
字　数	303 千字
定　价	68.00 元

华夏出版社　地址：北京市东直门外香河园北里 4 号　邮编：100028
网址：www.hxph.com.cn　电话：(010) 64663331（转）
若发现本版图书有印装质量问题，请与我社营销中心联系调换。